Soziale Grundrechte im deutschen und französischen Verfassungsrecht und in der Charta der Grundrechte der Europäischen Union

Europäische Hochschulschriften
Publications Universitaires Européennes
European University Studies

**Reihe II**
**Rechtswissenschaft**

Série II Series II
Droit
Law

**Bd./Vol. 4207**

PETER LANG
Frankfurt am Main · Berlin · Bern · Bruxelles · New York · Oxford · Wien

Rainer Geesmann

# Soziale Grundrechte im deutschen und französischen Verfassungsrecht und in der Charta der Grundrechte der Europäischen Union

## Eine rechtsvergleichende Untersuchung zu den Wirkdimensionen sozialer Grundrechte

PETER LANG
Europäischer Verlag der Wissenschaften

**Bibliografische Information Der Deutschen Bibliothek**
Die Deutsche Bibliothek verzeichnet diese Publikation in der Deutschen Nationalbibliografie; detaillierte bibliografische Daten sind im Internet über <http://dnb.ddb.de> abrufbar.

Zugl.: Münster (Westfalen), Univ., Diss., 2004

D 6
ISSN 0531-7312
ISBN 3-631-54061-2



www.peterlang.de

***Meinen Eltern***

# Vorwort

Die vorliegende Arbeit wurde von der Rechtswissenschaftlichen Fakultät der Westfälischen Wilhems-Universität zu Münster im Sommersemester 2004 als Dissertation angenommen. Rechtsprechung und Schrifttum zum französischen Verfassungsrecht sind auf dem Stand von Januar 2003, im Übrigen auf dem Stand von Oktober 2003.

Mein Dank für die Betreuung dieser Arbeit gilt Herrn Prof. Dr. Bodo Pieroth. Bedanken möchte ich mich bei ihm und auch bei den Mitarbeiterinnen und Mitarbeitern des Instituts für Öffentliches Recht und Politik außerdem für die stets angenehme Zusammenarbeit während meiner dortigen Tätigkeit.

Herrn Prof. Dr. Hans D. Jarass danke ich für die zügige Erstellung des Zweitgutachtens.

Dank gebührt ferner Frau Prof. Jacqueline Dutheil de la Rochère für die herzliche Aufnahme und die Betreuung während meines Forschungsaufenthalts an der Université Panthéon-Assas (Paris II). Gleiches gilt für den Deutschen Akademischen Austauschdienst (DAAD), der den Aufenthalt mit einem „Doktorandenstipendium im Rahmen des gemeinsamen Hochschulsonderprogramms III von Bund und Ländern" finanziell unterstützt hat.

Ich widme diese Arbeit meinen Eltern als Dankeschön für die vielen Möglichkeiten, die sie mir eröffnet, und für die Unterstützung, welche sie mir immer gewährt haben.

Münster, im März 2005

*Rainer Geesmann*

## Inhaltsverzeichnis

## Abkürzungsverzeichnis

Für nachfolgend nicht erläuterte Abkürzungen wird verwiesen auf das „Abkürzungsverzeichnis der Rechtsprache“ von Hildebert Kirchner und Cornelie Butz, 5. Aufl. Berlin 2003.

| | |
|---|---|
| A.N.C. | Assemblée Nationale Constituante |
| AJDA | Actualité juridique du Droit Administratif |
| AK-GG | Kommentar zum Grundgesetz, Reihe Alternativkommentare |
| C.C. | Conseil constitutionnel |
| C.E. | Conseil d'Etat |
| Erw. | Erwägung |
| GRCh | Charta der Grundrechte der Europäischen Union |
| HStR | Handbuch des Staatsrechts der Bundesrepublik Deutschland |
| J.O. | Journal Officiel (Amtsblatt der französischen Republik) |
| M.R.P. | Mouvement Republicain Populaire |
| Rec. | Receuil (Entscheidungssammlung des Conseil constitutionnel) |
| Rec. Lebon | Receuil Lebon (Entscheidungssammlung des Conseil d'Etat) |
| Rev. Adm. | Revue de Droit Administratif |
| RDP | Revue de Droit Public |
| REDP | Revue Européenne de Droit Public |
| RFDA | Revue Francaise de Droit Administratif |
| RFDC | Revue Francaise de Droit constitutionnel |
| RUDH | Revue Universelle des Droits de l'Homme |
| Vorb. | Vorbemerkungen |

# Einleitung

## I. Interesse und Verlauf der Untersuchung

Am 7. Dezember 2000 wurde zu Beginn des EU-Gipfels von Nizza die Charta der Grundrechte der Europäischen Union feierlich proklamiert. In dem mit ihrer Ausarbeitung beauftragten Gremium, dem Konvent, waren unter anderem Vertreter der 15 Mitgliedstaaten der Gemeinschaften anwesend – somit auch Vertreter Deutschlands und Frankreichs. Problematisch scheint für den Konvent vor allem die Niederlegung „sozialer Grundrechte" gewesen zu sein; im Konvent wurden die Debatten zu diesen Rechten äußerst strittig geführt.

Am Beispiel deutscher und französischer Konventsmitglieder gilt es zunächst herauszuarbeiten, inwieweit diese Schwierigkeiten im Konvent auch auf eine Beeinflussung der genannten Mitglieder durch ihr jeweiliges nationales Verfassungsrecht und dessen Handhabung „sozialer Grundrechte" zurückzuführen sind. Die nachweisbaren ausdrücklichen Rückgriffe französischer und deutscher Konventsmitglieder auf ihr nationales Verfassungsrecht zur Begründung ihrer Haltung im Konvent werfen dabei ein Licht auf bestimmte rechtliche Fragestellungen, die von Deutschen und Franzosen mit der, weil ausgesprochen unscharfen, noch näher zu präzisierenden Kategorie „soziale Grundrechte" assoziiert werden. Es sind dies vor allem Fragen nach denkbaren Wirkdimensionen bzw. Funktionen[1] „sozialer Grundrechte" – Fragen, welche es im Einzelnen aus den deutsch-französischen Konventsdebatten herauszukristallisieren gilt. Deutsche und Franzosen lassen sich in den Debatten des Konvents zur Niederlegung „sozialer Grundrechte" von diesen ihrem nationalen Verfassungsrecht entlehnten rechtlichen Fragestellungen, welche sie mit der Kategorie „soziale Grundrechte" assoziieren, und den insoweit vorhandenen Lösungsansätzen inspirieren. Das nationale Verfassungsrecht im weitesten Sinne, ob nun in Gestalt von bestimmten Verfassungstexten oder aber Entscheidungen der Rechtsprechung, wird so für deutsche und französische Konventsmitglieder zu einer Erkenntnis- bzw. Inspirationsquelle, welche die Konventsdebatten zu „sozialen Grundrechten" mit beeinflusst. Die deutsch-französische Debatte im Konvent ist so zwangsläufig auch von gewissen Verständigungsschwierigkeiten geprägt. Denn deutsche und

---

[1] Einen Überblick über verschiedene Grundrechtsfunktionen geben *Pieroth/Schlink*, Grundrechte, Rn 57 ff. Begriff der Dimension nach *Dreier* in: Dreier, GG, Band I, Vorb. Rn 43 ff., welcher der Sache nach aber mit dem der Funktionen identisch sein dürfte. Die Begriffe werden daher im Fortgang der Arbeit synonym verwandt; Gleiches gilt für den Begriff der Wirkdimension.

französische Konventsmitglieder werden mit der jeweils anderen, durch das nationale Verfassungsrecht beeinflussten Sichtweise zu den Wirkdimensionen bzw. Funktionen „sozialer Grundrechte" konfrontiert; einer Sichtweise, die ihnen offenbar nicht immer geläufig ist. Die voranstehend aufgezeigten Aspekte gilt es im Ersten Kapitel darzulegen.

Die in den Rückgriffen deutscher und französischer Konventsmitglieder auf ihr jeweiliges Verfassungsrecht aufgeworfenen rechtlichen Fragestellungen „sozialer Grundrechte" bestimmen Ziel und weiteren Verlauf der Untersuchung:

Es gilt, im Wege eines Rechtsvergleichs Unterschiede und Gemeinsamkeiten zwischen dem deutschen und dem französischen Verfassungsrecht in der Handhabung der im Konvent aufgeworfenen rechtlichen Fragestellungen „sozialer Grundrechte" herauszuarbeiten. Dazu wird zunächst das französische Verfassungsrecht untersucht (Zweites Kapitel). Im Anschluss daran erfolgt – unmittelbar rechtsvergleichend – die Untersuchung des deutschen Verfassungsrechts (Drittes Kapitel). Der Rechtsvergleich bleibt dabei im Wesentlichen auf diejenigen rechtlichen Fragestellungen „sozialer Grundrechte" beschränkt, welche die deutsch-französischen Konventsdebatten beherrscht haben. Es sei daher bereits an dieser Stelle darauf hingewiesen, dass die aus den Konventsdebatten noch herauszuarbeitenden rechtlichen Fragestellungen „sozialer Grundrechte" solche sind, die *grundsätzlich* denkbar und von deutschen und französischen Konventsmitgliedern auch problematisiert worden sind. Keinesfalls soll damit behauptet werden, sie seien die einzig denkbaren Fragestellungen, die die Kategorie „soziale Grundrechte" im Konvent, geschweige denn im deutschen oder französischen Verfassungsrecht aufgeworfen hat. Der Verfasser hat insoweit vielmehr eine im Wesentlichen an den deutsch-französischen Konventsdebatten orientierte Auswahl vorgenommen.

Die Untersuchung des deutschen und französischen Verfassungsrechts erlaubt zunächst, die Beiträge deutscher und französischer Konventsmitglieder zu erläutern, soweit sie auf ihr – im weitesten Sinne verstandenes – nationales Verfassungsrecht zurückgegriffen haben, um ihre Haltung im Konvent zu begründen. Darüber hinaus liefert die rechtsvergleichende Untersuchung Lösungsansätze für Fragen nach Wirkdimensionen bzw. Funktionen der in der Charta niedergelegten „sozialen Grundrechte". Es ist nämlich nicht auszuschließen, dass die rechtlichen Problemstellungen, welche im nationalen Verfassungsrecht mit der Kategorie sozialer Grundrechte assoziiert werden, auch für die sozialen Grundrechte der Charta von Relevanz sind. Die Ergebnisse des Rechtsvergleichs können die Lösung der dann aufkommenden Probleme bspw. für ein zukünftig mit der rechtlichen Sanktionierung der Chartavorschriften beauftragtes europäisches Gericht erleichtern. Denn ausweislich etwa des Absatzes 5 der Präambel der Charta ergeben sich die in ihr verbürgten Rechte zwar nicht ausschließlich, aber doch auch „aus den gemeinsamen Verfassungstraditionen...der Mitgliedsstaaten". Die Lösungsansätze des deutschen und französischen Verfassungsrechts zu den rechtlichen Problemstellungen sozialer Grundrechte sind dann ein Beispiel für eine derartige „gemeinsame Verfassungstradition" zweier Mitgliedstaaten, hier Deutschlands und Frankreichs. Darauf wird gegen Ende der Untersuchung einzugehen sein.

## II. Zur Vorgehensweise

Bereits in der Einleitung erscheinen einige Bemerkungen zur Vorgehensweise bei der Untersuchung angebracht:

Voranstehend war von Wirkdimensionen bzw. Funktionen sozialer Grundrechte die Rede. Nicht eine, sondern mehrere Funktionen bzw. Wirkdimensionen sozialer Grundrechte gilt es also zu untersuchen. Die Mehrzahl als Gegenstand der Untersuchung ist nicht nur geboten, weil die deutsch-französischen Konventsdebatten, wie zu zeigen sein wird, nicht nur um *eine* (denkbare) Wirkdimension „sozialer Grundrechte" kreisten. Die in Frage stehenden Funktionen bzw. Wirkdimensionen können darüber hinaus mit ihren verfassungsrechtlichen Problemfeldern zueinander in Beziehung gesetzt werden. Der Gewinn dieser Vorgehensweise ist die Verzahnung der verschiedenen rechtlichen Problemstellungen; der Preis ist der, dass die im jeweiligen nationalen Verfassungsrecht in der Rechtsprechung entfalteten und im Schrifttum diskutierten Funktionen bzw. Dimensionen sozialer Grundrechte nicht allumfassend kritisch hinterfragt oder gar durch eine Neukonzeption ersetzt werden können. Rechtsvergleichend zu arbeiten bedeutet hier, bestimmte Eigenheiten des jeweiligen Verfassungsrechts in seiner Handhabung „sozialer Grundrechte" herauszuarbeiten, die möglichen Ursachen für eine so und nicht anders erfolgte Handhabung aufzuzeigen, sie als gegeben zu akzeptieren und dann aus dem Rechtsvergleich den Erkenntnisgewinn für die zukünftige Auslegung der „sozialen Grundrechte" der Charta zu ziehen. Indes will sich der Verfasser bewusst nicht auf eine unkritische Wiedergabe der Rechtsprechung der nationalen Verfassungsgerichte und den Äußerungen des jeweiligen Schrifttums beschränken. Wo er glaubt, Schwächen des Schrifttums in der Argumentation, vor allem aber in der Interpretation der Entscheidungen des jeweiligen Verfassungsgerichts aufzeigen zu müssen, erfolgt eine kritische Auseinandersetzung. Man kann diese Vorgehensweise daher als eine kritisch-analytische Berichterstattung aus dem jeweiligen nationalen Verfassungsrecht begreifen.

Wer die Handhabung „sozialer Grundrechte“ im deutschen und französischen Verfassungsrecht rechtsvergleichend untersucht, und damit sei der nächste Hinweis zur Vorgehensweise formuliert, kommt nicht umhin, zumindest für das dem Leser in seinen Einzelheiten in der Regel wohl nicht vollständig geläufige französische Verfassungsrecht diejenigen seiner verfassungsrechtlichen Charakteristika herauszuarbeiten, deren Kenntnis für das Verständnis der Untersuchung „sozialer Grundrechte“ im französischen Verfassungsrecht unabdingbar ist. Verfassungsgeschichtliche Bezüge französischer Grundrechtskontrolle sowie Kontrollkompetenzen und Entscheidungsstil des französischen Verfassungsgerichts sollen daher insoweit dargestellt werden, als dies für das Verständnis der höchstrichterlichen Entscheidungen zu den „sozialen Grundrechten“ der französischen Verfassung und der einschlägigen Äußerungen im französischen Schrifttum hilfreich ist: Die Darstellung des Allgemeinen bereitet so die Grundlage für die Untersuchung des Besonderen vor. Die dabei gewonnenen Erkenntnisse können dann bei der rechtsvergleichenden Untersuchung der Handhabung „sozialer Grundrechte“ im deutschen Verfassungsrecht verwertet werden. Denn die unmittelbar rechtsvergleichende Untersuchung des deutschen Verfassungsrechts wird erst verständlich, wenn zuvor die grundsätzlichen Eigenheiten des deutschen Verfassungsrechts, insoweit vor allem die verfassungsgeschichtlichen Bezüge der gerichtlichen Kontrolle der Grundrechte des Grundgesetzes, dargestellt und dem historischen Hintergrund des französischen Verfassungsrechts gegenübergestellt wurden.

# Erstes Kapitel: Die sozialen Grundrechte in der Charta der Grundrechte der Europäischen Union

## I. Der historische Kontext der Charta[2]

Im Folgenden gilt es, den historischen Kontext der Charta darzulegen. Dazu wird die Charta zunächst in den bisherigen Rahmen des Grundrechtsschutzes innerhalb der Gemeinschaften bzw. der Europäischen Union eingeordnet. Im Anschluss daran wird die Genese der Charta selbst geschildert. Dabei soll ein besonderes Augenmerk auf die Arbeitsweise des mit ihrer Ausarbeitung beauftragten Gremiums, des Konvents, gerichtet werden: Denn nur in Kenntnis dieser Arbeitsweise wird im weiteren Verlauf der Untersuchung verständlich werden, wie es im Konvent zum Aufeinandertreffen des jeweiligen nationalen Verständnisses sozialer Grundrechte mit den daraus resultierenden Problemen für die Arbeit des Konvents kommen konnte. Es folgt ein kurzer Überblick über den Diskussionsstand zur Frage der Rechtsverbindlichkeit der Charta. Die Vorstellung der zentralen Normen der Charta schließt die Darstellung des historischen Kontextes ab.

### 1. Der Grundrechtsschutz im Rahmen der Gemeinschaften/ der Europäischen Union

Die Charta der Grundrechte der Europäischen Union wurde am 7. Dezember 2000 zu Beginn des EU-Gipfels von Nizza von Rat, Europäischem Parlament und Kommission unterzeichnet. Mit ihren 54 Artikeln ist sie das Ergebnis eines fast ¾-jährigen Ausarbeitungsprozesses.

In der Geschichte der Europäischen Union und der Gemeinschaften mangelt es nicht an Versuchen, Grundrechten auf europäischer Ebene zu stärkerer Geltung zu verhelfen und – wenn möglich – sie zu kodifizieren. Am Anfang dieser Versuche steht die – rechtlich nicht verbindliche – Erklärung von Rat, Kommission und Parlament vom 5. April 1977.[3] Sie stellt die erste förmliche Anerken-

---

[2] Soweit im Fortgang der Arbeit von der „Charta" die Rede ist, ist die „Charta der Grundrechte der Europäischen Union" gemeint, wie sie im AblEG 2001 C 364/1 veröffentlicht ist. Der Text der Charta mit den Erläuterungen des Präsidiums ist ferner wiedergegeben in EuGRZ 2001, S. 554 – 570. Chartatext auch veröffentlicht in Sonderbeilagen zu NJW 2000, Heft 49, und EuZW 2000, Heft 23.

[3] AblEG 1977 Nr. C 103 S. 1. Wiedergegeben ferner in EuGRZ 1977, S. 157.

nung des Grundrechtsschutzes auf Gemeinschaftsebene durch Gemeinschaftsorgane dar.[4] In rechtlicher Hinsicht erlangte sie allenfalls Relevanz, indem der EuGH sie bei der Begründung seiner Grundrechtsrechtsprechung vereinzelt erwähnte.[5] Es folgten weitere Erklärungen von Organen der Gemeinschaften; beispielhaft zu nennen sind insoweit eine Entschließung des Europäischen Parlaments vom 27. April 1979[6], dessen Verfassungsentwurf einer Europäischen Union vom 14. Februar 1984[7] sowie die Erklärung des Europäischen Parlaments vom 12. April 1989.[8] Diesen Erklärungen gemeinsam ist ein Bekenntnis zur Geltung von Grundrechten auf europäischer Ebene; juristisch kommt ihnen jedoch keine Bindungswirkung zu.[9]

Während die hier beschriebenen und andere[10] Erklärungen letztlich nicht mehr als juristisch unverbindliche Willensäußerungen darstellten, gelang mit der Formulierung des Art. F Abs. II S. 2 EUV (dem jetzigen Art. 6 Abs. II EU) erstmals eine vertraglich angeordnete Bindung der Union an die Grundrechte, über deren Einhaltung nach Art. 46 lit. d EU der EuGH wacht. Zu erwähnen ist daher neben den beschriebenen Organerklärungen die Grundrechtsjudikatur des EuGH, die mit der Entscheidung „Stauder"[11] aus dem Jahre 1969 ihren Anfang nahm und sich seitdem kontinuierlich verdichtete.[12] So entwickelte sich ein richterrechtlicher Grundrechtsschutz, dem mit dem jetzigen Art. 6 Abs. II EU ein normativer Anknüpfungspunkt zur Verfügung steht.[13] Dabei kann festgestellt werden, dass gerade in den Lebensbereichen eine umfangreiche Grundrechtsjudikatur entstanden ist, in denen die Gemeinschaften in der Vergangenheit kraft der ihnen zugewiesenen Kompetenzen verstärkt rechtsetzend und rechtsanwendend tätig geworden und auch gegenwärtig tätig sind. Ursache hierfür ist, dass eine in bestimmten Regelungsbereichen vermehrt auftretende Regelungstätigkeit zwangsläufig zu Konflikten mit grundrechtlich geschützten Positionen führen

---

4 *Chwolik-Lanfermann*, Grundrechtsschutz in der Europäischen Union, S. 85.

5 Nachweise bei *Chwolik-Lanfermann*, Grundrechtsschutz in der Europäischen Union, S. 86.

6 Abgedruckt in EuGRZ 1979, 275.

7 Abgedruckt in *Schwarze/Bieber*, Eine Verfassung für Europa, S. 322 ff.

8 AblEG 1989 C 120/51. Wiedergegeben ferner in EuGRZ 1989, S. 205 ff.

9 Zu diesen und anderen Erklärungen *Weber*, NJW 2000, S. 537 (537).

10 Weitere Erklärungen/Initiativen beschreibt *Chwolik-Lanfermann*, Grundrechtsschutz in der Europäischen Union, S. 84 – 92.

11 EuGH, Slg. 1969, 419 (425).

12 *Kingreen*, JuS 2000, S. 857 (857). Ausführlich zur Entwicklung der Grundrechtsjudikatur des EuGH *ders.* in: Calliess/Ruffert, EU, Art. 6 Rn 16 ff., ferner *Schwarze-Stumpf*, EU-Kommentar, Art. 6 Rn 16 ff.

13 *Kingreen*, JuS 2000, S. 857 (859).

muss.[14] So verwundert es wenig, dass beispielsweise das Grundrecht auf Eigentum, die Berufsfreiheit oder aber der allgemeine Gleichheitssatz heute zum beständigen und am weitesten ausgeformten Inventar der Grundrechtsjudikatur des EuGH zählen[15]: Denn gerade im Bereich des Wirtschaftsrechts ist die kompetenzielle Verdichtung des Gemeinschaftsrechts am weitesten fortgeschritten[16]; entsprechend häuften sich in der Vergangenheit in diesem Bereich konfliktträchtige Berührungspunkte zwischen grundrechtlichem Schutzbedürfnis der Unionsbürger einerseits und regelnder Betätigung der Gemeinschaften andererseits. Umgekehrt findet sich dagegen in den Lebensbereichen, zu deren Regelung es den Gemeinschaften an Kompetenzen fehlt, eine schwach bis gar nicht ausgeprägte Grundrechtsjudikatur. Beispielhaft zu nennen sind insoweit die Glaubens- und Versammlungsfreiheit, aber auch die Freiheit von Forschung und Lehre.[17] Jedenfalls ist zusammenfassend festzustellen, dass der EuGH Grundrechte schützt, sich dabei aber im Hinblick auf Nachvollziehbarkeit und Systematik seiner Urteilsfindung zum Teil negativer Kritik durch die rechtswissenschaftliche Lehre ausgesetzt sieht.[18]

Schließlich sei noch auf die in der Vergangenheit wiederholt erhobene Forderung hingewiesen, die Gemeinschaften sollten der Europäischen Konvention zum Schutze der Menschenrechte und Grundfreiheiten beitreten (EMRK), um so eine Grundrechtsbindung der Organe der Gemeinschaften sicherzustellen.[19] Unter Berufung auf die insoweit fehlende Zuständigkeit der Gemeinschaften erklärte der EuGH in einem Gutachten aus dem Jahre 1996 einen Beitritt für unzulässig.[20] Ein Beitritt der Union zur EMRK ist dann auch bis zum gegenwärtigen Zeitpunkt nicht erfolgt. Wenn auch die Gemeinschaften nicht unmittelbar an die EMRK gebunden sind, so kommt dieser in der Grundrechtsjudikatur des EuGH die Funktion einer „Rechtserkenntnisquelle" zu, welche ihm die Konturierung der Grundrechtsgeltung auf der Ebene des Gemeinschaftsrechts erlaubt.[21]

---

14 *Kühling* in: Europäisches Verfassungsrecht, S. 583 spricht von einer Vermehrung der „grundrechtlichen Reibungsflächen" als Folge der Ausweitung der Kompetenzen der Gemeinschaften.

15 Zu den erstgenannten Grundrechten ausführlich *Kingreen* in: Calliess/Ruffert, EU, Art. 6 Rn 128 ff.; zum Gleichheitssatz *ders.* in: Calliess/Ruffert, EU, Art. 6 Rn 170 ff.

16 Vgl. nur Art. 32 – 60 EG, Art. 83, Art. 94/95 EG.

17 *Kingreen* in: *Calliess/Ruffert*, EU, Art. 6 Rn 113 f., 125 ff.

18 Exemplarisch insoweit *Kingreen*, JuS 2000, S. 867 (860, 863); *Calliess*, EuZW 2001, S. 261 (262).

19 *Winkler*, Der Beitritt der Europäischen Gemeinschaften zur Europäischen Menschenrechtskonvention, S. 36 ff., gibt einen Überblick über die verschiedenen Initiativen.

20 Gutachten 2/94 in Slg. 1996, I 1759 (1762).

21 Zu dieser Rechtserkenntnisquelle und deren Funktion in der Grundrechtsjudikatur des EuGH vgl. *Kingreen* in: Calliess/Ruffert, EU, Art. 6 Rn 33 ff.

Die Debatten um den Beitritt der Union zur EMRK, die verschiedenen Initiativen zur Kodifizierung von Grundrechten auf europäischer Ebene und nicht zuletzt die sich verdichtende Grundrechtsjudikatur des EuGH sind Anzeichen für ein vermehrtes Bedürfnis nach grundrechtlichem Schutz auch und gerade gegen Handlungen, die den Organen der Gemeinschaften zuzurechnen sind. In den hier skizzierten bisherigen Rahmen des Grundrechtsschutzes auf Gemeinschaftsebene ist die Genese der Charta einzuordnen.

## 2. Die Genese der Charta

### a) Die Beschlüsse von Köln und Tampere

Den Ausgangspunkt der Genese der Charta markiert der Beschluss des Europäischen Rates[22] von Köln vom 4. Juni 1999 (sog. Mandat von Köln). Dieser Beschluss beauftragt ein „Gremium..., das aus Beauftragten der Staats- und Regierungschefs sowie des Präsidenten der Europäischen Kommission sowie Mitgliedern des Europäischen Parlaments und der nationalen Parlamente besteht", mit der Ausarbeitung eines Entwurfes einer Grundrechtscharta, „um die überragende Bedeutung der Grundrechte und ihre Tragweite für die Unionsbürger sichtbar zu verankern".[23] Mit dem letzten Satz benennt das Mandat von Köln einen der zentralen Gründe für die Ausarbeitung der Charta: Welche Grundrechte im Einzelnen mit welcher Reichweite auf der Gemeinschaftsebene gelten, sollte in einem zusammenhängenden Textkörper fixiert werden. Das Bedürfnis für einen dergestalt „sichtbaren" Grundrechtskatalog dürfte sich vor allem daraus erklären, dass mit Art. 6 Abs. II EU zwar die Bindung der Gemeinschaften an die Grundrechte sichergestellt ist, es im Einzelfall aber in der Grundrechtsjudikatur des EuGH, die in der genannten Vorschrift ihren normativen Anknüpfungspunkt findet, oftmals im Unklaren verbleibt, welche Reichweite dem Schutzbereich und den Schranken der vom EuGH vermittels einer „Methode wertender Rechtsvergleichung" ermittelten Gemeinschaftsgrundrechten zukommt.[24] Zwar verweist Art. 6 Abs. II EU auf einen zusammenhängenden, textlich fassbaren Grundrechtskatalog: die EMRK. Doch sollen sich die Gemeinschaftsgrundrechte gemäß dieser Norm auch – kumulativ („und") – „aus den gemeinsamen Verfassungsüberlieferungen der Mitgliedstaaten ergeben". Um eine derartige „gemeinsame Verfassungsüberlieferung" zu ermitteln, geht der EuGH in aller Regel nicht rechtsvergleichend vor, sondern beschränkt sich auf die Feststellung, das in Frage stehende Grundrecht werde in den Mitgliedstaaten anerkannt (daher der inzwischen

22 Gemeint ist der Europäische Rat, wie ihn Art. 4 EU beschreibt.

23 Volltext des Beschlusses wiedergegeben in EuGRZ 1999, S. 365 (365 f.).

24 Vgl. dazu *Calliess*, EuZW 2001, S. 261 (262).

eingebürgerte Begriff der „wertenden Rechtsvergleichung“).[25] Diese Vorgehensweise hat vor allem im deutschen Schrifttum immer wieder Kritik erfahren. Die dem EuGH durch Art. 6 Abs. II EU zwangsläufig aufgedrängte Methode der „wertenden Rechtsvergleichung“ bewirke ein rechtsstaatliches Defizit[26], da in Ermangelung eines klaren Grundrechtskatalogs das im Einzelfall geltende Grundrecht vom EuGH oftmals nur als geltend behauptet werde.[27] Abs. IV der Präambel der Charta greift den hier geschilderten zentralen Beweggrund für die Ausarbeitung der Charta auf, indem er in Anlehnung an das Mandat von Köln formuliert, dass es gelte, „den Schutz der Grundrechte zu stärken, indem sie in einer Charta sichtbarer gemacht werden“.

Als inhaltliche Vorgaben für den zu erstellenden Chartatext und damit als „Rechtsschöpfungsquellen“ des Gremiums benennt das Mandat von Köln die EMRK sowie die gemeinsamen Verfassungsüberlieferungen der Mitgliedstaaten als allgemeine Grundsätze des Gemeinschaftsrechts. Ferner erwähnt sind die den Unionsbürgern zustehenden Rechte. Schließlich sollen auch wirtschaftliche und soziale Rechte berücksichtigt werden, wie sie in der europäischen Sozialcharta[28] und in der Gemeinschaftscharta der sozialen Grundrechte der Arbeitnehmer[29] enthalten sind. Der Beschluss äußert sich auch zur Frage einer möglichen Rechtsverbindlichkeit des dann erstellten Chartatextes: Erst nach dessen feierlicher Proklamation werde „...zu prüfen sein, ob und gegebenenfalls auf welche Weise die Charta in die Verträge aufgenommen werden sollte“.[30] Fehlten in dem Beschluss des Europäischen Rates von Köln noch detaillierte Ausführungen zur Zusammensetzung und Arbeitsweise des beauftragten „Gremiums“, so formulierte der Beschluss des Europäischen Rates von Tampere (Finnland) am 15. und 16. Oktober 1999 dahingehende Vorgaben.[31] Neben den bereits oben genannten Personen sollten Vertreter des EuGH, des Europarates sowie des EGMR als Beobachter im Gremium anwesend sein.[32] Der Beschluss enthielt darüber hinaus

---

[25] *Kingreen*, JuS 2000, S. 857 (859) m.w.N.

[26] So *Calliess*, EuZW 2001, S. 261 (262); *ders.* in: Europäische Grundrechte und Grundfreiheiten, § 19 Rn 1.

[27] *Kühling* in: Europäisches Verfassungsrecht, S. 590, spricht von einer unklaren „Konkretisierungsmethode“ des EuGH bei der Ermittlung des jeweiligen Grundrechts.

[28] BGBl 1964 II S. 1262. Siehe auch Satorius II, Nr. 115.

[29] KOM (89) 248 endg. Siehe auch Satorius II, Nr. 190.

[30] Vgl. EuGRZ 1999, S. 365 (365 f.).

[31] Volltext des Beschlusses wiedergegeben in EuGRZ 1999, S. 615.

[32] Eine Aufzählung der dann später tatsächlich anwesenden Personen ist in EuGRZ 2000, S. 570 f. wiedergegeben; dabei wird neben dem Namen auch – zumindest was die Vertreter des Europäischen Parlaments anbelangt – die jeweilige fraktions- bzw. parteipolitische Zugehörigkeit auf europäischer Ebene genannt; Gleiches gilt für die Nationalität der in den Konvent entsandten Parlamentarier der Mitgliedstaaten. Namensliste ebenfalls wiedergegeben in: Die Charta der Grundrechte der EU, Berichte und Dokumentation, S. 63 f.

Vorgaben zum Arbeitsverfahren des Gremiums. Hervorzuheben ist insoweit das Transparenzgebot in Punkt B. II. des Beschlusses, welches die grundsätzliche Öffentlichkeit von Sitzungen und Dokumenten des Gremiums postuliert.

### b) Zusammensetzung und Arbeitsweise des Konvents

Die durch die Beschlüsse von Köln und Tampere sowohl in inhaltlicher als auch verfahrenstechnischer Hinsicht vorbestimmten Arbeiten des Gremiums begannen am 17. Dezember 1999 mit einer ersten konstituierenden Sitzung. Dieser folgten siebzehn weitere Sitzungen; die letzte fand am 2. Oktober 2000 statt.[33] Auf der zweiten Sitzung vom 1. Januar 2000 gab sich das beauftragte Gremium den Namen „Konvent".[34] Zu dessen Vorsitzenden wurde *Roman Herzog*, ehemaliger Präsident des Bundesverfassungsgerichts und der Bundesrepublik Deutschland, gewählt. Gleichzeitig hatte er die Funktion des Vertreters der deutschen Bundesregierung im Konvent inne. Als sein Stellvertreter fungierte der Franzose *Guy Braibant*, gleichzeitig persönlicher Beauftragter des französischen Präsidenten und des französischen Premierministers im Konvent.[35] Für seine beiden zuletzt genannten Funktionen war *Dutheil de la Rochère* als Stellvertreterin vorgesehen.[36] Insgesamt verfügte der Konvent über 62 Mitglieder: 15 persönliche Beauftragte der Staats- und Regierungschefs der Mitgliedstaaten, 16 Mitglieder des Europäischen Parlaments, 30 Mitglieder der nationalen Parlamente sowie ein Mitglied der Kommission.[37] Somit finden sich im Wesentlichen vier verschiedene Gruppen im Konvent: Vertreter der nationalen Exekutiven, der nationalen Parlamente, des Europäischen Parlaments und ein Vertreter der europäischen Exekutive. Deutschland entsandte für Bundestag und Bundesrat je zwei Vertreter[38]; Frankreich verfuhr gleichermaßen für Assemblée Nationale und Sénat.[39] Die Mehrzahl der Vertreter Deutschlands und Frankreichs sind dabei ausgebildete Juristen und vereinzelt als Rechtsanwälte oder Professoren tä-

33 *Engels/Meyer* in: Die Charta der Grundrechte der EU, Berichte und Dokumentationen, S. 13.

34 *Hilf*, Sonderbeilage zu NJW, EuZW, NVwZ und JuS 2000, S. 5 (5). Die Bezeichnung „Konvent" meint, wenn sie im Fortgang dieser Arbeit benutzt wird, das mit der Ausarbeitung der Charta beauftragte Gremium in seiner hier beschriebenen Zusammensetzung.

35 Vgl. *Bernsdorff/Borowsky*, Protokolle, S. 47.

36 Vgl. *Bernsdorff/Borowsky*, Protokolle, S. 98.

37 *Hilf*, Sonderbeilage zu NJW, EuZW, NVwZ und JuS 2000, S. 5 (5).

38 Für den Bundestag *Jürgen Meyer* (SPD) und dessen Stellvertreter *Peter Altmaier* (CDU), für den Bundesrat *Jürgen Gnauck* (CDU) und dessen Stellvertreter *Wolf Weber* (SPD): vgl. *Bernsdorff/Borowsky*, Protokolle, S. 47.

39 Für die Assemblée Nationale *Hubert Haenel* und dessen Stellvertreterin *Nicole Ameline*; für den Sénat *Francois Loncle* und dessen Stellvertreterin *Marie-Madeleine Dieulangard*: vgl. *Bernsdorff/Borowsky*, Protokolle, S. 95 sowie S. 102 ff. (dort zur Zugehörigkeit zur Assemblée Nationale bzw. zum Sénat).

tig.[40] Von den im Konvent vertretenen Abgeordneten des Europäischen Parlaments waren immerhin sechs französischer und fünf deutscher Nationalität.[41]

Geleitet wurden die Arbeiten des Konvents von einem „Präsidium“, zusammengesetzt aus Mitgliedern des Konvents, nämlich *Roman Herzog* in seiner Eigenschaft als Vorsitzender, drei Vize-Präsidenten (je ein Vertreter der 15 persönlichen Beauftragten, ein Vertreter der Repräsentanten des Europäischen Parlaments und ein Vertreter der Repräsentanten der nationalen Parlamente) sowie ein Vertreter der Kommission.[42] Dieses Präsidium erarbeitete zu einzelnen Grundrechten Textvorschläge; gleichzeitig reichten die übrigen Mitglieder des Konvents entweder in Gruppen oder aber vereinzelt immer wieder Änderungsvorschläge ein. Unterstützt wurden sie hierbei von einer Arbeitsgruppe, „taskforce“ genannt, welche redaktionelle Arbeiten auf Weisung des Präsidiums oder aber des Konvents ausführte.[43] Innerhalb des Konvents fehlte es an einer Hierarchie. So bemerkt *Braibant*: „...le vrai pouvoir appartenait à la Convention [Konvent] qui comprenait tous les membres et qui respectait entre ceux-ci un principe d'égalité absolue; nous avions tous le même statut...“.[44] So prägte denn auch das Verfahren der Kompromissfindung, das ständige Suchen nach einem Konsens die Arbeitsweise des Konvents[45]; in der Regel wurde nicht abgestimmt.[46] Um dem im Beschluss von Tampere formulierten Transparenzgebot gerecht zu werden, waren (und sind) ein Großteil der Konventsdokumente im Internet abrufbar.[47] Diese umfassende Dokumentation erlaubte es Außenstehenden, jederzeit in verschiedenste Dokumente Einblick zu nehmen: Von Textvorschlägen des Präsidiums über Änderungsanträge einzelner Konventsmitglieder

---

[40] So die Konventsmitglieder *Altmaier, Braibant, Dutheil de la Rochère* (Professoren), *Gnauck* (RA), *Haenel, Herzog, Meyer* (Professoren): Vgl. die Nachweise bei *Bernsdorff/ Borowsky*, Protokolle, S. 100 ff.

[41] Vgl. die Namensliste mit Nennung der nationalen Zugehörigkeiten in EuGRZ 2000, S. 570 (570).

[42] Die Namen der jeweiligen Mitglieder des Präsidiums nennen *Alber/Widmaier*, EuGRZ 2000, S. 497 (497).

[43] Ausführlich zur hier beschriebenen Arbeitsweise des Konvents *Braibant*, Droit Social, N° 1 janvier 2001, S. 69 (70 – 72); *Alber/Widmaier*, EuGRZ 2000, S. 497 (497 f.) sowie *Bernsdorff/Borowsky*, Protokolle, S. 48 ff.

[44] *Braibant*, Droit Social, N° 1 janvier 2001, S. 69 (71). Einfügung durch den Verfasser.

[45] *Braibant*, Droit Social, N° 1 janvier 2001, S. 69 (71); *ders.*, REDP, N° 1 printemps 2002, S. 21 (22); *Bernsdorff/Borowsky*, Protokolle, S. 52 f.

[46] *Braibant* in: Assemblée Nationale, colloque vom 26. 4. 2000, S. 25.

[47] Internet-Adresse: http://www.consilium.eu.int/df/default.asp?lang=de. Die im weiteren Verlauf der Arbeit unter der Bezeichnung „Charte+jeweilige Numerierung“ zitierten Konventsdokumente sind unter dieser Internetadresse abrufbar. Sie wurden vom Verfasser am 2. Februar 2001 um 11.00 Uhr abgerufen. Soweit Konventsdokumente ausnahmsweise im Druck veröffentlicht worden sind, werden an gegebener Stelle die entsprechenden Nachweise gebracht.

bis hin zu Stellungnahmen oder Verbesserungsvorschlägen nicht-gouvernementaler Organisationen, Gewerkschaften, Kirchen oder aber einzelner Bürger waren so die Arbeitsbeiträge verschiedenster gesellschaftlicher, politischer und juristischer Gruppen zugänglich.

## 3. Zur Frage der Rechtsverbindlichkeit der Charta

Was die bereits durch den Beschluss von Köln angesprochene Frage der zukünftigen Rechtsverbindlichkeit der Charta anbelangt, so ist festzustellen, dass die Charta zum gegenwärtigen Zeitpunkt kein geltendes Recht ist. Darüber zu befinden lag indes auch nicht im Rahmen der Befugnisse des Konvents; insoweit waren die durch den Beschluss von Köln gemachten Vorgaben unmissverständlich. Auch der Rat von Nizza hat sich zunächst auf eine „feierliche Proklamation" der Charta beschränkt; eine wie auch immer geartete Rechtsverbindlichkeit kommt ihr dadurch aber nicht zu.[48] Daher hat sich der Konvent bemüht, den Chartatext so zu formulieren, dass er jederzeit Rechtsverbindlichkeit erlangen kann; eine Vorgehensweise, die von *Herzog* und *Braibant* als „Als-Ob-Theorie" bezeichnet wird.[49] Entgegen dem eindeutigen Wortlaut des Mandats von Köln und dem voranstehend geschilderten Willen des Konvents hat sich das Schrifttum unmittelbar nach der Proklamation der Charta bemüht, Wege aufzuzeigen, dieser zu rechtlicher Relevanz zu verhelfen. So sei die Charta ein „auf die Strukturen des Gemeinschaftsrechts zugeschnittenes Konzentrat der gemeinsamen Verfassungsüberlieferungen der Mitgliedstaaten" im Sinne des Art. 6 Abs. II EU; bei Zugrundelegung dieses Verständnisses könne die Charta demnächst in die Grundrechtsjudikatur des EuGH einfließen.[50] Andere sehen in ihr einen möglichen Kontrollmaßstab für die durch den EuGH anhand des Art. 6 Abs. II EU gewonnenen Ergebnisse.[51] So verstanden, sei die Charta eine „Orientierungshife" des mit der Anwendung des Art. 6 Abs. II EU befaßten EuGH.[52] Auch in den Plädoyers der Generalanwälte beim EuGH finden sich vermehrt Bezugnahmen auf die Charta, um die artikulierte Rechtsauffassung zu bekräftigen.[53] Entscheidungen des EuG 1. Instanz aus jüngster Zeit scheinen sich an diesen Plädoyers orientiert zu haben. In ihnen wird die Charta als „Be-

---

48 Zutreffend *Calliess*, EuZW 2001, S. 261 (267); *Ehlers*, JURA 2002, S. 468 (471); *Leutheusser-Schnarrenberger*, ZRP 2002, S. 329 (331).

49 *Herzog*, Bitburger Gespräche 2001, S. 7 (8); *Braibant*, Charte 4959/00, S. 24. Vgl. auch *Bernsdorff/Borowsky*, Protokolle, S. 51.

50 *Kingreen* in: Calliess/Ruffert, EU, Art. 6 Rn 40b, 42.

51 *Grabenwarter*, DVBl 2001, S. 1 (11); *Calliess*, EuZW 2001, S. 261 (267).

52 *Schmitz*, JZ 2001, S. 833 (835).

53 Exemplarisch insoweit Schlussantrag GA *Alber*, EuGH, Slg. 2001, I-4109 Rn 94. Weitere Beispiele bei *Kingreen* in: Calliess/Ruffert, EU, Art. 6 Rn 35 Fn 90; *Dutheil de la Rochère*, REDP, N° 1 printemps 2002, S. 227 (228 ff.).

kräftigung" bestimmter Grundrechte, die den Verfassungstraditionen der Mitgliedstaaten gemeinsam seien, gewertet.[54]

Die voranstehend geschilderten Bemühungen von Schrifttum und Rechtsprechung, der Charta bereits mit ihrer Proklamation rechtliche Relevanz zuzusprechen, erscheinen nicht nur vor dem Hintergrund des unmissverständlichen Willens des Konvents verfrüht. Denn nähere Erkenntnisse zum zukünftigen rechtlichen Status der Charta wird eine für das Jahr 2004 geplante Regierungskonferenz bringen. Diese wird sich mit dem vom „Konvent zur Zukunft Europas" im Juni 2003 vorgelegten Textentwurf für einen „Vertrag über eine Verfassung für Europa" befassen müssen. Der „Konvent zur Zukunft Europas" war durch die Erklärung der Staats- und Regierungschefs der Europäischen Union auf dem Gipfel des Europäischen Rates von Laeken am 14./15. 12. 2001[55] eingesetzt worden. Kraft der Erklärung von Laeken war besagter Konvent auch gehalten, über die zukünftige Funktion und den rechtlichen Stellenwert der Charta zu debattieren.[56] Der im Juni 2003 vorgelegte Entwurf des Konvents sieht vor, die Charta vollständig in einen gesonderten „Teil II" des Verfassungsvertrags zu übernehmen.[57] Dieser jüngste und die ihm vorausgegangenen Entwürfe[58] zeigen, dass die Charta in dem Zeitraum, in dem diese Arbeit abgefasst wurde, auf dem besten Weg war und ist, verbindliches Recht der Europäischen Union zu werden.

---

[54] So ausdrücklich EuG 1. Instanz, Urteil vom 30. 1. 2002, EuZW 2002, S. 186 (186, 187, 189) betreffend das „Recht auf eine gute Verwaltung" (Art. 41 GRCh) und das „Recht auf einen wirksamen Rechtsbehelf" (Art. 47 GRCh). Vgl. zu diesem Urteil die Anmerkung von *Nowak*, EuZW 2002, S. 191 (191 f.). Ebenfalls unter Berufung auf Art. 47 GRCh EuG 1. Instanz, Urteil vom 3. 5. 2002, NJW 2002, S. 2088 (2089 f.).

[55] „Erklärung von Laeken" vom 15. 12. 2001; mit den zur Charta einschlägigen Passagen wiedergegeben bei *Bernsdorff/Borowsky*, Protokolle, S. 66.

[56] Vgl. die „Erklärung von Laeken" (wie Fn 55). Zu weiteren vom Konvent zu klärenden Problemstellungen sowie zur Zusammensetzung und Arbeitsweise des Konvents, die sich eng an der des Konvents zur Erarbeitung der Charta orientierte, vgl. *Riedel* in ZRP 2002, S. 241 ff. sowie *Schwarze* in NJW 2002, S. 993 ff.

[57] Entwurf des Verfassungsvertrags wiedergegeben in EuGRZ 2003, S. 358 ff. „Teil II" des Verfassungsvertrages mit der inkorporierten Charta a.a.O., S. 369 ff.

[58] Vgl. etwa Art. 6 des Entwurfes für einen „Vertrag über eine Verfassung für Europa", wiedergegeben in FAZ vom 29. Oktober 2002, S. 8.: Übernahme der Charta entweder in den Verfassungsvertrag selbst oder als Protokoll zu diesem. Zu diesem und weiteren Entwürfen, welche den zukünftigen Status der Charta betreffen und von der Arbeitsgruppe II („Einbeziehung der Charta/Beitritt zur EMRK") des „Konvent[s] zur Zukunft Europas" formuliert wurden, vgl. *Pietsch*, ZRP 2003, S. 1 (2 ff.).

## 4. Der Normtext der Charta

Nach einer recht umfangreichen Präambel am Anfang des Chartatextes folgen die 54 Artikel der Charta, verteilt auf sieben Kapitel: Kapitel I – Würde des Menschen, Kapitel II – Freiheiten, Kapitel III – Gleichheit, Kapitel IV – Solidarität, Kapitel V – Bürgerrechte, Kapitel VI – Justizielle Rechte, Kapitel VII – Allgemeine Bestimmungen. Jedes Kapitel enthält eine Fülle von Rechtsverbürgungen, welche hier aber nicht im einzelnen aufgezählt werden sollen. Den einzelnen Grundrechten sind jeweils Erläuterungen des Präsidiums zur Seite gestellt.[59] Diese Erläuterungen wurden ausschließlich unter Federführung des Präsidiums ausgearbeitet; sie standen nicht zur Abstimmung im Konvent.[60] Nach ausdrücklicher Formulierung des Präsidiums sollte ihnen keine „Rechtswirkung" zukommen; sie sollten allenfalls der „Verdeutlichung der Chartabestimmungen" dienen.[61] Sie sind also nicht Bestandteil der Chartavorschriften. Indes dürften sie, die zukünftige Verbindlichkeit der Charta unterstellt, einem dann zuständigen Gericht als Auslegungshilfe dienen, als „exposé des motifs ou...commentaire autorisé".[62] Aus methodischer Sicht werden sie dem zukünftigen Rechtsanwender als „Gesetzgebungsmaterialien" bei der genetischen Auslegung der GRCh behilflich sein, welche Rückschlüsse auf die „Regelungsabsicht, Zwecke und Normvorstellungen des historischen Gesetzgebers" zulassen.[63]

Einige allgemeine Bestimmungen des Kapitels VII verdienen eine nähere Betrachtung. Es sind dies vor allem solche Vorschriften, die in erster Line mögliche Kollisionen mit mitgliedstaatlichen Grundrechtsordnungen regeln wollen und damit Auskunft über den Anwendungsbereich der Charta geben. Art. 51 Abs. I S. 1 GRCh bestimmt hierfür die Grundrechtsverpflichteten oder Grundrechtsgebundenen.[64] Dieser Vorschrift zufolge binden die Charta-Grundrechte die „Organe und Einrichtungen der Union". Im Schrifttum wird zu Recht auf die Unzulänglichkeit dieser Formulierung hingewiesen. Denn beim Wort genommen binde die Vorschrift nur den Europäischen Rat der Staats- und Regierungschefs, da dieser das eigentliche Organ der „Union" sei.[65] Dass aber die Begriffe „Organe und Einrichtungen der Union" im weitesten Sinne zu verstehen sind und nicht bloß eine Bindung der EU beabsichtigt war, verdeutlichen die Erläute-

---

59 Die Erläuterungen sind abgedruckt in EuGRZ 2000, S. 559 ff.

60 *Braibant*, Droit Social, N° 1 janvier 2001, S. 69 (73).

61 Erläuterungen des Präsidiums, EuGRZ 2000, S. 559 (559).

62 *Braibant*, Droit Social, N° 1 janvier 2001, S. 69 (73).

63 Zur Bedeutung und Handhabung dieser Auslegungsmethode *Larenz*, Methodenlehre, S. 328 ff. sowie *Müller/Christensen*, Juristische Methodik, Rn 360 ff.

64 Zum Begriff *Pieroth/Schlink*, Grundrechte Rn 164 ff.

65 So *Calliess*, EuZW 2001, S. 261 (266).

rungen des Präsidiums zu Art. 51 Abs. I S. 1 GRCh. Der Begriff „Organe“ umfasse, so das Präsidium, die in Art. 7 EG aufgeführten Organe. „Einrichtungen“ im Sinne des Art. 51 Abs. I GRCh seien alle durch die Verträge oder Sekundärrecht geschaffenen Instanzen.[66] Der Konvent hat also die Begriffe „Union“ und „Unionsrecht“ als weite Oberbegriffe verstanden, die die Gemeinschaften und das Gemeinschaftsrecht einschließen.[67] Auf diese Weise ist eine umfassende Bindung sämtlicher gemeinschaftlicher Organe und Einrichtungen an die Charta sichergestellt, welche hoheitliche Befugnisse ausüben. Als weitere Grundrechtsverpflichtete benennt Art. 51 Abs. I GRCh die „Mitgliedstaaten“. Sie sind „ausschließlich bei der Durchführung des Rechts der Union“ gebunden. Den Erläuterungen des Präsidiums zufolge sind somit sämtliche „zentrale Behörden“, „regionale oder lokale Stellen“ sowie „öffentliche Einrichtungen“ der Mitgliedstaaten als Grundrechtsadressaten an die Charta gebunden, soweit sie das „Recht der Union“ anwenden.[68] Erwähnung verdient auch Art. 51 Abs. II GRCh, dem zufolge die in der Charta verbürgten Rechte keine neuen Zuständigkeiten der Union begründen. Art. 52 Abs. II GRCh enthält eine Schranke für sämtliche Rechte der Charta; bei Beschränkungen dieser Rechte verpflichtet er zur Beachtung des Wesensgehalts sowie des Verhältnismäßigkeitsgrundsatzes. Mit Art. 52 Abs. III GRCh ist klargestellt, dass bei der Auslegung der Charta-Grundrechte das Schutzniveau der EMRK nicht unterschritten werden darf.

## II. Die sozialen Grundrechte in den Debatten des Konvents – Ausgangspunkt und Ziel der Untersuchung

### 1. Ausgangspunkt der Untersuchung

Das Mandat von Köln verpflichtete den Konvent unter anderem, „...soziale Rechte zu berücksichtigen, wie sie in der Europäischen Sozialcharta und in der Gemeinschaftscharta der sozialen Grundrechte der Arbeitnehmer enthalten sind (Art. 136 EGV),...“. Eine Berücksichtigung sollte aber nur insoweit erfolgen, als „...sie [die sozialen Rechte] nicht nur Ziele für das Handeln der Union begründen“.[69] Mit diesen Vorgaben ausgestattet, begann der Konvent ab Ende des Monats März 2000, sich der Formulierung sozialer Rechte zu widmen. In den fol-

66 Erläuterungen des Präsidiums, EuGRZ 2000, S. 554 (568). Dazu *Borowsky* in: Meyer, GRCh, Art. 51 Rn 18.

67 *Borowsky* in: Meyer, GRCh, Art. 51 Rn 17.

68 Erläuterungen des Präsidiums, EuGRZ 2000, S. 554 (568).

69 Mandat von Köln wiedergegeben in EuGRZ 1999, S. 364 (364). Einfügung durch den Verfasser.

genden Monaten kam es bei der Formulierung dieser Rechte zu heftigen Auseinandersetzungen; die Niederlegung dieser Rechte im Chartatext gestaltete sich ausgesprochen schwierig. Dies bestätigen einmütig die Äußerungen verschiedener deutscher und französischer Konventsmitglieder sowie externer Beobachter:

Aus deutscher Perspektive berichtet das MdB *Meyer* in seiner Eigenschaft als Vertreter des Deutschen Bundestages im Konvent von „Auseinandersetzungen mit Grundsatzcharakter“[70], und *Herzog* von einer „Frage, die uns von Anfang bis Ende beschäftigt hat“. Der Konvent habe, so *Herzog* weiter, bei der Frage der Niederlegung sozialer Grundrechte in einer „Gegend“ arbeiten müssen, die „ziemlich vermint“ gewesen sei.[71] Auch der Ausschuss des Bundestages für die Angelegenheiten der Europäischen Union berichtet dem Bundestag aus dem Konvent von einer Debatte, „die äußerst strittig geführt wurde“.[72] Für Frankreich bezeichnet *Dutheil de la Rochère* als Stellvertreterin *Braibants* im Konvent die Debatten als eine „...bataille...dure...“[73]. Und nicht zuletzt weist *Braibant* selbst auf „affrontements sur les droits sociaux“ hin, welche die Arbeit des Konvents bei der Formulierung der sozialen Rechte beherrscht hätten.[74] Ergänzend merkt er an, und zwar zu einem Zeitpunkt (15./16. Juni 2000), als die Debatten um die Einführung sozialer Rechte ihren Höhepunkt erlangt hatten: „...finalement tout se polarise au sein de la Convention sur ces fameux droits sociaux. Je savais qu'il y aurait des résistances ou des difficultés, mais je ne pensais pas qu'il y en aurait tant ! ... Ces résistances et ces obstacles, j'éspère que nous arriverons à les surmonter“.[75]

Beleg für die in diesen Äußerungen dokumentierten Schwierigkeiten des Konvents mit der Formulierung sozialer Rechte ist nicht zuletzt die Zahl der insoweit anberaumten Konventssitzungen. Allein sechs der insgesamt achtzehn Sitzungen wurden dieser Rechtsgruppe gewidmet. Diese Sitzungen waren über einen Zeitraum von 6 Monaten verteilt und haben damit immerhin zwei Drittel des gesamten Entstehungszeitraumes der Charta (mit)beansprucht.[76]

---

70 *Meyer*, Charte 4271/00, S. 2.

71 Zitate nach *Herzog*, Bitburger Gespräche 2001, S. 7 (9).

72 Bericht wiedergegeben in: Die Charta der Grundrechte der EU, Berichte und Dokumentation, S. 253.

73 *Dutheil de la Rochère*, Revue du Marché commun et de l'Union européenne, N° 443 décembre 2000, S. 674 (676). Vgl. auch *dies.*, REDP, N° 1 printemps 2002, S. 227 (229).

74 *Braibant*, Charte 4959/00, S. 15.

75 *Braibant*, RUDH 2000, S. 1 (49). *Riedel* in: Meyer, GRCh, Vorb. Kap. IV (Solidarität), Rn 4 darauf hin, dass die Debatten um die Formulierung sozialer Grundrechte fast zum Scheitern des gesamten Verhandlungsprozesses im Konvent geführt hätten.

76 Sitzungen vom 3./4. 4. 2000, vom 27./28. 4. 2000, vom 5./6. 6. 2000, vom 10./11. 7. 2000, vom 18./19. 7. 2000 und vom 11./12. 9. 2000; vgl. Die Charta der Grundrechte der EU, Berichte und Dokumentation, S. 253 ff., S. 261 ff., S. 279 ff., S. 317 ff., S. 335 ff., S. 359 ff.

## 2. Ziel der Untersuchung

Ziel der Untersuchungen in diesem Kapitel ist es, herauszufinden, inwieweit die von einzelnen deutschen und französischen Konventsmitgliedern sowie externen Beobachtern beschriebenen, voranstehend referierten Schwierigkeiten des Konvents mit der Kodifizierung sozialer Rechte in der Charta ihre Ursache auch in einer Beeinflussung der Repräsentanten der beiden Mitgliedstaaten durch die jeweilige nationale verfassungsrechtliche Handhabung der genannten Rechte hatten. Insoweit gilt es zunächst, in den Chartadokumenten[77] Rückgriffe von Deutschen und Franzosen auf ihr jeweiliges nationales Verfassungsrecht nachzuweisen; Rückgriffe, die erfolgten, um die eigene Haltung im Konvent zu spezifischen rechtlichen Problemstellungen sozialer Grundrechte anhand der Erfahrungen mit Bedeutung und Funktion dieser Rechte im eigenen Verfassungsrecht zu begründen. Soweit möglich, soll dabei nachgewiesen werden, dass die Beeinflussung durch das jeweilige nationale Verfassungsrecht die Kompromissfindung des Konvents bei der Formulierung sozialer Grundrechte erschwert hat. Ausgehend von den insoweit gewonnenen Ergebnissen werden dann am Ende dieses Kapitels Ziel und weiterer Gang der Untersuchung näher bestimmt.

Dass die beschriebene Beeinflussung nachweisbar und die Untersuchung daher von Interesse ist, lassen Äußerungen einzelner deutscher und französischer Konventsmitglieder vermuten. Sie seien vorab wiedergegeben:

So merkt bspw. *Herzog* an: „Die Franzosen wollten um jeden Preis soziale Grundrechte, so viele soziale Grundrechte, wie es überhaupt gibt. Die haben keine Verfassungsgerichtsbarkeit, die das dann praktizieren muss“[78]: Die Franzosen fordern, so kann man seine Äußerung verstehen, die umfassende Verbürgung einer Kategorie von Rechten, deren rechtliche Problemaspekte ihnen nicht im vollen Umfange bewusst sind. Dieses fehlende Bewusstsein resultiert daraus, dass ihr nationales Verfassungsrecht aufgrund seiner spezifischen Eigenheiten, hier der vermeintlich fehlenden Verfassungsgerichtsbarkeit, bestimmte Problemstellungen gar nicht erst aufkommen lässt. Aus *Herzogs* Sicht unterliegen die Franzosen also einer „negativen“ Beeinflussung – negativ, weil nicht die erlebte Erfahrung mit bestimmten Problemstellungen in ihrem nationalen Verfassungsrecht ihre Haltung im Konvent bedingt, sondern die nicht gemachte Erfahrung. Seinerseits berichtet *Braibant* von einem Gespräch mit *Herzog*, welches die Einklagbarkeit sozialer Rechte wie beispielsweise des Rechts auf eine Wohnung zum Gegenstand hatte: „Monsieur Herzog m'a indiqué que dans son pays, lorsqu'on parlait de droit, il s'agissait d'un droit subjectif

[77] Wie Fn 47.

[78] *Herzog*, Bitburger Gespräche 2001, S. 7 (9).

justiciable", wohingegen der französische Conseil constitutionnel in dem Recht auf eine Wohnung eher ein „objectif à caractère constitutionnel, ou à valeur constitutionnelle" sehe[79]; einer Zielbestimmung von Verfassungsrang also, anhand derer gesetzgeberische Akte auf ihre Verfassungsmäßigkeit hin zu überprüfen seien.[80] Anscheinend haben, dies macht eine an dieser Stelle zunächst noch nicht tiefergehende Betrachtung glauben, Deutsche und Franzosen im Konvent den „Recht auf etwas"-Formulierungen unterschiedliche Bedeutung beigemessen, wie sich aus der Gegenüberstellung vom Begriff des subjektiven Rechts und dem „objectif à valeur constitutionnelle" ergibt.

Aus Sicht des Deutschen *Herzog* fehlt es in Frankreich an einer Verfassungsgerichtsbarkeit, die soziale Grundrechte zu handhaben vermag. *Braibant* dagegen hat offenbar Schwierigkeiten, die Theorie des subjektiven öffentlichen Rechts und ihre eventuelle Bedeutung für die Problematik der sozialen Grundrechte zu begreifen. Dies sind erste Anzeichen dafür, dass auch (möglicherweise) unterschiedliche nationale verfassungsrechtliche Konzeptionen sozialer Grundrechte und die von ihnen ausgehende Beeinflussung einzelner Konventsmitglieder eine Ursache für die schwierige Kompromissfindung im Konvent waren. Gelegentlich dürfte der Dialog zwischen Deutschen und Franzosen im Konvent so von nicht unerheblichen Verständigungsschwierigkeiten geprägt gewesen sein.

Dass neben den jeweiligen Rückgriffen auf Eigenheiten des nationalen Verfassungsrechts möglicherweise auch die parteipolitische Zugehörigkeit einzelner Konventsmitglieder und entsprechend divergierende politische Beweggründe die Kompromissfindung erschwert haben, soll hier nicht unterschlagen werden. Immerhin waren mehr als zwei Drittel der Konventsmitglieder entweder auf europäischer oder aber nationaler Ebene parteipolitisch gebunden.[81] Indes soll sich die folgende Untersuchung nur auf die rechtlichen Problemstellungen beschränken; mögliche politische Divergenzen als eine weitere Ursache für die Schwierigkeiten im Konvent seien hier nur der Vollständigkeit halber angedeutet.[82]

---

79 *Braibant*, RUDH 2000, S. 1 (48).

80 *Braibant*, RUDH 2000, S. 1 (48).

81 Vgl. nur für die Mitglieder des Europäischen Parlaments die verschiedenen Fraktionszugehörigkeiten, wie sie in EuGRZ 2000, S. 554 (570) genannt sind.

82 *Bernsdorff/Borowsky*, Protokolle, S. 49 weisen darauf hin, dass „parteipolitische Aspekte" in den Debatten des Konvents durchaus eine Rolle gespielt haben. Beispielhaft insoweit die Stellungnahme von *Berès*, Point de vue de Pervenche Berès, S. 3, die als Mitglied der Fraktion der sozialdemokratischen Partei Europas die ihrer Meinung nach unzulängliche Berücksichtigung sozialer Grundrechte beklagt. Gleichlautend das deutsche Mitglied des Europäischen Parlaments *Kaufmann*, Mitglied der „Konföderalen Fraktion der Vereinigten Europäischen Linken", in: Die Charta der Grundrechte der Europäischen Union, Berichte und Dokumentation, S. 385. Anders die Änderungsanträge *Peter Michael Mombaurs*, Mitglied

## III. Zum Begriff „soziale (Grund-)Rechte“

Wenn im Fortgang dieser Arbeit von den Schwierigkeiten des Konvents mit der Formulierung „sozialer Rechte“ oder aber – wie in der Einleitung zu dieser Arbeit – von der Handhabung der „sozialen Grundrechte“ im französischen und deutschen Verfassungsrecht die Rede ist, so erfordert dies eine Klärung des unscharfen Begriffs der „sozialen Rechte“.

### 1. Normenhierarchische Präzisierung des Begriffs

Vorab ist der Begriff dahingehend zu präzisieren, dass nicht sämtliche auf welcher Ebene in der Normenhierarchie (d.h. der verfassungsrechtlichen, der einfachgesetzlichen oder aber Verordnungsebene) auch immer verbürgten sozialen Rechte Gegenstand der Untersuchung sein sollen, sondern nur solche Rechte, die auf der verfassungsrechtlichen Ebene Geltung beanspruchen: Denn bei der Charta handelt es sich ausweislich ihrer deutschen Textfassung um eine *Grundrechte*-Charta[83]; in der französischen Textfassung ist von der „Charte des droits *fondamentaux* de l'Union Européenne“[84] die Rede. Die so gewählte Formulierung ist schon ein Indiz dafür, dass nicht alle sozialen Rechte, wie sie beispielsweise im deutschen Sozialgesetzbuch oder aber im französischen Code de la Sécurité sociale[85] auf einfach-gesetzlicher Ebene niedergelegt sind, in den Chartatext Eingang finden sollten. Offensichtlich sollten dies nur solche Rechtspositionen, denen ein grundsätzlicher Charakter zukommt. Traditioneller Ort in der Normenhierarchie für derartige Verbürgungen ist indes die höchste, d.h. verfassungsrechtliche Ebene.[86] Im Übrigen soll die Charta ausweislich ihres Artikels 51 Abs. I S. 1 für „die Organe und Einrichtungen der Union unter Einhaltung des Subsidiaritätsprinzips und für die Mitgliedstaaten bei der Durchführung

---

der Fraktion der Europäischen Volkspartei (Christdemokraten) und der Europäischen Demokraten (EVP-ED): er fordert wiederholt die Streichung beispielsweise eines Rechts auf Wohnungsbeihilfe, vgl. *ders.*, Charte 4383/00, S. 16; oder aber bestimmter Arbeitnehmerrechte, vgl. *ders.*, Charte 4383/00, S. 12, 14.

83 EuGRZ 2000, S. 554 (554) (Hervorhebung durch den Verfasser).

84 Assemblée Nationale, rapport d'information N° 2616, S. 23 (Hervorhebung durch den Verfasser).

85 Einen Überblick über die Regelungsmaterien des „Code de la Sécurité sociale“ gibt *Eichendorfer* in: FS-Zacher, S. 137 (145 ff.).

86 Insoweit genügt ein Blick in die Verfassungstexte derjenigen europäischen Staaten, die einen geschriebenen Grundrechtskatalog kennen; Nachweise bei *Kimmel/Kimmel*, Die Verfassungen der EU-Mitgliedsstaaten: Vgl. z. B. die Art. 13 ff. der italienischen Verfassung (a.a.O., S. 250 ff.), die Art. 24 ff. der portugiesischen Verfassung (a.a.O., S. 407 ff.) oder aber die Art. 1 ff. der niederländischen Verfassung (a.a.O., S. 293 ff.).

des Rechts der Union“ gelten. Damit wird klargestellt, dass die Chartagrundrechte in hierarchischer Hinsicht über den Rechtsakten und sonstigen Handlungen der Gemeinschaftsorgane bzw. der Mitgliedstaaten in Vollzug des Gemeinschaftsrechts stehen. Denn diese müssen die in der Charta normierten Grundrechte achten, wie Art. 51 Abs. I S. 2 1. Var. GRCh anordnet.

Das zur normenhierarchischen Positionierung der Charta-Rechte gewonnene Ergebnis wird durch die Erläuterungen des Präsidiums zu Art. 51 Abs. I GRCh bestätigt. Demnach habe der Konvent sich bei der Formulierung dieses Artikels an Art. 6 Abs. II EU gehalten.[87] Dieser verpflichtet die Union zur Achtung der Grundrechte, was dahingehend zu verstehen ist, dass beispielsweise Verordnungen und unmittelbar anwendbare Richtlinien (gemeinschafts-)grundrechtskonform sein müssen.[88] Dies setzt indes voraus, dass Gemeinschaftsgrundrechte, soweit durch Art. 6 Abs. II EU gewährleistet, hierarchisch den genannten Rechtsakten übergeordnet sind und durch diese nicht etwa verdrängt werden. Wegen der zitierten Erläuterung des Präsidiums zu Art. 51 Abs. I GRCh, die auf Art. 6 Abs. II EU Bezug nimmt, dürfte dies auch für das Verständnis des Art. 51 Abs. I GRCh gelten: Die Charta-Grundrechte stehen ihrer Konzeption nach hierarchisch über den beschriebenen Rechtsakten. Deshalb beschränkt sich die Untersuchung nur auf solche sozialen Rechte, die in der Normenhierarchie sowohl des deutschen als auch des französischen Rechts ihren Platz auf der verfassungsrechtlichen Ebene einnehmen. Im Folgenden wird daher nur noch der Begriff der sozialen *Grund*rechte oder aber der sozialen Rechte auf *verfassungsrechtlicher Ebene* anstelle des in hierarchischer Hinsicht viel weiter gefassten Begriffs der sozialen Rechte verwendet. Dem steht auch nicht entgegen, dass das Mandat von Köln – insoweit unklar – nur von „sozialen Rechten“ spricht. Denn zum einen ist in den als Rechtsschöpfungsquellen des Konvents genannten Sozialcharten zum Teil von Grundrechten die Rede[89], zum anderen ergibt sich aus dem Voranstehenden, dass nicht sämtliche sozialen Rechte in die Charta Eingang finden sollten, sondern eben nur solche mit grundrechtlichem Charakter.[90]

Mit der so erfolgten normenhierarchischen Präzisierung ist indes noch nichts über die inhaltlichen Charakteristika der unter dem Oberbegriff „soziale Grundrechte“ zusammengefassten Verfassungsrechtssätze gesagt.

---

87 Erläuterungen des Präsidiums, EuGRZ 2000, S. 554 (568).

88 *Kingreen*, JuS 2000, S. 857 (862).

89 Für die Gemeinschaftscharta der sozialen Grundrechte der Arbeitnehmer vgl. nur deren Titel I („Soziale *Grund*rechte der Arbeitnehmer“) oder aber deren Nr. 27 in Satorius II, Nr. 190: „Für die Gewährleistung der sozialen *Grund*rechte in dieser Charta...“ (Hervorhebungen durch den Verfasser).

90 So auch *Bernsdorff*, VSSR 1/2001, S. 1 (17).

## 2. Die Schwierigkeiten einer inhaltlichen Bestimmung des Begriffs im deutschen und französischen Schrifttum

Zu klären ist, welche inhaltlichen Maßstäbe die Qualifizierung eines Grundrechts als „soziales“ begründen könnten. Hierzu sollen verschiedene Vorgehensweisen einer inhaltlichen Bestimmung des Begriffs „soziale Grundrechte“ aus dem deutschen und französischen Schrifttums dargestellt werden; sie können möglicherweise Erkenntnisse für die im Rahmen dieser Arbeit gebotene inhaltliche Eingrenzung des Untersuchungsgegenstandes „soziale Grundrechte“ liefern. Festgestellt werden kann vorab, dass der Begriff der sozialen Grundrechte sowohl im deutschen als auch im französischen Schrifttum oftmals verwandt wird, ohne dass dabei auch nur im Ansatz versucht wird, den Begriff inhaltlich zu konturieren. Offenbar wird davon ausgegangen, es verstehe sich von selbst, wie der Begriff inhaltlich zu füllen sei.[91] Einige Autoren sprechen wie selbstverständlich von den „sozialen Rechten stricto sensu“, ohne weiter zu präzisieren, was hierunter zu verstehen sei.[92] Vereinzelt ist – in gleichgelagerter Unschärfe – von „echten“ sozialen Grundrechten die Rede; auch hier fehlt eine Bestimmung des Begriffs.[93] Seine Bestimmung scheint problematisch zu sein. Regelmäßig taucht der Hinweis auf, eine genauere Begriffsklärung sei mit enormen Schwierigkeiten verbunden.[94] Für das deutsche Verfassungsrecht stellt *Däubler* fest: „La notion du droit social reste toujours un peu obscure. Il n'existe pas de définition généralement acceptée“[95]; eine Einschätzung, die auch von anderen Stimmen in der Literatur geteilt wird.[96] Dabei scheinen diese Schwierigkeiten vor allem durch das Adjektiv „sozial“ ausgelöst zu werden: Dem Sozialen komme eine „Suggestionswirkung“ zu[97], sein „Assoziationsfeld“ sei „unbegrenzt“[98], es leide unter „Weite und mangelnder Klarheit“[99] – eine Einschätzung, auf die noch zurückzukommen sein wird.

---

[91] Vgl. nur *Brohm*, JZ 1994, S. 213 ff. und *Bernsdorff*, VSSR 1/2001, S. 1 ff.

[92] *Iliopoulos-Strangas* in: La protection des droits sociaux fondamentaux dans les Etats membres de l'Union Européenne, S. 805.

[93] *Merten* in: Der Europäische Sozialstaat und seine Institutionen, S.69. Hier drängt sich die Frage auf, ob es auch „unechte“ soziale Grundrechte gibt.

[94] *Haverkate/Huster*, Europäisches Sozialrecht, Rn 645. Speziell für das französische Verfassungsrecht inhaltlich in die gleiche Richtung *Terneyre*, Les Petites Affiches, 27. décembre 1991 N° 155, S. 4 (6). Vgl. auch *Grewe*, RUDH 2000, S. 85 (85): „...question de plus embarassantes...“.

[95] *Däubler* in: La protection des droits sociaux fondamentaux dans les Etats membres de l'Union Européenne, S. 53. Inhaltlich in die gleiche Richtung *Dietlein*, Die Grundrechte in den Verfassungen der neuen Bundesländer, S. 121.

[96] *Murswiek* in: HStR V, § 112 Rn 5, 13. *Kingreen* in Calliess/Ruffert, EU, Art. 6 Rn 185 spricht vom „unscharfen Raster der sozialen Rechte“.

[97] *Schnapp* in: Soziale Rechte in der EG, S. 5.

[98] *Isensee*, Der Staat 19 (1980), S. 367 (373).

Im deutschen und französischen Schrifttum lassen sich indes Versuche nachweisen, den Begriff der „sozialen Grundrechte“ inhaltlich zu konturieren. Um dieses Ziel zu erreichen, nähert sich das Schrifttum dem Begriff aus verschiedenen Perspektiven. Die nachfolgende Darstellung versucht, die verschiedenen Aspekte des Begriffs „soziale Grundrechte“ geordnet darzustellen. Dabei wird die Vielschichtigkeit dieses Begriffs veranschaulicht werden.

Angesichts der Schwierigkeiten einer Begriffsklärung beschränken sich sowohl Autoren des deutschen als auch des französischen Schrifttums auf eine bloße Aufzählung einzelner Grundrechte, die ihrer Ansicht nach das Adjektiv „sozial“ verdienen. Genannt werden dabei Rechte wie das Recht auf Arbeit, auf soziale Sicherheit, gerechte Entlohnung und auf jährlichen Urlaub; ferner das Streikrecht, die Koalitionsfreiheit sowie das Diskriminierungsverbot.[100] Auch das Asylrecht sowie der Schutz der Familie werden ohne Begründung unter die Kategorie sozialer Grundrechte gefasst[101]; Gleiches gilt für die Berufs- und Eigentumsfreiheit.[102] Im französischen Schrifttum orientiert sich die Aufzählung vereinzelt an den beiden zentralen normativen Anknüpfungspunkten der französischen Verfassung von 1958, welche dem Rechtsanwender den Zugriff auf solche Grundrechte ermöglichen, die einzelne Autoren als „soziale“ qualifizieren zu können glauben: Es sind dies die Grundrechte der Präambel der französischen Verfassung von 1946 (IV. Republik) und Art. 55 der Verfassung von 1958, welcher unter bestimmten Bedingungen Grundrechte aus völkerrechtlichen Verträgen in die französische Rechtsordnung inkorporiert. Soziale Grundrechte seien all diejenigen Rechte, welche kraft der genannten normativen Anknüpfungspunkte verbürgt würden.[103] Die in bestimmten französischen Verfassungstexten enthaltenen oder aber aus völkerrechtlichen Verträgen inkorporierten Rechte werden auf diese Weise der Kategorie sozialer Grundrechte zugeordnet; dabei dürfte es vor allem die in den einschlägigen Verfassungstexten selbst enthaltene Bezeichnung der aufgezählten Rechte als „soziale“ sein[104], die aus Sicht der zitierten Autoren eine derartige Zuordnung vertretbar erscheinen lässt.

---

99 So *Stern*, Staatsrecht I, S. 891 im Hinblick auf das Sozialstaatsprinzip des Grundgesetzes.

100 *Robin-Olivier*, Droit Social 1999, S. 609 (609).

101 *Bauer*, Verfassungsgerichtlicher Grundrechtsschutz in Frankreich, S. 187.

102 *Meyer/Engels*, ZRP 2000, S. 368 (369).

103 *Terneyre*, Les Petites Affiches, 27. décembre 1991 N° 155, S. 4 (6). An der Präambel der französischen Verfassung von 1946 orientiert sich auch *Grewe*, EuGRZ 2002, S. 209 (210).

104 Vgl. für die Präambel von 1946 deren Absatz 2, wiedergegeben bei *Kimmel/Kimmel*, Die Verfassungen der EU-Mitgliedsstaaten, S. 160: „Es [das französische Volk] verkündet außerdem als für unsere Zeit besonders nötig die nachstehenden politischen, wirtschaftlichen und *sozialen* Grundsätze...“ (Einfügung und Hervorhebung durch den Verfasser).

Die bloße Aufzählung einzelner, konkret gefasster Grundrechte zur Beschreibung einer Kategorie von Rechten wirft indes, solange sie ohne jeglichen verfassungstextlichen Bezug erfolgt, die Frage auf, ob eine derartige Vorgehensweise – von einer Methode zu sprechen erscheint nicht vertretbar – auch den Gegenstand der Untersuchungen in dieser Arbeit befriedigend eingrenzen kann. Dagegen spricht, dass eine beispielhafte Aufzählung keinen Ersatz für eine inhaltliche Klärung darstellt. Denn welche inhaltlichen Maßstäbe das einzelne Grundrecht zu einem „sozialen" macht, bleibt bei dieser Vorgehensweise unklar. Der ausdrückliche Rückgriff auf bestimmte Verfassungstexte und die in ihnen enthaltene Bezeichnung der dort niedergelegten Rechte als „soziale" hat immerhin den Vorteil der Nachprüfbarkeit. Soziale Grundrechte sind all diejenigen Grundrechte, die der Verfassungsgeber, so jener der im französischen Schrifttum zitierten Verfassung der IV. Republik von 1946[105], ausdrücklich als solche bezeichnet hat, und sei es auch nur in der Überschrift zu einer bestimmten Grundrechtsgruppe. Aber auch hier könnte der Vorwurf der Beliebigkeit erhoben werden: Es ist dann die freie Auswahl eines bestimmten Verfassungstextes und der in ihm enthaltenen, als „sozial" bezeichneten Grundrechte, welche diese Rechte zu „sozialen" macht. Als einziger nachprüfbarer Maßstab dieses Auswahlvorganges bleibt die besagte ausdrückliche Qualifizierung der Rechte in dem in Bezug genommenen Verfassungstext. Welche gemeinsamen inhaltlichen Qualitäten diese Rechte haben, wird so nicht erkennbar: Die Aufzählung von Rechten unter Rückgriff auf einen bestimmten Textkörper ersetzt – wie schon die bloße Aufzählung ohne jeglichen textlichen Bezug – nicht die fehlende inhaltliche Präzisierung. Angesichts der hier formulierten Kritik drängen sich Zweifel auf, ob die beschriebene Vorgehensweise geeignet ist, den Gegenstand der Untersuchung inhaltlich zu präzisieren. Warum an der Einbeziehung dieser Vorgehensweise in die Begriffsbestimmung letztlich dennoch kein Weg vorbei führt, vermag erst eine kritische Darstellung weiterer, entweder in der Lehre bereits praktizierter oder aber denkbarer Ansätze der Begriffsklärung verdeutlichen:

Naheliegend ist der Versuch einer inhaltlichen Präzisierung unter Berücksichtigung des Adjektivs „sozial". Denn wenn soziale Grundrechte mehr sind als einfach bloß Grundrechte, sondern eben *soziale* Grundrechte, so könnte man vermuten, dass die so erfolgte adjektivische Beschreibung bestimmte Rückschlüsse auf die inhaltliche Gestaltung dieser Grundrechte zulässt. Dem stehen freilich Bedenken gegenüber: Ein Begriff wie „sozial" lässt sich unmöglich aus sich selbst heraus erklären, wird vielmehr erst durch die Einbettung in einen bestimmten Kontext aussagekräftig. Indem „sozial" etwa zu solchen Grundrechten in Beziehung gesetzt wird, die im hohen Maße der Herstellung materieller Ge-

[105] Vgl. Fn 103.

rechtigkeit dienlich sind, wird der Begriff fassbarer: Soziale Grundrechte sind demnach all diejenigen Rechte, die den Staat und seine Organe zur Verwirklichung vor allem materieller Gerechtigkeit verpflichten. Auch in Teilen des rechtswissenschaftlichen Schrifttums scheint – zumindest unterschwellig – dem Begriff der sozialen Grundrechte ein derartiges Verständnis zugrunde gelegt zu werden: Sozialen Grundrechten liege der „Gedanke der Gerechtigkeit“ zugrunde[106]; das französische Schrifttum bezeichnet sie als Rechte zur Korrektur sozialer Ungerechtigkeiten („injustices sociales“).[107] Ihnen komme, so Stimmen aus dem deutschen Schrifttum, eine zentrale Bedeutung bei der Bekämpfung materieller Armut zu, zu verstehen als ein Zustand, der in materieller Hinsicht unterhalb des Existenzminimums angesiedelt sei: Denn typische Ursachen für materielle Armut seien beispielsweise die Arbeitslosigkeit, Krankheit oder aber bestimmte familiäre Situationen wie die Schwangerschaft. Um die durch diese Ursachen bedingte materielle Armut zu korrigieren, gebe es ein Recht auf Arbeit, auf Gesundheit oder aber auf Mutterschutz.[108] So verstanden sind soziale Grundrechte Ausdruck einer auf Verfassungsebene angesiedelten Verpflichtung des Staates zu wohltätigem, hilfsbereitem[109] Verhalten demjenigen Grundrechtsberechtigten gegenüber, der in einer bestimmten Lebenssituation eben dieser Hilfe bedarf. In der Regel ist dies derjenige, der auf sich allein gestellt nicht in der Lage ist, einen bestimmten Lebensstandard zu erreichen, um seine essentiellen materiellen Bedürfnisse zu befriedigen: die bloße Sicherung seiner Freiheiten von staatlichem Zwang reicht ihm nicht.[110] Erst die Befriedigung gewisser materieller Bedürfnisse erlaube dem Einzelnen die Ausübung seiner Freiheitsrechte[111] („keine Berufsfreiheit ohne Beruf“): Die Gewährung sozialer Grundrechte wird hier über die Idee der Herstellung materieller Wohlfahrt zur Voraussetzung der Ausübung von Freiheitsrechten.

Die über das Adjektiv „sozial“ erfolgte Konkretisierung des Begriffs, die unter Bezugnahme auf den Gedanken vor allem materieller Gerechtigkeit bzw. den der Herstellung materieller Wohlfahrt durch Verpflichtung des Staates zu Hilfestellungen zugunsten einzelner Bürger erfolgt, zeigt indes Schwächen. Es ist nicht einzusehen, wieso beispielsweise das Recht auf Eigentum oder aber die Berufsfreiheit, welche, soweit ersichtlich, von den Vertretern dieses Ansatzes

---

[106] *Böckenförde* in: Soziale Grundrechte, S. 9.

[107] *Burdeau*, Les libertés publiques, S. 368.

[108] *Hofmann* in: Armut und Verfassung, S. 8 ff.

[109] Vgl. Der Duden Band 5, Fremdwörterbuch, S. 731: sozial = wohltätig, hilfsbereit.

[110] *Favoreu*, Droit des libertés fondamentales, Rn 129; *Burdeau*, Les libertés publiques, S. 368.

[111] Für das französische Schrifttum so *Israel*, Les libertés publiques, S. 22. Für das deutsche Schrifttum gleichlautend *Murswiek* in: HStR V, § 112 Rn 40 sowie *Böckenförde* in: Soziale Grundrechte, S. 9.

nicht zu den sozialen Grundrechten gezählt werden, nicht doch die Qualifizierung „sozial“ verdienen sollen. Denn auch geschütztes Eigentum kann in dem Umfang, in dem es staatlicherseits unangetastet bleibt, der Sicherung „materieller Wohlfahrt“ dienen; ebenso der Verwirklichung von – wie auch immer verstandener – „materieller Gerechtigkeit“. Gleiches gilt für die Gewährung der freien Berufsausübung: Sie sichert, soweit sich der Staat mit Eingriffen bspw. in Gestalt von Berufsverboten zurückhält, dem Einzelnen die Möglichkeit, durch Arbeit einen Zustand materieller Wohlfahrt zu erreichen. Des weiteren ist die Bezugnahme auf einen im hohen Maße interpretationsoffenen Begriff wie den der (materiellen) Gerechtigkeit oder aber den des Gemeinwohls nicht unproblematisch: Die Präzisierung einer vagen Begrifflichkeit wie der des „sozialen“ vermittels ihrerseits vielfältig ausfüllbarer Begrifflichkeiten wie „Gerechtigkeit“ oder „materielle Wohlfahrt“ kann nicht gelingen.

### 3. Die historisch-politisch orientierte Begriffsklärung

Ein anderer Ansatz versucht den Begriff unter Berücksichtigung seiner historisch-politischen Verortung zu erklären. Soziale Grundrechte sind demnach (sozial-)politische Forderungen, die zu einem bestimmtem Zeitpunkt in der Geschichte auf der verfassungsrechtlichen Ebene verankert wurden.[112] Dies gelte, so Stimmen aus der französischen Verfassungslehre, beispielsweise für Frankreich, welches in der Präambel seiner Verfassung von 1946 soziale Grundrechte wie das Recht auf Arbeit, auf Gesundheit, auf Bildung, das Diskriminierungsverbot oder aber das Recht der Koalitionsfreiheit eingeführt habe. Diese in der Gestalt von Rechten auf Verfassungsebene auftauchenden Forderungen seien genau diejenigen politischen Forderungen, die im 19. und 20. Jahrhundert vor allem von der Arbeiterbewegung immer wieder erhoben worden seien. Die in der die Verfassung von 1946 ausarbeitenden Assemblée Constituante mehrheitlich vertretenen Anhänger der sozialistischen und kommunistischen Parteien hätten so die Kodifizierung dieser „Rechte“ in der Präambel dieser Verfassung erreicht. Weil sie erst nach den in der Deklaration der Menschen- und Bürgerrechte von 1789 niedergelegten Freiheitsrechten formuliert wurden, werden die sozialen Grundrechte der Präambel der französischen Verfassung von 1946 auch als „Rechte der zweiten Generation“ bezeichnet, um den späteren Zeitpunkt ihrer verfassungsrechtlichen Niederlegung gegenüber den „Grundrechten der ersten Generation“, d.h. denen der Erklärung von 1789, hervorzuheben.[113] Dabei wirken sich Zeitpunkt und politischer Beweggrund der Verbürgung sozialer

[112] *Pieters* in: Soziale Rechte in der EG, S. 22 f.

[113] *Pavia/Rousseau* in: La protection des droits sociaux fondamentaux dans les Etats membres de l'Union Européenne, S. 352. Inhaltlich in die gleiche Richtung *Israel*, Droit des Libertés fondamentales, S. 22.

Grundrechte offensichtlich auf ihre inhaltliche Ausgestaltung aus. Als politische Forderungen, die zu einer bestimmten Epoche vor allem von der Arbeiterbewegung artikuliert wurden, sind sie inhaltlich zum einen durch eine Nähe zum Arbeitsleben gekennzeichnet (Recht auf Arbeit, Streikrecht, Recht auf betriebliche Mitbestimmung, Recht auf Gesundheit[114]). Zum anderen betreffen sie ihrem Regelungsgehalt nach einen Schutz vor den (Lebens-)Risiken, denen sich Großteile der Arbeiterschaft spätestens seit der Industriellen Revolution und der mit ihr aufkommenden „sozialen Frage" immer wieder ausgesetzt sahen: Schutz vor Armut infolge des Verlustes des Arbeitsplatzes durch ein Recht auf Arbeit, Schutz vor Krankheiten wegen mangelhafter hygienischer Lebensbedingungen durch ein Recht auf Gesundheit, Schutz vor ungerechtfertigten Aussperrungen durch das Streikrecht, etc. Auch im deutschen verfassungsrechtlichen Schrifttum werden soziale Grundrechte unter Berücksichtigung ihrer historisch-politischen Verortung inhaltlich präzisiert: Ursprünglich als politische Forderungen artikuliert, sei ihre Niederlegung in verschiedenen Verfassungstexten nichts anderes gewesen als die „Antwort auf die Situation und soziale Verelendung der Arbeiterschaft, die sich im Zeichen des Industrialisierungsprozesses und durch das liberale Ordnungsmodell der bürgerlichen Gesellschaft ergab"[115]. Ihre verfassungsrechtliche Verbürgung erfolgte dann bspw. in der Verfassung der russischen Sowjetrepublik vom Juli 1918 oder aber in diversen Artikeln der Weimarer Reichsverfassung.[116]

Der historisch-politisch orientierten Begriffsklärung kommt das Verdienst zu, die Herkunft und Entstehung der Idee sozialer Grundrechte in ihren jeweiligen historischen Rahmen eingeordnet zu haben. Damit liefert sie auch Erkenntnisse über die inhaltliche Ausgestaltung „sozialer Grundrechte", so z. B. durch den Hinweis auf die inhaltliche Nähe ihrer Regelungsgehalte zu den Lebens- und Arbeitsbedingungen der Arbeiterschaft. Was soziale Grundrechte kennzeichnet, ist nach dem historisch-politischen Ansatz in hohem Maße zeit- bzw. epochenabhängig; ihr Inhalt ist in gewissen Maße statisch. Denn was beispielsweise Ende des 19. oder aber in der ersten Hälfte des 20. Jahrhunderts als unabdingbare soziale Mindestforderung auf Verfassungsebene verbürgt werden sollte, ist im beginnenden 21. Jahrhundert unter Umständen bereits eine Selbstverständlichkeit. So wird etwa das „Recht auf eine geregelte Arbeitszeit" zur Zeit der industriellen Revolution von höchstem Interesse gewesen sein; im beginnenden 21. Jahrhundert ist die Bedeutung einer derartigen als Grundrecht verbürgten

---

[114] In dieser Reihenfolge niedergelegt in den Abs. 5, 7, 8 und 11 der Präambel der französischen Verfassung von 1946; vgl. *Kimmel/Kimmel*, Die Verfassungen der EU-Mitgliedsstaaten, S. 160 f.

[115] *Böckenförde* in: Soziale Grundrechte, S. 7. Zu dieser historisch-politischen Verortung vgl. auch *Badura*, Der Staat 14 (1975), S. 17 (18 ff.).

[116] Nachweise bei *Böckenförde* in: Soziale Grundrechte, S. 7 f.

(sozial)politischen Forderung durch eine entsprechende Weiterentwicklung des Arbeitsrechts mit seinen Arbeitsschutzbestimmungen[117] wenn auch nicht hinfällig, so aber doch erheblich gemindert. Daher bemerkt auch *Grewe* zutreffend: „Historiquement, les droits sociaux se présentent ainsi dans une lumière floue car il est clair que selon ... qu'on met l'accent sur l'époque de leur consécration ...,..., leur substance change du tout au tout."[118] Der Inhalt der Rechte, die im einzelnen als „soziale" zu qualifizieren sein sollen, unterliegt Wandlungen. Dies erscheint nur konsequent, hält man sich vor Augen, dass sozialpolitische Forderungen, die den sozialen Grundrechten aus der Sicht des historisch-politischen Ansatzes ja ursprünglich zugrunde liegen, ihrerseits permanenten Wandlungen unterliegen; Wandlungen, die nichts anderes sind als die Reaktion auf den jeweils als lösungsbedürftig empfundenen „sozialen Missstand". Nun waren sozialpolitische Forderungen schon in der Vergangenheit, und sind es auch in der Gegenwart, von einer Vielfalt gekennzeichnet, die erhebliche Schwierigkeiten bereitet, den Begriff der sozialen Grundrechte für diese Arbeit ausschließlich unter Rückgriff auf den historisch-politischen Ansatz inhaltlich einzugrenzen.

## 4. Grundrechtsdogmatische Begriffsklärung

Vor allem im deutschen Schrifttum, aber auch in der französischen Lehre lassen sich Versuche nachweisen, den Begriff der sozialen Grundrechte unter Rückgriff auf verschiedene Grundrechtsfunktionen bzw. -dimensionen[119] oder aber bestimmte Rechtsfiguren der Verfassungslehre einzugrenzen. Diese gilt es zunächst darzustellen, um im Anschluss daran die Frage zu beantworten, inwieweit sie sich zur Bestimmung des Begriffs „soziale Grundrechte" eignen.

### a) Unterschiede und Gemeinsamkeiten zwischen der Terminologie

Im deutschen rechtswissenschaftlichen Schrifttum findet sich ein „Konglomerat unterschiedlichster Rechtsfiguren"[120], vermittels dessen der Begriff „soziale Grundrechte" inhaltlich bestimmt werden soll. Soziale Grundrechte seien „verfassungsrechtliche Individualrechtspositionen, die Leistungsansprüche gegen den Staat vermitteln"[121], seien „Leistungsrechte im engeren Sinne"[122] oder aber

[117] Vgl. etwa §§ 3 ff. Arbeitszeitgesetz, §§ 8 ff. Jugendarbeitsschutzgesetz, oder aber §§ 7 und 8 Mutterschutzgesetz.

[118] *Grewe*, RUDH 2000, S. 85 (86).

[119] Wie Fn 1.

[120] *Dietlein*, Die Grundrechte in den Verfassungen der neuen Bundesländer, S. 124.

[121] *Schnapp* in: Soziale Rechte in der EG, S. 10 ff.

„positive (fordernde) Rechte“[123]. Andere sehen in ihnen „Verfassungsprinzipien, Richtlinien oder Aufträge“, die an den Gesetzgeber adressiert seien.[124] In verfassungspolitischen Diskussionen nach der vorzugswürdigen Rechtsfigur zur Umsetzung der „Idee“ sozialer Grundrechte gefragt, finden sich Vorschläge, sie in Gestalt von „Staatszielbestimmungen“[125], „Gesetzgebungsaufträgen“[126] oder aber „Verfassungsaufträgen“[127] in der Verfassung niederzulegen. Das französische Schrifttum schließlich versteht soziale Grundrechte als „droits-créances“[128] oder aber „droits-exigences“[129], also als Gläubiger- bzw. Forderungsrechte.

Trotz der Begriffsvielfalt zeigen sich funktionale Gemeinsamkeiten. Einhellig werden soziale Grundrechte von dem voranstehend zitierten deutschen und französischen Schrifttum als solche Verfassungsrechtssätze begriffen, die ihrer Funktion bzw. Dimension nach eine staatliche Betätigung, ein staatliches Handeln einfordern. In Abgrenzung zu den Abwehrrechten, die die Zurückdrängung, die Begrenzung staatlicher Betätigung bewirken wollen, verpflichten soziale Grundrechte die staatliche Macht zu einem positiven Tun. Um mit den Begriffen des zitierten deutschen Schrifttums zu sprechen: Sie fordern von der staatlichen Macht eine „Leistung“, geben der staatlichen Macht „Aufträge“, schreiben ihr zu erreichende „Staatsziele“ vor. Mit der Terminologie des französischen Schrifttums fordern („exiger“) sie als „droits-exigences“ ein wie auch immer inhaltlich ausgestaltetes aktives Handeln. Die verwandten unterschiedlichen Begrifflichkeiten sind dabei letztlich der Idee zuzuordnen, vermittels sozialer Grundrechte den Staat zu Hilfestellungen vor allem materieller Art verpflichten zu können. Das Abstellen auf die leistungsrechtliche Dimension und ihr zumindest insoweit strukturell verwandte Rechtsfiguren, als sie ein staatliches Handeln einfordern, übersetzt dieses mögliche Verständnis des „Sozialen“ in die Begrifflichkeiten vor allem der deutschen, aber auch der französischen Verfassungslehre. Ihren Ausgangspunkt dürfte die Behauptung, dass soziale Grundrechte die Staatsgewalt zu einem positiven Tun verpflichteten, dabei vor allem im Wortlaut der von der zitierten Literatur beispielhaft aufgezählten Grundrechte[130] finden:

---

122 *Alexy*, Theorie der Grundrechte, S. 454; *Kingreen* in: Calliess/Ruffert, EU, Art. 6 Rn 50, 187.

123 *Wipfelder*, ZRP 1986, S. 140 (147).

124 *Badura*, Der Staat 14 (1975), S. 17 (27).

125 Bericht der Sachverständigenkommission Staatszielbestimmungen und Gesetzgebungsaufträge vom 10. August 1983, Rn 4; *Ramm* in: Soziale Grundrechte, S. 30.

126 *Ramm* in: Soziale Grundrechte, S. 30.

127 *Böckenförde* in: Soziale Grundrechte, S. 14.

128 *Rivero*, Les libertés publiques, Band I, S. 100; *Teboul* in: Le Préambule de la Constitution de 1946, S. 59 (63).

129 *Israel*, Droit des libertés fondamentales, S. 22.

130 Recht auf Arbeit, auf Wohnung, auf Bildung: vgl. *Kingreen* in: Calliess/Ruffert, EU, Art. 6 Rn 187; *Alexy*, Theorie der Grundrechte, S. 454.

Als „Rechte auf etwas“ suggeriert ihr Wortlaut einen Anspruch des Grundrechtsberechtigten auf das ihm versprochene „Etwas“ – damit geht die Verpflichtung der grundrechtsgebundenen staatlichen Organe einher, dieses „Etwas“ zu leisten.

Mit der Behauptung, soziale Grundrechte verlangten ihrer Wirkdimension nach eine staatliche „Leistung“, oder aber sie schrieben dem Staat in Gestalt von Staatszielbestimmungen ein zu erreichendes Ziel und die zu diesem führenden Handlungen vor, ist noch nicht geklärt, was Gegenstand der Leistung oder aber der Handlungspflicht sein soll. Denn der Begriff der Leistung ist seinerseits vielfältig interpretierbar, wenn es um den *Gegenstand* der geschuldeten Leistung bzw. die Leistungs*handlung* geht. Geschuldet sein kann ein rein faktisches Handeln oder aber eine normative Betätigung.[131] Dies sei an einem Beispiel verdeutlicht: So kann das staatlicherseits geschuldete „Recht auf Wohnung“ bspw. durch Zuweisung einer Wohnung (faktisch) oder aber durch eine Gesetzgebung (normativ) eingelöst werden, vermittels derer staatliche Organe ermächtigt werden, leer stehenden Wohnraum für Obdachlose zu beschlagnahmen. Einige Autoren begegnen dieser im Leistungsbegriff verankerten Mehrdeutigkeit, indem sie soziale Grundrechte ausschließlich als Leistungsrechte *im engeren Sinne* verstanden wissen wollen: Leistungsrechte im engeren Sinne garantierten einen Anspruch auf ein bestimmtes „Lebensgut“ wie bspw. eine Wohnung[132] und fordern damit vom Staat ein faktisches Handeln. Denn Leistungsrechte im engeren Sinne seien nur „Rechte auf etwas, was der einzelne, verfügte er nur über hinreichende finanzielle Mittel und fände sich auf dem Markt ein hinreichendes Angebot, auch von Privaten erhalten könnte“.[133] Ein derartiges Verständnis will nur ein faktisches Handeln des Staates als Gegenstand der „Leistungsrechte im engeren Sinne“ erfasst sehen, normatives Handeln soll indes außen vor bleiben, denn ein solches kann der „Private“ gar nicht erbringen, sondern nur der Gesetz- bzw. Verordnungsgeber.[134] Was den Gegenstand der geschuldeten Leistung anbelangt, zeigt das Verständnis von sozialen Grundrechten als Leistungsrechten im engeren Sinne so eine erste Unterscheidung zum Verständnis sozialer Grundrechte als „Gesetzgebungsaufträge“: Wie ihr Name schon verdeutlicht,

[131] Auf die Mehrdeutigkeit speziell des Leistungsbegriffs verweisen zutreffend *Murswiek* in: HStR V, § 112 Rn 21 sowie *Alexy*, Theorie der Grundrechte, S. 402.

[132] *Kingreen* in: Calliess/Ruffert, EU, Art. 6 Rn 187.

[133] *Alexy*, Theorie der Grundrechte, S. 454.

[134] Letztlich sind die Aussagen *Alexys* zum Gegenstand der Leistung widersprüchlich. Zum einen will er soziale Grundrechte als Leistungsrechte im engeren Sinne verstanden wissen; Gegenstand der Leistungshandlung soll dabei nur ein faktisches Handeln („...von einem Privaten erlangen kann...“) sein: vgl. *Alexy*, Theorie der Grundrechte, S. 454. An anderer Stelle stellt er dann aber fest, dass es sich „bei vielen sog. sozialen Grundrechten um ein Bündel von Positionen handelt, die teils auf *faktische*, teils auf *normative* Leistungen zielen“: vgl. *dens.* a.a.O., S. 403. Hervorhebung durch den Verfasser.

verpflichten Letztere ausschließlich den Gesetzgeber, welcher in Ermangelung alternativer, rechtsverbindlicher Handlungsformen eben auf die Gesetzgebung und damit ein normatives Handeln verwiesen bleibt. Eine andere Frage ist dabei, ob staatliche Organe überhaupt faktisch handeln können (d.h. eine Wohnung oder aber einen Arbeitsplatz zuweisen können), ohne dass dieser faktischen Handlung ein Rechtsakt (z. B. ein bewilligender Verwaltungsakt) vorgeschaltet ist.

Nicht nur im Hinblick auf den Gegenstand der geschuldeten Leistung bestehen Unterschiede zwischen den oben vorgestellten verschiedenartigen Rechtsfiguren, vermittels derer das zitierte Schrifttum den Begriff soziale Grundrechte zu fassen versucht. So heben Stimmen aus dem deutschen Schrifttum hervor, dass soziale Grundrechte nur subjektive, einklagbare Rechte auf ein Lebensgut sein könnten, weswegen „Aufgaben und Zielbestimmungen, welche erklärtermaßen gar keine subjektiven Rechte hervorbringen“, von dem Begriff nicht erfasst seien.[135] Diese Ansicht stützt sich auf das deutsche Verständnis von den Grundrechten des Grundgesetzes als subjektiven, einklagbaren Individualrechtspositionen.[136] Da rein objektiv bindende Staatszielbestimmungen oder aber Gesetzgebungsaufträge gar keine subjektiven Rechte hervorbringen[137], dies aber für den Begriff des sozialen *Grundrechts* unabdingbar sein soll, scheiden Staatszielbestimmungen nach der genannten Auffassung zwangsläufig aus. Bei dem Hinweis auf diese weitere Divergenz soll es an dieser Stelle zunächst bleiben. Auf das (deutsche) Verständnis von Grundrechten als subjektiven Rechten wird im weiteren Verlauf der Begriffsklärung noch zurückzukommen sein.

Festgehalten werden kann jedenfalls, und nur das sollte die Darstellung zunächst aufzeigen, dass es eine Fülle von sich zum Teil widersprechenden Begrifflichkeiten der Verfassungslehre und insbesondere der Grundrechtsdogmatik gibt, vermittels derer versucht wird, den Begriff der sozialen Grundrechte zu präzisieren.

#### b) Bewertung

Der voranstehend beschriebene Ansatz zur Begriffsbestimmung ist aus mehreren Gründen problematisch:

---

135 *Kingreen* in Calliess/Ruffert, EU, Art. 6 Rn 187.

136 So bei *Kingreen* in Calliess/Ruffert, EU, Art. 6 Rn 187. Zum (deutschen) Verständnis von Grundrechten als (auch) subjektiven Rechten vgl. statt vieler *Dreier* in: Dreier, GG Band I, Vorb. Rn 30 ff.

137 *Sommermann*, Staatsziele und Staatszielbestimmungen, S. 482.

Zunächst sagt die vorgenommene grundrechtsfunktionale bzw. grundrechtsdimensionale Einordnung nichts darüber aus, welchem Grundrecht jeweils die Eigenschaft „sozial“ beizumessen ist. Sie wirkt allenfalls, und das auch nur in grundrechtsfunktionaler Hinsicht, negativ abgrenzend: Abwehrrechte und derivative Teilhaberechte, aber auch Grundrechte mit unmittelbarer Drittwirkung wie bspw. Art. 9 Abs. III S. 2 GG[138] fallen demnach nicht unter die Kategorie sozialer Grundrechte.[139] Daher sind auch die Vertreter dieses Ansatzes, solange sie ausschließlich über die Betonung der leistungsrechtlichen Dimension den Begriff inhaltlich zu klären versuchen, gezwungen, beispielhaft einzelne Grundrechte aufzulisten, die der so ermittelten Funktion sozialer Grundrechte nach ihrer Auffassung Rechnung tragen.[140] Weil sozialen Grundrechten in grundrechtsfunktionaler Hinsicht eben nur der Charakter von originären Leistungsrechten zuerkannt wird, tauchen konsequenterweise solche Grundrechte, welche der historisch-politisch orientierte Ansatz als „soziale“ bezeichnet, so etwa das Streikrecht oder aber das Recht der Koalitionsfreiheit[141], in dieser exemplarischen Aufzählung nicht auf: Ihnen kommt in grundrechtsfunktionaler Hinsicht eben zuvörderst der Charakter eines Abwehrrechts zu. Dies ist das zentrale Defizit des hier referierten Ansatzes: Er trifft nur Aussagen in grundrechtsfunktionaler Hinsicht, damit aber nur äußerst beschränkt – da bloß negativ abgrenzend – solche in inhaltlicher Hinsicht.

Des weiteren gilt, und dies ist ein grundsätzlicher und letztlich durchschlagender Einwand gegen die oben vorgestellten Vorgehensweisen: Welche Wirkdimension ein Grundrecht, sei es nun ein sog. „soziales“ oder aber ein sog. „klassisches“ Freiheitsrecht entfaltet, welche Rechtswirkungen es ansonsten noch zeitigen kann (z. B. als Staatszielbestimmung), ist regelmäßig das Ergebnis eines *Auslegungsprozesses.* Erst am Ende dieses Prozesses stehen dann Erkenntnisse bspw. zu der Frage, ob dem Grundrecht (gleichgültig, ob „sozial“ oder „klassisch-liberal“) eine individuell einklagbare leistungsrechtliche Dimension zukommt, oder ob es nur – oder aber auch – als Gesetzgebungsauftrag wirkt, usw. Welche Wirkdimension ein Grundrecht letztlich entfaltet, steht ihm gewissermaßen nicht „auf die Stirn geschrieben“. Daran ändert auch die Formulierung „Recht auf etwas“ nichts. Denn wie bereits gesagt, ist es das Ergebnis eines Auslegungsprozesses, ob dem Grundrechtsberechtigten das im Wortlaut versprochene „Etwas“ dann auch von Verfassungs wegen gewährt werden muss.

---

[138] Dazu *Jarass* in: Jarass/Pieroth, GG Art. 9 Rn 34.

[139] So will *Kingreen* in: Calliess/Ruffert, EU, Art. 6 Rn 187 Abwehrrechte und Teilhaberechte von dem Begriff der sozialen Grundrechte ausdrücklich nicht erfasst sehen.

[140] *Schnapp* in: Soziale Rechte in der EG, S. 12 benennt beispielsweise das Recht auf Arbeit, auf soziale Sicherung und auf Bildung. Ebenso *Kingreen* in: Calliess/Ruffert, EU, Art. 6 Rn 187, der das Recht auf Arbeit und das Recht auf Wohnung als Beispiele anführt.

[141] *Badura*, Der Staat 14 (1975), S. 17 (20).

Schon deshalb kann die Kategorie sozialer Grundrechte kaum unter Rückgriff auf Grundrechtsfunktionen und andere Rechtsfiguren inhaltlich bestimmt werden.

Darüber hinaus kann, und damit sei an weiterer Kritikpunkt an diesem Ansatz formuliert, ein- und dasselbe Grundrecht *verschiedene* Funktionen bzw. Wirkdimensionen haben. Nicht die einzelne Grundrechtsfunktion bestimmt das Charakteristische eines Grundrechts (so z. B. die Eigenschaft, ein „soziales" zu sein), sondern dem einzelnen Grundrecht ist durch Auslegung eine bestimmte Funktion, ihm sind u.U. sogar verschiedene Funktion*en* zu entnehmen. Dies sei am Beispiel des „Recht(s) auf Arbeit" verdeutlicht, welches immer wieder als soziales Grundrecht qualifiziert, gar als „Urbild"[142] oder aber „Prototyp"[143] sozialer Grundrechte bezeichnet wird: Diesem Recht kann eine abwehrrechtliche Wirkdimension zukommen, indem es die praktizierte Berufsausübung, die bereits innegehabte Arbeit des Grundrechtsberechtigten vor staatlichen Eingriffen etwa in Form von Altersbegrenzungen oder aber Berufsverboten schützt. In dieser Wirkdimension betont das „Recht auf Arbeit", vergleichbar Art. 12 Abs. I GG, die Freiheit der Berufsausübung von staatlichem Zwang. Dem „Recht auf Arbeit" kann aber durch Auslegung in einem bestimmten Umfange auch eine leistungsrechtliche Dimension oder aber der Charakter eines Verfassungsauftrags bzw. einer Staatszielbestimmung zu entnehmen sein, dann bspw. verstanden als eine auf dem Gesetzgeber von Verfassungs wegen lastende Pflicht zu einem „Mehr" an Beschäftigungsförderung zugunsten Arbeitsloser. Ob dem aber so ist, gilt es durch Auslegung erst einmal zu ermitteln.[144] Ein- und demselben Grundrecht sind so möglicherweise mehrere Dimensionen bzw. Funktionen immanent.[145] Das „Recht auf Arbeit" ist aber aus der Sicht von Teilen der hier zitierten Literatur nur solange ein „soziales" Grundrecht, wie es seine leistungsrechtliche Dimension entfaltet. Sobald aber seine abwehrrechtliche Dimension betroffen ist, die ihm, wie voranstehend gezeigt, ebenfalls durch Auslegung zu entnehmen ist, verliert es seine Eigenschaft als soziales Grundrecht – denn nur Leistungsrechte sind soziale Grundrechte.

---

142 So *Isensee*, Der Staat 19 (1980), S. 367 (373).

143 So *Murswiek* in: HStR V, § 112 Rn 40.

144 Das erkennt der Sache nach zutreffend *Dreier*, JURA 1994, S. 505 (508), wenn er darauf hinweist, dass sich die meisten sozialen Grundrechte der deutschen Länderverfassungen (Recht auf Arbeit etc.) bei „näherem Hinsehen" als Staatszielbestimmungen „entpuppen". Vgl. insoweit auch *Sommermann*, Staatsziele und Staatszielbestimmungen, S. 371 f.

145 Zutreffend speziell für das „Recht auf Arbeit" *Gode*, DVBl 1990, S. 1207 (1207 f.), der auf die hier beschriebenen vielfältigen Auslegungsmöglichkeiten in grundrechtsfunktionaler Hinsicht hinweist, die der Wortlaut „Recht auf Arbeit" eröffnet.

Wegen der fehlenden inhaltlichen Klärung dessen, was ein soziales Grundrecht ausmacht, eignet sich der *ausschließlich* an verschiedenen Grundrechtsfunktionen orientierte Ansatz daher nicht dazu, den Begriff „soziale Grundrechte" für die Untersuchung inhaltlich zu präzisieren. Eine andere Frage ist, ob die leistungsrechtliche Dimension der in Gestalt von „Rechten auf etwas" verbürgten Grundrechte oder aber ihre Eigenschaft als „Staatszielbestimmungen" bestimmte Rechtsprobleme aufwirft, die speziell mit den genannten Wirkdimensionen einhergehen. Wie im Fortgang der Arbeit zu zeigen sein wird, sind die leistungsrechtliche Dimension von Grundrechten und weitere, zumindest strukturell gleichgelagerte Wirkdimensionen in der Tat eines der zentralen Rechtsprobleme, welche die unter der Kategorie soziale Grundrechte zusammengefassten einzelnen Rechte regelmäßig provozieren. Sie sind aber nicht die *ausschließlichen* Problemstellungen. Die voranstehend formulierten Zweifel an der Brauchbarkeit des beschriebenen Ansatzes zur inhaltlichen Bestimmung des Begriffs für diese Arbeit, soweit dieser Ansatz den Begriff ausschließlich über Grundrechtsfunktionen zu klären versucht, bleiben. Nicht nur trifft er keine Aussagen zu den inhaltlichen Charakteristika sozialer Grundrechte. In seiner Fixierung auf die leistungsrechtliche Dimension versperrt er außerdem den Blick auf weitere mögliche Wirkdimensionen, welche die sog. sozialen Grundrechten, wie vor allem die Untersuchung des französischen Verfassungsrechts noch aufzeigen wird, entfalten. Ihm kommt aber das Verdienst zu, mit Betonung der leistungsrechtlichen Dimension das Augenmerk auf eine, wie im Fortgang der Arbeit zu zeigen sein wird, im hohen Maße problematische Wirkdimension sozialer Grundrechte gelenkt zu haben. Dies setzt indes Klarheit darüber voraus, was ein soziales Grundrecht ist – denn erst dann können seine Wirkdimensionen problematisiert werden.

### 5. Auswertung – Versuch einer inhaltlichen Bestimmung des Begriffs „soziale Grundrechte"

Die hier referierten Ansätze einer inhaltlichen Bestimmung des Begriffs „soziale Grundrechte" belegen dessen Vielschichtigkeit. Man kann sich diesem Begriff legitimer Weise aus verschiedenen Perspektiven nähern. Vereinzelt ergänzen sich die Perspektiven. So findet die Idee, vermittels bestimmter als „sozial" qualifizierter Grundrechte den Staat zu einem „wohltätigen" Verhalten zugunsten seiner Bürger verpflichten zu können, ihre rechtliche Umsetzung in der Betonung der leistungsrechtlichen Dimension dieser Rechte. Indes gibt es auch Widersprüche zwischen den Ansätzen. Der historisch-politische Ansatz zählt bspw. das Streikrecht als ursprünglich politische Forderung der Arbeiterbewegung zu den sozialen Grundrechten[146]; weiterhin gibt es sowohl im deutschen als auch im französischen Schrifttum Autoren, die auch solche Grundrechtsverbürgungen zu den sozialen Grundrechten zählen, die in funktionaler Hinsicht zuvorderst Abwehrrechte sind: Als Beispiele nennen sie die Berufsfreiheit oder aber das Streikrecht.[147] Weil diese Rechte ihre abwehrrechtliche Dimension entfalten, wird ihnen durch den Ansatz, der ausschließlich auf die leistungsrechtliche Wirkdimension abstellt, eine Qualifikation als soziale Grundrechte nicht zuteil.

Angesichts der hier herausgearbeiteten Widersprüche zwischen den verschiedenen Ansätzen ist eine allen möglichen Aspekten des Begriffs „soziale Grundrechte" gerecht werdende inhaltliche Bestimmung nicht zu realisieren; gar eine allen Aspekten gerecht werdende *Definition* erscheint schlichtweg unmöglich. Im Übrigen ist festzustellen: Keiner der hier referierten Ansätze, das gilt sowohl für das deutsche als auch das französische Schrifttum, kann auf eine beispielhafte Aufzählung einzelner, konkret gefasster Rechte verzichten, die seiner Ansicht nach als „soziale" zu werten sind[148] – ein letzter Beleg für die Unmöglichkeit einer befriedigenden Begriffsbestimmung. Immerhin zeigen diese Aufzählungen Einigkeit darüber, dass einem „Grundbestand" von Rechten wie bspw. dem Recht auf Arbeit, auf Wohnung und auf Bildung die Qualifikation als „soziale" Grundrechte zuteil werden soll.

Angesichts der aufgezeigten Vielschichtigkeit des Begriffs „soziale Grundrechte" bleibt die Frage zu klären, wie nun der Gegenstand der Untersuchung für diese Arbeit inhaltlich bestimmt werden soll. Folgende mehrstufige Vorgehensweise erscheint vertretbar:

#### a) Das soziale Grundrecht als *soziales* Grundrecht

Auf einer ersten Stufe soll der Begriff dahingehend verstanden werden, dass er all diejenigen Verfassungsrechtssätze umfasst, deren *Wortlaut* den durch sie ge-

---

146 So *Badura*, Der Staat 14 (1975), S. 17 (20).

147 Für das deutsche Schrifttum vgl. *Badura*, Der Staat 14 (1975), S. 17 (27, 31); für das französische Schrifttum *Israel*, Droit des libertés fondamentales, S. 22.

148 *Böckenförde* benennt das Recht auf Arbeit, auf Wohnung, auf Bildung, auf Versorgung im Krankheitsfall „und andere mehr", *ders.* in: Soziale Grundrechte, S. 9. Gleichlautend *Dreier* in: Dreier, GG Band I, Vorb. Rn 42 sowie *Stern*, Staatrecht I, S. 937. Beispielhafte Aufzählungen finden sich ferner bei *Isensee*, Der Staat 19 (1980), S. 367 (373), bei *Badura*, Der Staat 14 (1975), S. 17 (20), bei *Kingreen* in: Calliess/Ruffert, EU, Art. 6 Rn 187 und schließlich bei *Murswiek* in: HStR V, § 112 Rn 42. Für das französische Schrifttum vgl. *Robin-Olivier*, Droit Social 1999, S. 609 (609) sowie *Terneyre*, Les Petites Affiches, 27. décembre 1991, N° 195, S. 4 (6).

bundenen staatlichen Organen eine positive Handlungspflicht auferlegt. Dies sind typischerweise zumindest all diejenigen Rechtssätze, die als „Recht auf etwas" formuliert sind. Wie schon das voranstehend zitierte französische und deutsche Schrifttum, so kommt auch die vorliegende Arbeit insoweit nicht um eine beispielhafte Aufzählung einzelner Rechtssätze umhin. Als soziale Grundrechte sollen daher solche Rechtssätze begriffen werden, die in der Europäischen Sozialcharta vom 18. Oktober 1961[149], aber auch vereinzelt in der Gemeinschaftscharta der sozialen Grundrechte der Arbeitnehmer vom 9. Dezember 1989[150] enthalten sind und einen wie voranstehend beschriebenen Wortlaut aufweisen.[151] Diese Form der inhaltlichen Bestimmung hat zunächst den Vorzug, dass sie die historisch-politische Verortung des Begriffs „soziale Grundrechte" mit einbezieht. Es sind dann zwar nicht mehr ausschließlich die (sozial-)politischen Forderungen bspw. der Arbeiterbewegung der Epoche der Industrialisierung, dafür aber deren in der jüngeren Geschichte artikulierte und dann mit dem Anspruch der Rechtssatzeigenschaft in der Gemeinschaftscharta der sozialen Grundrechte der Arbeitnehmer niedergelegte Forderungen, die den Begriff inhaltlich zu konkretisieren vermögen. Die voranstehend geäußerte Kritik an dem historisch-politischen Ansatz, auf bestimmte Epochen zentriert zu sein und damit den aktuellen „Grundrechtsbedürfnissen" (wie bspw. dem genannten Grundrecht Behinderter) bei der Niederlegung sozialer Grundrechte nicht immer gerecht zu werden, wird durch die Einbeziehung jüngerer Grundrechtskataloge entkräftet.[152] Die Einbeziehung gerade der Europäischen Sozialcharta stellt darüber hinaus sicher, dass die Zentrierung des historisch-politischen Ansatzes vor allem auf Grundrechte der Arbeiterschaft aufgehoben und der Begriff sozialer Grundrechte angemessen erweitert wird. Der Begriff „soziale Grundrechte" bleibt nicht mehr auf die Arbeiterschaft beschränkt, sondern erlaubt – dem gesellschaftlichen Wandel entsprechend – eine Einbeziehung aller Menschen in die Gruppe der Grundrechtsberechtigten.

---

149 Wie Fn 28.

150 Wie Fn 29.

151 Eine Handlungspflicht statuieren die meisten Vorschriften der Europäischen Sozialcharta, vgl. statt vieler deren Art. 1 (Das Recht auf Arbeit) Nr. 1: „Um die wirksame Ausübung des Rechts auf Arbeit zu gewährleisten, verpflichten sich die Vertragsparteien, 1. zwecks Verwirklichung der Vollbeschäftigung die Erreichung und Aufrechterhaltung eines möglichst hohen und stabilen Beschäftigungsstandes zu ermöglichen.".
Für die insoweit zurückhaltender formulierte Gemeinschaftscharta der sozialen Grundrechte der Arbeitnehmer vgl. deren Nr. 10 (Sozialer Schutz) 2. Spiegelstrich: „Entsprechend den Gegebenheiten der einzelnen Länder müssen alle, die vom Arbeitsmarkt ausgeschlossen sind, weil sie keinen Zugang dazu fanden oder sich nicht wieder eingliedern konnten, und die nicht über Mittel für ihren Unterhalt verfügen, ausreichende Leistungen empfangen und Zuwendungen beziehen können, die ihrer persönlichen Lage angemessen sind.".

152 Vgl. die in Art. 15 der Europäischen Sozialcharta vom 18. Oktober 1961 formulierten Rechte Behinderter.

Naheliegend ist diese Vorgehensweise auch und vor allem wegen der inhaltlichen Vorgaben, welche das Mandat von Köln für die verlangte Verbürgung sozialer Grundrechte in der Charta aufstellte. Denn die beiden genannten europäischen Charten sowie der auf sie Bezug nehmende Art. 136 EG sollten ausweislich dieses Mandats als Rechtsschöpfungsquellen des Konvents bei der Formulierung sozialer Grundrechte dienen. Für den Konvent waren diese beiden Charten – neben den, wie noch zu zeigen sein wird, nationalen Verfassungstexten – eine Richtschnur dafür, welche Rechte im Einzelnen von der durch das Mandat von Köln angeordneten Niederlegung „sozialer (Grund-)Rechte“ erfasst sein sollten. In den Konventsdokumenten lässt sich nachweisen, dass die Konventsmitglieder bei ihren Forderungen, Textvorschlägen und Änderungsanträgen immer wieder auch auf diese Charten Bezug genommen haben.[153] Der hier gewählte Präzisierungsversuch wird somit in hohem Maße der Arbeitsweise des Konvents gerecht.

### b) Das soziale Grundrecht als *Grundrecht*

Auf einer weiteren Stufe gilt es, den für diese Arbeit zugrunde zu legenden *Grundrechtsbegriff* zu präzisieren. Bislang wurde der Begriff nur normhierarchisch eingegrenzt. Wie bereits gezeigt wurde, zählen Stimmen aus dem deutschen Schrifttum aber nur solche Verfassungsrechtssätze zu den sozialen Grundrechten, die subjektive Rechte hervorbringen.[154] Es bleibt daher zu klären, ob ausschließlich solchen Verfassungsrechtssätzen die Qualifizierung als Grundrecht zu Teil werden kann, die subjektive Rechte begründen. Das Bedürfnis für eine dahingehende Klärung resultiert dabei ausschließlich aus der beabsichtigten rechtsvergleichenden Vorgehensweise in dieser Arbeit. In keinem Fall soll das deutsche Grundrechtsverständnis allumfassend in Frage gestellt oder gar durch eine Neukonzeption ersetzt werden. Vielmehr gilt es, und darauf sei bereits an dieser Stelle im Vorgriff auf die noch durchzuführende Untersuchung des französischen Verfassungsrechts und seiner Handhabung sozialer Grundrechte hingewiesen, sich Folgendes zu vergegenwärtigen: Eine Unterscheidung von Grundrechten als rein objektiv bindenden Rechtssätzen und einem davon abzugrenzenden Verständnis der Grundrechte als subjektiven Rechten ist dem französischen Verfassungsrecht fremd. Die diesbezüglichen Unterschiede zwischen deutschem und französischem Verständnis des Grundrechtsbegriffs sollen daher

[153] Viele Chartatextentwürfe des Präsidiums beziehen sich ausdrücklich auf einzelne Vorschriften der genannten europäischen Charten, vgl. nur *Präsidium*, Charte 4192/00, S. 1 ff. sowie Charte 4227/00, S. 1 ff. Für entsprechende Bezüge deutscher Konventsmitglieder vgl. *Meyer*, Charte 4372/00, S. 34 sowie *Gnauck*, Charte 4310/00, S. 4. Für die französischen Konventsmitglieder vgl. *Braibant*, Charte 4322/00, S. 2.

[154] So *Kingreen* in: Calliess/Ruffert, EU, Art. 6 Rn 187.

bereits hier herausgestellt werden, um möglichen Missverständnissen vorzubeugen, die ihre Ursache in einem durch das jeweilige nationale Verfassungsrecht vorgeprägten Verständnis des Grundrechtsbegriffs finden könnten. Hierfür ist eine – notwendigerweise geraffte – Darstellung des deutschen Verständnisses des Grundrechtsbegriffs erforderlich, welches dem französischen Verständnis gegenüberzustellen ist.

#### aa) Das Grundrecht als subjektives (öffentliches) Recht

In der deutschen Verfassungslehre werden die Grundrechte des *Grundgesetzes* einhellig als subjektive (öffentliche) Rechte begriffen.[155] Dies bedeutet indes nicht, dass sie ausschließlich einen subjektiv-rechtlichen Charakter hätten. Vielmehr stellt jedes Grundrecht einen Satz des objektiven Rechts dar; das subjektive Recht geht aus diesem hervor, ist Ausfluss des objektiven Rechtssatzes, den ein jedes Grundrecht enthält.[156] Sieht man sich mit der Gegenüberstellung von einem Verständnis der Grundrechte im deutschen Verfassungsrecht als subjektiven Rechten auf der einen Seite und objektiven Rechtssätzen auf der anderen Seite konfrontiert, so stellt sich unweigerlich die Frage nach dem Warum einer derartigen Unterscheidung. Denn wenn die adjektivische Beschreibung als „subjektiv" oder „objektiv" einen Sinn ergeben soll, so muss sich hinter dieser sprachlichen Differenzierung auch ein *rechtlicher* Erkenntniswert im Sinne einer rechtlich relevanten Unterscheidungsmöglichkeit zwischen Grundrechten als subjektiven und objektiven Rechten verbergen.

Die Feststellung, die Grundrechte des Grundgesetzes seien subjektive Rechte des Einzelnen, hat einen einzigen rechtlichen Erkenntniswert: Weil sie (auch) subjektive Rechte sind, eröffnen sie in *prozessualer* Hinsicht dem einzelnen Grundrechtsberechtigten die Möglichkeit, sich auf ihre vorgebliche Verletzung durch die Staatsgewalt entweder im Rahmen der Verfassungsbeschwerde oder aber der einschlägigen Klageverfahren vor den Verwaltungsgerichten zu berufen und damit die Kontrolle (auch, aber nicht ausschließlich) der Grundrechtskonformität des gerügten staatlichen Handelns einzuleiten. Was das erstgenannte prozessuale Verfahren anbelangt, so spricht Art. 93 Abs. I Nr. 4a GG ausdrücklich davon, dass jedermann die Verfassungsbeschwerde mit der Behauptung erheben könne, er sei „in einem *seiner* Grundrechte" verletzt worden; die Eigen-

---

[155] Vgl. nur *Pieroth/Schlink*, Grundrechte, Rn 56; *Starck* in: von Mangoldt/Klein/Starck, GG Band I, Art. 1 Rn 170; *Sachs* in: Stern, Staatsrecht III/1, S. 530 ff. (m.w.N.); *Schmitt Glaeser*, Verwaltungsprozessrecht, Rn 157: „Subjektive öffentliche Rechte par excellence sind die Grundrechte,...".

[156] *Dreier* in: Dreier, GG Band I, Vorb. Rn 30; *Sachs* in: Sachs, GG, Vor Art. 1 Rn 28; *Alexy*, Theorie der Grundrechte, S. 50.

schaft der Grundrechte des Grundgesetzes als subjektive, d.h. in verfassungsprozessualer Hinsicht berufungsfähige Rechte ist damit „über jeden Zweifel erhoben“[157]. Was die verwaltungsgerichtlichen Verfahren anbelangt, ist es § 42 Abs. II VwGO, der eine Behauptung der Verletzung in „seinen Rechten“ durch den Kläger zu einer der Voraussetzungen einer zulässigen Anfechtungs- oder Verpflichtungsklage erhebt.[158] Dabei steht im Hinblick auf § 42 Abs. II VwGO oftmals in Frage, ob der vom Kläger angeführte Rechtssatz des *einfachen* Rechts ein subjektives öffentliches Recht begründet und damit seine mögliche Verletzung von dem Berechtigten vor Gericht gerügt werden kann, oder ob er bloß auf seinen objektiven Gehalt reduziert bleibt mit der Folge, dass die Klagebefugnis entfällt.[159] Es ist dies ein Problemstand, der auf die Einführung des Begriffs des subjektiven öffentlichen Rechts in die deutsche Verwaltungslehre zurückzuführen ist.[160]

Ist der Ausfluss eines subjektiven öffentlichen Rechts aus einem einfach-gesetzlichen Rechtssatz regelmäßig begründungsbedürftig[161], wird dagegen für die Grundrechte des Grundgesetzes einhellig davon ausgegangen, dass sie subjektive Rechte gewähren – eine Auffassung, die sich im Wesentlichen auf eine dahingehend einhellig artikulierte Auffassung des Parlamentarischen Rates stützen kann.[162] Konsequenterweise kann sich der einzelne Grundrechtsträger auf sie berufen, um ihre Verletzung im Rahmen der Verfassungsbeschwerde oder aber verwaltungsgerichtlicher Verfahren geltend zu machen: Sie begründen seine Beschwerde- und unter bestimmten Voraussetzungen auch seine Klagebefugnis.[163] Vor dem hier überblicksartig beschriebenen Hintergrund der deutschen Verwaltungs- und Staatsrechtslehre erklärt sich das deutsche Verständnis von Grundrechten des Grundgesetzes als (auch) subjektiven Rechten.

---

157 *Starck* in: von Mangoldt/Klein/Starck, GG Band I, Art. 1 Rn 170.

158 So spricht *Maurer*, Allg. VerwR, S. 153 f. zutreffend davon, dass die „praktische Bedeutung der subjektiven öffentlichen Rechte“ in der „Möglichkeit ihrer gerichtlichen Durchsetzbarkeit“ liege.

159 Vgl. statt vieler *Schmitt Glaeser*, Verwaltungsprozessrecht, Rn 158.

160 Zur Einführung des Begriffs des „subjektiven öffentlichen Rechts“ in die deutsche Verwaltungslehre vgl. *Bauer*, Geschichtliche Grundlagen der Lehre vom subjektiven öffentlichen Recht, S. 43 ff., S. 69 ff.

161 Zu den unterschiedlichen Ansätzen zur Herleitung eines subjektiven öffentlichen Rechts aus einem einfach-gesetzlichen Rechtssatz vgl. den Überblick bei *Bauer*, Geschichtliche Grundlagen der Lehre vom subjektiven öffentlichen Recht, S. 128 ff. (m.w.N.). Zur „Schutznormtheorie“ als der wohl herrschenden Auffassung zur Herleitung eines subjektiven öffentlichen Rechts im Rahmen des § 42 Abs. II VwGO vgl. nur *Wahl* in: Schoch/Schmidt-Aßmann/Pietzner, VwGO, Vorb. § 42 Abs. 2 Rn 94 ff.

162 Siehe die Nachweise bei *Sachs* in: Stern, Staatsrecht III/1, S. 530 f.

163 Zur Begründung der Klagebefugnis nach § 42 Abs. II VwGO durch Geltendmachung einer möglichen Verletzung von Grundrechten vgl. *Kopp/Schenke*, VwGO, § 42 Rn 118 ff., Rn 121 ff.; *Schmitt Glaeser*, Verwaltungsprozessrecht, Rn 163.

Im Rahmen der Klärung des Begriffs „soziale Grundrechte" soll es indes dahinstehen, ob nur solche Verfassungsrechtssätze als Grundrecht verstanden werden können, die (auch) ein subjektives Recht begründen. Dabei lässt es die rechtsvergleichende Vorgehensweise in dieser Arbeit angeraten erscheinen, auf ein derartiges Verständnis der Grundrechte zu verzichten: Denn dem französischen Grundrechtsverständnis ist eine Unterscheidung von Grundrechten als subjektiven und objektiven Rechten nicht geläufig. Im Vorgriff auf die Untersuchung des französischen Verfassungsrechts sei bereits an dieser Stelle der Grund genannt: Im französischen öffentlichen Recht ist der Begriff des subjektiven öffentlichen Rechts unbekannt. Versuche des französischen Schrifttums um die Jahrhundertwende, ihn in die französische Verwaltungsrechtslehre einzuführen, haben keine nachhaltige Wirkung gezeigt.[164] Der Begriff spielt daher, anders als im deutschen öffentlichen Recht, so gut wie keine Rolle.[165] Bis heute reicht für die Begründung der Klagebefugnis im französischen Verwaltungsprozessrecht ein bloßes „intérêt pour agir", ein vielfältig begründbares „Interesse", aus.[166] Ob aber Normen des einfachen Rechts oder aber die Grundrechte der französischen Verfassung dem Kläger ein subjektives öffentliches Recht i. S. der deutschen Staats- und Verwaltungsrechtslehre gewähren, ist für die Begründung des „intérêt pour agir" irrelevant.

Losgelöst von dem unbekannten Begriff des subjektiven öffentlichen Rechts kann für die Grundrechte der französischen Verfassung im Übrigen die Frage, ob sie auch subjektive Rechte begründen, zumindest in *verfassungsprozessualer* Hinsicht regelmäßig dahinstehen. Denn was zum rechtlichen Erkenntniswert dieser Frage im deutschen Recht gesagt wurde, gilt auch für das französische Recht: Von rechtlichem Erkenntniswert ist sie allenfalls in prozessualer Hinsicht. Nun kennt das französische Verfassungsprozeßrecht aber kein der Verfassungsbeschwerde vergleichbares Individualbeschwerdeverfahren.[167] Konsequenterweise stellt sich dann auch vor dem Conseil constitutionnel als dem französischen Verfassungsgericht der Sache nach nie die Frage, ob das in Frage stehende Grundrecht (auch) ein subjektives Recht gewährt.[168] Daher soll für den

---

164 Dazu *Rott*, Das verwaltungsrechtliche subjektive öffentliche Recht im Spiegel seiner Entwicklung im deutschen liberalen Rechtsstaat und in der französischen „théorie des droits subjectifs des administrés", S. 1 ff., 233 ff.

165 *Fromont* in: Recht und Gesetz im deutsch-französischen Dialog, S. 77; *Koch*, Verwaltungsgerichtlicher Rechtsschutz in Frankreich, S. 223 f.

166 Vgl. zu den verschieden Interessen, welche die Zulässigkeit eines „recours pour excès de pouvoir", vergleichbar der deutschen Anfechtungsklage, begründen können: *Chapus*, Droit du contentieux administratif, Rn 563 ff. sowie *Koch*, Verwaltungsgerichtlicher Rechtsschutz in Frankreich, S. 141 ff.

167 Zu den prozessualen Verfahren vor dem Conseil constitutionnel ausführlich unten, Zweites Kapitel, IV. 1.

168 Vgl. *Jouanjan* in: Armut und Verfassung, S. 141 (159).

Begriff des Grundrechts und damit auch den des sozialen *Grundrechts* im Rahmen dieser Arbeit dahinstehen, ob der in Frage stehende Rechtssatz (auch) ein subjektives öffentliches Recht gewährt. Allenfalls im Rahmen der Untersuchung des deutschen Verfassungsrechts wird darauf zurückzukommen sein – eine andere Vorgehensweise würde der Bedeutung des subjektiven öffentlichen Rechts als einem der Kernbegriffe des deutschen öffentlichen Rechts nicht gerecht.

### bb) „Subjektiv-rechtliche" und „objektiv-rechtliche" „Gehalte" von Grundrechten

Es sei noch auf eine weitere Unterscheidung im deutschen Verfassungsrecht verwiesen, bei der das Begriffspaar subjektiv/objektiv auf die Grundrechte des Grundgesetzes ebenfalls verbreitet Anwendung findet: So ist die Rede von „subjektiv-rechtlichen" und „objektiv-rechtlichen *Gehalten*" der Grundrechte des Grundgesetzes. Dabei werden unter subjektiv-rechtlichen Gehalten zumeist die abwehrrechtliche und die leistungsrechtliche Dimension der Grundrechte des Grundgesetzes begriffen[169], wohingegen unter objektiv-rechtlichen Gehalten anders ausgestaltete Wirkdimensionen von Grundrechten zusammengefasst werden. Dann ist die Rede von der Ausstrahlungswirkung der Grundrechte, von grundrechtlichen Schutzpflichten oder aber grundrechtlichen Wirkungen für Verfahren und Organisation.[170] Vereinzelt wird auch die Wirkung von Grundrechten als Einrichtungsgarantien dem objektiv-rechtlichen Gehalt zugeordnet.[171] Aber auch die leistungsrechtliche Dimension wird gelegentlich – insoweit im Widerspruch zu den oben zitierten Auffassungen – zu den objektiven Grundrechtsgehalten gezählt.[172]

Dass die hier genannten unterschiedlichen Wirkdimensionen von Grundrechten des Grundgesetzes im deutschen Schrifttum unter dem Begriffspaar objektiv und subjektiv zusammengefasst werden, ist auf den Sprachgebrauch des Bundesverfassungsgerichts zurückzuführen. Dieses spricht von „subjektiven Abwehrrechten"[173] – dementsprechend wird zumindest die abwehrrechtliche Dimension der Grundrechte im deutschen Schrifttum einhellig dem „subjektivrechtlichen Gehalt" der Grundrechte zugeordnet. Die Bezeichnung solcher Wirkdimensionen der Grundrechte des Grundgesetzes als „objektive", die über

[169] So bei *Sachs* in: Stern, Staatsrecht III/1, S. 620 ff, S. 690 ff.; *Dreier* in: Dreier, GG Band I, Vorb. Rn 45 ff., 50 ff.

[170] So bei *Sachs* in: Sachs, GG, Vor Art. 1 Rn 31 ff.; *Dreier* in: Dreier, GG Band I, Vorb. Rn 55 ff.; *Jarass*, AöR 110 (1985), S. 363 (376 ff.).

[171] *Starck* in: von Mangoldt/Klein/Starck, GG Band I, Art. 1 Rn 174.

[172] So von *Jarass* in: FS-BVerfG, Band II, S. 35 (44).

[173] Nachweise bei *Jarass* in: FS-BVerfG, Band II, S. 35 (37).

die abwehrrechtliche Dimension hinausgehen, ist ebenfalls dem Sprachgebrauch des Bundesverfassungsgerichts zuzuschreiben. Spricht es von über die abwehrrechtliche Dimension hinausgreifenden Funktionen, so ist in einem „terminologischen Wirrwar“[174] vom „objektiven Gehalt“ der Grundrechte bis hin zu Grundrechten als „objektiven Wertentscheidungen“ die Rede.[175] Dabei handelt es sich der Sache nach nur um eine Weiterung von grundrechtlichen Wirkdimensionen bzw. –funktionen über die abwehrrechtliche Dimension hinaus, welche dann unter dem Oberbegriff der „objektiv-rechtlichen Gehalte“ zusammengefasst werden.[176] Es drängen sich daher berechtigte Zweifel an der Eignung des Begriffpaares subjektiv/objektiv zur Kennzeichnung unterschiedlicher Wirkdimensionen von Grundrechten auf[177]: Was ist das Subjektive der Abwehrdimension, worin besteht das Objektive bspw. der Ausstrahlungswirkung? Gemeint sein dürfte, dass die erstgenannte Wirkdimension des Grundrechts ein subjektives und damit ein durch die Verfassungsbeschwerde prozessual flankiertes Recht vermittelt – eben ein subjektives (öffentliches) Recht – , wohingegen die „objektiv-rechtlichen Gehalte“ offenbar keine subjektiven Rechte begründen, ihre Verletzung also nicht im Wege der Verfassungsbeschwerde gerügt werden kann.

Wie verwirrend die Bezeichnung bestimmter, verschiedenartiger Wirkdimensionen von Grundrechten mit dem Terminus des objektiv-rechtlichen Gehalts oder verwandter Termini, denen wie in der Rechtsprechung des Bundesverfassungsgerichts das Adjektiv „objektiv“ hinzugefügt wird, ist, zeigt vollends die Diskussion um die „Resubjektivierung“ derartiger Grundrechtsgehalte. Hier geht es um die Frage, ob objektiv-rechtliche Gehalte auch subjektive Rechte gewähren und der einzelne Grundrechtsberechtigte sich auf den wie auch immer verstandenen objektiv-rechtlichen Gehalt vor dem Bundesverfassungsgericht im Rahmen der Verfassungsbeschwerde berufen kann.[178] Hier werden also zwei rechtliche Fragestellungen durch die Verwendung der Adjektive subjektiv und

---

174 So *Alexy*, Der Staat 29 (1990), S. 49 (51).

175 Zu diesen und weiteren Begrifflichkeiten, die im Sprachgebrauch des Bundesverfassungsgerichts als „objektiv“ bezeichnet werden, vgl. nur die Nachweise bei *Jarass* in: FS-BVerfG, Band II, S. 35 (39).

176 *Jarass* in AöR 110 (1985), S. 363 (364); *ders.* in: Jarass/Pieroth, GG, Vorb. Vor Art. 1 Rn 3. *Dreier* in: Dreier, GG Band I, Vorb. Rn 55 spricht insoweit von einer „Erweiterungs- bzw. Entfaltungsbedeutung“ der Grundrechte.

177 So hält *Jarass,* AöR 110 (1985), S. 363 (368) die Bezeichnung der abwehrrechtlichen Dimension („Abwehrseite“) der Grundrechte als subjektiv für „unglücklich“, da ihr selbstverständlich ein objektiv-rechtlicher Gehalt zukomme.

178 Zu diesem Verständnis des Begriffs der „Resubjektivierung“ *Dreier* in: Dreier, GG Band I, Vorb, Rn 56. *Jarass*, AöR 110 (1985), S. 363 (368) spricht insoweit von einem „Umweg“ über das objektive Recht, wenn in der Judikatur des Bundesverfassungsgerichts diesem objektiven Recht dann doch wieder eine subjektive Position entnommen wird.

objektiv miteinander vermengt: einmal die Frage nach den durch Auslegung zu ermittelnden Wirkdimensionen (und *nur* den Wirkdimensionen) einzelner Grundrechte auf der einen Seite, und auf der anderen Seite die Frage, inwieweit die jeweils ermittelte Wirkdimension auch ein subjektives Recht begründet mit der Folge, dass der Einzelne sich auf sie im Rahmen der Verfassungsbeschwerde berufen kann.

Für diese Arbeit gilt, dass auf den Begriff der „objektiv-rechtlichen Gehalte" in Gegenüberstellung zu dem des „subjektiv-rechtlichen Gehalts" durchgehend verzichtet wird. Wenn Wirkdimensionen bzw. –funktionen von Grundrechten gemeint sind, werden sie auch als solche bezeichnet und nicht mit vagen, konturlosen Begrifflichkeiten wie den „objektiv-rechtlichen Gehalten" von Grundrechten umschrieben. Auch die französische Verfassungslehre problematisiert die unterschiedlichen Wirkdimensionen von Grundrechten nicht unter Rückgriff auf vermeintlich subjektive oder objektiv-rechtliche Gehalte, sondern fragt – insoweit in wohltuender begrifflicher Klarheit – lediglich nach der Wirkdimension.

c) Berechtigung des Begriffs „soziale Grundrechte"

Es drängt sich die Frage auf: Was taugt ein Begriff, der – insoweit sei nur auf den Titel der Arbeit verwiesen – den Gegenstand der Untersuchung eingrenzen soll, wenn man ihn inhaltlich nicht präziser als hier geschehen zu beschreiben vermag? Muss nicht eine rechtswissenschaftliche Untersuchung auf einen offenbar nur schwer zu bestimmenden Begriff verzichten? Sollte bspw. nicht ausschließlich die leistungsrechtliche Dimension den Gegenstand einer rechtswissenschaftlichen Arbeit beschreiben? Ist sie doch, wie noch zu zeigen sein wird, diejenige Dimension, die spezifische Problemstellungen der unter der Kategorie „soziale Grundrechte" aufgezählten Rechte aufwirft.

Die Beibehaltung des letztlich unscharfen Begriffs „soziale Grundrechte" für diese Untersuchung und der hier zugrunde gelegte Präzisierungsversuch rechtfertigen sich trotz der in den voranstehenden Fragen aufgeworfenen Bedenken aus mehreren Gründen. Zum einen wurde der Begriff permanent in den Debatten des Konvents verwandt; dies wurde bereits bei der Darstellung des Ausgangspunktes der Untersuchungen dieses Kapitels aufgezeigt.[179] Die Ausführungen zur Haltung deutscher und französischer Konventsmitglieder bezüglich der Niederlegung sozialer Grundrechte in der Charta werden die ständige Verwendung des Begriffs weiter bestätigen. Zum anderen ist in der Mehrzahl der einschlägigen Chartatextentwürfe in den Überschriften zu einzelnen Rechtsgruppen vom

---

179 Vgl. oben, II. 1.

Anbeginn der Arbeiten des Konvents an von den „sozialen Rechten" die Rede gewesen[180], auch wenn sich diese Überschrift in der Endfassung des Kapitel IV („Solidarität") dann nicht hat durchsetzen können. Die Beibehaltung des Begriffs erfährt daher gerade vor dem Hintergrund der Arbeiten des Konvents ihre Rechtfertigung. Schließlich wird der Begriff in der deutschen, vor allem aber der französischen rechtswissenschaftlichen Lehre bis heute verwandt; die voranstehend referierten, verschiedenartigen Präzisierungsversuche sind Beleg genug. Der hier gewählte Ansatz zur inhaltlichen Bestimmung erlaubt es, sich am Beispiel einiger ausgewählter Grundrechte spezifischen rechtlichen Problemstellungen zu nähern, so etwa der leistungsrechtlichen Dimension der sog. sozialen Grundrechte. Der Ansatz bleibt dabei aber nicht auf diese Dimension beschränkt, sondern ermöglicht auch den Zugang zu weiteren Wirkdimensionen. Die Untersuchung der sozialen Grundrechte des französischen Verfassungsrechts wird zeigen, dass diese Rechte in der gegenwärtigen französischen Verfassungspraxis und den Diskussionen des Schrifttums nicht auf ihre mögliche leistungsrechtliche Dimension beschränkt bleiben. Der wie voranstehend beschrieben zu verstehende Begriff der sozialen Grundrechte hat daher im Rahmen dieser Arbeit für sich genommen keinen eigenständigen rechtlichen Erkenntniswert – ein Restbestand an Unschärfe ist bei der Präzisierung diese Begriffs unvermeidbar. Als Begriff zur Bezeichnung einer Kategorie von Rechten erlaubt er nur, aber immerhin den Zugang zu bestimmten Wirkdimensionen und den durch sie aufgeworfenen rechtlichen Problemstellungen.

## IV. Das im Konvent zu den sozialen Grundrechten artikulierte Forderungsspektrum

Die in den eingangs zitierten Äußerungen einzelner Konventsmitglieder bereits angedeuteten Schwierigkeiten des Konvents bei der Formulierung sozialer Grundrechte[181] und der daraus resultierende Zwang zur Kompromissfindung spiegeln sich in den unterschiedlichen, im Laufe ihres Entstehungsprozesses variierenden Textversionen der Charta wider. Es gilt daher, das Forderungsspektrum wiederzugeben, welches die Arbeiten des Konvents bei der Formulierung sozialer Grundrechte beherrschte. Untersucht werden dabei sowohl Textentwürfe des Präsidiums als auch Stellungnahmen und Forderungen einzelner Kon-

---

[180] Vgl. die Chartatextentwürfe vom 27. 3. 2000 in Charte 4192/00, S. 1 ff.; vom 29. 3. 2000 in Charte 4193, S. 1; vom 17. 4. 2000 in Charte 4227/00, S. 1; vom 23. 6. 2000 in Charte 4373/00, S. 1; und schließlich vom 3. 7. 2000 in Charte 4383/00, S. 1. Der Begriff begleitete so immerhin über einen Zeitraum von 7 Monaten die Arbeiten des Konvents.

[181] Vgl. oben, II. 1.

ventsmitglieder. Letztere werden mit einbezogen, um dem Dialogcharakter gerecht zu werden, welcher das Verhältnis von Konventsmitgliedern und Präsidium kennzeichnete. Denn die einzelnen Textentwürfe des Präsidiums versuchen, Kritiken aus den Reihen des Konvents in neuen Entwürfen zu berücksichtigen.[182] Eine ausschließlich auf die Präsidiumsentwürfe bezogene Untersuchung würde aber diesen Aspekt vernachlässigen und das im Konvent artikulierte Forderungsspektrum verzerrt wiedergeben. Als Quellen sollen aussagekräftige Konventsdokumente und – soweit ergiebig – Äußerungen einzelner Konventsmitglieder in der rechtswissenschaftlichen Lehre herangezogen werden.

Angesichts der Fülle sozialer Grundrechte in der Charta – insoweit genügt ein Blick in die Art. 27 – 38 GRCh (Kapitel IV. „Solidarität") – erscheint es angebracht, die Darstellung bereits in diesem Stadium der Untersuchung auf drei Rechtspositionen zu beschränken, nämlich das „Recht auf Arbeit", das „Recht auf Wohnung" und das „Recht auf Bildung". Diese Rechte wurden im Hinblick auf die für diese Arbeit zugrundegelegte inhaltliche Konturierung des Begriffs „soziale Grundrechte" ausgewählt. Denn sie sind in den europäischen Grundrechtstexten, welche nach dem Mandat von Köln dem Konvent bei der Formulierung sozialer Grundrechte als Rechtsschöpfungsquelle dienen sollten, verbürgt.[183] Im Übrigen nennt das Schrifttum, welches zur inhaltlichen Konturierung des Begriffs „soziale Grundrechte" ausgewertet wurde, sie einhellig als Beispiele für derartige Rechte.[184] Weiterhin sollen sie Gegenstand der Untersuchung sein, weil sich an ihnen, was die Untersuchung der insoweit variierenden Textfassungen der Charta zeigen wird, immer wieder strittige Debatten im Konvent entzündet haben. Darüber hinaus haben gerade das „Recht auf Arbeit" und das „Recht auf Wohnung", wie zu zeigen sein wird, vor allem im französischen Verfassungsrecht zu Diskussionen geführt, was sie im Hinblick auf das anvisierte Ziel der Arbeit[185] ergiebig macht.

---

[182] Exemplarisch insoweit der Präsidiumsentwurf vom 3. 7. 2000, abgedruckt in Charte 4383/00, in welchem das Präsidium zunächst auf die Änderungsvorschläge der namentlich genannten Konventsmitglieder zu dem vorangegangenem Textentwurf in Charte 4316/00 verweist, um im Anschluss hieran seinerseits neue Formulierungsvorschläge zu unterbreiten. Allgemein zum Verhältnis Präsidium – Konventsmitglieder bei den Arbeiten des Konvents siehe oben, I. 2. b).

[183] So garantiert Art. 1 der Europäischen Sozialcharta das „Recht auf Arbeit", Art. 15 der Gemeinschaftscharta der Sozialen Grundrechte der Arbeitnehmer regelt das „Recht auf Bildung" – verstanden als Recht auf Berufsausbildung –, und schließlich wird ein „Recht auf Wohnung" – verstanden als Verpflichtung des Staates zur Förderung des Wohnungsbaus – in Art. 16 der Europäischen Sozialcharta erwähnt.

[184] Wie Fn 148.

[185] Vgl. oben, Einleitung, I.

## 1. Das „Recht auf Arbeit"

Das „Recht auf Arbeit" gehörte in dieser Formulierung offenbar zu einem der umstrittensten Grundrechte in den Debatten des Konvents.[186] Die nachfolgende Beschreibung seines Werdeganges im Spannungsverhältnis von Präsidiumstextentwürfen, aus dem Konvent artikulierten Gegenentwürfen und den letztlich formulierten Chartavorschriften mag insoweit Beleg genug sein:

In einem der ersten Textentwürfe des Präsidiums zu den sozialen Grundrechten war in Anlehnung an Art. 1 Europäische Sozialcharta von einem „Recht auf Arbeit und Berufsfreiheit" die Rede, welches in den Chartatext übernommen werden sollte.[187] Da es in den folgenden Monaten bei der Formulierung sozialer Grundrechte zu den bereits eingangs erwähnten, grundsätzlichen Auseinandersetzungen im Konvent kam, sah sich das Präsidium gezwungen, wiederholt neue Textentwürfe vorzulegen. Der Entwurf vom 16. Mai 2000 enthält kein „Recht auf Arbeit" mehr; geschützt wird nur noch die Berufsfreiheit.[188] Die Streichung des Rechts auf Arbeit scheint auf Widerstände im Konvent gestoßen zu sein; es kam offensichtlich zu Forderungen, das Recht auf Arbeit in dieser Formulierung wieder in den Chartatext aufzunehmen. So erklärt sich der Kompromissvorschlag des Präsidiums vom 23. Juni 2000. Er stützte sich auf Änderungsvorschläge einzelner Konventsmitglieder. Unter der Rubrik „Soziale Rechte" formulierte Art. 31 Abs. I dieses Vorschlags: „Jede Person hat das Recht auf Arbeit, auf freie Wahl ihrer Arbeit und auf Schutz ihres Arbeitsplatzes".[189] Das so im Tatbestand der Norm verbürgte Recht auf Arbeit wurde in einem weiteren Kompromissvorschlag des Präsidiums vom 3. Juli 2000 umformuliert in ein „Recht auf freie Berufswahl und –ausübung". Auch in der Überschrift der Norm ist jetzt nur noch von der Berufsfreiheit die Rede – nach wie vor ist die dergestalt gefasste Norm aber im Abschnitt „Soziale Rechte" niedergelegt.[190] Diesem Entwurf folgt am 31. Juli 2000 ein weiterer, in dessen Art. 15 die Berufs*freiheit*, nicht aber ein Recht auf Arbeit verbürgt ist.[191] Der Konvent hat die Berufsfreiheit dabei zum ersten Mal im Kapitel II („Freiheiten") der Charta verortet.[192] An die Stelle des „Recht(s) auf Arbeit" tritt das „Recht auf Zugang zu einem Arbeitsvermittlungsdienst" (Art. 27 des Entwurfs), niedergelegt in Kapitel IV der Charta, welches nun die Überschrift „Solidarität" trägt.[193] Die Endfassung der

186 So auch *Riedel* in: Meyer, GRCh, Art. 29 Rn 3.
187 Charte 4192/00, S. 1.
188 Charte 4316/00, S. 2.
189 Charte 4373/00, S. 2.
190 Charte 4383/00, S. 3.
191 Charte 4423/00, S. 13.
192 Vgl. dazu *Bernsdorff* in: Meyer, GRCh, Art. 15 Rn 9.
193 Charte 4423/00, S. 20.

Charta enthält kein „Recht auf Arbeit“ mehr – weder in einem ihrer Tatbestände noch in einer der Überschriften der einzelnen Artikel. In Art. 15 Abs. I GRCh (Kapitel II: „Freiheiten“) ist von einem „Recht zu arbeiten“ die Rede; Art. 29 GRCh (Kapitel IV: „Solidarität“) verbürgt bloß noch den Zugang zu einem unentgeltlichen Arbeitsvermittlungsdienst.

Festgestellt werden kann also, dass die Formulierung „Recht *auf* Arbeit“ anscheinend Widerstände im Konvent hervorgerufen und sich nicht hat durchsetzen können. Dabei mangelte es nicht an Befürwortern.[194] Eines der Konventsmitglieder, das sich gerade für eine derartige Formulierung immer wieder stark gemacht hat, ist *Braibant*. Er bedauert, dass dieses Recht, dessen grundrechtlicher Charakter kaum zu bestreiten sei, im Laufe des Ausarbeitungsprozesses aus den Textentwürfen gestrichen worden ist und fordert dessen Berücksichtigung: „Ce droit fondamental,..., doit impérativement figurer dans la Charte“[195]; eine Forderung, mit der er sich letztlich nicht hat durchsetzen können.

## 2. Das „Recht auf Bildung“

Das „Recht auf Bildung“ ist in dieser Formulierung bereits in einem der ersten Textentwürfe des Präsidiums nachweisbar. So gewährt Art. 14 Abs. I des Textentwurfs vom 31. Juli 2000 jeder Person „das Recht auf Bildung sowie auf Zugang zur beruflichen Ausbildung und Weiterbildung“. Dieses Recht soll auch die Möglichkeit umfassen, unentgeltlich am Pflichtschulunterricht teilzunehmen.[196] In vorherigen Entwürfen war hingegen zunächst nur von einem „Recht auf Berufsberatung und Weiterbildung“ die Rede[197]; insoweit ist hier anders als beim „Recht auf Arbeit“ sogar eine Weiterung der Rechtsverbürgung zumindest in sprachlicher Hinsicht feststellbar: gewährleistet wird nicht nur bloß ein Recht auf Weiterbildung (was begrifflich eine bereits vorhandene Bildung voraussetzt), sondern auf Bildung überhaupt. Letztlich hat sich die Formulierung in Gestalt eines „Recht(s) auf Bildung“ durchsetzen können: Art. 14 Abs. I 1. Var. GRCh garantiert nun das „Recht auf Bildung“. Das „Recht auf Bildung“ ist somit eines derjenigen sozialen Grundrechte, welches in seiner ursprünglich vorgesehenen Formulierung in die Endfassung der Charta aufgenommen wurde,

---

[194] Bspw. *Kaufmann*, die in einer der letzten Sitzungen des Konvents das Fehlen eines Rechts auf Arbeit beklagt, wiedergegeben in: Die Charta der Grundrechte der EU, Berichte und Dokumentation, S. 385.

[195] *Braibant*, Charte 4322/00 S. 4 f. (Dieses Chartadokument ist nur in französischer Sprache vorhanden).

[196] Charte 4423/00, S. 12.

[197] Charte 4192/00, S. 2, 12.

wenn es dabei auch – in systematischer Hinsicht zweifelhaft[198] – letztlich im Kapitel II („Freiheiten") der Charta niedergelegt worden ist.

Indes lassen sich im Hinblick auf die Verbürgung dieses Rechts Widerstände oder aber zumindest Bedenken im Konvent nachweisen. So legte das deutsche Konventsmitglied *Gnauck* dem Konvent eine Stellungnahme der deutschen Bundesländer vor, in welcher diese die Formulierung selbst eines Rechts auf bloße Weiterbildung ablehnten; wenn aber doch, so dürften sich aus diesem Recht keine Teilhaberechte oder Leistungsansprüche herleiten lassen.[199] Letztlich hat sich der Vertreter der Bundesländer mit seiner Forderung – zumindest was die sprachliche Fassung der in Frage stehenden Vorschrift anbelangt – nicht durchsetzen können. Auch andere Konventsmitglieder kritisierten die dann doch erfolgte Verbürgung in Form eines „Recht(s) auf Bildung": sie erwecke in bewußter Abkehr von der negativen Formulierung des Art. 2 S. 1 des 1. Zusatzprotokolls zur EMRK („Niemandem darf das Recht auf Bildung verwehrt werden") den Eindruck eines einklagbaren Anspruchs auf Bildung.[200]

### 3. Das „Recht auf Wohnung"

Ein „Recht auf Wohnung" taucht in exakt dieser Formulierung jedenfalls in keinem der Textentwürfe des Präsidiums auf. Von Anfang an ist allenfalls von einem „Recht auf Wohnungsbeihilfe" zugunsten derjenigen die Rede, die nicht über ausreichende (finanzielle) Mittel verfügen.[201] Aber selbst diese Formulierung ging einigen Konventsmitgliedern zu weit.[202] Das Präsidium sah sich daher auch hier zu einer weiteren sprachlichen Abschwächung veranlaßt. So enthält Art. 32 Abs. III des Textentwurfes vom 31. Juli 2000 nur noch eine Verpflichtung der Union, das Recht auf eine Wohnungsbeihilfe „anzuerkennen" und „zu achten", und dies auch nur „nach Maßgabe des Gemeinschaftsrechts und der einzelstaatlichen Rechtsvorschriften und Gepflogenheiten".[203] Diese Formulierung wurde dann in Art. 34 Abs. III der Endfassung der Charta beibehalten.

---

198 Dazu *Riedel* in: Meyer, GRCh, Vorb. Kap. IV (Solidarität), Rn 28 ff.

199 *Gnauck*, Charte 4269/00, S. 6.

200 So die Äußerung der Konventsmitglieder *Friedrich*, *Griffith*, *Goldsmith* und *Tarschys*, wiedergegeben in: Die Charta der Grundrechte der EU, Berichte und Dokumentation, S. 306.

201 Charte 4383/00, S. 16; Charte 4399/00, S. 1.

202 Exemplarisch insoweit *Mommbaur*, der die Streichung dieser Vorschrift fordert: *Ders.*, Charte 4383/00, S. 16.

203 Charte 4423/00, S. 23.

Auch was das „Recht auf eine Wohnung" anbelangt, forderte *Braibant* dessen Verbürgung in der Charta – und zwar in der Formulierung eines „Recht(s) auf": Diesem Recht komme eine derartig herausragende Bedeutung zu, dass es einen selbstständigen Artikel verdiene und nicht bloß eine (wie dann auch letztlich erfolgte, siehe Art. 34 Abs. III GRCh) Erwähnung in einem Unterabsatz.[204] Die im Konvent zu beobachtenden Widerstände gegen eine derartige Formulierung und ihre Nichtaufnahme in die Textentwürfe des Präsidiums sind *Braibant* dabei unverständlich; angesichts dieser Widerstände drängt er daher in der sich abzeichnenden Endphase der Arbeiten des Konvents auf eine Verbürgung des „Recht(s) auf Wohnung".[205] Dessen letztlich nicht erfolgte Verbürgung wird dabei auch von anderen Konventsmitgliedern bedauert.[206]

## 4. Ergebnis

Sieht man vom „Recht auf Bildung" einmal ab, so haben sich Formulierungen weiterer „Rechte auf etwas" im Konvent nicht durchsetzen können. Weder das geforderte „Recht auf Arbeit" noch das „Recht auf Wohnung" haben in dieser Formulierung in die Endfassung der Charta Eingang gefunden. Bei Ersterem ist nur noch von einem „Recht auf Zugang zu einem Arbeitsvermittlungsdienst" die Rede; bei Letzterem von einem „Recht auf Wohnungsbeihilfe". Formulierungen, die bei Berücksichtigung ihres bloßen Wortlautes umfangreichere Leistungsansprüche andeuten, wie bspw. das „Recht auf Arbeit" oder das „Recht auf Wohnung", wurden dergestalt geändert, dass der Umfang des Versprochenen reduziert worden ist. Es gibt so entgegen den im Konvent artikulierten Forderungen schon vom bloßen Wortlaut der Rechte her keinen Anspruch auf Bereitstellung einer Wohnung, sondern nur auf (finanzielle) Wohnungsbeihilfe, und auch keinen Anspruch auf Zuweisung eines Arbeitsplatzes. Offensichtlich ist es hier zu Kompromissen gekommen: Soweit in den Formulierungsvorschlägen der untersuchten sozialen Grundrechte Maximalforderungen vorgesehen waren, haben sie sich nicht durchsetzen können.

Die im Laufe der Ausarbeitung der Charta immer wieder variierenden sprachlichen Fassungen der hier exemplarisch herausgegriffenen sozialen Grundrechte belegen die grundsätzlichen Schwierigkeiten des Konvents mit dieser Kategorie von Rechten. Eine Einigung über ihren jeweiligen Wortlaut war gerade dort nicht leicht zu erzielen, wo der jeweilige Formulierungsvorschlag dem Grundrechtsträger umfangreiche Leistungsansprüche in Aussicht stellte.

---

[204] *Braibant*, Charte 4322/00, S. 5.

[205] *Braibant*, Charte 4280/00, S. 3.

[206] So von *Kaufmann*, wiedergegeben in: Die Charta der Grundrechte der EU, Berichte und Dokumentation, S. 385.

Auf die hier herausgearbeitete Genese einzelner sozialer Grundrechte der Charta wird darüber hinaus gegen Ende der Arbeit zurückzukommen sein. Sie – die Genese – gibt möglicherweise auch Aufschlüsse über die intendierten Wirkdimensionen der jeweils in Frage stehenden Norm.[207]

## V. Die deutsch-französischen Konventsdebatten: Beeinflussung durch nationales Verfassungsrecht und rechtliche Problemstellungen sozialer Grundrechte

Sowohl deutsche als auch französische Konventsmitglieder[208] greifen, wie zu zeigen sein wird, auf ihr – im weitesten Sinne verstandenes – nationales Verfassungsrecht[209] zurück, sind von diesem beeinflusst, wenn sie im Konvent ihre Haltung zur Verbürgung sozialer Grundrechte in der Charta begründen.

Die Rückgriffe auf das jeweilige nationales Verfassungsrecht zeigen auch, dass die beabsichtigte Verbürgung bestimmte rechtliche Problemstellungen aufwirft, welche von deutschen und französischen Konventsmitgliedern mit der Kategorie „soziale Grundrechte" assoziiert werden. Es gilt, diese rechtlichen Problemstellungen dort herauszuarbeiten, wo sie von einzelnen Konventsmitgliedern in ihren Beiträgen angesprochen werden.

Die Untersuchung der deutsch-französischen Konventsdebatten wird schließlich erklären, inwieweit die im voranstehenden Abschnitt verdeutlichten Schwierigkeiten des Konvents mit der Formulierung sozialer Grundrechte ihre Ursache auch in den Beeinflussungen finden, welchen deutsche und französische Konventsmitglieder durch ihr jeweiliges nationales Verfassungsrecht ausgesetzt waren.

Es sei darauf hingewiesen, dass die im Folgenden ausgewerteten Quellen – mehrheitlich Konventsdokumente[210] – oftmals recht knapp gehalten sind. So begnügen sich ihre Verfasser in einer Vielzahl der Fälle mit der Formulierung von bloßen Forderungen. Soweit zur Untermauerung dieser Forderungen Begrün-

---

207 Dazu unten, Zusammenfassung und Ausblick.

208 Zu den Namen der französischen Konventsmitglieder und ihrer Funktion im Konvent vgl. Fn 39. Für die deutschen Konventsmitglieder vgl. Fn 38.

209 Zum Begriff oben, Einleitung I.

210 Zur Veröffentlichung der als „Charte+Nummerierung" zitierten Dokumente vgl. Fn 47.

dungen erfolgen, ergeben sie sich bisweilen erst aus dem Zusammenspiel mehrerer Quellen.[211]

## 1. Die Beiträge deutscher Konventsmitglieder

### a) Rückgriffe auf das nationale Verfassungsrecht

Der Vertreter des Bundesrates im Konvent, *Gnauck*, artikulierte eine zurückhaltend-vorsichtige Einstellung gegenüber einer umfassenden Verbürgung sozialer Grundrechte in der Charta. Sein bereits erwähntes Schreiben, erstellt kurz nach dem ersten Textentwurf des Präsidiums (welcher auch ein „Recht auf Arbeit" sowie ein „Recht auf Weiterbildung" enthielt), mahnte an, dass die Charta ausweislich des Mandats von Köln nur einen Katalog von „Rechten" enthalten dürfe, politische Zielbestimmungen aber ausscheiden sollten.[212] Er nimmt hier offensichtlich Bezug auf die Formulierung des Mandats, wonach soziale Grundrechte verbürgt werden sollten, soweit sie „nicht nur Ziele für das Handeln der Union begründen"[213]. Nach dem Mandat von Köln seien soziale Rechte auch nur „zu berücksichtigen", sollten also aus Sicht der deutschen Bundesländer offensichtlich einen eher untergeordneten Charakter erhalten. Aus der Sicht der deutschen Länder sei daher ein Großteil der vorgeschlagenen Rechte entbehrlich.[214] Sämtliche Beiträge *Gnaucks* enthielten aber ein Bekenntnis der deutschen Bundesländer zum Sozialstaatsprinzip des Grundgesetzes.[215] Vereinzelt wies er darauf hin, die deutschen Länder könnten sich mit der Niederlegung des Grundsatzes der Solidarität in der Präambel der Charta einverstanden erklären; wenn aber soziale Grundrechte in die Charta Eingang fänden, dann nur solche, „die eng mit der Würde des Menschen verbunden sind".[216] Das Sozialstaatsprinzip und der Schutz der Menschenwürde im Grundgesetz waren so permanente verfassungstextliche Bezugspunkte der Beiträge *Gnaucks*. Wie *Gnauck* erklärte sich offen-

---

[211] Die von *Bernsdorff/Borowsky* herausgegebenen „Handreichungen und Sitzungsprotokolle" zu den Konventsdebatten sind insoweit bedauerlicherweise recht unergiebig, als die Autoren sich in aller Regel darauf beschränken, Äußerungen mehrerer Konventsmitglieder zu einem Themenkomplex gebündelt wiederzugeben, ohne dabei aber die von den in Frage stehenden Konventsmitgliedern im Internet veröffentlichten Chartadokumente näher auszuwerten – eine Verfahrensweise, die angesichts der Vielzahl von Beiträgen im Konvent indes nur verständlich ist.

[212] *Gnauck*, Charte 4269/00, S. 3; *ders.*, Charte 4372/00, S. 386 unter Bezugnahme auf den in Charte 4316/00, S. 9 vorgesehenen Art. 45 (Verbraucherschutz) des Textentwurfes vom 16. Mai 2000.

[213] Vgl. das Mandat von Köln, wiedergegeben in EuGRZ 1999, S. 364 (364).

[214] *Gnauck*, Charte 4269/00, S. 3 f.

[215] *Gnauck*, Charte 4269/00, S. 3; *ders.*, Charte 4430/00, S. 3.

[216] *Gnauck*, Charte 4310/00, S. 5.

bar auch der Präsident des Konvents, *Herzog*, mit der Aufnahme sozialer Grundrechte in der Charta insoweit einverstanden, als sie „Konkretisierungen des Schutzes der Menschenwürde“ darstellten.[217] Das Sozialstaatsprinzip des Grundgesetzes war auch Inspirationsquelle des Vertreters des Bundestages, *Meyer*: Er schlug dem Konvent die Einführung des Grundsatzes der „Solidarität“ wahlweise in der Präambel oder aber in einem gesonderten Artikel vor. Zur Begründung dieses Vorschlags verwies er unter anderem auf das deutsche Sozialstaatsprinzip, dem der Gedanke der „Solidarität“ immanent sei.[218] *Meyer* lies sich indes nicht nur vom Grundgesetz inspirieren. Bei seiner Forderung nach der Aufnahme eines „Recht(s) auf Arbeit“ und eines „Recht(s) auf Wohnung“[219] verwies er auf die Landesverfassungen der deutschen Bundesländer: Diese enthielten ein „Recht auf Arbeit“[220] ebenso wie ein „Recht auf Wohnung“[221]; entsprechend könne man besagte Rechte auch in der Charta gewährleisten.

### b) Rechtliche Problemstellungen sozialer Grundrechte

Über die voranstehend genannten verfassungstextlichen Bezüge ihrer Beiträge hinaus erörterten die deutschen Konventsmitglieder auch bestimmte rechtliche Problemstellungen, die sie mit der Kategorie sozialer Grundrechte assoziierten:

Die deutschen Konventsmitglieder problematisierten vor allem die Frage nach einem leistungsrechtlichen Gehalt sozialer Grundrechte. Auffällig ist die in den Schreiben *Gnaucks* zum Ausdruck gebrachte ablehnende Haltung gerade gegenüber der Aufnahme von Leistungsgrundrechten: Wenn überhaupt, so dürften soziale Grundrechte allenfalls als Abwehrrechte verbürgt werden, Leistungsansprüche dürften sich ihnen nicht entnehmen lassen.[222] Insoweit gelte es, „keine unerfüllbaren Erwartungen bei den Unionsbürgern zu wecken“.[223] *Gnauck* forderte wiederholt, die Ausgestaltung der leistungsrechtlichen Dimension sozialer Rechte dem einfachen Gesetzgeber zu überlassen, die Charta sei

---

[217] Vgl. *Riedel* in: Meyer, GRCh, Vorb. IV (Solidarität), Rn 12.

[218] *Meyer*, Charte 4271/00, S. 3 f. Vgl. die gleichlautenden Überlegungen seines Stellvertreters *Altmaier* in: Die Charta der Grundrechte der EU, Berichte und Dokumentation, S. 283.

[219] Für das „Recht auf Arbeit“ *Meyer*, Charte 4372/00, S. 33; für das „Recht auf Wohnung“ *ders.*, Charte 4372/00, S. 183.

[220] *Meyer*, Charte 4372/00, S. 33 verweist – indes ohne Nennung der einschlägigen Normen – auf die Verfassungen Bayerns, Brandenburgs, Hessens, Mecklenburg-Vorpommerns, Sachsens, Sachsen-Anhalts und Thüringens.

[221] *Meyer*, Charte 4372/00, S. 183 nennt Art. 106 Abs. I der bayerischen Landesverfassung, Art. 47 der sächsischen Landesverfassung sowie Artikel 47 der sachsen-anhaltinischen Landesverfassung.

[222] *Gnauck*, Charte 4310/00, S. 4 f.; *ders.*; Charte 4430/00, S. 3 f.

[223] *Gnauck*, Charte 4430/00, S. 3.

für deren Verbürgung nicht der geeignete Ort.[224] Auch *Herzog* schien eine Enttäuschung der Unionsbürger für den Fall befürchtet zu haben, dass eine an sozialen Grundrechten und damit einhergehend an „staatlichen" Leistungsversprechen reichhaltige Charta vor Gericht nicht das gewähre, was sie verspricht.[225]

In engem Zusammenhang mit der leistungsrechtlichen Dimension sozialer Grundrechte stand für die deutschen Konventsmitglieder die Frage nach deren Einklagbarkeit. Es müsse geklärt werden, so *Gnauck*, inwieweit als „Rechte auf etwas" formulierte soziale Grundrechte von einzelnen Grundrechtsberechtigten sollen eingeklagt werden können.[226] Die deutschen Mitglieder des Europäischen Parlaments *Mommbaur* und *Friedrich* warnen vor finanziellen Belastungen mitgliedstaatlicher Stellen bzw. der europäischen Organe, welche unweigerlich aufkämen, soweit ein europäisches Gericht individuelle Leistungsansprüche aus den sozialen Grundrechten der Charta gewähre.[227] Hier bestehe die Gefahr, dass soziale Grundrechte dem Bürger mehr an Leistungen versprächen, als ihm in Wirklichkeit gegeben werden könne; Enttäuschungen seien so vorprogrammiert.[228] Im Übrigen habe die Europäische Union etwa für die Gewährung eines „Recht(s) auf Wohnungsbeihilfe" gar keine Kompetenzen. Hier würden dem Unionsbürger Leistungen versprochen, welche die Union schon in Ermangelung entsprechender Kompetenzen gar nicht gewähren könne[229] – ein Argument, auf welches gegen Ende der Arbeit noch einzugehen sein wird.

Die Frage nach der verfassungsprozessualen Flankierung sozialer Grundrechte hat auch *Herzog* beschäftigt. Seine eingangs zitierte Äußerung („Die Franzosen wollten um jeden Preis soziale Grundrechte, so viele soziale Grundrechte wie es überhaupt gibt. Die haben keine Verfassungsgerichtsbarkeit, die das dann praktizieren muss"[230]) kann man zunächst dahin verstehen, dass in ihr eine reservierte, wenn nicht gar kritisch-ablehnende Haltung zu einer umfassenden Kodifizierung sozialer Grundrechte zum Ausdruck kommt.[231] Der Hinweis

---

[224] *Gnauck* bspw. in Charte 4430/00, S. 3.

[225] Diese Äußerung *Herzogs* wird von *Braibant* wiedergegeben in Charte 4959/00, S. 17. Vgl. dazu auch *Bernsdorff/Borowsky*, Protokolle, S. 248.

[226] *Gnauck*, Charte 4372/00, S. 3 unter Bezugnahme auf den Textentwurf vom 16. Mai 2000, wiedergegeben in Charte 4316/00, in welchem eine Vielzahl von „Rechten auf etwas" vorgesehen waren; so z. B. das „Recht auf Erholung und Urlaub" (Art. 35) oder aber das „Recht auf Gesundheit" (Art. 36).

[227] *Mommbaur/Friedrich*, Charte 4372/00, S. 364.

[228] *Mommbaur /Friedrich*, Charte 4372/00, S. 364 sowie S. 388.

[229] *Mommbaur/Friedrich*, Charte 4372/00, S. 275.

[230] Vgl. bereits oben, II. 2.; dort auch Fn 78.

[231] Welche Haltung *Herzog* zur Aufnahme sozialer Grundrechte in die Charta im Einzelnen artikulierte, läßt sich angesichts der wenigen, knappen Stellungnahmen seinerseits zu

auf die angeblich nicht vorhandene französische Verfassungsgerichtsbarkeit, „die das dann praktizieren muss“, spielt auf die Problematik der gerichtlichen Geltendmachung dieser Rechte an. Man kann diese Äußerung so interpretieren, als forderten die Franzosen Rechte, deren rechtsdogmatische und damit zwangsläufig vor einem (Verfassungs-)Gericht virulente Probleme ihnen unbekannt seien, nicht aber *Herzog* – weswegen Letzterer diesen Rechten dann eher kritisch-ablehnend gegenübersteht.

## 2. Die Beiträge französischer Konventsmitglieder

### a) Rückgriffe auf das nationale Verfassungsrecht

Auch die französischen Konventsmitglieder ließen sich von ihrem nationalen Verfassungsrecht inspirieren, um ihre Haltung in den Konventsdebatten zu begründen. Wie bereits geschildert, war der Franzose *Braibant* ein besonders nachdrücklicher Verfechter einer umfassenden Kodifizierung sozialer Grundrechte.[232] Das „Recht auf Arbeit“, welches in Frankreich Verfassungsrang habe, „doit impérativement figurer dans la Charte“, so ließ er sich im Konvent vernehmen. Gleiches gelte für ein „Recht auf Wohnung“.[233] Letzteres sei in der Rechtsprechung des Conseil constitutionnel zu einem „objectif à caractère constitutionnel, ou à valeur constitutionnelle“, zu einem „Ziel“ bzw. einen „Zweck von Verfassungsrang“ entwickelt worden.[234] Die französische Verfassung mit ihren sozialen Grundrechten war auch Inspirationsquelle der Vertreter des französischen Sénat und der Assemblée Nationale im Konvent. Als Mitglied des französischen Sénat sprach sich *Dieulangard* für eine umfassende Niederlegung sozialer Grundrechte in der Charta aus: Sie seien Voraussetzung zur Ausübung von Freiheitsrechten; deswegen habe sich auch Frankreich für die Aufnahme dieser Rechte wie bspw. dem „Recht auf Arbeit“ in seine Verfassungen von 1946 und 1958 entschieden. Daher gehöre auch ein „Recht auf Arbeit“ in die

---

diesem Problemkomplex bloß vermuten. Es erscheint naheliegend, die Zurückhaltung *Herzogs* seiner Funktion als Präsident des Konvents zuzuschreiben: Mit seiner schwierigen Aufgabe, die Kompromissfindung im Konvent zu leiten, wären zu eindeutige Stellungnahmen kaum zu vereinbaren gewesen; ein gewisses Maß an Neutralität erschien ihm offenbar angebracht. Vgl. auch seine dahingehende Äußerung in Bitburger Gespräche 2001, S. 7 (9 f.).

[232] Eine Einschätzung, die auch in der Literatur geteilt wird, so von *Bernsdorff*, VSSR 1/2001, S. 1 (2). *Braibant* selbst weist darauf hin, dass er sich im Konvent für eine umfassende Verbürgung sozialer Rechte stark gemacht habe, so in RUDH 2000, S. 68. Vgl. auch *Bernsdorff/Borowsky*, Protokolle, S. 222 sowie S. 253.

[233] *Braibant*, Charte 4322/00, S. 5; *ders.*, RUDH 2000, S. 67.

[234] *Braibant*, RUDH 2000, S. 48 und S. 68; *ders.*, Regards sur l'Actualité, N° 264 août 2000, S. 28 und S. 65.

Charta, Gleiches gelte für ein „Recht auf lebenslange berufliche Bildung" oder ein „Recht auf einen Mindestlohn".[235] Auch die Vertreterin der Assemblée Nationale, *Berès*, forderte die Aufnahme eines „Recht(s) auf Arbeit"[236] ebenso wie die eines „droit au logement décent et approprié".[237]

### b) Rechtliche Problemstellungen sozialer Grundrechte

Wie die deutschen Konventsmitglieder, so formulierten auch die französischen Konventsmitglieder über die bloßen Bezüge auf ihren nationalen Verfassungstext hinaus bestimmte rechtliche Fragestellungen, die sie mit der Kategorie soziale Grundrechte in Verbindung brachten:

Auch die französischen Konventsmitglieder stellten in ihren Beiträgen auf die leistungsrechtliche Dimension als eine der zentralen rechtlichen Problemstellungen der Kategorie soziale Grundrechte ab. Die deutschen Sorgen um unmittelbar einklagbare Leistungsansprüche aus sozialen Grundrechten waren aber etwa für *Braibant* nicht nachvollziehbar. Keinesfalls könne ein „Recht auf Arbeit" dahingehend interpretiert werden, einen Arbeitsplatz einklagen zu können.[238] Auch ein „Recht auf Wohnung" entfalte keine individuell einklagbare leistungsrechtliche Dimension.[239] Es handelt sich hierbei offensichtlich um eine Reaktion auf die Bemerkung *Herzogs*, wer in Deutschland von einem (Grund-)Recht spreche, meine ein „subjektives, justiziables Recht" („un droit subjectif justiciable").[240] Ein „Recht auf etwas" könne – so hat *Braibant* offenbar *Herzog* in einer Unterredung während der Arbeiten des Konvents verstanden – nur sein, was dem Einzelnen erlaube, es unmittelbar vor einem Gericht einzuklagen. Mit Blick auf das unter anderen zur Diskussion stehende „Recht auf Wohnung" hat *Braibant* diese Bemerkung *Herzogs* dann wie folgt interpretiert: Weil ein Recht nur ein subjektives, justiziables Recht sein könne, müsse das „Recht auf Wohnung" in dem Sinne verstanden werden, dass es dem Einzelnen erlaube, vor Gericht eine Wohnung einzuklagen.[241] Indes, so *Braibant*, handele es sich bei sozialen Grundrechten um Rechte, „...qui ne sont en réalité que des principes qu'il s'agit de mettre en œuvre...", um Rechte also, die nichts anderes

---

235 *Dieulangard*, Sénat, Dok. N° 395, S. 49.

236 *Berès*, Charte 4372/00, S. 65.

237 *Berès*, Charte 4372/00, S. 310.

238 *Braibant*, Charte 4322/00, S. 5; *ders.*, Charte 4372/00, S. 59.

239 *Braibant*, Charte 4280/00, S. 2; *ders.*, Regards sur l'Actualité N° 264, août 2000, S. 14.

240 *Braibant*, RUDH 2000, S. 48; *ders.*, Regards sur l'Actualité N° 264, août 2000, S. 28.

241 *Braibant*, Droit Social, N° 1 Janvier 2001, S. 69 (74); *ders.*, Regards sur l'Actualité N° 264, août 2000, S. 28.

als Prinzipien oder aber Grundsätze seien, welche der Umsetzung bedürften[242], und zwar durch einen „texte intermédiaire". Erst dieser Umsetzungsakt verleihe dann dem in Frage stehenden „droit de créance" seine „volle rechtliche Wirksamkeit".[243] Unter Umsetzungsakt dürften dabei vor allem Maßnahmen des Gesetz- bzw. Verordnungsgebers zu verstehen sein, welche das Prinzip konkretisieren.

Wenn auch nicht der einzelne Grundrechtsberechtigte unmittelbar aus sozialen Grundrechten Leistungsansprüche einklagen können soll, so erläuterte *Braibant* unter Bezugnahme auf die Rechtsprechung des Conseil constitutionnel, wie etwa der Gesetzgeber an die leistungsrechtliche Dimension des „Recht(s) auf Wohnung" gebunden sein könnte: Der Conseil constitutionnel sehe, so *Braibant*, in dem Recht auf Wohnung ein „objectif à caractère constitutionnel, ou à valeur constitutionnelle"; ein „Ziel" bzw. einen „Zweck von Verfassungsrang" also. Diese Interpretation erlaube es dem französischen Verfassungsgericht, nationale Gesetze, welche dieses Recht tangierten, auf ihre Vereinbarkeit mit diesem „Ziel von Verfassungsrang" zu überprüfen. So beinhalte das „Ziel" für den Gesetzgeber eine „obligation de résultat". Erreiche er das von Verfassungs wegen vorgeschriebene Ergebnis nicht, sähe er sich einer Sanktion durch den Conseil constitutionnel ausgesetzt.[244] Offenbar verpflichtet das „objectif" den Gesetzgeber von Verfassungs wegen zu einem positiven Tun; mithin zu einer Leistungshandlung, vermittels derer er auf die Zielverwirklichung hinarbeitet. Dem deutschen Leser mag sich bereits in diesem Stadium der Untersuchung – im Vorgriff auf den noch zu leistenden Rechtsvergleich – ein zwangsläufig noch im Ansatz verbleibender Vergleich des „objectif à valeur constitutionnelle" mit den „Staatszielbestimmungen" oder aber „Verfassungsaufträgen" aufdrängen, welche im deutschen Schrifttum vereinzelt mit der Kategorie sozialer Grundrechte assoziiert werden.[245]

In den Ausführungen *Braibants* finden sich Andeutungen zu einer weiteren möglichen Wirkdimension sozialer Grundrechte. Ein soziales Grundrecht könne, so ließ *Braibant* sich vernehmen, einer staatlichen Maßnahme „entgegengehalten" werden, welche ihm widerspräche („action qui irait à son encontre"). Dazu müsse es von einem Richter, der mehrere Rechte gegeneinander abzuwägen habe, bei diesem Abwägungsvorgang mit berücksichtigt werden. So könne

---

[242] *Braibant*, Regards sur l'Actualité N° 264, août 2000, S. 13.

[243] *Braibant*, Charte 4322/00, S. 3; *ders.*, Charte 4280/00, S. 2; *ders.*, Regards sur l'Actualité N° 264, août 2000, S. 13; *ders.* in: Soziale Grundrechte in der Europäischen Union, S. 260.

[244] *Braibant*, RUDH 2000, S. 48 und S. 68; *ders.*, Regards sur l'Actualité, N° 264 août 2000, S. 28 und S. 65.

[245] Vgl. die Nachweise oben, III. 4. a); dort auch Fn 124 – 127.

bspw. ein „Recht auf Umwelt“ einer europäischen Richtlinie entgegengehalten werden, welche unbeschränkt Abgasemissionen zulasse; oder aber es müsse das Recht auf Eigentum mit dem sozialen Grundrecht „Recht auf Gesundheit“ in Einklang gebracht werden.[246] Der deutschen Leser mag hierin eine erste, in diesem Stadium der Untersuchung notwendigerweise noch im Oberflächlichen verbleibende Parallele zu den Grundsätzen der Eingriffsrechtfertigung durch kollidierendes Verfassungsrecht erblicken: Die Ausübung des Rechts auf Eigentum, so kann man *Braibant* verstehen, erfährt unter Berücksichtigung des Rechts auf Gesundheit ihre verfassungsrechtliche Begrenzung. Anders ausgedrückt: Der Eingriff in das Eigentumsgrundrecht wird unter Rückgriff auf das soziale Grundrecht „Recht auf Gesundheit“ gerechtfertigt. *Braibant* deutet hier an, inwieweit soziale Grundrechte ihre Normativität im Rahmen der Eingriffsrechtfertigung entfalten können.

## 3. Ergebnis

### a) Rückgriffe auf das nationale Verfassungsrecht

Deutsche und französische Konventsmitglieder waren bei ihrer Haltung zur Frage der Aufnahme sozialer Grundrechte in der Charta gleichermaßen Beeinflussungen durch ihr nationales Verfassungsrecht ausgesetzt. Dominierend waren insoweit Rückriffe auf den jeweiligen nationalen Verfassungstext, soweit er Normen enthält, die von den Konventsmitgliedern der Kategorie soziale Grundrechte zugeordnet wurden. Bei dem Konventsmitglied *Braibant* findet sich über den rein verfassungstextlichen Rückgriff hinaus eine Bezugnahme auf die Rechtsprechung des Conseil constitutionnel zum „Recht auf Wohnung“.

### b) Rechtliche Problemstellungen sozialer Grundrechte

Indes beschränkten sich Deutsche und Franzosen nicht auf den Rückgriff auf den jeweiligen nationalen Verfassungstext. Vielmehr assoziierten sie mit der Kategorie soziale Grundrechte bestimmte rechtliche Problemstellungen, welche hier zusammengefasst seien:

Im Zentrum stand für Deutsche und Franzosen die leistungsrechtliche Dimension sozialer Grundrechte und deren prozessuale Flankierung. Gewährt etwa ein „Recht auf Wohnung“ unmittelbar einen individuell einklagbaren Anspruch auf Zuweisung einer Wohnung? Inwieweit lasten kraft dieses Rechts Pflichten

---

[246] *Braibant*, Charte 4322/00, S. 3.

zur Vornahme positiver Handlungen auf dem Gesetzgeber? Schließlich: wie lässt sich diese Dimension gerichtlich geltend machen? *Braibant* wies in seinen Beiträgen auf eine weitere mögliche Funktion sozialer Grundrechte hin: diese können bei der Rechtfertigung von Eingriffen in Freiheitsgrundrechte ihre Wirkung entfalten. Es kann dabei unterstellt werden, dass es sich bei den genannten rechtlichen Problemstellungen um solche handelt, die deutschen und französischen Konventsmitgliedern (auch) aus ihrem nationalen Verfassungsrecht geläufig waren. Besagte Konventsmitglieder entlehnten diese Problemstellungen – zum Teil ausdrücklich wie *Braibant* unter Berufung auf die Rechtsprechung des Conseil constitutionnel zum „Recht auf Wohnung“ – ihrem nationalen Verfassungsrecht und übertrugen sie auf die strittige Debatte der Niederlegung sozialer Grundrechte in der Charta.

### c) Verständigungsschwierigkeiten im Konvent

Dass die Beeinflussung deutscher und französischer Konventsmitglieder durch ihr nationales Verfassungsrecht die Arbeiten des Konvents erschwert hat, erscheint naheliegend, denn sowohl Deutsche als auch Franzosen haben keinen Hehl aus ihr gemacht. Die voranstehend ausgewerteten Charta-Dokumente, in denen sie sich auf ihr nationales Verfassungsrecht berufen, waren schließlich allen Konventsmitgliedern in den entsprechenden Übersetzungen zugänglich. Andere Konventsmitglieder wurden so zwangsläufig mit den Rückgriffen auf nationale verfassungsrechtliche Eigenheiten konfrontiert – Eigenheiten, deren detaillierte Kenntnis nicht immer unterstellt werden konnte: Schließlich waren Vertreter von fünfzehn Mitgliedstaaten und damit von u.U. recht verschiedenen Verfassungstraditionen[247] im Konvent anwesend. Vereinzelt ist bei französischen und deutschen Konventsmitgliedern das Bemühen festzustellen, Eigenheiten des jeweils anderen Verfassungsrechts nachzuvollziehen: *Braibant* hat, wie seine voranstehend referierten Äußerungen belegen, sich offensichtlich von *Herzog* über den Begriff des subjektiven Rechts und seiner Bedeutung für die Problematik sozialer Grundrechte aufklären lassen; *Herzog* wiederum meint eine fehlende Verfassungsgerichtsbarkeit Frankreichs im Hinblick auf die Handhabung sozialer Grundrechte feststellen zu können. *Braibant* erläuterte schließlich anhand der Rechtsprechung des Conseil constitutionnel zum „Recht auf Wohnung“ die rechtlichen Wirkdimensionen, die soziale Grundrechte aus seiner

[247] Der Versuch der „Generaldirektion Wissenschaft des Europäischen Parlaments“, diese unterschiedlichen Verfassungstraditionen herauszuarbeiten und die dabei gewonnenen Erkenntnisse den Konventsmitgliedern in Form eines Arbeitspapiers zur Verfügung zu stellen, ist von einer gewissen, angesichts der Zahl von 15 Mitgliedstaaten und des Zeitdrucks des Konvents aber akzeptablen Oberflächlichkeit gekennzeichnet: Das Arbeitspapier behandelt die Problematik sozialer Grundrechte im deutschen und französischen Verfassungsrecht auf je einer ¾ DIN-A-4 Seite, vgl. Charte 4133/00.

Sicht entfalten können – einer Rechtsprechung, deren Kenntnis auf Seiten der deutschen Konventsmitglieder kaum unterstellt werden konnte.

Die fehlenden bzw. unzureichenden Kenntnisse des anderen Rechtssystems, durch einzelne Erklärungsversuche und ihre Rezeption offenbar nur unzureichend kompensiert, dürfte eine der Ursachen für die Schwierigkeiten des Konvents bei der Formulierung sozialer Grundrechte gewesen sein. Die hier herausgearbeiteten deutsch-französischen (Verständigungs-)Schwierigkeiten haben dabei exemplarischen Charakter für die Arbeit sämtlicher Konventsmitglieder: Die Konfrontation mit der jeweils unbekannten nationalen Verfassungsordnung führt zu Verständnisproblemen. Dieser Konfrontation vermochte man sich nur ernsthaft zu stellen, indem man sich bemühte, die Eigenheiten des anderen Verfassungsrechts nachzuvollziehen.

## VI. Weiterer Verlauf der Untersuchung

Die Rückgriffe deutscher und französischer Konventsmitglieder auf ihr nationales Verfassungsrecht und die aus den deutsch-französischen Konventsdebatten herausgearbeiteten rechtlichen Problemstellungen sozialer Grundrechte strukturieren den Verlauf der weiteren Untersuchung:

Es gilt zunächst, für das französische und deutsche Verfassungsrecht zu untersuchen, wie sich die von Deutschen und Franzosen im Konvent angeführten Normen ihrer jeweiligen nationalen Verfassung zu den aufgeworfenen rechtlichen Problemstellungen sozialer Grundrechte verhalten. So soll etwa der Frage nachgegangen werden, ob das Sozialstaatsprinzip in der Rechtsprechung des Bundesverfassungsgerichts eine leistungsrechtliche Interpretation erfährt, oder aber, wie sich der Schutz der Menschenwürde in der Rechtsprechung dieses Gerichts zu den aufgeworfenen rechtlichen Problemstellungen sozialer Grundrechte verhält. Die gleichen Fragestellungen werden dann rechtsvergleichend für solche Normen des französischen Verfassungsrechts untersucht, die wie etwa das „Recht auf Wohnung“ oder das „Recht auf Arbeit“ Bezugspunkt der Beiträge französischer Konventsmitglieder waren. Der Vergleich gibt so eine Antwort auf die Frage nach Unterschieden und Gemeinsamkeiten zwischen deutschem und französischem Verfassungsrecht, was die Handhabung der durch die Kategorie soziale Grundrechte im Konvent aufgeworfenen rechtlichen Problemstellungen in ihrem jeweiligen nationalen verfassungsrechtlichen Kontext anbelangt.

Die Rückgriffe deutscher und französischer Konventsmitglieder auf ihr nationales Verfassungsrecht und die aus ihren Beiträgen herausgearbeiteten rechtlichen Fragestellungen sozialer Grundrechte sind auf diese Weise Ausgangspunkt und Ziel der rechtsvergleichenden Untersuchung. Diese wird so auch die voranstehenden Beiträge deutscher und französischer Konventsmitglieder erklären, soweit ihre oftmals knappen Ausführungen im Konvent noch Fragen offengelassen haben.

# Zweites Kapitel: Wirkdimensionen sozialer Grundrechte im französischen Verfassungsrecht

## I. Gegenstand und Gang der Untersuchung

Im Zentrum der Untersuchung werden das „Recht auf Arbeit“ und das „Recht auf Wohnung“ stehen, da sie permanenter Bezugspunkt in den Beiträgen französischer Konventsmitglieder waren. Andere Grundrechtsverbürgungen der französischen Verfassung werden ausnahmsweise dort mit einbezogen, wo eine Beschränkung auf die genannten Grundrechte keine weiterführenden Erkenntnisse zu bestimmten Fragestellungen brachte oder aber eine Erörterung geboten erscheint, um solche Erkenntnisse zu gewinnen, welche erst im Rahmen des Vergleichs mit dem deutschen Verfassungsrecht verwertet werden können.

Immer wiederkehrender Bezugspunkt der Untersuchung ist dabei die Frage nach den unterschiedlichen Wirkdimensionen[1], welche den sozialen Grundrechten des französischen Verfassungsrechts zu eigen sind. Der Schwerpunkt wird auf der den sozialen Grundrechten möglicherweise immanenten eingriffsrechtfertigenden und leistungsrechtlichen Dimension sowie deren prozessualer Flankierung liegen. Denn diese rechtlichen Problemstellungen sozialer Grundrechte waren schon in den Debatten des Konvents zu den sozialen Grundrechten der neuralgische Punkt.[2]

Ausgangspunkt der Untersuchung ist der textliche Befund der französischen Verfassung im Hinblick auf die zu untersuchenden Rechte (II.). Die, wie sich hierbei herausstellen wird, recht beeindruckende Fülle sozialer Grundrechte innerhalb eines bestimmten Textkörpers der französischen Verfassung – es ist dies die Präambel der französischen Verfassung von 1946 – erklärt sich nur aus der französischen Verfassungsgeschichte. Die Ausarbeitung des besagten Textkörpers und die sie begleitende Motivation des Verfassungsgebers bei der umfangreichen Verbürgung sozialer Grundrechte werden daher Gegenstand des sich anschließenden Abschnittes sein (III.). Auf der Grundlage der gewonnenen Erkenntnisse soll die Normativität der sozialen Grundrechte im gegenwärtigen französischen Verfassungsrecht untersucht werden. Hierfür gilt es, die Rechtsprechung der beiden zentralen Gerichte des französischen Verfassungsrechts zu analysieren: des Conseil constitutionnel (IV.) und des Conseil d’Etat (V.).

---

1 Zum Begriff vgl. oben, Erstes Kapitel, Fn 1.
2 Vgl. dazu oben, Erstes Kapitel, V. 3. b).

Im Rahmen der Rechtsprechungsanalyse werden dabei weiterführende Stellungnahmen der französischen Verfassungslehre ausgewertet. Wo diese im Hinblick auf bestimmte, an gegebener Stelle herauszuarbeitende Problemstellungen sozialer Grundrechte im Ansatz bleiben, sollen sie durch eigene Überlegungen angereichert werden. Die Analyse der Rechtsprechung und die kritische Auseinandersetzung mit dem französischen Schrifttum bereiten so die Grundlagen für die rechtsvergleichende Untersuchung des deutschen Verfassungsrechts und seiner Handhabung „sozialer Grundrechte" vor.

## II. Der textliche Befund der Verfassung der V. Republik vom 4. Oktober 1958

### 1. Die Textkörper der Verfassung vom 4. Oktober 1958

Einen komprimierten, den organisationsrechtlichen Vorschriften vorangestellten Grundrechtskatalog, vergleichbar den Art. 1 bis 20 des GG, kennt die französische Verfassung vom 4. Oktober 1958[3] nicht. Allenfalls vereinzelt enthalten ihre Artikel Grundrechtsverbürgungen[4]; die Mehrzahl ihrer Vorschriften beinhalten staatsorganisationsrechtliche Regelungen für die Rechtsbeziehungen der öffentlichen Gewalten („pouvoirs publics") untereinander. Den so zunächst entstehenden Eindruck einer äußerst lückenhaften Verbürgung von Grundrechten korrigiert ein Blick in Abs. I der *Präambel* der französischen Verfassung von 1958, welcher lautet: „Le peuple francais proclame solennellement son attachement aux Droits fondamentaux de l'homme et aux principes de la souveraineté nationale tels qu'ils ont été définis par la Déclaration de 1789, confirmée et complétée par le préambule de la Constitution de 1946." Durch dieses „feierliche Bekenntnis" wird zunächst eine der wohl bekanntesten Menschenrechtserklärungen in das geltende französische Verfassungsrecht inkorporiert: die Erklärung der Menschen- und Bürgerrechte vom 26. August 1789.[5] Gleiches gilt für die

---

[3] In deutscher Übersetzung wiedergegeben bei *Kimmel/Kimmel*, Die Verfassungen der EU-Mitgliedsstaaten. Französische Textfassung in *Jan*, Les textes fondamentaux du droit constitutionnel de la V. République, S. 19 ff.

[4] So garantiert z. B. Art. 3 Abs. 5 der französischen Verfassung von 1958 den gleichberechtigten Zugang von Frauen und Männern zu Wahlämtern, Art. 1 besagter Verfassung den Gleichheitssatz und die Gewissensfreiheit, und Art. 88 Abs. 3 schließlich verbürgt das Kommunalwahlrecht für EU-Bürger.

[5] In deutscher Übersetzung wiedergegeben bei *Kimmel/Kimmel*, Die Verfassungen der EU-Migliedsstaaten, S. 158 ff. Französische Textfassung in *Rials*, Textes constitutionnels francais, S. 3 – 5. Nachfolgend nur noch als „Erklärung von 1789" bezeichnet.

Präambel der Verfassung der IV. Republik vom 27. Oktober 1946.[6] Beide Textkörper enthalten eine Fülle von Grundrechten. Grundrechtsverbürgungen finden sich also im gegenwärtigen französischen Verfassungsrecht in drei verschieden Textkörpern; im Wesentlichen allerdings in der Erklärung von 1789 und der Präambel von 1946.

## 2. Der textliche Befund

### a) Der Textkörper der Verfassung von 1958 und die Erklärung von 1789

Die im Rahmen der Arbeiten des Konvents streitigen und für die hier vorzunehmende Untersuchung maßgebenden sozialen Grundrechte wie das „Recht auf Arbeit“ und das „Recht auf Wohnung“ finden sich – zumindest ausdrücklich formuliert – weder in Artikeln des Verfassungstextes von 1958 noch in der inkorporierten Erklärung von 1789. Diese beiden Verfassungstexte enthalten keine Grundrechte, die der Kategorie sozialer Grundrechte im hier zugrunde gelegten Verständnis[7] zugeordnet werden könnten. Allenfalls Art. 1 S. 1 4. Var. des Verfassungstextes von 1958 bestimmt, dass Frankreich eine „République...sociale“ ist; dem deutschen Leser mag sich bereits in diesem Stadium der Untersuchung ein Vergleich zum Sozialstaatsprinzip des Grundgesetzes aufdrängen. Denkbar ist, dass dieser Vorschrift in Verbindung mit anderen Normen der französischen Verfassung durch Auslegung die zu untersuchenden Rechtspositionen entnommen werden können. Daher soll diese Vorschrift, auch wenn die französischen Konventsmitglieder in ihren Beiträgen nicht auf sie zurückgegriffen haben, in die Untersuchung mit einbezogen werden. Die dabei gewonnenen Erkenntnisse können dann vor allem im Rahmen des Rechtsvergleichs verwertet werden – denn in den Beiträgen der deutschen Konventsmitglieder fanden sich Bekenntnisse zum Sozialstaatsprinzip des Grundgesetzes und damit zu einem zumindest sprachlichen Äquivalent zur „République sociale“ in der französischen Verfassung von 1958. Handelt es sich bei Art. 1 S. 1 („République sociale“) letztlich um die einzige Vorschrift des Textkörpers von 1958, die einen rechtlich wie dann auch immer zu interpretierenden „sozialen Bezug“, angedeutet durch die adjektivische Beschreibung der Republik als einer „sozialen“, aufweist, so ist ein Blick in die Präambel der Verfassung der IV. Republik von 1946 weitaus ergiebiger.

---

[6] In deutscher Übersetzung wiedergegeben bei *Kimmel/Kimmel*, Die Verfassungen der EU-Mitgliedstaaten, S. 160 ff. Französische Textfassung bei *Jan*, Les textes fondamentaux du droit constitutionnel de la V. République, S. 13 f. Nachfolgend nur noch als „Präambel von 1946“ bezeichnet.

[7] Siehe Erstes Kapitel, III. 5.

### b) Die Prämbel der Verfassung von 1946

Zunächst bekennt sich das französische Volk in Abs. 1 der Präambel von 1946[8] zu den durch die Menschenrechtserklärung von 1789 geschützten Rechten und Freiheiten. Nach diesem Bekenntniss proklamiert das französische Volk in Abs. 2 der Präambel „..., comme particulièrement nécessaire à notre temps, les principes politiques, économiques et *sociaux* ci-après:...".[9] Den so durch Abs. 2 angekündigten politischen, wirtschaftlichen und *sozialen* Prinzipien, die vom Verfassungsgeber mit einer sprachlich etwas unglücklichen Formulierung als „für die gegenwärtige Zeit besonders nötig" qualifiziert werden, folgt dann deren Aufzählung in den Absätzen 3 – 13. Entgegen der Ankündigung in Abs. 2 ist dann in den einzelnen Absätzen allerdings nicht von Prinzipien, sondern i.d.R. von „Rechten auf" („droits à") die Rede.

Die beiden eingangs genannten Grundrechtspositionen, welche im Zentrum der Untersuchung stehen sollen, finden sich in dieser Aufzählung wieder. So formuliert Abs. 5 S. 1 2. Alt.: „Chacun a le devoir de travailler et *le droit d'obtenir un emploi.*"[10] Das „Recht eines jeden, eine Beschäftigung zu erhalten", wird hiermit gewährleistet. Ein „Recht auf Wohnung" ist in dieser ausdrücklichen Formulierung nirgends niedergelegt. Allerdings scheint der Wortlaut des Abs. 11 S. 2 bei einer ersten, noch oberflächlichen Interpretation der Annahme eines „Recht(s) auf Wohnung" nicht zu widersprechen: „Tout être humain qui, en raison de son âge, de son état physique ou mental, de la situation économique, se trouve dans l'incapacité de travailler a le *droit d'obtenir de la collectivité des moyens convenables d'existence.*"[11] Unter bestimmten Voraussetzungen kann man auch die Bereitstellung einer Wohnung als ein angemessenes Mittel zur Existenzsicherung verstehen. Die Präambel der Verfassung von 1946 scheint also, z. T. ausdrücklich, z. T. erst nach erfolgter, in diesem Stadium der Untersuchung noch auf den Wortlaut beschränkter Auslegung die im Rahmen der Untersuchung interessierenden beiden Grundrechtspositionen zu garantieren. Nicht nur in den beiden voranstehend zitierten Normen klingt eine staatliche Handlungspflicht, im Rahmen dieser Arbeit als konstitutiv für den Begriff der sozialen Grundrechte gewertet[12], an. So formuliert Abs. 10 einen Anspruch des Einzelnen und der Familie auf die Garantie der „conditions nécessaires à leur développement"; Abs. 11 S. 1 verpflichtet den Staat, allen, insbesondere dem Kind, der Mutter und den alten Arbeitern („vieux

8 Alle im Verlauf der Untersuchung in diesem Kapitel als Absätze („Abs.") zitierten Normen sind solche der Präambel der französischen Verfassung von 1946.

9 Hervorhebung durch den Verfasser.

10 Hervorhebung durch den Verfasser.

11 Hervorhebung durch den Verfasser.

12 Dazu oben, Erstes Kapitel, III. 5. a).

travailleurs"), den Schutz der Gesundheit, der materiellen Sicherheit und anderer Lebensgüter zu garantieren.[13] Neben diesen Gewährleistungen finden dort außerdem Erwähnung das Streikrecht (Abs. 7), die gewerkschaftliche Vereinigungsfreiheit (Abs. 8) sowie speziell auf den Arbeitnehmer in seiner Beziehung zum Arbeitgeber zugeschnittene Rechtsverbürgungen.[14]

Ins Auge fällt hier der ausgeprägt „soziale" Gehalt eines Großteils der Abs. 2 – 13 der Präambel. Nicht nur ist, wie gezeigt wurde, in ihrem Abs. 2 ausdrücklich von „sozialen Prinzipien" die Rede. Viele der unter dem Oberbegriff dieser sozialen Prinzipien in den folgenden Absätzen aufgezählten Rechtspositionen weisen einen Regelungegehalt auf, der der Bekämpfung typischer Risiken für materielle Armut dienen soll, so bspw. das „Recht, eine Beschäftigung zu erhalten" oder das „Recht auf Schutz der Gesundheit" als Voraussetzung, sich den Lebensunterhalt verdienen zu können.[15] Unübersehbar ist ferner die Nähe einzelner Normgehalte der Präambel von 1946 zur Arbeitswelt und zur Person des Arbeiters als Träger einzelner Grundrechtsverbürgungen. Anders als in der Erklärung von 1789, die allenfalls zwischen Menschen- und Bürgerrechten unterscheidet[16], führt die Präambel mit dem „Arbeiter" eine eigenständige Kategorie von Grundrechtsberechtigten ein. So ist die Rede vom „travailleur", dem ein Recht auf Mitbestimmung in seinem Unternehmen zusteht (Abs. 8), oder vom „vieux travailleur", dessen materielle Sicherheit zu garantieren sich die „Nation" verpflichtet (Abs. 11 S. 1).

Die Präambel der Verfassung von 1946, ihrerseits über die Präambel der Verfassung von 1958 in die gegenwärtige französische Verfassung inkorporiert, ist somit die zentrale Quelle für soziale Grundrechte im französischen Verfassungs-

---

[13] Art. 10: „La nation assure à l'individu et à la famille les conditions nécessaire à leurs leur développement".
Art. 11: „Elle [la nation] garantit à tous, notamment à l'enfant, à la mère et aux vieux travailleurs, la protection de la santé, la sécurité materielle, le repos et les loisirs. Tout être humain qui, en raison de son âge, de son état physique ou mental, de la situation économique, se trouve dans l'incapacité de travailler a le droit d'obtenir de la collectivité des moyens convenables d'existence." Einfügung durch den Verfasser.

[14] So enthält Abs. 5 S. 2 Kündigungsschutzvorschriften, Abs. 8 Regelungen über die Mitbestimmung der Arbeitnehmer im Unternehmen. Die am Ende der Präambel von 1946 aufgezählten Verbürgungen (Abs. 14 – 18) betreffen dagegen ausschließlich das Verhältnis der nationalen Rechtsordnung Frankreichs zum Völkerrecht.

[15] Zu den Risiken für materielle Armut und ihrer möglichen Bedeutung für die inhaltliche Bestimmung des Begriffs der sozialen Grundrechte siehe bereits oben, Erstes Kapitel, III. 3.

[16] So bspw. Art. 1, 7 oder 9 der Menschenrechtserklärung, die den einzelnen Menschen („l'Homme") als Grundrechtsträger ausweisen. Ein Bürgerrecht („Citoyen") formuliert dagegen bspw. Art. 14.

recht. Konsequenterweise wird im französischen Schrifttum immer dann auf sie verwiesen, wenn versucht wird, den Begriff der sozialen Grundrechte inhaltlich zu konturieren – darauf wurde bereits bei der inhaltlichen Bestimmung des Begriffs „soziale Grundrechte" hingewiesen.[17] Die Präambel dürfte auch die zentrale nationale verfassungstextliche Inspirationsquelle für die französischen Konventsmitglieder gewesen sein, soweit sie sich auf ihr nationales Verfassungsrecht berufen haben, um im Konvent ihre Forderungen nach der Niederlegung des „Recht(s) auf Arbeit" zu begründen: So fordert das Konventsmitglied *Dieulangard* ein „droit à l'emploi" und nennt zur Begründung die „Verfassungen von 1946 und 1958"[18], meint aber genaugenommen die Präambel von 1946 und das in ihr enthaltene „Recht, eine Beschäftigung zu enthalten" (Abs. 5 S. 1 2. Alt.), welches sie sprachlich auf ein „droit à l'emploi" verkürzt. *Braibant* schließlich weist wiederholt darauf hin, dass das „Recht auf Arbeit", in seiner Diktion als „droit au travail" bezeichnet, in Frankreich Verfassungsrang habe.[19] Insoweit konnte er, auch wenn er wie *Dieulangard* den Wortlaut des Abs. 5 S. 1 2. Alt. nicht wortgetreu wiedergibt, nur die Präambel von 1946 gemeint haben.

Angesichts der herausgearbeiteten Bedeutung der Präambel von 1946 für die Untersuchung der sozialen Grundrechte im französischen Verfassungsrecht gilt es, die Geschichte dieses Textkörpers darzustellen.

## III. Die Geschichte der Präambel von 1946

### 1. Die Ausarbeitung der Präambel von 1946

Die Verfassung der IV. Republik – und damit auch ihre Präambel in der heute noch gültigen Fassung – wurde am 13. Oktober 1946 vom französischen Volk in einem Referendum gebilligt.[20] Ein zuvor ausgearbeitetes Verfassungsprojekt war von einer knappen Mehrheit der Abstimmungsberechtigten per Referendum verworfen worden.[21]

Nach dem Ende des 2. Weltkriegs und unter dem Eindruck der Ereignisse des Vichy-Regimes war eine Assemblée nationale constituante (A.N.C.), hervorgegangen aus allgemeinen Wahlen, mit der Ausarbeitung einer neuen Verfassung

[17] Siehe oben, Erstes Kapitel, III. 2. sowie dort Fn 103.
[18] Siehe oben, Erstes Kapitel, V. 2. a).
[19] Siehe oben, Erstes Kapitel, V. 2. a).
[20] *Conac* in: Le Préambule de la Constitution de 1946, S. 34.
[21] *Guglielmi* in: Le Préambule de la Constitution de 1946: Antinomies..., S. 59.

beauftragt worden. Die A.N.C. delegierte die Erstellung von Textentwürfen an die „Commission de la Constitution", deren Mitglieder von den in der A.N.C. vertretenen Parteien – mehrheitlich Kommunisten und Sozialisten – in die Commission entsandt wurden.[22] Das erste, im Referendum gescheiterte Verfassungsprojekt sah eine umfangreiche, den staatsorganisationsrechtlichen Regelungen vorangestellte „Déclaration des droits de l'homme" vor.[23] Deren erster Teil, betitelt mit „Des libertés", wiederholte und erweiterte in 21 Artikeln die Menschenrechtserklärung von 1789. Der zweite Titel, „Des Droits sociaux et économiques", enthielt in seinen 18 Artikeln u.a. diejenigen Rechtsverbürgungen, die dann später in die Präambel des zweiten, vom Volk gebilligten Verfassungsprojektes als „principes politiques, économiques et sociaux" Eingang gefunden haben. Eine weiter unten noch näher zu erläuternde Trennung zwischen den Rechten von 1789 und den „sozialen und wirtschaftlichen Rechten" war also schon für den Grundrechtsteil des 1. Verfassungsprojektes vorgesehen; zumindest insoweit waren sich die Verfassungsväter einig.[24] Nach dem Scheitern des 1. Verfassungsentwurfes konzentrierten sich die Debatten der neu eingesetzten „Commission"[25] im Wesentlichen auf staatsorganisationsrechtliche Fragestellungen und weniger auf Grundrechtsfragen.[26] Angesichts der nur knappen Ablehnung des 1. Projektes bemühten sich alle Seiten, schnell zu einer Einigung zu finden. Auf eine Neuformulierung eines Grundrechtskatalogs, so wie für das erste Projekt verwirklicht, wurde daher verzichtet.[27] Stattdessen erarbeitete die „Commission" die Präambel in ihrer bis heute gültigen Fassung. Sie inkorporiert zunächst die Erklärung von 1789 (Abs. 1 S. 1), auf ihre Neuformulierung wird verzichtet. Ihr zur Seite gestellt werden nun, wie oben bereits näher

---

[22] *Prétot* in: Le Préambule de la Constitution de 1946, S. 46. Ihren politischen Gegenspieler fanden die Linksparteien im Wesentlichen im bürgerlichen M.R.P.

[23] Textfassung des 1. Projektes wiedergegeben in: Le Préambule de la Constitution de 1946: Antinomies..., S. 283 ff.

[24] *Guglielmi* in: Le Préambule de la Constitution de 1946: Antinomies..., S. 57. Seine im Hinblick auf den ersten Verfassungsentwurf letztlich ablehnende Haltung begründete das M.R.P. u.a. mit der seiner Meinung nach nicht hinreichend garantierten Eigentumsfreiheit. Kommunisten und Sozialisten dagegen billigten den Verfassungsentwurf; so *ders.* a.a.O., S. 57 f. Das knappe Scheitern dieses ersten Projektes im Referendum wird im Wesentlichen auf mehrere Gründe zurückgeführt. Zum einen habe die vermeintlich nicht hinreichende Garantie des Eigentums vor allem im ländlichen Frankreich eine eher ablehnende Haltung begünstigt; so *Conac* in: Le Préambule de la Constitution de 1946, S. 12. Zum anderen erschien, so Vermutungen der Lehre, vielen Franzosen die vom Verfassungsgeber vorgenommene Überarbeitung eines traditionsreichen, weltweit bekannten Textes wie den der Erklärung von 1789 als nicht hinnehmbar: so *Rivero/Vedel*, Droit Social 1947, Fascicule XXXI, S. 13 (17). Weitere Gründe benennt *Pelloux*, RDP 1947, S. 347 (354).

[25] Mehrheitspartei war nun das bürgerliche M.R.P. Zur Zusammensetzung der neuen Commission *Conac* in: Le Préambule de Constitution de 1946, S. 14.

[26] *Conac* in: Le Préambule de la Constitution de 1946, S. 14.

[27] *Conac* in: Le Préambule de la Constitution de 1946, S. 14 f.

beschrieben, die „principes politiques, économiques et sociaux particulièrement nécessaires à notre temps" (Abs. 2 ff.). Was diese anbelangt, so orientierte sich die Commission inhaltlich an dem Titel „Des droits sociaux et économiques" des 1. Projektes, dessen Verbürgungen sie fast gänzlich, wenn auch sprachlich kürzer gefasst, übernahm.[28]

Bei beiden Verfassungsentwürfen – sowohl bei dem abgelehnten als auch dem angenommenen – fällt auf, dass die Verfassungsväter offensichtlich eine Aufnahme ausschließlich der Menschenrechtserklärung von 1789 in den Grundrechtsteil der auszuarbeitenden Verfassung für nicht ausreichend hielten. Ihr zur Seite gestellt werden sollte in jedem Falle ein Katalog von Rechten, die der Menschenrechtserklärung von 1789 noch unbekannt waren. Wenn insoweit auch Details umstritten gewesen sind, das „Wie" einer Ergänzung im Einzelnen debattiert wurde – das „Ob" wurde, soweit ersichtlich, nicht ernsthaft in Frage gestellt.[29] Dabei sollte diese Ergänzung nicht etwa durch ein bloßes Einfügen der „neuen" Rechtspositionen in den von den Verfassungsgebern vorgefundenen, aus der Erklärung von 1789 resultierenden Rechtekatalog erfolgen. Vielmehr legen beide Projekte Wert auf eine sich auch aus der Gliederung des jeweiligen Verfassungsentwurfes ergebende optische Trennung zwischen althergebrachten Rechtspositionen und den hinzugefügten.

Hier drängt sich zunächst die Frage nach dem Warum einer Ergänzung auf: welche Beweggründe, welche Ideen liegen den in den Absätzen 2 ff. niedergelegten „principes politiques, économiques et sociaux particulièrement nécessaires à notre temps" zugrunde? Anders gefragt: was fehlt der Menschenrechtserklärung von 1789, so dass dem Verfassungsgeber von 1946 ihre Ergänzung notwendig erschien? Ein Antwort hierauf vermag eine kurze Analyse des ideengeschichtlichen Hintergrundes der Präambel von 1946 und ihrer sozialen Grundrechte zu geben, welche nachfolgend geleistet werden soll.

## 2. Der ideengeschichtliche Hintergrund der Präambel von 1946

Der ideengeschichtliche Hintergrund der Präambel von 1946 und damit die Beweggründe des Verfassungsgebers bei der Formulierung der in ihr niedergelegten Rechte erschließen sich im Wesentlichen aus einer Gegenüberstellung mit den Ideen, welche den Inhalten der Erklärung von 1789 zugrunde liegen. Wenn

---

[28] *Guglielmi* in: Le Préambule de la Constitution de 1946: Antinomies..., S. 60.

[29] *Rivero/Vedel*, Droit Social 1947, Fascicule XXXI, S. 13 (15). *Pelloux* weist nach, dass auch das bürgerliche M.R.P. für die zweite verfassungsgebende Versammlung einen Textentwurf vorlegte, der neben einem Verweis auf die Erklärung von 1789 einen Katalog sozialer und wirtschaftlicher Grundrechte enthielt: *ders.*, RDP 1947, S. 347 (355).

hier zunächst noch verallgemeinernd von „Ideen" die Rede ist, so sind gemeint das Menschenbild und Staatsverständnis, welches dem jeweiligen Rechtekatalog zugrundeliegen. Menschenbild und Staatsverständnis sind dabei in Beziehung zu setzen zu der im jeweiligen Katalog dominierenden grundrechtsfunktionalen Ausrichtung der Rechtsverbürgungen. Betrachtet wird dabei der jeweilige Rechtekatalog in einer Gesamtschau; daraus resultieren zwangsläufig gewisse Vereinfachungen.

### a) Die Erklärung der Menschen- und Bürgerrechte von 1789

Die Menschenrechtserklärung von 1789 wird in aller Regel als Ausdruck eines liberalen Staatsverständnisses gewertet: Ihre Rechtsverbürgungen sichern dem Bürger Freiräume vor staatlichem Handeln; Letzteres ist so gehalten, diese nicht zu verletzen. Eine „abstention", also ein Sich-Enthalten staatlicher Macht, versuchen ihre Gewährleistungen zu erreichen.[30] Diese abwehrrechtliche Dimension kennzeichnet die Rechtsverbürgungen der Erklärung von 1789, sie sind „droits...négatifs".[31] Ihnen liegt die Idee zugrunde, der Einzelne bedürfe zu seiner freien Entfaltung lediglich eines Staatswesens, das ihm bei dieser Entfaltung keine Grenzen zieht, sich dieser Entfaltung nicht hemmend in den Weg stellt. Der Erklärung von 1789 fußt damit auf dem Bild eines Menschen, der aus sich selbst heraus in der Lage ist, sich frei zu entfalten – einer Unterstützung hierzu durch Bereitstellen von staatlichen Leistungen welcher Art auch immer bedarf er nicht.[32] Leistungsansprüche des Einzelnen gegen den Staat sind daher im Wortlaut der einzelnen Grundrechte der Erklärung von 1789 nicht verbürgt.[33] Ausgehend von den Erfahrungen eines freiheitsverletzenden Staatswesens, konkret dem absolutistischen Ständestaat des „Ancien Régime", sahen die Väter der Erklärung von 1789 in dem Zurückdrängen staatlicher Freiheitsverletzungen durch Unterschutzstellung von Freiheiten die vornehmste Aufgabe der Menschenrechtserklärung.[34] Um dieser Aufgabe gerecht zu werden, sollten hoheitliche Betätigungen zurückgedrängt und auf das nötige Mindestmaß beschränkt werden. Hieraus erklärt sich die ausschließlich abwehrrechtliche Dimension der Rechtsverbürgungen der Erklärung von 1789: diese Dimension kommt in einem

---

30 *Rivero/Vedel*, Droit Social 1947, Fascicule XXXI, S. 13 (16); *Rousseau*, Rev. Adm. 1997, S. 160 (168).

31 *Poirmeur* in: Le Préambule de la Constitution de 1946: Antinomies..., S. 104; *Pelloux*, RDP 1947, S. 347 (382).

32 *Burdeau*, Les libertés publiques, S. 373.

33 Ein Antrag von *Sieyès* in der Constituante von 1789 sah dagegen die Aufnahme u.a. folgender Vorschrift vor: „Tout citoyen qui est dans l'impuissance de pourvoir à ses besoins a droit au secours de ses concitoyens". Der Antrag wurde abgelehnt. Wiedergegeben bei *Favoreu*, Droit des libertés fondamentales, Rn 321.

34 *Pelloux*, RDP 1947, S. 347 (371).

Wortlaut zum Ausdruck, welcher zunächst die Freiheit einer bestimmten Handlung betont, um anschließend dem Staat die Grenzen seiner freiheitsbeschränkenden Betätigung aufzuzeigen. Als Beispiel sei Art. 11 zitiert: „La *libre* communication des pensées et des opinions est un des droits les plus précieux de l'Homme: tout Citoyen peut donc parler, écrire, imprimer librement, *sauf* à répondre à l'abus de cette liberté dans les cas déterminés pas la loi."[35]

### b) Die sozialen Grundrechte der Präambel von 1946

Spätestens mit dem Zeitalter der Industrialisierung und dem Aufkommen der mit ihm einhergehenden sozialen Frage (Verelendung großer Massen der Industriearbeiterschaft etc.) sah sich diese Konzeption des liberalen Staates und ihr Ansatz, der die abwehrrechtliche Dimension der Freiheiten betont, zunehmender Kritik ausgesetzt. Die alleinige Gewährleistung von staatlicherseits unangetasteten Freiräumen – die „nackte" Freiheit – führt nicht zwangsläufig zu einem Gebrauchenkönnen dieser Freiheit. Freiheitsausübung bedarf unter Umständen flankierender, ihren Gebrauch erst ermöglichender staatlicher Unterstützung. So läuft die Berufsfreiheit leer für den Arbeitslosen, die Unverletzlichkeit der Wohnung ist bedeutungslos für den Obdachlosen. Die zur Freiheitsausübung staatlicherseits erforderliche Unterstützung verlangt hier ersichtlich nicht mehr eine bloße Enthaltung des Staates, sondern gerade ein Handeln, ein Erbringen von Leistung. Gefordert wurde daher eine Intervention vor allem des Gesetzgebers, der diesem Erfordernis im Laufe der Zeit auch nachkam, indem er den Auswüchsen eines ungehemmten liberalen Wirtschaftssystems korrigierend entgegentrat: sei es durch Verstaatlichung ihm zu mächtig erscheinender Wirtschaftsunternehmen, sei es durch eine Stärkung der Arbeitnehmerrechte, sei es durch Schaffung einer Sozialgesetzgebung für benachteiligte gesellschaftliche Schichten. Zu Gunsten des Einzelnen wurde nun zunächst im einfachen Gesetzesrecht das Recht anerkannt, vom Staat Leistungen, ein Tätigwerden einfordern zu können.[36] Es ist diese Idee, staatliche Gewalt zu Leistungen an den einzelnen Grundrechtsberechtigten, zu einem Tätigwerden zu seinen Gunsten verpflichten zu können, die der Erklärung von 1789 in ihrer ausschließlich abwehrrechtlichen Akzentuierung noch fremd ist und die aus Sicht der Verfassungsgeber ihre Ergänzung erforderlich gemacht hat. Diese Ergänzung sollte durch die „principes politiques, économiques et sociaux" erfolgen. Der Akzent eines Großteils der aufgezählten Rechtspositionen liegt dabei – im Gegensatz zu der Erklärung von

---

[35] Hervorhebungen durch den Verfasser. Vgl. auch die Artikel 4, 5, 8 und 10 der Erklärung von 1789, welche durch eine ähnliche Struktur gekennzeichnet sind.

[36] *Pelloux*, RPD 1947, S, 347 (372).

1789 – auf der Zuerkennung eines Rechts auf Leistung, welches der Einzelne gegen den Staat geltend machen können soll.[37]

Hervorzuheben ist, dass die Verfassungsväter eine Ergänzung, nicht eine Aufhebung der Erklärung von 1789 beabsichtigten. Nach wie vor wurde die abwehrrechtliche Konzeption für erforderlich gehalten, daher wurde auch die Erklärung von 1789 durch Verweis in Abs. 1 der Präambel von 1946 inkorporiert. Sie reichte in ihrer ausschließlich liberalen Konzeption dem Verfassungsgeber von 1946 jedoch offensichtlich nicht, um auf durch die gesellschaftliche Entwicklung entstandene neue Herausforderungen angemessen reagieren zu können, weswegen die dann realisierte Ergänzung aus seiner Sicht erforderlich wurde. Wie *Rivero* und *Vedel* formulieren: „1789 choisit la liberté, et ses risques; 1946, dans un monde où les risques accrus semblent dépasser la mesure de l'homme, choisit la sécurité". Um dieses Ziel der Sicherheit, in erster Linie zu verstehen als ein Zustand materieller Sicherheit, zu erreichen, hätten die Verfassungsväter von 1946 folgende Entscheidung getroffen: „À la seule obligation de ne pas faire établie en 1789, 1946 substitue donc des obligations de faire à l'égard desquelles le particulier est, vis-à-vis de la société, en position de créancier"[38]: Die abwehrrechtliche Dimension der Erklärung von 1789 wird durch die in erster Linie leistungsrechtlichen Verbürgungen der Präambel von 1946 aus Sicht der beiden Autoren sogar *ersetzt* („substituer"). Richtigerweise, dies wurde voranstehend herausgearbeitet, muss aber der Begriff der Ergänzung verwandt werden.

Diese Ergänzung der inhaltlichen Ausgestaltung der Rechtsbeziehungen zwischen Grundrechtsverpflichteten und –berechtigten um ein Recht bzw. um Rechte auf staatliche Intervention zu ihren Gunsten spiegelt ein Menschenbild in seiner Beziehung zum Staat wider, welches sich von 1789 bis 1946 offenbar gewandelt hat. Das Menschenbild der Erklärung von 1946 geht nun nicht mehr – wie noch bei der Erklärung von 1789 – von dem einzelnen Menschen aus, dem es ausschließlich auf die Abwehr staatlicher Eingriffe in seine Freiheit ankommt, dem ausschließlich ein Zurückdrängen staatlicher Intervention zu seiner freien Entfaltung genügt. Dieses Menschenbild ist im Laufe der Zeit durch die beschriebene Entwicklung der gesellschaftlichen und ökonomischen Verhältnisse in Frage gestellt worden. Sein „Glück", wie *Rivero* und *Vedel* formulieren, finde der Einzelne offensichtlich nicht immer und ausschließlich – wie es den Autoren der Erklärung von 1789 noch vorschwebte – in der Gewährung von Freiheit vor staatlichem Zwang. Frei von staatlicher Intervention zu sein, be-

[37] So in den Absätzen 10, 11 S. 1 und 13 der Präambel von 1946. Eine primär abwehrrechtliche Dimension kommt dagegen im Wortlaut der Absätze 4 (Asylrecht), 6 (Recht der Koalitionsfreiheit) und 7 (Streikrecht) der Präambel von 1946 zum Ausdruck.

[38] Zitate nach *Rivero/Vedel*, Droit Social 1947, Fascicule XXXI, S. 13 (34).

deute nicht zwangsläufig „glücklich" zu sein. In bestimmten Situationen bedürfe der Mensch zur Verwirklichung seines „Glücks" einer materiellen Unterstützung durch die Gemeinschaft. Diese Unterstützung soll der Staat leisten, von dem der Einzelne ein ihn begünstigendes Tun, ein Erbringen von Leistungen zur Verwirklichung seines „Glücks" fordern kann.[39] Zusammengefasst: Das Menschenbild hat sich insoweit gewandelt, als es den Einzelnen zu seiner freien Entfaltung nicht mehr ausschließlich auf staatliche Enthaltung angewiesen sieht, sondern unter Umständen auch auf staatliche Intervention. *Rivero* und *Vedel* beschreiben diese Wandlung des Menschenbildes und ihren Niederschlag in den beiden Rechtskatalogen mit einem prägnanten bildhaften Vergleich: Der Erklärung von 1789 mit ihren abwehrrechtlich akzentuierten Verbürgungen liege die Vorstellung vom „féodal retranché dans l'enceinte de ses droits" („Der hinter dem Wall seiner Rechte verschanzte Lehnsherr") zugrunde, der Präambel von 1946 mit ihren beschriebenen Ergänzungen die des „homme qui attend derrière un guichet" („Der Mensch, der an einem Schalter wartet")[40] – daher klingt im Wortlaut eines Großteils der Normen der Präambel von 1946 eine leistungsrechtliche Dimension an.

Diese unterschiedlichen Menschenbilder und die mit ihnen einhergehenden unterschiedlichen Inhalte der Rechtsverbürgungen schlagen sich dann auch in einem Staatsverständnis nieder, das sich von 1789 bis 1946 offenbar gewandelt hat. Ging die Constituante von 1789 noch von einem liberalen Staat aus, dessen Betätigung auf das unabdingbare Mindestmaß zurückgedrängt werden sollte, so setzte der Verfassungsgeber von 1946 den Schwerpunkt auf den „Etat-Providence", den Wohlfahrtsstaat, welcher in den verschiedenartigsten Bereichen des alltäglichen Lebens (Arbeitswelt, Bildung, materielle Versorgung) durch Bereitstellen von Leistungen unterschiedlichster Art interveniert.[41]

### c) Die textliche Trennung

In der sowohl im ersten als auch im dann angenommenen Verfassungsprojekt bereits in der textlichen Gliederung angelegten Trennung zwischen den Rechten der Erklärung von 1789 und den ihr hinzugefügten Rechtspositionen könnte man mehr als eine nur textliche, der Übersichtlichkeit halber erfolgende Trennung erblicken. Sie reflektiert auch die den jeweiligen Rechtspositionen eigene, unterschiedliche grundrechtsfunktionale Akzentsetzung: der abwehrrechtlichen Dimension der Normen der Erklärung von 1789 stünde dann – optisch abgesetzt – die in aller Regel leistungsrechtliche Funktion der vom Verfassungsgeber von

---

[39] *Rivero/Vedel*, Droit Social 1947, Fascicule XXXI, S. 13 (30).
[40] *Rivero/Vedel*, Droit Social 1947, Fascicule XXXI, S. 13 (34).
[41] *Rousseau*, Rev. Adm. 1997, S. 160 (168).

1946 ausgearbeiteten „principes" gegenüber. Der Grund für diese Gliederung scheint aber aus der Sicht des Verfassungsgebers weniger juristischer, denn rein praktischer Natur gewesen zu sein. So wurde zunächst die überlieferte Textfassung der Erklärung von 1789 in der Endfassung (der Versuch, sie zu überarbeiten, war vom Volk im Referendum abgelehnt worden) durch Verweis in Abs. 1 Bezug genommen. Ihr wurden dann die vom Verfassungsgeber neu erarbeiteten Rechtssätze zur Seite gestellt. Die Präambel erwähnt in ihrem Abs. 1 so zunächst das bereits Vorhandene, bezieht das Tradierte ein, dem das Neue dann in den Abs. 2 ff. hinzugefügt wird. Eine Betonung der grundrechtsfunktionalen Unterschiede zwischen tradierten und neuformulierten Rechten der Präambel und damit einhergehend eine Aussage über ihre möglicherweise unterschiedlichen normativen Wirkdimensionen lag nicht in der Intention des Verfassungsgebers; lässt sich den Debatten der A.N.C. und der Commission jedenfalls nicht entnehmen.[42]

Wenn sie auch nicht Folge einer bewussten Entscheidung des Verfassungsgebers von 1946 ist, welche die möglichen unterschiedlichen rechtlichen Wirkdimensionen betonen will, so beleuchtet die textliche Trennung der Rechtsgruppen der Präambel von 1946 doch zumindest für den heutigen Verfassungsinterpreten auch Unterschiede in der jeweiligen grundrechtsfunktionalen Akzentuierung der beiden Grundrechtskataloge. Für die Darstellung der Geschichte der Präambel von 1946, hier noch begrenzt auf ihre Ausarbeitung und ihr Schicksal in der IV. Republik, sind diese grundrechtsfunktionalen Unterschiede indes nur von Belang, wenn die Präambel auch schon zur Zeit der IV. Republik rechtliche Bindungswirkung entfalten sollte oder aber entfaltet hat. Erst eine solche Bindungswirkung erlaubt letztlich Aussagen über mögliche Unterschiede in den *rechtlichen* Wirkdimensionen der beiden Grundrechtskataloge.

### 3. Die Normativität der Präambel von 1946 während der IV. Republik

Die Auseinandersetzung mit der Normativität der Präambel zur Zeit der IV. Republik wird verdeutlichen, wieso aus dieser Zeit keine Rechtsprechung zu den sozialen Grundrechten der Präambel überliefert ist und die Überlegungen der französischen Verfassungslehre der damaligen Epoche zu den möglichen Wirkdimensionen dieser Rechte äußerst begrenzt sind. Die Darstellung bereitet auch die verfassungsgeschichtlichen Grundlagen auf, welche vollends erst im Rahmen der rechtsvergleichenden Untersuchung des deutschen Verfassungsrechts und der dort vergleichsweise früh realisierten Bindung vor allem des Gesetzgebers an die Grundrechte des Grundgesetzes ausgewertet werden können.

---

[42] *Rangeon* in: Le Préambule de la Constitution de 1946: Antinomies..., S. 169 (171).

a) Die Normativität der Präambel aus der Sicht des Verfassungsgebers

Was die Frage der durch den Verfassungsgeber intendierten Normativität der Präambel der Verfassung von 1946 und damit der in ihr enthaltenen Rechtspositionen anbelangt, so kann zusammenfassend festgestellt werden, dass die Verfassungsväter ihr offensichtlich nur eine äußert schwache rechtliche Bindungswirkung zubilligen wollten. Zwar wurde die Problematik der rechtlichen Bindungswirkung während der Debatten der 2. Constituante nicht mehr ausdrücklich erörtert.[43] Aber die Vorschriften zum „Comité constitutionnel" (Artikel 91 – 93 der Verfassung von 1946), eine Art Verfassungsgerichtsbarkeit, lassen diesen Schluss zu. Denn kraft dieser Vorschriften sollte das Comité constitutionnel die Vereinbarkeit von Gesetzen nur mit den Titeln I – X der Verfassung überprüfen dürfen; die Präambel wird als anzuwendender Prüfungsmaßstab nicht erwähnt.[44] Einzelne, in Anlehnung an das amerikanische Modell der Verfassungsgemäßheitskontrolle von Gesetzen ausgestaltete Anträge von Mitgliedern der A.N.C., die Verbürgungen der Präambel über Art. 91 der Verfassung von 1946 doch noch zu anwendbaren Kontrollmaßstäben zu erklären, wurden abgelehnt.[45] Jedenfalls gegenüber dem Gesetzgeber, so lässt sich die ablehnende Haltung zu den genannten Anträgen interpretieren, sollten die Verbürgungen der Präambel keine rechtliche Bindungswirkung des Inhaltes entfalten, dass ihre Missachtung von einem Verfassungsgericht festgestellt und das in Frage stehende Gesetz von ihm als verfassungswidrig verworfen werden konnte.

Auch angesichts der Zusammensetzung und des Verfahrens des Comité constitutionnel erscheinen Zweifel angebracht, von einer Verfassungsgerichtsbarkeit zu sprechen, die die Beachtung verfassungsrechtlicher Vorgaben zu erzwingen vermochte. Denn in diesem Comité finden sich im Wesentlichen die Vertreter der Legislative wieder, deren Handlungen es eigentlich zu kontrollieren galt.[46] Das Verfahren selbst, beschränkt auf eine abstrakte Normenkontrolle ausschließlich *vor* Verkündung eines Gesetzes, welche nur unter sehr engen und komplizierten Voraussetzungen überhaupt eingeleitet werden konnte[47], billigte dem Comité constitutionnel keine Verwerfungskompetenz über das für verfas-

---

[43] *Prétot* in: Le Préambule de la Constitution de 1946, S. 48; *Pelloux,* RDP 1947, S. 347 (391).

[44] *Prétot* in: Le Préambule de la Constitution de 1946, S. 49; *Luchaire*, Le Conseil constitutionnel, Band I, S. 14.

[45] Anträge wiedergegeben bei *Conac* in: Le Préambule de la Constitution de 1946, 11 (30).

[46] Zusammensetzung des Comité constitutionnel: neben dem Präsidenten der Republik noch 7 Mitglieder der Nationalversammlung sowie 3 Mitglieder des Rates der Republik: *Turpin*, Le Conseil constitutionnel, S. 13.

[47] Zur Komplexität und Ineffizienz des Verfahrens ausführlich *Jan*, La Saisine du Conseil constitutionnel, S. 15 ff.

sungswidrig erkannte Gesetzesvorhaben zu. Allenfalls konnte das Comité eine Erklärung mit dem Inhalt abgeben, dass das Vorhaben eine Verfassungsänderung voraussetze; diese konnte dem Volk dann zur Abstimmung im Referendum vorgelegt werden.[48] Diese von Verfassungs wegen schon schwache Stellung des Comité constitutionnel, wegen der es vereinzelt in der Literatur als bloßes „schiedsrichterliches Organ zur Beilegung von Meinungsverschiedenheiten der Parlamente“ bezeichnet wird[49], findet ihr Spiegelbild dann auch in der Tatsache, dass es in den 12 Jahren der IV. Republik lediglich einmal angerufen wurde, und selbst dieses einzige Verfahren endete bezeichnenderweise mit einer außergerichtlichen, innerhalb des parlamentarischen Prozedere stattfindenden Einigung zwischen der Nationalversammlung und dem Rat der Republik.[50]

### b) Die Normativität der Präambel aus der Sicht der Lehre zur Zeit der IV. Republik

Der Eindruck einer mangels entsprechender prozessualer Flankierungen letztlich fehlenden Normativität der in der Präambel selbst bzw. kraft Verweises enthaltenen Grundrechtsverbürgungen wird auch von der Mehrheit der damaligen Lehre geteilt, die der Präambel und den in ihr enthaltenen Rechtsverbürgungen allenfalls eine rein moralische Autorität zuerkennen wollte.[51] Andere, inhaltlich in die gleiche Richtung tendierende Stimmen, wollten ihr wegen der fehlenden verfassungsprozessualen Flankierung lediglich eine „portée purement philosophique sans aucune prétention juridique“ zubilligen.[52] Indes fehlte es schon in der Zeit unmittelbar nach Annahme des neuen Verfassungstextes nicht an vereinzelten Versuchen, den Verbürgungen der Präambel und ihren sozialen Grundrechten rechtliche Bindungswirkung zuzuerkennen. Wie diese Bindungswirkung dabei im Einzelnen ausgestaltet sein sollte, welche möglicherweise unterschiedlichen Wirkdimensionen den einzelnen sozialen Grundrechtsverbürgungen zukommen sollten, wurde in der damaligen Zeit allerdings nicht erörtert. Unklar bleibt bei der Lektüre der einschlägigen Lehrmeinungen, wie bspw. die Idee, den Gesetzgeber zu einem „Mehr“ an Leistungen an die Grundrechtsberechtigten zu verpflichten, im Rahmen der geforderten Bindungswirkung ihre Umsetzung in die Rechtswirklichkeit erfahren soll, oder wie eine Bindung der

---

48 *Luchaire*, Le Conseil constitutionnel, Band I, S. 14 f.

49 Äußerung von *Vedel*, zitiert nach *Hamon*, Les juges de la loi, S. 135. Inhaltlich in die gleiche Richtung: *Turpin*, Le Conseil constitutionnel, S. 13, der das Comité Consultatif der Verfassung von 1946 als „Conciliateur plus que juge“ bezeichnet.

50 *Rousseau*, Droit du contentieux constitutionnel, S. 13 Fn 7. Ausführlich zu dieser Entscheidung *Mels*, Bundesverfassungsgericht und Conseil constitutionnel, S. 68 ff.

51 So *Ripert*, Le déclin du droit, S. 17.

52 *Burdeau*, zitiert bei *Poirmeur* in: Le Préambule de la Constitution de 1946: Antinomies...., S. 120 f.

Verwaltung an die Rechtsnormen ausgestaltet sein könnte. Die Literatur unmittelbar nach Inkrafttreten der Verfassung von 1946 beschränkt sich auf das Postulat einer Bindungswirkung der Präambel von 1946 als ganzer; die inhaltliche Ausgestaltung dieser Bindungswirkung wird im Einzelnen nicht problematisiert. Immerhin finden sich Begründungsansätze für diese generelle rechtliche Bindungswirkung.[53]

Die Verbürgungen der Präambel, und damit auch ihre sozialen Grundrechte wie bspw. das „Recht auf Arbeit“ (Abs. 5 S. 1 2. Alt.), scheinen aus der Sicht der damaligen Lehre letztlich einen rein appellativen Charakter zu haben. Ihr Appell richtet sich an den Gesetzgeber, mangels effektiver verfassungsgerichtlicher Sanktionsmöglichkeiten bleibt es aber beim bloßen Appell.[54] Die eingangs zitierte „moralische Autorität“ der Präambelverbürgungen mag sich dann darin äußern, dass sie für den Gesetzgeber eine Orientierungshilfe, eine Inspirationsquelle für seine Gesetzgebung sind. In dieser Appelfunktion erinnern und ermahnen sie ihn, auf welchen Gebieten er mit welchen Zielsetzungen tätig werden soll – indes ohne dass ein Verfassungsgericht ihn hierzu verpflichten kann.

### c) Die Normativität der Präambel zur Zeit der IV. Republik aus heutiger Sicht

Mit Blick auf die fehlende prozessuale Flankierung der Grundrechtsverbürgungen erweist sich die Verfassung der IV. Republik als von dem Grundgedanken beherrscht, dass keine verfassungsrechtliche Institution die Autorität der vom Gesetzgeber getroffenen Entscheidungen in Frage stellen können soll: das Gesetz hat einen „caractère sacré“[55]; es wegen Verstoßes gegen Grundrechte für nichtig zu erklären ist mit diesem Gedanken nicht vereinbar. Der Verfassungsgeber von 1946 erweist sich somit der im Wesentlichen auf *Jean Jacques Rousseau* zurückzuführenden französischen Verfassungstradition der „souveraineté parlementaire“, dem Gedanken der „loi, expréssion de la volonté générale“ eng verbunden[56], einer Tradition, mit welcher die Idee einer über dem Gesetzgeber stehenden, diesen zensierenden gerichtlichen Instanz unvereinbar

---

[53] *Pelloux*, RDP 1947, S. 347 (390) stellt auf den Wortlaut des Abs. 3 (garantir) der Präambel ab. Für eine Bindungswirkung auch in Ermangelung einer verfassungsgerichtlichen Kontrolle *Vedel/Rivero*, Droit Social 1947, Fascicule XXXI, S. 13 (19).

[54] Darauf verweisen *Vedel/Rivero*, Droit Social 1947, Fascicule XXXI, S. 13 (19).

[55] *Turpin*, Contentieux constitutionnel, S. 29.

[56] Zu dieser Konzeption Rousseaus vgl. überblicksartig *Bauer*, Verfassungsgerichtlicher Grundrechtsschutz in Frankreich, S. 31 ff. Diese Konzeption hat ersichtlich schon die Ausarbeitung der Menschenrechtserklärung von 1789 beeinflusst, wie ein Blick in ihren Art. 6 belegt: „La loi est l'expression de la volonté générale“.

erscheint.[57] Von dieser Tradition wurde auch im Hinblick auf die Grundrechtsverbürgungen der Präambel von 1946 keine Ausnahme gemacht. Wie *Hamon* zutreffend bemerkt: „..., l'identification de la loi à la volonté générale, de la souveraineté populaire à la décision parlementaire, laissait sans sanction la suprématie – théorique – de la Constitution et enlevait toute conséquence pratique aux affirmations solennelles de son Préambule."[58]

Vor diesem Hintergrund erklärt sich, dass die Überlegungen der französischen Verfassungslehre der 40er Jahre zu einer möglichen Bindungswirkung der Präambelverbürgungen allenfalls im Oberflächlichen verblieben. Die Lehre der damaligen Zeit steht noch unter dem Einfluss der Tradition der Unantastbarkeit des Gesetzes und der mit ihr einhergehenden fehlenden verfassungsgerichtlichen Kontrollmöglichkeiten. Zwar finden sich im französischen Schrifttum etwa ab der Jahrhundertwende Diskussionen über das Für und Wider einer gerichtlichen Kontrolle des Gesetzgebers.[59] Die Idee einer Kontrolle staatlichen Handelns, hier vor allem des Gesetzgebers, im Hinblick auf die Grundrechtskonformität seiner Handlungen war aber noch zu neu, als dass im Schrifttum tiefergreifende Überlegungen zu den verschiedenen Wirkdimensionen wie etwa der leistungsrechtlichen Dimension einzelner Präambelverbürgungen erfolgen konnten. Dahingehende Überlegungen wurden noch erschwert durch das Fehlen einer verfassungsgerichtlichen Rechtsprechung und damit eines Anknüpfungspunktes für weiterführende dogmatische Überlegungen. Dieser Zustand änderte sich, wie noch zu zeigen sein wird, erst unter der Verfassung der V. Republik.

Der Verfassungsgeber der Verfassung der V. Republik vom 4. Oktober 1958 hat über deren Präambel die Präambel von 1946 in das gegenwärtige französische Verfassungsrecht inkorporiert. Als „Präambel in der Präambel" (vgl. Abs. I 2. Alt. der Präambel der Verfassung von 1958) ist sie nun zusammen mit der Menschenrechtserklärung von 1789 Bestandteil des Verfassungstextes der V. Republik. Auch ihre sozialen Grundrechtsverbürgungen und die ihre Formulierung leitenden Ideen des Verfassungsgebers der IV. Republik haben so ihren Eingang in das bis heute geltende Verfassungsrecht der V. Republik gefunden.

---

[57] *Turpin*, Contentieux constitutionnel, S. 18 f.; *Jan*, Les textes fondamentaux du droit de la V. République, S. 209.

[58] *Hamon*, Les juges de la loi, S. 137.

[59] Überblicksartig referiert bei *Bauer*, Verfassungsgerichtlicher Grundrechtsschutz in Frankreich, S. 37 ff.

## IV. Soziale Grundrechte in der Rechtsprechung des Conseil constitutionnel: Wirkdimensionen sozialer Grundrechte und deren verfassungsprozessuale Flankierung

Im Folgenden soll – nach einer Darstellung der Kontrollkompetenzen des Conseil constitutionnel (IV. 1.) – zunächst dessen Rechtsprechung zum „Recht auf Arbeit" (IV. 2.) und zum „Recht auf Wohnung" (IV. 3.) untersucht werden. Die dabei gewonnenen Erkenntnisse sollen auf die Kategorie soziale Grundrechte, wie sie in der Präambel von 1946 anzutreffen ist, übertragen werden (IV. 4.). Bei der Untersuchung des textlichen Befundes der Verfassung von 1958 im Hinblick auf soziale Grundrechte wurde eine weitere Norm genannt, die möglicherweise für die Handhabung sozialer Grundrechte im französischen Verfassungsrecht von Erkenntniswert ist. Es folgt daher eine Untersuchung der Normativität der „République sociale" (Art. 1 S. 1 4. Var.) (IV. 5.).

### 1. Der Conseil constitutionnel: Rechtsschutzmöglichkeiten, Kontrollmaßstäbe und Entscheidungsstil

Im Vorfeld der Analyse der Entscheidungen des Conseil constitutionnel ist eine Darstellung der Entwicklung der vor ihm eröffneten Rechtsschutzmöglichkeiten und der durch dieses Gericht angewandten Kontrollmaßstäbe notwendig, und dies aus mehreren Gründen. Zum einen dürften die Kontrollmaßstäbe dem deutschen Leser nicht immer bekannt sein. Die vorhandenen Rechtsschutzmöglichkeiten, aber auch solche, die zwar dem deutschen Verfassungsprozessrecht geläufig sind, ins gegenwärtige französische Verfassungsprozessrecht jedoch keinen Eingang gefunden haben, zeitigen, wie noch zu zeigen sein wird, zwangsläufig bestimmte Auswirkungen auf die materiell-rechtliche Tragweite, die der Conseil constitutionnel den zu untersuchenden Rechtspositionen entnimmt. Eine Darstellung der Rechtsschutzmöglichkeiten und angewandten Kontrollmaßstäbe bereitet so die Grundlagen für eine kritische Auseinandersetzung mit den analysierten Entscheidungen dieses Gerichts und den Stellungnahmen des französischen Schrifttums, welches sie rezepiert. Zum anderen wurde die prozessuale Flankierung sozialer Grundrechte als eine der Problemstellungen herausgearbeitet, welche die deutsch-französischen Konventsdebatten beherrscht haben. Dabei soll der Schwerpunkt der Darstellung der Rechtsschutzmöglichkeiten und angewandter Kontrollmaßstäbe im Hinblick auf *Grundrechts*verletzungen durch staatliches Handeln liegen. Als möglicher Kontrollmaßstab für die Frage der Grundrechtskonformität staatlichen Handelns kommt in erster Linie die Präambel der Verfassung von 1958 in Betracht, die die Menschenrechtserklärung von 1789 und die Präambel der Verfassung von 1946 mit ihren hier interessierenden sozialen Grundrechten inkorporiert. Im Rahmen der Darstellung wird daher auch das weitere rechtliche Schicksal des letztgenannten Textkörpers in der V. Republik zu beschreiben sein. Insoweit erscheint es geboten, es nicht bei einer Darstellung der gegenwärtigen Rechtsschutzmöglichkeiten und angewandten Kontrollmaßstäbe zu belassen, sondern deren geschichtliche Entwicklung mit einzubeziehen. Denn nur so lässt sich u.a. der – im Vergleich zum deutschen Verfassungsrecht – späte (im Jahre 1971) Aufstieg der Grundrechte der französischen Verfassung und damit auch der sozialen Grundrechte in den Rang solcher Verfassungsnormen erklären, welche staatliches Handeln gerichtlich überprüfbar zu binden vermögen. Auf diesen „verspäteten“ Aufstieg wird dann im Rahmen des Rechtsvergleichs zurückzukommen sein.

#### a) Die vom Verfassungsgeber intendierten Rechtsschutzmöglichkeiten und Kontrollmaßstäbe

Der Verfassungsgeber der Verfassung der V. Republik hat mit dem Conseil constitutionnel ein Gericht geschaffen, dessen ursprüngliche und ausschließliche Aufgabe in der Kontrolle der Einhaltung der staatsorganisationsrechtlichen Vorschriften der Verfassung von 1958 bestehen sollte. Insbesondere sollte der Conseil constitutionnel die Abgrenzung der Zuständigkeiten zwischen dem Parlament[60] als Gesetzgeber (Art. 34 der französischen Verfassung von 1958[61]) und der Exekutive als Verordnungsgeber (Art. 37) überwachen, und zwar zu Gunsten der Exekutive. Art. 37 Abs. II und 41 Abs. II eröffnen der Regierung die Möglichkeit, den Conseil constitutionnel wegen vermeintlicher Überschreitung der kompetenziellen Grenzen durch Gesetzesvorhaben der Legislative anzurufen.[62] Die genannten Rechtsschutzverfahren sollten der Exekutive eine prozessuale Waffe gegen das Parlament verleihen: „Le Conseil constitutionnel a été établi essentiellement pour obliger le Parlement à rester dans le cadre de ses attributions...“.[63] Der Grund für dieses Bedürfnis liegt in den Erfahrungen der

---

60 Gemeint sind Assemblée Nationale und Sénat, vgl. Art. 24 Abs. I.

61 Alle im weiteren Verlauf der Untersuchung als Artikel („Art.“) zitierten Normen sind solche des Textkörpers der französischen Verfassung von 1958.

62 Zum Sinn und Zweck des Art. 41 Abs. II als prozessuales Mittel der Regierung zum Schutz vor Übergriffen des Parlaments in ihren Kompetenzbereich *Luchaire*, Le Conseil constitutionnel, Band I, S. 22. Zum Sinn und Zweck des Art. 37 Abs. II, ein einmal erlassenes Gesetz, welches in den Kompetenzbereich der Exekutive fällt, nachträglich als Verordnung deklarieren zu können und so wieder dem Zugriff der Exekutive zu eröffnen, vgl. *Rousseau*, Droit du contentieux constitutionnel, S. 26.

63 *Luchaire*, Le Conseil constitutionnel, Band I, S. 21. Inhaltlich in die gleiche Richtung *Debré*, zitiert nach *Rousseau*, Droit du contentieux constitutionnel, S. 25: „La création du Conseil constitutionnel manifeste la volonté de subordonner la loi, c'est à dire la décision du Parlement, à la règle supérieure édictée par la Constitution. ... La Constitution crée ainsi *une arme contre la déviation du régime parlementaire*.“ Hervorhebung durch den Verfasser.

IV. Republik mit einer schwachen Exekutive und einem Parlament, welches die im zustehenden Kompetenzen zur Festlegung einer eigenen Geschäftsordnung häufig mißbraucht hatte, um sich zusätzliche, von der Verfassung nicht vorgesehene Kompetenzen zuzubilligen.[64]

In Art. 61 Abs. II war außerdem von Anfang an die Möglichkeit vorgesehen, dass einzelne Antragsberechtigte[65] den Conseil constitutionnel anrufen können, um ein Gesetzes*vorhaben* auf seine Verfassungsgemäßheit hin zu überprüfen. Das für verfassungswidrig befundene Gesetzesvorhaben darf nicht verkündet und angewandt werden (Art. 62 Abs. II). Die Zahl der Antragsbefugten dieser fakultativen, abstrakten Normenkontrolle a priori wurde durch die Verfassungsreform vom 29. Oktober 1974 um zwei Gruppen erweitert: gemäß Art. 61 Abs. II können nunmehr zusätzlich zu den bereits genannten Antragsbefugten auch 60 Senatoren oder 60 Mitglieder der Assemblée Nationale den Conseil constitutionnel wegen vermeintlicher Verfassungswidrigkeit eines Gesetzesvorhabens anrufen und damit das voranstehend beschriebene Normenkontrollverfahren einleiten.[66] Aber auch das Normenkontrollverfahren nach Art. 61 Abs. II sollte, so jedenfalls die eindeutige Intention des Verfassungsgebers von 1958, den Conseil constitutionnel keinesfalls ermächtigen, ein Gesetzesvorhaben auf seine mögliche Verfassungswidrigkeit wegen Verstoßes gegen eine *Grundrechtsnorm* zu überprüfen. Aufschlussreich ist insoweit eine Äußerung des Vertreters *de Gaulles*, *Michel Debré*, in einer Sitzung des Comité consultatif constitutionnel, welches mit der Ausarbeitung des Verfassungstextes der V. Republik beauftragt war. Auf die an ihn gerichtete Frage, ob die Präambel des Verfassungsprojektes mit den inkorporierten Grundrechtstexten (die spätere Präambel der Verfassung von 1958) „valeur constitutionnelle“ haben solle, antwortet dieser kurz und knapp: „Non, certainement“.[67] Er führt weiter aus: „Dans la tradition francaise, les déclarations de droits étaient des *déclarations d'intentions plus que de véritables dispositions juridiques*“.[68] Die Kontinuität zur IV. Republik im Hinblick auf die den Grundrechten aberkannte Bindungswirkung gegenüber dem Gesetzgeber ist in dieser Äußerung nicht zu übersehen.

---

[64] *Rousseau*, Droit du contentieux constitutionnel, S. 26.

[65] Der Präsident der Republik, der Premierminister, der Präsident der Assemblée Nationale und des Sénat.

[66] *Rousseau*, Droit du contentieux constitutionnel, S. 70.

[67] Diese Äußerung und die sie begleitende Debatte sind wiedergegeben in: *Comité National*, l'Histoire de l'élaboration de la Constitution, Volume II, S. 254. Dass diese Einschätzung nicht nur unüberlegt dahingesagt war, was bei einer Debatte nicht gänzlich auszuschließen wäre, sondern vielmehr auf einer Absprache mit *de Gaulle* beruhte und damit wohlüberlegt war, bestätigte *Janot* dann auch Jahre später; vgl. *ders.* in: Cours constitutionnelles européennes et droits fondamentaux, S. 212.

[68] Äußerung *Debrés* wiedergegeben bei *Hamon*, Les juges de la loi, S. 154. Hervorhebung durch den Verfasser.

Auch die über Art. 62 Abs. II eröffnete Kontrollmöglichkeit sollte sich also aus Sicht der Verfassungsgeber ausschließlich auf die, der Begriff ist im deutschen Verfassungsrecht geläufig, *formelle* Verfassungsgemäßheit des Gesetzesvorhabens beschränken.[69] Die Menschenrechtserklärung von 1789 und die hier vor allem interessierende Präambel der Verfassung von 1946 mit ihren sozialen Grundrechtsverbürgungen sollten nicht anzuwendender Kontrollmaßstab des Gerichts sein. Letztere sind – wie schon zur Zeit der IV. Republik – als unverbindliche Programmsätze konzipiert, als bloße Absichtserklärungen bar jeder verfassungsprozessualen Flankierung. Dabei ist dem Verfassungsgeber die sprachlich präzise Umsetzung seiner Regelungsabsicht ersichtlich nicht gelungen. Denn betrachtet man den Wortlaut des Art. 61 Abs. II i.V.m. Abs. I näher, prüft besagtes Gericht Gesetze auf ihre „conformité à la Constitution" hin, auf ihre Vereinbarkeit mit der Verfassung also. Wertet man die über die Präambel der Verfassung von 1958 einbezogenen Grundrechtskataloge als Bestandteil der Verfassung, so steht der Wortlaut ihrer Einbeziehung nicht entgegen.

Mit seiner Absicht, der Verfassungsgerichtsbarkeit allenfalls Kontrollkompetenzen im Hinblick auf eine mögliche formelle Verfassungswidrigkeit eines Gesetzesvorhabens zu eröffnen, setzt der Verfassungsgeber der V. Republik die französische Verfassungstradition fort, mit welcher die Idee, den Gesetzgeber auch auf die materiell-rechtliche Verfassungsgemäßheit seiner Gesetzesvorhaben am Maßstab der Grundrechte zu kontrollieren, unvereinbar ist. Denn eine derartige inhaltliche Kontrolle des Gesetzes läuft wie schon in den Zeiten der IV. Republik der Idee der „souveraineté parlementaire" zuwider.[70] Wenn aber eine Kontrolle a priori der Verfassungsgemäßheit von Gesetzesvorhaben ermöglicht wird, dann nicht etwa in Anerkenntnis der in der Verfassung enthaltenen Grundrechte als ranghöchste, alle staatliche Gewalt bindende Normen (vgl. Art. 1 Abs. III GG), sondern ausschließlich mit dem Ziel, den Gesetzgeber in seine *institutionellen* Schranken zu verweisen – der Conseil constitutionnel sollte nur insoweit als „tuteur du Parlement" fungieren.[71]

### b) 1971: Die Erweiterung der Kontrollmaßstäbe

Der Conseil constitutionnel hat sich bis zum Jahr 1971 an diesen „überlieferten Willen des Verfassungsgebers" gehalten und seine Kontrolle lediglich auf Fra-

---

69 *Rousseau*, Droit du contentieux constitutionnel, S. 135 ff. verwendet anstelle des Begriffs der formellen Verfassungsgemäßheit den der „constitutionnalité externe".

70 *Gehlert*, Der Schutz der Grundfreiheiten in Frankreich durch die Überprüfung der Verfassungsgemäßheit geltender Gesetze, S. 10; *Mels*, Bundesverfassungsgericht und Conseil constitutionnel, S. 84 f.

71 *Rousseau*, Droit du contentieux constitutionnel, S. 27.

gen der formellen Verfassungsgemäßheit, der „régularité externe" von Gesetzen, und auf die Verfassungsgemäßheit der Geschäftsordnungen des Parlaments beschränkt.[72] So wurde er der Regelungsabsicht seines Erschaffers voll gerecht, indem er zunächst nur dort urteilte, wo er nach dem Willen des Verfassungsgebers urteilen sollte.

Am 16. Juli 1971 fällt der Conseil constitutionnel dann eine Entscheidung, die mit seiner bisherigen Verweigerungshaltung gegenüber einer materiellen Verfassungsgemäßheitskontrolle von Gesetzesvorhaben im Hinblick auf Verstöße gegen Grundrechtspositionen abrupt und endgültig bricht.[73] Der dieser Entscheidung zugrunde liegende Sachverhalt soll hier nicht geschildert werden, insoweit sei auf entsprechende Darstellungen verwiesen.[74] Das verfassungsgeschichtliche Novum dieser Entscheidung liegt darin, dass der Conseil constitutionnel zum ersten Mal in seiner Geschichte Regelungen eines Gesetzes wegen Verstoßes gegen Grundrechte für verfassungswidrig erklärt, indem er die Präambel der Verfassung von 1958 und den in ihr enthaltenen Verweis auf die Präambel von 1946 mit ihren Rechtspositionen als Prüfungsmaßstäbe heranzieht. Der erste Erwägungsgrund der Entscheidung lautet dann auch: „Vu la Constitution et *notamment son préambule*".[75] Zwei Jahre später erfolgte dann die Überprüfung eines Gesetzes anhand der Verbürgungen der Menschenrechtserklärung von 1789.[76] In einer Entscheidung aus dem Jahre 1975 benennt der Conseil constitutionnel dann ausdrücklich die Gesamtheit der als Kontrollparameter anwendbaren Verfassungsrechtsnormen: „...les textes auxquels la Constitution du 4 octobre 1958 fait référence dans son préambule ainsi que les articles de la Constitution".[77] Diese Gesamtheit der Verfassungsnormen ist nun Bestandteil des „bloc de constitutionnalité".[78] Das Land, das die Menschen-

---

72 *Rousseau*, Droit du contentieux constitutionnel, S. 69; *Hamon*, Les juges de la loi, S. 154. Bezeichnenderweise hatte die erste Entscheidung des Conseil constitutionnel dann auch die Geschäftsordnung des Parlaments zum Gegenstand: *ders.*, a.a.O., S. 149.

73 C.C. 71-44 DC vom 16. Juli 1971, wiedergegeben bei *Rousseau*, Droit du contentieux constitutionnel, S. 66 f. sowie in Rec. 1971, S. 29.

74 Darstellungen bei *Rousseau*, Droit du contentieux constitutionnel, S. 67 ff. sowie bei *Bauer*, Verfassungsgerichtlicher Grundrechtsschutz in Frankreich, S. 56 ff.

75 C.C. 71-44 DC vom 16. Juli 1971 in Rec. 1971, S. 29. Hervorhebung durch den Verfasser.

76 C.C. 73-51 DC vom 27. Dezember 1973 in Rec. 1973, S. 25 ff.

77 C.C. 74-54 DC vom 15. Januar 1975 in Rec. 1975, S. 19 ff.

78 Der Begriff des „bloc de constitutionnalité" wird dabei vom Conseil constitutionnel und der Literatur verwandt, um die Gesamtheit der Textkörper zu benennen, welche als Kontrollmaßstäbe für die Verfassungsgemäßheit eines Gesetzes herangezogen werden können; vgl. *Rousseau*, Droit du contentieux constitutionnel, S. 101. Von einem „Verfassungsblock" zu sprechen erscheint nur vor dem Hintergrund der Entwicklung der Grundrechtsjudikatur des Conseil constitutionnel sinnvoll. Denn dieser „Block" wurde durch die Rechtsprechung nach

rechtserklärung von 1789 hervorgebracht hat, ist damit erstmals in seiner Verfassungsgeschichte mit der Situation konfrontiert, dass ein Gericht Gesetze wegen eines Verstoßes gegen *Grundrechte* zu verwerfen vermag – ein insbesondere aus der deutschen Perspektive befremdlich anmutender, aber unter Berücksichtigung der voranstehend beschriebenen Verfassungstradition Frankreichs nur allzu verständlicher Zustand. Seit 1971 sind so auch die sozialen Grundrechtsverbürgungen der Präambel von 1946 möglicher Gegenstand einer Kontrolle. Überlegungen zu den ihnen immanenten Wirkdimensionen verbleiben nun nicht mehr im Theoretischen, sondern können möglicherweise auch in Entscheidungen des Conseil constitutionnel zur Anwendung gelangen oder aber die Auseinandersetzung mit den insoweit einschlägigen Entscheidungen bereichern.

Es bleibt noch die sich aufdrängende Frage zu beantworten, was den Conseil constitutionnel veranlasst hat, mit der bisherigen Verfassungstradition entgegen dem ausdrücklich artikulierten Willen des Verfassungsgebers zu brechen. Die Literatur benennt im Wesentlichen mehrere Gründe; zwei seien hier des besseren Verständnisses halber genannt: Zum einen forderte die rechtswissenschaftliche Literatur der damaligen Zeit vehement die Einbeziehung der Präambel von 1958 und der in ihr enthaltenen Verweise als Kontrollparameter in die Rechtsprechung des Conseil constitutionnel, um verfassungswidrige – präziser: grundrechtswidrige – Gesetze für nichtig zu erklären. Zum anderen schränkte das in Frage stehende Gesetz eines der elementarsten Grundrechte der französischen Verfassungstradition, die Vereinigungsfreiheit, ein – entsprechend bestand ein breiter politischer Konsens im Hinblick auf die notwendige Intervention des Conseil constitutionnel und die aus ihr hervorgegangene Entscheidung.[79]

Mit der Entscheidung aus dem Jahre 1971 war der Bann des Prinzips der „souveraineté de la loi“ und die aus ihm resultierende gerichtliche Unantastbarkeit grundrechtswidriger Gesetze gebrochen. So erklärt der Conseil constitutionnel dann auch Jahre später: „La loi n'exprime la volonté générale *que dans le respect de la constitution*“.[80] Die mit der Entscheidung von 1971 eingeleitete Kontrolle von Gesetzen auf ihre Grundrechtskonformität hin findet dann eine prozessuale Verstärkung durch die bereits erwähnte Reform des Art. 61 Abs. II im Jahre 1974 und die mit ihr einhergehende Erweiterung der Zahl

---

und nach um die genannten grundrechtsverbürgenden Textkörper angereichert; war also nicht – wie etwa seit den Anfängen des Grundgesetzes – von Anfang an vorhanden.

[79] Entsprechende Forderungen der Lehre und weitere Gründe für das beschriebene „revirement jurisprudentiel“ wiedergegeben bei *Bauer*, Verfassungsgerichtlicher Grundrechtsschutz in Frankreich, S. 60 f.

[80] C.C. 85-197 DC vom 23. August 1985, wiedergegeben bei *Hamon*, Les juges de la loi, S. 155. Hervorhebung durch den Verfasser.

der Antragsberechtigten.[81] Hierin dürften die zentralen Ursachen für die bis in die Gegenwart zu beobachtenden verstärkten Kontrollen der *Grundrechts*konformität von Gesetzesvorhaben durch den Conseil constitutionnel liegen[82]: Diese, und nicht mehr die rein staatsorganisationsrechtlichen Streitigkeiten, werden nun Hauptgegenstand der Entscheidungen dieses Gerichts – in deutlicher Abkehr also von der Intention des Verfassungsgebers.

### c) Fehlende Rechtsschutzmöglichkeiten

Auch das Fehlen gewisser Rechtsschutzmöglichkeiten hat, wie noch zu zeigen sein wird, Auswirkungen auf die Handhabung der zu untersuchenden Rechte durch den Conseil constitutionnel. Wenn hier von „fehlenden" Rechtsschutzmöglichkeiten die Rede ist, so ergibt sich dieses Fehlen ausschließlich vor dem Hintergrund der insoweit vorhandenen Rechtsschutzmöglichkeiten vor dem deutschen Bundesverfassungsgericht.

#### aa) Keine Kontrolle in Kraft getretener Gesetze

Die Reform des Jahres 1974 hat nichts an dem in Art. 61 Abs. II verankerten Grundprinzip der Nomenkontrolle a priori geändert. Die Rechtsschutzmöglichkeiten vor dem Conseil constitutionnel beschränken sich nach wie vor nur auf die Verfassungskonformität (gleichgültig ob formeller oder materieller Natur) von Gesetzesvorhaben *vor* deren Verkündung.[83] Eine Normenkontrolle des verkündeten und damit in Kraft getretenen Gesetzes ist vor dem französischen Conseil constitutionnel, anders als über die Normenkontrollverfahren (Art. 93 Abs. I Nr. 2, Art. 100 Abs. I GG) des deutschen Verfassungsrechts, nicht möglich: das einmal in Kraft getretene Gesetz ist insoweit unantastbar.

##### *(1) Ausnahmen vom Grundsatz der Unantastbarkeit?*

Vereinzelte Entscheidungen des Conseil constitutionnel haben im französischen Schrifttum Diskussionen aufkommen lassen, ob es in seiner Rechtsprechung nicht doch Ausnahmen von dem Grundsatz der Unantastbarkeit des verkündeten Gesetzes gibt. Diese in einer Entscheidung aus dem Jahre 1985[84] angedeuteten

[81] Zu diesem Reformprojekt ausführlich *Rousseau*, Droit du contentieux constitutionnel, S. 70 ff.

[82] Vgl. insoweit die Statistiken bei *Jan*, Le procès constitutionnel, S. 112 f.

[83] *Rousseau*, Droit du contentieux constitutionnel, S. 185, 220.

[84] Ausschlaggebend ist insoweit die erste Entscheidung zu den vermeintlichen Ausnahmen: C.C. 85-187 DC vom 25. Januar 1985, Rec. 1985, S. 43 ff.

vermeintlichen Ausnahmen betreffen die Fälle, in denen eine bereits verkündete und damit in Kraft getretene Norm durch eine spätere Norm (enthalten in einem Gesetzesvorhaben) „ergänzt, modifiziert oder sonstwie in ihrem Regelungsbereich betroffen wird“: Die in dem Gesetzesvorhaben enthaltene Norm eröffnet dann die Kontrolle der durch sie entsprechend betroffenen früheren Norm; sie ist gewissermaßen der Schlüssel zur Überprüfung von deren Verfassungsgemäßheit. Allerdings gilt dies solange nicht, wie es sich bei dem neuen Gesetz um eine bloße Anwendung („mise en application“) der früheren Norm handelt, wobei unklar bleibt, inwieweit zwischen der „Anwendung“ einer in Kraft getretenen Norm durch ein weiteres Gesetz und einer Modifizierung derselben durch dieses Gesetz ein Unterschied bestehen soll.[85] In dieser und den folgenden Entscheidungen erkannte der Conseil constitutionnel allerdings immer auf die Verfassungsgemäßheit der in Frage stehenden Normen[86]: Im Jahr 1999 erklärte dann das Gericht anlässlich der Überprüfung eines Gesetzesvorhabens ein Gesetz aus dem Jahre 1985 für verfassungswidrig – es blieb indes bei dieser Erklärung.[87]

In der Literatur wird spätestens seit dieser Entscheidung auf ein Grundproblem dieser Form der nachträglichen Normenkontrolle als vermeintliche Ausnahme von der Regel hingewiesen. Gesetzt den Fall, der Conseil constitutionnel erklärt eine frühere, bereits in Kraft getretene Norm für verfassungswidrig (wie 1999 geschehen), dann schlägt deren Verfassungswidrigkeit auf die sie ändernde Norm des Gesetzesvorhabens durch. Was das Gesetzesvorhaben selbst anbelangt, entstehen insoweit keine Schwierigkeiten: da verfassungswidrig, kann es nicht in Kraft treten. Damit ist aber noch nicht das juristische Schicksal der verkündeten Norm geklärt. Zwar ist sie verfassungswidrig, jedoch fehlt dem Conseil constitutionnel die Verwerfungskompetenz.[88] Die in Kraft getretene Norm entfaltet also nach wie vor Bindungswirkung.[89] Die Literatur plädiert angesichts dieser Situation dafür, die ordentlichen Gerichte und die Verwal-

[85] Entscheidung analysiert und kritisiert bei *Rousseau*, Droit du contentieux constitutionnel, S. 217 ff. sowie bei *Drago*, Contentieux constitutionnel francais, S. 449 ff.

[86] Vgl. den Rechtsprechungsbericht von *Drago*, Contentieux constitutionnel francais, S. 451 – 454; sowie *Rousseau*, Droit du contentieux constitutionnel, S. 217 – 220.

[87] C.C. 99-410 DC vom 15. März 1999, Rec. 1999, S. 51 ff.

[88] So formuliert *Rousseau*, Droit du contentieux constitutionnel, S. 219 f.: „Elle (la loi) est promulgée, elle existe et le Conseil n'a le pouvoir d'agir ni sur l'une ni sur l'autre de ces réalités.“ Einfügung durch den Verfasser. Inhaltlich in die gleiche Richtung *Turpin*, Contentieux constitutionnel, S. 151 sowie *Renoux/deVilliers*, Code Constitutionnel, S. 506 f.

[89] *Camby*, RDP 1999, S. 653 (657) stellt dann auch zu recht fest: „Même déclarée inconstitutionnelle, celle-ci (la loi, Einfügung durch den Verfasser) n'en continuera pas moins à produire des effets juridiques“. Für *Camby* kann daher nur der Gesetzgeber eine Lösung für das in Kraft getretene verfassungswidrige Gesetz herbeiführen: „Ce que la loi a établit ne peut être défait que par la loi elle-même“, *ders.* a.a.O. S. 653 (658).

tungsgerichtsbarkeit sollen diese Norm dann nicht anwenden; gleiche Hoffnungen setzen sie in die Verwaltung. Gegebenenfalls solle außerdem das Parlament die verkündete Norm verfassungskonform reformieren.[90] Die beschriebenen Appelle der Lehre an die einfachen Gerichte zeigen die offensichtlichen Grenzen einer Rechtsprechung auf, die ihren verfassungsrechtlich vorgegebenen Kompetenzrahmen, hier normiert in Art. 61 Abs. II, einerseits nicht verlassen will, andererseits aber nicht gewillt ist, offensichtlich verfassungswidrige, bereits verkündete Normen hinzunehmen. Einige Autoren bezeichnen diese Rechtsprechung der nachträglichen Normenkontrolle daher auch zu Recht als ein „pseudo-tournant", also als eine bloß vermeintliche Abweichung des Conseil constitutionnel vom nach wie vor geltenden Grundsatz der verfassungsrechtlichen Unantastbarkeit verkündeter Gesetze.[91]

*(2) Initiativen zur Einführung einer nachträglichen Normenkontrolle*

So verwundert es wenig, dass es in der jüngeren Verfassungsgeschichte Frankreichs nicht an Versuchen mangelte, eine Normenkontrolle in Kraft getretener Gesetze in die Verfassung aufzunehmen. Die Reformvorhaben aus dem Jahre 1990, wiederaufgenommen 1993, sahen u.a. vor, dass die den jeweiligen Instanzenzug abschließenden Gerichte, also im Wesentlichen der Conseil d'Etat für die Verwaltungsgerichtsbarkeit und die Cour de Cassation für die ordentliche Gerichtsbarkeit, unter bestimmten Bedingungen ein im jeweiligen Verfahren einschlägiges Gesetz dem Conseil constitutionnel zur Überprüfung auf seine reine Grundrechtskonformität sollten vorlegen können.[92] Antragsberechtigte sollten die Prozessparteien sein; Gleiches galt für die jeweiligen Richter.[93] Das Reformvorhaben scheiterte letztlich an der Verweigerungshaltung des Parlaments; dieses befürchtete – bezeichnenderweise – durch die Einführung einer Kontrolle a posteriori zusätzlich zu der bestehen bleibenden Kontrolle a priori eine empfindliche Einschränkung seiner „souveraineté parlementaire".[94] In der

---

90 *Rousseau*, Droit du contentieux constitutionnel, S. 220. Inhaltlich in die gleiche Richtung *Drago*, Contentiuex constitutionnel francais, S. 453 f. sowie *Turpin*, Contentieux constitutionnel, S. 151.

91 *Jan*, Le procès constitutionnel, S. 119.

92 *Jan*, La saisine du Conseil constitutionnel, S. 240.

93 Text des Reformvorhabens von 1990 wiedergegeben bei *Granrut*, RDP 1990, S. 326. Zum Inhalt beider Vorhaben detailliert *Rousseau*, Droit du contentieux constitutionnel, S. 73 ff. Ebenso *Drago*, Contentieux constitutionnel francais, S. 459 ff, der darauf hinweist, dass sich das Reformvorhaben zum Teil an der deutschen konkreten Normenkontrolle orientierte.

94 *Jan*, La saisine du Conseil constitutionnel, S. 243, referiert die ablehnenden Stellungnahmen von Mitgliedern des Sénat und der Assemblée Nationale. Vgl. insoweit auch *Gehlert*, Der Schutz der Grundfreiheiten in Frankreich durch die Überprüfung der Verfassungsgemäßheit geltender Gesetze, S. 185 ff.

ablehnenden Haltung des Parlaments kommt trotz (oder gerade wegen?) der Entscheidung des Conseil constitutionnel aus dem Jahre 1971 noch bis in die 90er Jahre ein Restbestand der Idee von der „loi sacrée“ zum Ausdruck.

### bb) Keine Individualverfassungsbeschwerde

Anzumerken ist noch, dass das französische Verfassungsprozessrecht in seiner Vergangenheit nie ein Rechtsmittel vergleichbar der deutschen Verfassungsbeschwerde (vgl. Art. 93 Abs. I Nr. 4a GG; § 13 Nr. 8a, §§ 90 ff. BVerfGG) gekannt hat und bis heute auch nicht kennt.[95] Die voranstehend kurz referierten Reformvorhaben sahen zwar vor, dass der einzelne Bürger, soweit an einem Rechtsstreit beteiligt, die Grundrechtskonformität des auf seinen Fall anzuwendenden Gesetzes hätte überprüfen lassen können. Das mit dem Rechtsstreit befasste Gericht hätte den Antrag auf Überprüfung, soweit es denn von dessen Notwendigkeit überzeugt gewesen wäre, an das jeweilige letztinstanzliche Gericht weiterleiten müssen, welches seinerseits dann über die „Ernsthaftigkeit der zu überprüfenden Frage“ hätte entscheiden müssen, um sie – sofern bejahend – dann dem Conseil constitutionnel zur Entscheidung vorzulegen.[96] Aber auch diese speziell auf einzelne natürliche und juristische Personen zugeschnittene Verfahrensreform teilte das bereits erwähnte Schicksal des Gesamtreformprojektes von 1990 und 1993 – sie scheiterte. Nach wie vor gilt daher: Ein Urteil (vgl. insoweit die deutsche Problematik der Urteilsverfassungsbeschwerde[97]) oder aber ein in Kraft getretenes Gesetz, welches unmittelbare Rechtswirkungen entfaltet (vgl. insoweit die deutsche Problematik der Rechtssatzverfassungsbeschwerde[98]), können nicht durch einzelne natürliche oder juristische Personen vor dem Conseil constitutionnel angegriffen werden.[99]

---

[95] *Granrut*, RDP 1990, S. 309 (310); *Arnold*, JÖR 38 (1989), S. 197 (203).

[96] Verfahren beschrieben bei *Turpin*, Contentieux constitutionnel, S. 331 f. sowie bei *Jan*, La saisine du Conseil constitutionnel, S. 237 ff.

[97] *Schlaich*, Das Bundesverfassungsgericht, Rn 271 ff.

[98] *Schlaich*, Das Bundesverfassungsgericht, Rn 205, 230 ff.

[99] *Grewe*, EuGRZ 2002, S. 209 (212). Für in Kraft getretene Gesetze mit entsprechenden Nachweisen aus der Rechtsprechung *Jan*, La saisine du Conseil constitutionnel, S. 251. Dass die erwähnten sonstigen Handlungen ebenfalls nicht durch natürliche oder juristische Personen angegriffen werden können, kann seiner im Folgenden wiedergegebenen Äußerung entnommen werden: „L'individu qui jouit des droits et libertés publiques proclamés dans les déclarations de droits...,...n'a jamais obtenu un droit de saisine du Conseil constitutionnel“, *ders.*, Le procès constitutionnel, S. 114. Vgl. auch *Fromont*, DÖV 1999, S. 493 (495).

### d) Der Entscheidungsstil des Conseil constitutionnel

Angemerkt sei zunächst, dass in den einschlägigen Verfassungstexten, welche in den „bloc de constitutionnalité" Eingang gefunden haben, nirgends von Grundrechten („droits fondamentaux") die Rede ist. Geläufiger ist im französischen Verfassungsrecht der Begriff der „libertés publiques". Der Begriff der „droits fondamentaux" taucht erst seit 1990 in den Entscheidungen des Conseil constitutionnel auf. Dieser bleibt dabei allerdings terminologisch wankelmütig: mal spricht er auch von „libertés fondamentales" oder aber „libertés et droits fondamentaux".[100] Von Belang ist für die nachfolgenden Untersuchungen, dass der variierende Sprachgebrauch – soweit erkennbar – keinerlei juristische Unterscheidungskraft beinhaltet.[101]

Insbesondere für den möglicherweise mit der Rechtsprechung des Conseil constitutionnel wenig vertrauten deutschen Leser soll ferner ein Charakteristikum seiner Entscheidungen Erwähnung finden, welches die nachfolgende Rechtsprechungsanalyse bisweilen erheblich erschwert: Die Entscheidungen des Conseil constitutionnel sind, vor allem für den an die zum Teil recht detaillierten Ausführungen des Bundesverfassungsgerichts gewöhnten Juristen, von zum Teil irritierender Kürze.[102] Es fehlt in aller Regel an einer vertieften argumentativen Auseinandersetzung mit der aufgeworfenen Rechtsfrage. Der – im Vergleich mit den Entscheidungen des Bundesverfassungsgerichts – apodiktische Urteilsstil lässt die Entscheidungsfindung des Gerichts oftmals im Dunkeln bleiben. Soweit ersichtlich, werden auch, anders als in einigen Entscheidungen des Bundesverfassungsgerichts, Stellungnahmen oder aber Lösungsansätze des rechtswissenschaftlichen Schrifttums überhaupt nicht berücksichtigt (und konsequenterweise auch nicht ausdrücklich zitiert).[103] Dieser Urteilstil des Conseil constitutionnel ist dabei eine konsequente Fortsetzung einer Tradition der französischen Gerichtsbarkeit, vor allem des knappen Urteilsstils des traditionsreichen Conseil d'Etat. So bemerkt *Jan*: „Conformement à la tradition juridictionnelle francaise, celle-ci [la motivation des décisions] ne donne lieu à aucune dissertation juridique".[104] Eine weitere Ursache für den beschriebenen Entscheidungsstil

---

[100] Nachweise bei *Favre/Tardivel*, RDP 2000, S. 1411 (1418 f).

[101] So auch *Jouanjan* in: Armut und Verfassung, S. 141 (147, dort Fn 31).

[102] Darauf verweisen aus deutscher Perspektive zutreffend *Franzke*, JURA 1998, S. 346 (349) sowie *Mels*, Bundesverfassungsgericht und Conseil constitutionnel, S. 246 ff.

[103] Vgl. dagegen die Entscheidungen des Bundesverfassungsgerichts, in denen oftmals Ansätze der Literatur berücksichtigt werden und an gegebener Stelle in der Entscheidungsbegründung auf sie verwiesen wird: aus der älteren Rechtsprechung etwa BVerfGE 7, 198 (210 f.), aus der jüngeren Rechstprechung BVerfGE 103, 197 (217 f.).

[104] *Jan*, Le procès constitutionnel, S. 190. Einfügung durch den Verfasser. In die gleiche Richtung *Flauss*, Droit Social 1982, S. 645 (649), der auf die „formulation souvent laconique" der Entscheidungen des Conseil constitutionnel hinweist, sowie *Fromont* in: Recht

dürfte in dem Zeitdruck liegen, dem sich der Conseil constitutionnel zumindest im Verfahren nach Art. 61 Abs. II ausgesetzt sieht: Gemäß Art. 61 Abs. III hat er innerhalb von einem Monat, in dringenden Fällen sogar innerhalb von 8 Tagen, seine Entscheidung zu treffen. Es ist dies eine Regelung, die wenig verwundert. Denn immerhin ergeht die Entscheidung im Verfahren der präventiven Normenkontrolle in einem laufenden Gesetzgebungsverfahren, welches nicht durch eine nicht zeitig gefällte Entscheidung auf möglicherweise Jahre hin aufgeschoben werden soll.

### e) Zur Vorgehensweise bei der Rechtsprechungsanalyse

Der voranstehend beschriebene Stand der Rechtsschutzmöglichkeiten vor dem Conseil constitutionnel zeitigt Konsequenzen für die Analyse der Rechtsprechung dieses Gerichts: In seinen Entscheidungen kann sich die Bindungswirkung der sozialen Präambelverbürgungen nur gegenüber dem *Gesetzgeber* entfalten. Daher sind die folgenden Untersuchungen auf die insoweit vorhandenen Wirkdimensionen sozialer Grundrechte beschränkt. In Ermangelung einer Verfassungsbeschwerde stellt sich vor diesem Gericht weiterhin nicht die Frage, ob ein einzelner Grundrechtsberechtigter durch Handlungen (oder aber Unterlassungen) des französischen Staates in seinen Grundrechten verletzt worden ist.[105] Auch das Verwaltungshandeln – sieht man von bestimmten Handlungen des Präsidenten der Republik einmal ab – ist der Kontrolle auf seine Grundrechtskonformität entzogen. Daher wird noch die Rechtsprechung des Conseil d'Etat zu untersuchen sein.[106]

Auch aus der Kürze der Entscheidungen des Conseil constitutionnel ergeben sich bestimmte Konsequenzen für die methodische Vorgehensweise bei der nachfolgenden Rechtsprechungsanalyse. So weist *Fromont* darauf hin, dass in eben dieser Kürze höchstrichterlicher Entscheidungen eine der Herausforderungen französischer Rechtswissenschaftler liege: Deren Aufgabe bestehe

---

und Gesetz im deutsch-französischen Dialog, S. 65 (76 f): „Les juges francais motivent très brièvement leurs décisions". *Franzke*, JURA 1998, S. 346 (349) spricht – vor dem Hintergrund der Kürze der Entscheidungen des Conseil constitutionnel – im Hinblick auf die Länge der Entscheidungen des Bundesverfassungsgerichts von „Entscheidungen im Dissertationsstil".

[105] Daher war oben, Erstes Kapitel, III. 5. b) aa), bereits davon die Rede, dass sich die Frage nach dem subjektiven Charakter der Grundrechte der französischen Verfassung vor dem Conseil constitutionnel in Ermangelung eines der deutschen Verfassungsbeschwerde vergleichbaren Individualbeschwerdeverfahrens – losgelöst von dem grundsätzlich unbekannten Begriffs des „subjektiven öffentlichen Rechts" im Sinne des deutschen Grundrechtsverständnisses – auch der Sache nach regelmäßig nicht stellt.

[106] Dazu unten, V.

darin, in einem „commentaire d'arrêt" die Gesamtheit der rechtlichen Argumente zusammenzutragen, welche die Entscheidung möglicherweise zu tragen vermögen.[107] Angesichts der Kürze erschließt sich die intendierte rechtliche Tragweite einzelner Äußerungen des Gerichts so oftmals nur vor dem Hintergrund der Vorträge der Antragsteller im Verfahren nach Art. 61 Abs. II, welche der jeweiligen Entscheidung zugrunde liegen. Es gilt daher, die Vorträge der Antragsteller, soweit veröffentlicht, in die Entscheidungsanalyse mit einzubeziehen. Eine derartige Vorgehensweise erlaubt außerdem eine kritische Auseinandersetzung mit den Entscheidungsinterpretationen des französischen Schrifttums, welches, wie zu zeigen sein wird, oftmals die Entscheidungserwägungen des Gerichts aus dem argumentativen Kontext der Vorträge der Antragsteller herauslöst und so zu Fehlinterpretationen gelangt.

An dieser Stelle erscheint ein weiterer Hinweis zur methodischen Vorgehensweise angebracht. Dem französischen Verfassungsrecht sind bestimmte Begrifflichkeiten des deutschen Verfassungsrechts in ihrer jeweiligen inhaltlichen Ausgestaltung nicht geläufig. Dies gilt etwa für die Begriffe „Schutzbereich", „Eingriff", „Schranke" und „Schranken-Schranke".[108] Sie sollen aber mit ihrem jeweiligen Sinngehalt im Rahmen der Rechtsprechungsanalyse verwendet werden, da sie zu den Kernbegriffen der deutschen Verfassungslehre gehören und so die Nachvollziehbarkeit der Untersuchung erleichtern. Wo aber eine Übertragung der Begrifflichkeiten nur begrenzt möglich oder gar unmöglich ist, wird an gegebener Stelle im Verlauf der Untersuchung verdeutlicht werden.

Die Entscheidungen des Conseil constitutionnel werden in ihrer chronologischen Reihenfolge abgearbeitet. Diese Vorgehensweise erlaubt es, Entwicklungen in der Rechtsprechung zu den untersuchten sozialen Grundrechten besser nachzeichnen zu können. Eine gewisse Ausführlichkeit bei der Rechtsprechungsanalyse erschien unabdingbar: Denn mit der Rechtsprechung des Conseil constitutionnel wird eine für den deutschen Leser in aller Regel doch recht fremde Materie untersucht. Gerade diese Fremdheit erfordert eine intensivere Auseinandersetzung mit den einzelnen Entscheidungen. Dies gilt umso mehr, als es gerade angesichts deren Kürze darauf ankommt, jeden Satz der Entscheidungsbegründung auszuwerten – nur so gelangt man überhaupt zu Erkenntnissen.

---

[107] *Fromont* in: Recht und Gesetz im deutsch-französischen Dialog, S. 65 (77).

[108] Vgl. *Fromont* in: Recht und Gesetz im deutsch-französischen Dialog, S. 78 sowie *Arnold,* JöR 38 (1989), S. 197 (197).

## 2. Das „Recht, eine Beschäftigung zu erhalten" (Abs. 5 S. 1 2. Alt. der Präambel von 1946)

Das „Recht, eine Beschäftigung zu erhalten", in dieser Formulierung niedergelegt in Abs. 5 S. 1 2. Alt. der Präambel von 1946, hat die französischen Konventsmitglieder (von ihnen verkürzt als „Recht auf Arbeit" zitiert) bei ihrer Forderung nach der Verbürgung eines „Recht(s) auf Arbeit" in der Charta beeinflusst.[109] Den Werdegang dieser Verfassungsnorm und die ihr entnommenen Wirkdimensionen in den wenigen Entscheidungen des Conseil constitutionnel, die zum „droit d'obtenir un emploi" ergangen sind, gilt es im Folgenden zu untersuchen.

### a) Entscheidungen des Conseil constitutionnel

#### aa) Die Entscheidungen der Jahre 1983 und 1986

Im Jahre 1983 hatte der Conseil constitutionnel über ein Gesetzesvorhaben zu befinden, welches unter anderem folgenden Regelungsgehalt aufwies: Unter bestimmten Bedingungen konnten die zuständigen Behörden einem Rentner ab dem 60. Lebensjahr, der bereits seine Rente bezieht, die Aufnahme einer bezahlten Tätigkeit parallel zum Weiterbezug seiner Rentenansprüche entweder gänzlich untersagen, oder aber die Aufnahme bestimmter, näher aufgezählter Betätigungen erlauben und auf das Gehalt eine Abgabe erheben, welche zur einen Hälfte vom betroffenen Arbeitnehmer, zur anderen vom Arbeitgeber zu zahlen war. Der zu zahlende Betrag, eine „contribution de solidarité", sollte dann an eine Einrichtung weitergeleitet werden, welche die Unterstützung von Arbeitslosen zur Aufgabe hat („régime national interprofessionnel d'aide aux travailleurs privés d'emploi").[110]

Die Antragsteller im Verfahren nach Art. 61 Abs. II[111] machten u.a. geltend, das Gesetz verletze die verfassungsrechtlich geschützte Berufsfreiheit („liberté professionnelle"). Der Conseil constitutionnel ist dieser Auffassung nicht gefolgt. Nähere Betrachtung verdient die von ihm vorgetragene „Begründung": Nach Feststellung der Zuständigkeit des Gesetzgebers zur legislativen Betätigung im Regelungsbereich des Gesetzes weist er darauf hin, dem Gesetzgeber obliege es kraft Art. 34, die allgemeinen Regeln zu bestimmen, welche die Aus-

---

[109] Siehe oben, Erstes Kapitel, V. 2. a).

[110] Der Sachverhalt lässt sich der Entscheidung C.C. 83-156 DC vom 28. Mai 1983, AJDA 1983, S. 619 f. sowie Rec. 1983, S. 41 ff. entnehmen.

[111] In diesem Fall 60 Mitglieder des Sénat. Zur prozessualen Bedeutung des Art. 61 Abs. II vgl. oben, IV. 1. a).

übung der „libertés publiques"[112] beträfen. Kraft der genannten Norm sei er gehalten, die „principes fondamentaux du droit du travail" zu bestimmen. Hierzu gehöre auch, Regeln mit der Zielsetzung zu formulieren, „à assurer au mieux le droit pour chacun d'obtenir un emploi en vue de permettre l'exercice de ce droit au plus grand nombre possible d'intéressés". Das zu überprüfende Gesetzesvorhaben verfolge dieses Ziel „sans violer aucun principe où règle de valeur constitutionnelle".[113] Die vorgebliche Verletzung der Berufsfreiheit ist aus Sicht des Conseil constitutionnel also nicht festzustellen.

Anzumerken ist, dass das Gericht sich mit dieser Feststellung begnügt. Eine differenzierte Begründung, die es erlaubt, den Entscheidungsprozeß des Gerichts nachzuvollziehen, fehlt. Immerhin aber lassen sich der Entscheidung zumindest die groben Prinzipien entnehmen, welche die Entscheidungsfindung offensichtlich geleitet haben. Das Gericht lässt die von den Antragstellern ins Feld geführte Berufsfreiheit mit dem „Recht, eine Beschäftigung zu erhalten" kollidieren, dessen breitmöglichste Verwirklichung den Gesetzgeber bei Ausarbeitung des umstrittenen Gesetzesvorhabens geleitet habe. Der durch die vorgesehenen Maßnahmen erfolgte „Eingriff"[114] in die Berufsfreiheit (der einzelne Rentner sieht sich entweder einem Berufsverbot oder aber einer Abgabenpflicht ausgesetzt) erscheint dem Gericht vor dem Hintergrund dieses Ziels als gerechtfertigt, ohne dass der Leser erfährt, warum die vom Gesetzgeber beabsichtigten Maßnahmen, auch wenn sie zweifelsohne das beschriebene Ziel verfolgen mögen, noch im Rahmen der Verfassungskonformität bleiben. Die eingangs beschriebene Kürze der Urteile des Conseil constitutionnel erschwert hier ersichtlich die Arbeit ihrer Interpreten.[115]

Bei dieser Entscheidung fällt weiter auf, dass das Gericht das „Recht, eine Beschäftigung zu erhalten" als gegeben postuliert, ohne dabei seine mögliche textliche Verortung, hier Abs. 5 S. 1 2. Alt., zu erwähnen. Ausdrücklich wird es außerdem als „Recht" bezeichnet, also als mehr als ein – soll diese Begriffswahl nur annähernd einen Sinn machen – rechtlich unverbindlicher Programmsatz. Seine Funktion besteht in der hier analysierten Entscheidung darin, dem Gesetzgeber eine verfassungsrechtliche Grundlage für die von ihm durch das streitige Gesetz vorgenommene Begrenzung der Berufsfreiheit zu geben.

---

[112] Zum Gebrauch dieses Begriffs in der Rechtsprechung des Conseil constitutionnel vgl. oben, IV. 1. d).

[113] C.C. 83-156 DC vom 28. Mai 1983, AJDA 1983, S. 619 f. Hervorhebung durch den Verfasser.

[114] Zur Verwendung bestimmter Begrifflichkeiten des deutschen Verfassungsrechts vgl. oben, IV. 1. e).

[115] Zu den Ursachen für die Kürze der Entscheidungen siehe oben, IV. 1. d). Die hier analysierte Entscheidung besteht aus noch nicht einmal einer DIN A-4 Seite.

Man kann dem Urteil außerdem erste vage Andeutungen über eine mögliche leistungsrechtliche Dimension des „Recht(s), eine Beschäftigung zu erhalten" entnehmen; sie seien hier schon wiedergegeben, um dann im Fortgang der Untersuchung näher beleuchtet zu werden. Das Gericht scheint besagtes Recht nicht als einen für jeden Einzelnen vollumfänglich zu verwirklichenden Anspruch zu begreifen. Es ist nicht Aufgabe des Gesetzgebers, jedem zu seinem Recht auf Arbeit durch Bereitstellung eines Arbeitsplatzes zu verhelfen. Der Gesetzgeber ist lediglich frei, Regeln zu erlassen, die es dem einzelnen so weit wie möglich (oder bestmöglich) – was von der Wortwahl schon voraussetzt, dass es offensichtlich eine Grenze des Machbaren gibt – erlauben, dieses Recht zu verwirklichen: „...il lui (le législateur) appartient de poser les règles propres à assurer *au mieux* le droit pour chacun d'obtenir un emploi...". Diese Einschränkung wird inhaltlich bestärkt durch eine weitere: Nicht für alle sei der Gesetzgeber gehalten, dieses Recht zu verwirklichen, sondern nur „...en vue de permettre l'exercice de ce droit au plus grands nombre *possible* d'intéressés....".[116] Das Gericht anerkennt so implizit die Unmöglichkeit einer Vollbeschäftigung; es stellt diese gewissermaßen unter den Vorbehalt des Möglichen.

Im Jahre 1986 erklärte der Conseil constitutionnel ein Gesetzesvorhaben für verfassungskonform, welches das inzwischen in Kraft getretene, voranstehend beschriebene Gesetz aus dem Jahre 1983 modifiziert. Die „contribution de solidarité" sollte angehoben werden, und zwar auf eine Höhe, die aus Sicht der Antragsteller einem Berufsverbot gleichkam. Dies, so rügten diese, verletze die „liberté d'entreprendre" (Unternehmensfreiheit[117]) sowie Abs. 5 S. 1 2. Alt.[118] Die Antragsteller verweisen hier auf die abwehrrechtliche Dimension des „Recht(s), eine Beschäftigung zu erhalten"[119], die sie, neben der „liberté d'entreprendre", durch das in Frage stehende Gesetzesvorhaben verletzt sehen.

Der Conseil constitutitonnel folgt ihrer Auffassung nicht. Vielmehr zieht er seinerseits das „Recht, eine Beschäftigung zu erhalten" heran, um einen Eingriff sowohl in die „liberté d'entreprendre", welche „n'est ni générale ni absolue" – also beschränkbar ist, als auch in die abwehrrechtliche Dimension des Abs. 5 S.

---

[116] Zitate aus C.C. 83-156 DC vom 28. Mai 1983, AJDA 1983, S. 619 f. Einfügung und Hervorhebungen durch den Verfasser.

[117] Naheliegend erscheint eine Übersetzung mit „Unternehmensfreiheit". Überblicksartig zu deren Schutzbereich und der von diesem zumindest für die freien Berufe mitumfassten Berufsfreiheit *Bauer*, Verfassungsgerichtlicher Grundrechtsschutz in Frankreich, S. 183 f.

[118] Sachverhalt und Vortrag der Antragsteller lassen sich der Entscheidung C.C. 85-200 DC vom 16. Januar 1986, Droit Social 1986, S. 376 ff. sowie Rec. 1986, S. 9 ff. entnehmen.

[119] Zur Möglichkeit einer derartigen Interpretation vgl. bereits oben, Erstes Kapitel, III. 4. b).

1 2. Alt. zu rechtfertigen.[120] Fast wortwörtlich wiederholt er dabei die Begründung, die er schon 1983 entwickelt hatte – wiederum ohne, zumindest was die Heranziehung zur Eingriffsrechtfertigung anbelangt, Abs. 5 S. 1 2. Alt. der Präambel von 1946 zu zitieren. Der Eingriff in das „Recht, eine Beschäftigung zu erhalten" in seiner abwehrrechtlichen Dimension wird so gerechtfertigt durch das als gegeben postulierte „Recht, eine Beschäftigung zu erhalten" in dem schon 1983 beschriebenen Verständnis: als eine verfassungsrechtliche Grundlage des Gesetzgebers, einer größtmöglichen Zahl von Menschen die Verwirklichung des in Frage stehenden Rechts zu ermöglichen. Welche Gründe im Einzelnen den Conseil constitutionnel dazu bewogen haben, den Eingriff in die Unternehmensfreiheit bzw. in Abs. 5 S. 1 2. Alt. in seiner abwehrrechtlichen Dimension als gerechtfertigt anzusehen, bleibt dem Interpreten auch bei dieser Entscheidung verschlossen, da es insoweit an einem differenzierten Abwägungsvorgang fehlt.

bb) Die Entscheidung aus dem Jahre 1998

Ein ausdrücklicher Rückgriff auf Abs. 5 S. 1 2. Alt. zur Rechtfertigung von Eingriffen in andere Grundrechte erfolgte erstmals in einer Entscheidung aus dem Jahre 1998. Gegenstand war ein Gesetzesvorhaben, welches für bestimmte Unternehmen die 35-Stunden-Woche anstelle der bisher vorgesehenen 39-Stunden-Woche als gesetzlich vorgeschriebene wöchentliche Arbeitszeit vorsah, und zwar mit Wirkung ab dem Jahre 2000 bzw. 2002.[121]

Die Antragsteller nach Art. 61 Abs. II rügten wiederum – neben einer Fülle anderer, für die Untersuchung nicht weiter interessierender Verfassungsvorschriften – die Verletzung der „liberté d'entreprendre". Denn der einzelne Unternehmer sei gezwungen, Arbeitnehmer bloß 35 Stunden pro Woche zu beschäftigen, auch wenn die wirtschaftliche Situation des Unternehmens eine längere Beschäftigung erfordere. Verhandlungen über den Abschluss eines Arbeitsvertrages seien so für ihn vom Ergebnis her schon vorbestimmt, bevor sie

[120] In welchem Verhältnis die abwehrrechtliche Dimension des „Recht(s), eine Beschäftigung zu erhalten" und die „liberté d'entreprendre" dabei zueinander stehen, führt der Conseil constitutionnel nicht näher aus. Offensichtlich scheint Letztere die einschlägige Freiheit für die Berufsbetätigung des Unternehmers zu sein, Erstere dagegen für die des Arbeitnehmers.

[121] Loi n° 98-461 du 13 juin 1998 d'orientation et d'incitation relative à la réduction du temps de travail, J.O. 1998, S. 9029 ff. Die Textfassung des Gesetzesvorhabens mit den hier interessierenden Vorschriften entspricht der des in Kraft getretenen Gesetzes, da das Vorhaben insoweit für verfassungskonform erklärt wurde. Dieses Gesetz und die zu ihm ergangene Entscheidung des Conseil constitutionnel ist sogar auf Resonanz im deutschen Schrifttum gestoßen: vgl. *Halfmann*, DVBl 1999, S. 1194 (1194 f.).

überhaupt beendet seien. Das vorgesehene Mittel der 35-Stunden-Woche sei außerdem im Hinblick auf das gesetzgeberische Ziel, die Bekämpfung der Arbeitslosigkeit, offensichtlich unverhältnismäßig („manifestement disproportionné“).[122] Eine Rechtfertigung unter Rückgriff auf das „droit constitutionnel de plein emploi“ scheide daher aus. Selbst wenn es aber zur Rechtfertigung herangezogen würde, so sei völlig unsicher, ob die intendierte Maßnahme der Senkung der Wochenstunden das Ziel der Vollbeschäftigung erreichen könne, wie Studien belegten.[123] Was letzteren Aspekt anbelangt, werden offensichtlich Zweifel an der Geeignetheit der Maßnahme zur Erreichung des vorgeblichen Ziels geäußert.

Der Conseil constitutionnel ist diesem Vortrag nicht gefolgt. Er stellt zunächst fest, dass das Gesetz in die „liberté d'entreprendre“ eingreift; ein Grundrecht, welches aus Art. 4 der Menschenrechtserklärung von 1789 abzuleiten sei.[124] Grundsätzlich könne dieses Grundrecht beschränkt werden, wenn die Einschränkung auf einem allgemeinem Interesse („intérêt général“) beruhe oder aber durch Erfordernisse von Verfassungsrang („exigences constitutionnelles“) geboten sei, und sie die Tragweite des Rechts nicht ins Leere laufen lasse („à la condition que lesdites délimitations n'aient pas pour conséquences d'en dénaturer la portée“). Nach dieser Aufzählung der „Schranken“ und „Schranken-Schranken“[125] schließt sich dann fast gleichlautend die schon in den Entscheidungen von 1983 und 1986 getroffene Feststellung an, der Gesetzgeber dürfe Regelungen treffen, um einer möglichst großen Zahl von Bürgern die Verwirklichung des „Recht(s), eine Beschäftigung zu erhalten“ zu ermöglichen.

Die Neuerung gegenüber der bisherigen Rechtsprechung besteht darin, dass Abs. 5 nun ausdrücklich zitiert wird: „...il revient par ailleurs au législateur...de poser les règles propres à assurer au mieux, *conformément au cinquième alinéa du Préambule de la Constitution de 1946*, le droit pour chacun d'obtenir un emploi, tout en ouvrant le bénéfice de ce droit au plus grand nombre d'intéressés,...“. Hiernach folgt die lapidare Feststellung, das Gesetzesvorhaben

---

[122] Sachverhalt und Vortrag der Antragsteller lassen sich u.a. der Entscheidung C.C. 98-401 DC vom 10. Juni 1998, Rec. 1998, S. 258 ff. entnehmen. Der gesamte Vortrag der Mitglieder der Assemblée Nationale ist wiedergegeben in J.O. 1998, S. 9037 ff. Die Ausführungen zur gerügten Verletzung der „liberté d'entreprendre“ sind a.a.O., S. 9045 wiedergegeben.

[123] Sachverhalt und Vortrag der Antragsteller lassen sich der Entscheidung C.C. 98-401 DC vom 10. Juni 1998, Rec. 1998, S. 258 ff. entnehmen. Der hier interessierende Teil des Vortrags der Mitglieder der Assemblée Nationale ist wiedergegeben in J.O. 1998, S. 9037 (9045 f.).

[124] Im Gegensatz zu den voranstehend zitierten Entscheidungen benennt der Conseil constitutionnel insoweit ausdrücklich die für die Unternehmensfreiheit seiner Ansicht nach einschlägige Norm.

[125] Zu den Begriffen vgl. *Pieroth/Schlink*, Grundrechte, Rn 207 ff. und Rn 274 ff.

und die in ihm vorgesehenen Eingriffe (der Conseil constitutionnel spricht i.d.R. von „limitations“, also Beschränkungen) seien verfassungsrechtlich nicht zu beanstanden, da sie durch Erfordernisse von Verfassungsrang, hier niedergelegt in Abs. 5 der Präambel von 1946, gerechtfertigt seien: „en réduisant,..., de trenteneuf à trente-cinq heures, la durée légale du travail effectif,..., le législateur a entendu, dans le contexte actuel du marché de travail, s'inscrire dans le cadre du cinquième alinéa du Préambule de la Constitution de 1946“.[126]

Der von den Antragstellern behauptete Einwand der Unverhältnismäßigkeit der gesetzgeberischen Maßnahme wird unter Hinweis auf den dem Gesetzgeber zustehenden Beurteilungsspielraum und der daraus resultierenden Zurücknahme der Kontrolldichte des Conseil constitutionnel verworfen: „...le Conseil constitutionnel n'a pas un pouvoir général d'appréciation et de décision identique à celui du Parlement;... il ne saurait ainsi rechercher si les objectifs que s'est assignés le législateur auraient pu être atteints par d'autres voies, dès lors que les modalités retenues par la loi ne sont pas manifestement inappropriées à l'objectif visé“.[127]

Der Conseil constitutionnel scheint hier eine Kontrolle im Hinblick auf einen möglichen Verstoß gegen das Verhältnismäßigkeitsprinzip nur insoweit auszuüben, als er überprüft, ob die vorgesehene Maßnahme nicht offensichtlich „ungeeignet“[128] zur Erreichung des verfolgten Ziels ist („dès lors que les modalités retenues par la loi ne sont pas manifestement inappropriées à l'objectif visé“). Eine Erforderlichkeitsprüfung (kein gleich geeignetes Mittel bei geringerer Eingriffsintensität[129]) wird unter Hinweis auf den zuvor postulierten gesetzgeberischen Beurteilungsspielraum anscheinend abgelehnt. Es mag daher auf den ersten Blick angebracht erscheinen, bei dieser Art von Kontrolle anstelle von einer Verhältnismäßigkeitsprüfung eher von einer rein technischen, die Realisierbarkeit des Vorhabens im Hinblick auf das beabsichtigte Ziel überprüfenden Geeignetheitskontrolle zu sprechen, die ihrerseits zurückgenommen wird auf die Überprüfung einer „offensichtlich“ fehlenden Geeignetheit der Maßnahme. Verständlich werden diese Ausführungen vor dem Hintergrund des zitierten Vortrags der Antragsteller, das Gesetzesvorhaben sei nicht geeignet, das verfolgte Ziel zu erreichen. Nur was offensichtlich ungeeignet ist, so könnte man das Gericht verstehen, kann nicht mehr verfassungsgemäß sein.

---

[126] Zitate aus C.C. 98-401 DC vom 10. Juni 1998, Rec. 1998, S. 258 (265).

[127] C.C. 98-401 DC vom 10. Juni 1998, Rec. 1998, S. 258 (265).

[128] So die Übersetzung des Adjektivs „inapproprié“ bei *Weiss/Mattutat*, Großwörterbuch Französisch, S. 289.

[129] Vgl. insoweit zur Verhältnismäßigkeitslehre im deutschen Verfassungsrecht *Pieroth/ Schlink*, Grundrechte, Rn 285 ff.

Das Gericht führt dann aber weiter aus, eine offensichtliche Ungeeignetheit der Maßnahme sei vorliegend schon deswegen nicht anzunehmen, da der Gesetzgeber für die Unternehmen, die zur Einhaltung der 35-Stunden-Woche verpflichtet seien, eine finanzielle Unterstützung vorgesehen habe.[130] Diese Begründung aber scheint den vom Gericht selbst aufgestellten Kontrollparameter der „nicht offensichtlichen Ungeeignetheit" zumindest für den an die verschiedenen Komponenten des Verhältnismäßigkeitsgrundsatzes gewöhnten deutschen Verfassungsrechtler zu überschreiten. Denn mit der finanziellen Unterstützung des betroffenen Unternehmens hat der Gesetzgeber offenbar einen Ausgleich für eventuell aus der gesetzgeberischen Maßnahme entstehende finanzielle Belastungen des Unternehmens geschaffen. Diese Tatsache lässt dann aus Sicht des Gerichts die in Frage stehende gesetzgeberische Maßnahme als nicht offensichtlich „ungeeignet" erscheinen. Es ist allerdings fragwürdig, ob die Bereitstellung der finanziellen Unterstützung überhaupt irgendeinen Bezug zur Geeignetheit der Maßnahme im technischen Sinne aufweist. Vielmehr dürfte die Unterstützung zum Ziel haben, die Intensität der Maßnahme im Hinblick auf die aus ihr möglicherweise resultierenden wirtschaftlichen Risiken für einzelne Unternehmen abzumildern, sie also im Verhältnis zu dem verfolgten Ziel „angemessen" zu machen, indem die Spitzen ihrer möglichen Intensität gekappt werden. Der Conseil constitutionnel scheint hier, zumindest aus der Perspektive der deutschen Verhältnismäßigkeitslehre, begrifflich mehrere Aspekte des Verhältnismäßigkeitsgebotes zu vermengen. Ersichtlich erschwert die Kürze der gerichtlichen Ausführungen zusätzlich die Arbeit des Interpreten. Die Entscheidungsanalyse stößt hier, will man sie unter Berücksichtigung der ausdifferenzierten Terminologie der deutschen Verhältnismäßigkeitslehre realisieren, an ihre Grenze: Die wortwörtliche Übersetzung des Verbotes gesetzgeberischer Maßnahmen, die „manifestement inappropriées" sind, spricht für eine Kontrolle der „offensichtlichen Ungeeigentheit" im rein technischen Sinne. Der Sache nach aber scheint dann, wie gezeigt wurde, doch eine Angemessenheitsprüfung durchgeführt zu werden, ihrerseits zurückgenommen auf die Prüfung der – wie auch immer zu bestimmenden – „offensichtlichen Unangemessenheit".[131]

Indes soll die Handhabung des Verhältnismäßigkeitsgrundsatzes durch die Rechtsprechung des Conseil constitutionnel nicht zentraler Gegenstand dieser Untersuchung sein. Entscheidend ist, dass der Conseil constitutionnel der grundrechtsbegrenzenden Betätigung des Gesetzgebers eine – um mit der Terminologie der deutschen Grundrechtsdogmatik zu sprechen – „Schranken-Schranke"

---

[130] C.C. 98-401 DC vom 10. Juni 1998, Réc. 1998, S. 258 (265 f.).

[131] Versteht man „inapproprié" als das Gegenteil von „approprié" (*Weiss/Mattutat*, Großwörterbuch Französisch, S. 26: „geeignet, *angemessen*"), so erscheint auch eine Übersetzung mit „unangemessen" vertretbar.

vorschaltet, die aus dem Verbot offensichtlich unverhältnismäßiger Eingriffe besteht. Hervorzuheben ist insoweit der dem Gesetzgeber aus Sicht des Conseil constitutionnel zuzubilligende Beurteilungsspielraum, seinerseits Folge der Zurücknahme der gerichtlichen Kontrolle auf Fälle der „offensichtlichen" Unangemessenheit.

Der vom Gericht eingangs der zitierten Entscheidung selbst aufgestellte Kontrollparameter des Verbotes eines „denaturierenden" Eingriffs in die Unternehmensfreiheit wird von ihm nicht ausdrücklich angewandt. Es wird aber auch kein Verstoß gegen diese „Schranken-Schranke" festgestellt, so dass davon auszugehen ist, dass der Conseil constitutionnel das Gesetz auch insoweit für verfassungsgemäß erachtet hat. Da das Gericht aber diesen Kontrollparameter als grundsätzlich anwendbar erklärt hat, drängt sich die Frage nach dessen inhaltlicher Ausgestaltung auf. Die Verwendung des Verbes „dénaturer" (entstellen, verderben[132]) im Hinblick auf die untersagte Tragweite, präziser die Intensität des Eingriffs, legt eine Parallele zur Wesensgehaltstheorie (Art. 19 Abs. II GG) nahe.[133] Es sind demnach offenbar verfassungswidrig solche Eingriffe, die das in Frage stehende Recht in ihrem Wesensgehalt berühren.

### cc) Die Entscheidung aus dem Jahre 2000

Die in der Entscheidung aus dem Jahre 1998 für Abs. 5 S. 1 2. Alt. aufgestellten Prüfungsparameter wendet der Conseil constitutionnel dann in einer Entscheidung aus dem Jahre 2000 an, welches wiederum ein Gesetzesvorhaben zur 35-StundenWoche zum Gegenstand hatte. Bei diesem Vorhaben[134] handelte es sich um ein Ergänzungsgesetz zu dem bereits vom Conseil constitutionnel kontrollierten und für verfassungskonform erklärten Gesetzesvorhaben aus dem Jahre 1998. Wie schon 1998 rügten die Antragsteller eine Verletzung der „liberté d'entreprendre", ohne dabei im Vergleich zu 1998 wesentlich neue Argumente vorzutragen.[135] Ihre Einwände wurden dann auch – wie nicht anders zu erwarten

---

[132] *Weiss/Mattutat*, Großwörterbuch Französisch, S. 155.

[133] So im Ergebnis auch *Arnold*, JöR 38 (1989), S. 197 (215). Die französische Verfassung kennt zwar keine dem Art. 19 Abs. II GG vergleichbare Norm, jedoch wurde der Respekt des Wesensgehalts durch den Conseil constitutionnel richterrechtlich entwickelt: Vgl. *Bauer*, Verfassungsgerichtlicher Grundrechtsschutz in Frankreich, S. 201 f.

[134] Loi n° 2000-37 du 19 janvier 2000 relative à la réduction négociée du temps de travail, J.O. 2000, S. 975 ff. Die Textfassung des Gesetzesvorhabens mit den hier interessierenden Vorschriften entspricht der des in Kraft getretenen Gesetzes, da das Vorhaben insoweit für verfassungskonform erklärt wurde.

[135] Der Antrag nach Art. 61 Abs. II wurde diesmal von Mitgliedern des Sénat und der Assemblée Nationale gestellt. Für den Antrag der Mitglieder des Sénat vgl. J.O. 2000, S. 1004 ff.; für den Antrag der Mitglieder der Assemblée Nationale vgl. J.O. 2000, S. 998 ff.

– vom Conseil constitutionnel mit der wortwörtlichen Wiedergabe der Begründung der Entscheidung aus dem Jahre 1998 verworfen.[136] Insoweit stellt dieses Urteil eine konsequente Fortsetzung der Rechtsprechung aus dem Jahre 1998 dar: Das Gericht entfaltet die eingriffsrechtfertigende Funktion des Abs. 5 S. 1 2. Alt.; diese Norm stellt dem Gesetzgeber eine verfassungsrechtliche Grundlage für die aus seiner Betätigung resultierenden Beschränkungen entgegenstehender Grundrechte zur Verfügung.

### dd) Die Entscheidung aus dem Jahre 2002

Die Begrenzungen, die der Gesetzgeber bei kollidierenden Grundrechten vorgenommen hat, wurden vom Conseil constitutionnel bis zum Jahr 2000 als durch Abs. 5 S. 1 2. Alt. für gerechtfertigt erachtet. Im Jahre 2002 erklärte der Conseil constitutionnel dann die Vorschrift eines Gesetzesvorhabens für verfassungswidrig, weil diese nicht mehr durch besagten Absatz der Präambel von 1946 zu rechtfertigen war.

Die von den Antragstellern – neben einer Fülle anderer, hier nicht weiter interessierender Gesetzesänderungen – gerügte Vorschrift der „Loi de modernisation sociale“[137] beschränkte die Kündigungsmöglichkeiten von Arbeitnehmern aus sog. wirtschaftlichen Beweggründen in einer Weise, die aus Sicht der Antragsteller einen exzessiven Eingriff in die „liberté d'entreprendre“ darstellte. Denn in Folge der gerügten Vorschrift sei es einem Unternehmer nur noch dann möglich, einen Arbeitnehmer zu entlassen, wenn andernfalls das „wirtschaftliche Überleben“ des Unternehmens gefährdet gewesen wäre und diese Situation nicht durch andere Maßnahmen als die Kündigung hätte behoben werden können. Indem aber ein Richter über das Vorliegen einer derartigen Gefährdung des Unternehmens befinden könne, sei die „liberté d'entreprendre“, zu deren Schutzbereich eben auch die eigenverantwortliche Einschätzung der wirtschaftlichen Situation des Betriebes und der zu seiner Verbesserung erforderlichen Maßnahmen durch den Unternehmer gehöre, dergestalt beschränkt worden, dass der Unternehmer letzlich seiner Entscheidungsfreiheit beraubt werde, zumal es auch noch Sache des Richters sei, über die Realisierbarkeit möglicher Alternativlösungen zur Kündigung zu befinden. Zwar sei der Gesetzgeber beim

---

[136] C.C. 99-423 DC vom 13. Januar 2000, Les Petites Affiches, 19. janvier 2000 N° 13, S. 17 (20).

[137] Projet de loi du 19. décembre 2001, www.assemblée-nationale.fr/ta/ta0753.asp. Anmerkung: Das Gesetzesvorhaben wurde nicht im Journal Officiel (J.O.) veröffentlicht, da es teilweise für verfassungswidrig erklärt wurde. Daher hier ausnahmsweise der Hinweis auf die Internet-Adresse. Das nach der Entscheidung des Conseil constitutionnel korregierte und verkündete Gesetz „Loi n° 2002-73 du 17 janvier 2002 de modernisation sociale“ ist veröffentlicht in J.O. 2002, S. 1008 ff.

Erlass der gerügten Vorschrift durch Abs. 5 S. 1 2. Alt. geleitet worden, da er dem einzelnen Arbeitnehmer einen wirksamen einfach-gesetzlichen Kündigungsschutz habe einräumen und ihn so vor Arbeitslosigkeit habe bewahren wollen. Dieses von ihm verfolgte Ziel und das hierzu eingesetzte Mittel sei daher grundsätzlich von Art. 5 S. 1 2. Alt. getragen. Die Intensität des gesetzgeberischen Eingriffs sei aber „manifestement excessive au regard de l'objectif poursuivi du maintien de l'emploi".[138]

Das Gericht hat sich dem Vortrag der Antragsteller insoweit angeschlossen. Die „Schranken-Schranke" des Verbotes eines „offensichtlich exzessiven" Eingriffs begrenzt ihrerseits den gesetzgeberischen Handlungsspielraum bei der Rechtfertigung von Eingriffen in Grundrechte vermittels des Abs. 5 S. 1 2. Alt.[139] Das Verbot des „offensichtlich exzessiven" Eingriffs lässt sich dabei mit der deutschen verfassungsrechtlichen Terminologie wie folgt zuordnen: Versteht man „exzessiv" als das Gegenteil von „noch angemessen", so drängt sich – wie schon in den voranstehend analysierten Entscheidungen zum Abs. 5 S. 1 2. Alt. – eine Parallele zum Verhältnismäßigkeitsgebot auf. Diese Parallele erscheint umso naheliegender, als das Gericht bei der von ihm durchgeführten Kontrolle das vom Gesetzgeber eingesetzte Mittel und den insoweit verfolgten Zweck zueinander in Beziehung setzt: Die Kontrolle der „Zweck-Mittel-Relation" ist Gegenstand einer jeden Verhältnismäßigkeitsprüfung.[140]

#### b) Rezeption der Rechtsprechung durch die französische Lehre

##### aa) Überlegungen zur eingriffsrechtfertigenden Funktion

Die Literatur weist zunächst auf die Hauptfunktion des Abs. 5 S. 1 2. Alt. hin, die in der Rechtfertigung von Eingriffen in kollidierende Rechtsnormen bestehe.[141] Teilweise führt sie dabei auch solche Entscheidungen an, in denen das „Recht, eine Beschäftigung zu erhalten", wenn auch nicht vom Gericht ausdrücklich erwähnt, so zumindest doch unterschwellig dessen Entscheidungsfindung geleitet habe.[142] Die insoweit zitierten Entscheidungen erwähnen zwar nicht ausdrücklich besagtes Recht und seine normative Verankerung in Abs. 5 S.

---

138 Sachverhalt und Vortrag der Antragsteller lassen sich der Entscheidung C.C. 2001-455 DC vom 12. Januar 2002, J.O. 2002, S. 1053 (1053 ff.) entnehmen. Zu den Einzelheiten der gerügten Vorschrift vgl. *Prétot*, Droit Social 2002, S. 244 (247).

139 C.C. 2001-455 DC vom 12. Januar 2002 , Rec. 2002, S. 1053 (1053 ff.).

140 Vgl. insoweit *Maurer*, Allg. VerwR, S. 239 f.

141 *Borgetto* in: Le Préambule de la Constitution de 1946, S. 142 ff.; *Gay*, RFDC 2002, S. 422 (434).

142 Nachweise bei *Borgetto* in: Le Préambule de la Constitution de 1946, S. 143.

1 2. Alt. Sie ziehen aber das vom Gesetzgeber verfolgte Ziel der Bekämpfung der Arbeitslosigkeit zur Rechtfertigung von Verstaatlichungen von Betrieben heran[143] oder aber zur Rechtfertigung von Gesetzen, die unter bestimmten Bedingungen die Wiedereingliederung entlassener Arbeitnehmer in ein Unternehmen vorschreiben.[144] Ein anderes Gesetz wiederum schränkte die Rangstellung der Inhaber von dinglichen Sicherheiten an Unternehmen ein, die sich kurz vor der Insolvenz befinden. So sollte gewährleistet werden, dass das Unternehmen von der Verwertung bestimmter Sicherheiten verschont bleibt, seine wirtschaftliche Existenz also nicht zerstört und die von ihm geschaffenen Arbeitsplätze erhalten werden können.[145] Dass der Conseil constitutionnel im hier interessierenden grundrechtsfunktionalen Kontext erst spät (im Jahre 1998) auf den sich mit Abs. 5 S. 1 2. Alt. anbietenden textlichen Bezug in der Verfassung zurückgreift, ist eine konsequente Fortsetzung der Rechtsprechung des traditionsreichen Conseil d'Etat, an dessen tradiertem Urteilsstil sich der Conseil constitutionnel in den Anfangsjahren seiner Grundrechtsjudikatur offenbar orientierte. Denn das oberste Verwaltungsgericht Frankreichs bemüht in seiner Rechtsprechung vorzugsweise ungeschriebene Rechtsquellen (die „principes généraux du droit"), soweit es überhaupt Grundrechte als Prüfungsmaßstab des Vewaltungshandelns heranzieht.[146] Der Conseil constitutionnel scheint sich zumindest noch in den ersten Entscheidungen zum „Recht, eine Beschäftigung zu erhalten" an dieser überlieferten Haltung orientiert zu haben.

### bb) Überlegungen zur leistungsrechtlichen Dimension

#### *(1) Allgemeine Überlegungen des Schrifttums*

Eine nähere Betrachtung verdienen Interpretationsversuche in der Literatur, die eine möglicherweise leistungsrechtliche Dimension des „droit à obtenir un emploi" in der Rechtsprechung des Conseil constitutionnel zum Gegenstand haben. Viele Stimmen im französischen Schrifttum glauben, den Entscheidungen entnehmen zu können, den Gesetzgeber treffe die Pflicht, seinerseits alles zu

---

[143] So C.C. 81-132 DC vom 16. Januar 1982, wiedergegeben bei *Favoreu/Philip*, Les grandes décisions du Conseil constitutionnel, S. 467: „...promouvoir la croissance et de combattre le chomâge..."; ebenso C.C. 86-207 DC vom 25./26. Juni 1986, wiedergegeben bei *Favoreu/Philip*, Les grandes décisions du Conseil constitutionnel, S. 673: „...en vue d'améliorer l'emploi des jeunes...".

[144] So C.C. 88-244 DC vom 20. Juli 1988, Rec. 1988, S. 119 (124).

[145] So C.C. 84-183 DC vom 18. Januar 1985, Rec. 1985, S. 32 (33): „...l'objectif d'intérêt général de redressement des entreprises en difficulté...".

[146] Dazu *Koch*, Verwaltungsgerichtlicher Rechtsschutz in Frankreich, S. 55 f.; *Chapus*, Droit Administratif Général, Rn 122 ff., 142.

tun, um das besagte Recht für eine größtmögliche Zahl von Arbeitslosen zu verwirklichen: „...l'Etat doit chercher, autant que faire se peut, à réaliser le plein emploi"[147], oder es sogar für jeden Arbeitssuchenden zu verwirklichen: „L'Etat est juridiquement tenu, dans la mésure où la sauvegarde de l'emploi se présente comme un véritable objectif constitutionnel, de tout mettre en oeuvre pour permettre à *chacun* d'avoir un travail".[148]

*(2) Die Äußerungen des Gerichts zur leistungsrechtlichen Dimension*

Bei oberflächlicher Betrachtung scheinen die analysierten Urteile dem Gesetzgeber tatsächlich Handlungspflichten im von der Literatur beschriebenen Sinne aufzuerlegen. Äußerungen des Gerichts wie „...il lui [le législateur] *appartient* de poser des règles propres à assurer..."[149] oder „...il *revient*...au législateur de..."[150], ins Deutsche zu übersetzen mit „es kommt dem Gesetzgeber zu/steht dem Gesetzgeber zu"[151], könnte man in der Tat als eine derartige Pflichtauferlegung zu Lasten des Gesetzgebers interpretieren. Mehr als auf „zukommen" im Sinne von „innehaben einer Befugnis" legt eine solche Interpretation den Akzent auf ein Verständnis des Verbs „zukommen" im Sinne von „obliegen". Es ist also weniger die Möglichkeit zum Handeln bzw. das Handeln-Dürfen, als die verfassungsrechtliche *Pflicht* hierzu, die eine derartige Interpretation den analysierten Entscheidungen entnehmen zu können glaubt. Anders als in seiner eingriffsrechtfertigenden Funktion (insoweit stand ausschließlich die Verletzung der kollidierenden Grundrechte im Zentrum der gerichtlichen Prüfung) wäre Abs. 5 S. 1 2. Alt. dann selbst Gegenstand einer Kontrolle des Conseil constitutionnel im Hinblick auf seine Verletzung durch den Gesetzgeber; einer Verletzung, die Folge einer gar nicht oder aber nicht hinreichenden einfach-gesetzlichen Umsetzung der ihm möglicherweise immanenten leistungsrechtlichen Dimension wäre.

---

147 *Gaudu* in: Libertés et Droits fondamentaux, S. 705. Ebenso *Renoux/deVilliers*, Code Constitutionnel, S. 195. Inhaltlich in die gleiche Richtung tendiert auch *Gaudemet,* Droit Social 1986, S. 372 (375) für die Entscheidung C.C. 85-200 DC vom 16. Januar 1986.

148 *Borgetto/Lafore*, Droit et l'aide de l'action sociales, Rn 383. Hervorhebung durch den Verfasser.

149 C.C. 83-156 DC, AJDA 1983, S. 619 (619); C.C. 85-200 DC, Rec. 1986, S. 9 (11). Einfügung und Hervorhebung durch den Verfasser.

150 C.C. 98-402 DC, Rec. 1998 S. 258 (265); C.C. 99-423 DC, Les Petites Affiches, 19. janvier 2000 N° 13, S. 17 (20). Hervorhebung durch den Verfasser.

151 *Weiss/Mattutat*, Großwörterbuch Französisch, S. 25: „appartenir": zustehen, zukommen; *Dies.*, a.a.O., S. 489: „revenir": zukommen.

*(3) Die fehlende leistungsrechtliche Dimension in den Entscheidungen des Conseil constitutionnel*

Bei einer derartigen Interpretation der hier analysierten Entscheidungen durch das französische Schrifttum ist indes Vorsicht geboten. Sie ergibt sich nur bei einer Isolierung der genannten Ausführungen des Gerichts aus dem argumentativen Gesamtzusammenhang der jeweiligen Urteile. In deren Kontext aber erfolgt der Rückgriff auf Abs. 5 S. 1 2. Alt. ausschließlich zur Rechtfertigung eines Eingriffs in kollidierende Verfassungsnormen. Nur eine Verletzung der kollidierenden Normen (vor allem der „liberté d'entreprendre") durch ein positives Handeln des Gesetzgebers, ob nun durch ein Arbeitsverbot, durch Erhebung eines Solidaritätsbeitrages, durch Reduzierung der Wochenarbeitsstunden oder aber durch Einschränkungen der Kündigungsmöglichkeiten, wurde von den Antragstellern gerügt und Abs. 5 S. 1 2. Alt. vom Gericht dann zur Rechtfertigung der durch Gesetz erfolgten Grundrechtsverkürzungen herangezogen. Gegenstand des Vortrags der Antragsteller war nie der Vorwurf, der Gesetzgeber sei seinen aus Abs. 5 S. 1 2. Alt. möglicherweise resultierenden Verpflichtungen, bspw. im Wege der Gesetzgebung eine vermehrte Beschäftigungsförderung zu gewährleisten, nicht hinreichend nachgekommen. Vor dem Hintergrund der wie beschrieben ausgestalteten Rügen der Antragsteller ist dann auch der Rückgriff auf Abs. 5 S. 1 2. Alt. durch das Gericht in den analysierten Entscheidungen zu beurteilen: Er dient ausschließlich zur Eingriffsrechtfertigung. Sollte sich einzelnen, durch den Interpreten isolierten Äußerungen des Gerichts aber eine wie auch immer ausgestaltete, den Gesetzgeber zu einem Handeln verpflichtende leistungsrechtliche Dimension des Abs. 5 S. 1 2. Alt. entnehmen lassen, so ist es nahe liegend, sie als ein Zufallsprodukt der Eingriffsrechtfertigung zu werten. Es bleibt dabei, dass zunächst nur die Eingriffsrechtfertigung in der Absicht des Gerichts lag.[152]

Man könnte dem nun entgegenhalten, das Gericht habe durch die Formulierung, es komme dem Gesetzgeber zu, „...à assurer *au mieux*...le droit pour chacun d'obtenir un emploi"[153], zum Ausdruck gebracht, dass es in dem genannten Recht mehr sehe als eine bloße Eingriffsrechtfertigung. Denn wäre dem nicht so, hätte die einfache Feststellung genügt, der Gesetzgeber dürfe unter Rückgriff auf Abs. 5 S. 1 2. Alt. in kollidierende Rechte eingreifen. Dieses „bestmöglich" („au mieux") ergibt nur Sinn, wenn mehr als eine Eingriffsrechtfertigung in der Absicht des Gerichts gelegen hat. Ein solches „Mehr" könnte

---

[152] Dies verkennt *Mels*, Bundesverfassungsgericht und Conseil constitutionnel, S. 400, wenn er behauptet, der Conseil constitutionnel verstehe das „droit d'obtenir un emploi" als „Verfassungsauftrag" an den Gesetzgeber.

[153] Zuletzt so C.C. 99-423 DC vom 13. Januar 2000, Les Petites Affiches, 19. janvier 2000 N° 13 S. 17 (20). Hervorhebung durch den Verfasser.

die von der Literatur beschriebene leistungsrechtliche Dimension sein. Nicht auszuschließen ist aber auch, dass das Gericht, nachdem es einmal die Bindungswirkung von Abs. 5 S. 1 2. Alt. anerkannt hat, einer eventuellen, in zukünftigen Verfahren möglicherweise vorgetragenen Interpretation dieser Vorschrift vorbeugen wollte, die aus ihr eine gesetzgeberische Verpflichtung zur Vollbeschäftigung ableiten will. Jedenfalls ist es nach wie vor nicht vertretbar, aus den analysierten Urteilen eine Pflicht zum gesetzgeberischen Handeln abzuleiten: Ihr jeweiliger Kontext – insbesondere die Vorträge der Antragsteller – steht dem, wie nachgewiesen wurde, entgegen. An dieser Stelle wird deutlich, warum die Einbeziehung der Vorträge der Antragsteller in die Entscheidungsanalyse notwendig war. Nur unter Berücksichtigung des jeweiligen Vortrags kann die rechtliche Tragweite der kurz gefassten Äußerungen des Conseil constitutionnel zutreffend interpretiert werden.[154]

### 3. Das „Recht auf Wohnung"

#### a) Entscheidungen des Conseil constitutionnel

##### aa) Die Entscheidung aus dem Jahre 1990

Ein im Jahre 1990 dem Conseil constitutionnel zur Überprüfung vorgelegtes Gesetzesvorhaben übertrug der Regierung bestimmte Weisungsrechte gegenüber den Gemeinden („comunes") im Bereich des sozialen Wohnungsbaues.[155] Die Antragsteller rügten unter anderem eine Verletzung des Selbstverwaltungsrechts der Gebietskörperschaften („principe de libre administration des collectivités territoriales") und damit auch der Gemeinden, geschützt durch Art. 72 Abs. I. Durch die vorgesehene Zuweisung der Weisungsrechte würden der Regierung zulasten der Gemeinden Kompetenzen zugebilligt, die ihr von Verfassungs wegen nicht zustünden.[156]

---

[154] Zur Problematik der Kürze der Entscheidungen des Conseil constitutionnel und der daher erforderlichen Einbeziehung der Vorträge der Antragsteller in die Entscheidungsanalyse siehe schon oben, IV. 1. d) / e).

[155] Loi n° 90-449 du 31 mai 1990 visant la mise en oeuvre du droit au logement, J.O. 1990, S. 6518 ff. Die Textfassung des Gesetzesvorhabens mit den hier interessierenden Vorschriften entspricht der des in Kraft getretenen Gesetzes, da das Vorhaben insoweit für verfassungskonform erklärt wurde.

[156] Sachverhalt und Vortrag der Antragsteller lassen sich der Entscheidung C.C. 90-274 DC vom 29. Mai 1990 entnehmen, wiedergegeben in Rec. 1990, S. 61 ff.

Der Conseil constitutionnel ist diesem Vortrag nicht gefolgt. Es sei kraft Art. 34[157] Sache des Gesetzgebers, die Kompetenzen zwischen dem Staat und seinen „collectivités territoriales“ – und damit auch den Gemeinden – zu verteilen; dies gelte auch im Hinblick auf Zuständigkeiten und Befugnisse für den sozialen Wohnungsbau. Vorliegend solle das Weisungsrecht durch das Gesetzesvorhaben eingeführt werden, um die Bereitstellung von Wohnungen für sogenannte „personnes défavorisées“ zu fördern. Letzteres stelle eine „exigence d'intérêt national“ dar: Die gerügte Kompetenzzuweisung sei im nationalen Interesse der Bekämpfung der Wohnungslosigkeit und deswegen verfassungsrechtlich nicht zu beanstanden.[158]

Mit diesem Urteil billigt das Gericht der „Förderung der Unterbringung sozial Benachteiligter“ verfassungsrechtliche Wirkkraft zu. Sie vermag im vorliegenden Fall einen Eingriff in das Recht auf Selbstverwaltung zu rechfertigen. Von einem „Recht auf Wohnung“ ist indes nicht die Rede. Vielmehr bemüht der Conseil constitutionnel das „nationale Interesse“, welches der Gesetzgeber aus Sicht des Gerichts mit dem vorgesehenen Eingriff verfolgt. Das Gericht verwendet hier eine Begrifflichkeit, deren Unbestimmtheit und Präzisierungsbedürftigkeit berechtigte Zweifel an ihrer juristischen Tragweite aufkommen lässt.[159] Erwähnung verdient diese Entscheidung aber insofern, als sie die erste in der Rechtsprechung des Conseil constitutionnel ist, die gesetzgeberische Maßnahmen zur Bekämpfung der Wohnungslosigkeit „mit Verfassungsrang adelt“, wenn auch die generelle juristische Tragweite des hierzu herangezogenen „intérêt national“ dem Leser ebenso verschlossen bleibt, wie ihm eine Antwort auf die Fragen verweigert wird, warum die Förderung des Wohnungsbaus für bestimmte Personengruppen im „nationalen Interesse“ ist und den gerügten Eingriff zu rechtfertigen vermag.

#### bb) Die Entscheidung aus dem Jahre 1995

Diese ersten vagen Andeutungen des Conseil constitutionnel aus dem Jahre 1990 zu einer möglichen verfassungsrechtlichen Dimension der Förderung des sozialen Wohnungsbaus werden durch ein Urteil aus dem Jahre 1995 konkretisiert. Das dem Gericht zur Überprüfung vorgelegte Gesetzesvorhaben, die „Loi

[157] Gemeint ist Art. 34 Abs. III 2. Spiegelstrich: „La loi détermine les principes fondamentaux: ... de la libre administration des collectivités locales“.

[158] C.C. 90-274 DC vom 29. Mai 1990, Rec. 1990, S. 61 (61).

[159] So auch *Rousseau*, RDP 1996, S. 11 (22): „...l'ambiguité de la formule laissait planer un doute sur une existence d'un droit au logement“.

relative à la diversité de l'habitat"[160], sah die Änderung des „Code de la construction et de l'habitation" vor. Dieses Gesetz auferlegte denjenigen Gemeinden, die ihren Verpflichtungen auf dem Gebiet des sozialen Wohnungsbaus nur unzureichend nachgekommen waren, die Zahlung einer Abgabe. Diese sollte der Finanzierung des Ankaufs von Grundstücken durch die betroffene Gemeinde dienen, auf denen dann Sozialwohnungen („logements sociaux") errichtet werden sollten. Durch die vorgesehene Gesetzesänderung sollte es den Gemeinden ermöglicht werden, wahlweise das Geld für den oben genannten Ankauf oder aber zur Errichtung von Notunterkünften für Obdachlose („locaux d'hébergements d'urgence pour des personnes sans abri") bzw. von Empfangseinrichtungen für „fahrendes Volk" („terrains d'accueil destinés spécifiquement aux gens de voyage") zu verwenden.[161]

Genau an diesem vorgesehenen Wahlrecht der Gemeinden setzte die Rüge der Antragsteller an. Anstelle der Errichtung echter Sozialwohnungen erlaube das Wahlrecht den Gemeinden, zweitklassige, weil hinter dem für Sozialwohnungen gesetzlich vorgeschriebenen Standard zurückbleibende Notunterkünfte zu errichten. So aber könnten sich die Gemeinden ihrer Pflicht zu Errichtung qualitativ höherwertiger Sozialwohnungen entziehen: Denn die vorgesehenen Unterkünfte seien angesichts ihres beabsichtigten qualitativen Standards allenfalls „baraquements", die Empfangseinrichtungen für das „fahrende Volk" bestenfalls nicht näher definierte Plätze mit einem Wasseranschluss und einer Stromversorgung.[162] Indem der Gesetzgeber dies zulasse, verletze er Absatz 10[163] und 11[164] der Präambel von 1946. Diese schützten den Einzelnen und die Familie in seiner/ihrer Entwicklung. Außerdem sähen sie eine materielle Unterstützung für Hilfsbedürftige vor. Die bisherige Rechtsprechung des Gerichts habe aus diesen Normen bereits die „valeur constitutionnelle du droit à une vie familiale normale" ebenso abgeleitet wie die des „droit à des moyens convenables d'existence". Aus dem Zusammenspiel dieser Normen resultiere ein

---

[160] Loi n° 95-74 du 21 janvier 1995, J.O. 1995, S. 1263 ff. Die Textfassung des Gesetzesvorhabens mit den hier interessierenden Vorschriften entspricht der des in Kraft getretenen Gesetzes, da das Vorhaben insoweit für verfassungskonform erklärt wurde.

[161] Der Sachverhalt lässt sich der Entscheidung C.C. 94-359 DC vom 19. Januar 1995 entnehmen, wiedergegeben in AJDA 1995, S. 455 ff. Ebenfalls geschildert bei *Jorion*, AJDA 1995, S. 456 (456).

[162] Vortrag wiedergegeben in J.O. 1995, S. 1167 (1179).

[163] Absatz 10: „La Nation assure à l'individu et à la famille les conditions nécessaires à leur développement.".

[164] Absatz 11: „Elle (la nation, Einfügung durch den Verfasser) garantit à tous, notamment à l'enfant, à la mère et aux vieux travailleurs, la protection de la santé, la sécurité matérielle, le repos et les loisirs. Tout être humain qui, en raison de son âge, de son état physique ou mental, de la situation économique, se trouve dans l'incapacité de travailler a le droit d'obtenir de la collectivité des moyens convenables d'existence.".

„Recht auf Wohnung", verstanden als ein Verfassungsauftrag an den Gesetzgeber, die notwendigen Maßnahmen zur Verwirklichung dieses Auftrages zu treffen. Zwar sei der Gesetzgeber keinesfalls gehalten, diesen Auftrag im bestmöglichsten Sinne zu verwirklichen. Aber es sei ihm von Verfassungs wegen untersagt, die *existierende* einfach-gesetzliche Umsetzung des beschriebenen Verfassungsauftrages zurückzunehmen, es sei denn, ein derartiges Vorgehen sei ausnahmsweise durch die Verfassung selbst gerechtfertigt. Indem der Gesetzgeber den Gemeinden ermögliche, die Abgaben anstelle zum Bau von Sozialwohnungen zum Bau qualitativ minderwertiger Notunterkünfte zu verwenden, schneide er die von ihm im Hinblick auf das Recht auf Wohnung selbst normierten einfach-gesetzlichen Standards zurück, ohne dass dieses Vorgehen in irgendeiner Weise verfassungsrechtlich zu rechtfertigen wäre.[165]

Die Regierung als Initiatorin des Gesetzesvorhabens machte von ihrem Recht zur Stellungnahme[166] Gebrauch und erwiderte, es bestünde kein verfassungsrechtliches Verbot, einfach-gesetzliche Standards zurückzunehmen. Die Anerkenntnis eines derartigen Verbotes würde letztlich dazu führen, einfachgesetzlichen Vorschriften Verfassungsrang einzuräumen.[167] Der Gesetzgeber habe mit dem Gesetzesvorhaben seine aus der Präambel von 1946 resultierenden Verpflichtungen lediglich in einfaches Recht umsetzen wollen.[168]

Der Conseil constitutionnel erklärte das Gesetzesvorhaben für verfassungskonform. Seine wiederum in aller Kürze vorgetragene Begründung beginnt mit der wörtlichen Wiedergabe der von den Antragstellern ins Feld geführten Absätze 10 und 11. Mit diesen kombiniert er das „principe à valeur constitutionnelle" der Menschenwürde, welches er, da in keinem der Verfassungstextkörper der Verfassung der V. Republik ausdrücklich verbürgt, offenbar dem Absatz 1 S. 1 der Präambel von 1946.[169] Ausdrücklich wird Absatz 1 S. 1 vom Gericht zwar nicht genannt. Dass es aber diesen anvisiert, belegen seine Ausführungen: „...il ressort du préambule de la Constitution de 1946 que la

---

165 So die Antragsteller in J.O. 1995, S. 1167 (1168).

166 Zu diesem Recht *Bauer*, Verfassungsgerichtlicher Grundrechtsschutz in Frankreich, S. 140 f.

167 Stellungnahme der Regierung wiedergegeben in J.O. 1995, S. 1169 (1169 f.).

168 J.O. 1995, S. 1169 (1170).

169 Abs. 1 S. 1: „Au lendemain de la victoire remportée par les peuples libres sur les régimes qui ont tenté d'asservir et de *dégrader la personne humaine*, le peuple francais proclame à nouveau que tout être humain, sans distinction de race, de réligion ni de croyance, possède des droits inalinéables et sacrés". Dieser Satz wird vor dem Hintergrund seines historischen Kontextes verständlich: Kurz nach Ende der 2. Weltkrieges erscheint er als eine direkte Reaktion auf die Ereignisse des 2. Weltkrieges und der Verbrechen vor allem des 3. Reiches, aber auch der Mussolini-Herrschaft in Italien und des Vichy-Regimes. Hervorhebung durch den Verfasser.

sauvgarde de la dignité humaine contre toute forme de *dégradation* est un principe de valeur constitutionnelle...“.[170] Der Rückgriff auf den Begriff der „dégradation“ scheint dem besagten Absatz der Präambel entnommen worden zu sein, denn an anderer Stelle in der Präambel wird er nicht verwandt. Aus dem Zusammenspiel der genannten drei Absätze und der in ihnen enthaltenen Rechtsverbürgungen, in seiner Diktion als „prinicipes“ bezeichnet, schließt der Conseil constitutionnel: „...il résulte de ces principes que la possibilité pour toute personne de disposer d'un logement décent est un objectif de valeur constitutionnelle“: Die „Möglichkeit einer jeden Person, über eine anständige Wohnung zu verfügen“, sei ein „Ziel von Verfassungsrang“.

Nach dieser lapidaren Feststellung fährt er fort, es sei Sache des Gesetzgebers und der Regierung, in ihrem jeweiligen Zuständigkeitsbereich die Voraussetzungen für die Realisierung („mise en oeuvre“) dieses Ziels von Verfassungsrang zu schaffen. Der Gesetzgeber dürfe hierzu bestehende Gesetze modifizieren, ergänzen oder auch abschaffen. Allerdings zeigt ihm das Gericht eine einzige Grenze dieser Änderungskompetenz auf: „...à la seule condition de ne pas priver de garanties légales des principes à valeur constitutionnelle qu'elles (les dispositions légales) avaient pour objet de mettre en oeuvre“. Allenfalls solche Änderungen, die zur Folge haben, dass das Ziel von Verfassungsrang letztlich ohne jegliche einfach-gesetzliche Umsetzung ist, sind, so muss man den Conseil constitutionnel verstehen, verfassungswidrig. Indem der Gesetzgeber, so führt das Gericht dann weiter aus, die von den Antragstellern gerügten Änderungen vornehmen wolle, verstoße er gegen keinen der vom Gericht aufgezählten Grundsätze. Im Gegenteil: Das Gesetzesvorhaben – so die lapidare Feststellung des Gerichts – verstärke die einfach-gesetzliche Umsetzung des Ziels von Verfassungsrang.[171]

Unklar bleibt in dieser Entscheidung die genaue juristische Wirkung des „Ziels von Verfassungsrang“ im Hinblick auf ein mögliches gesetzgeberisches Unterlassen i. S. einer unzureichenden Umsetzung des Ziels. Gleiches gilt für die Tatsache, dass das Gericht nur von einem „Ziel“ und nicht einem „Recht auf Wohnung“ spricht. Überhaupt bleibt die verfassungsrechtliche Funktion des ermittelten Ziels in dieser Entscheidung zunächst im Dunkeln. Man wird ihm jedenfalls im Kontext dieser Entscheidung eine begrenzte abwehrrechtliche Dimension entnehmen können: Es gibt offensichtlich eine einfach-gesetzliche Umsetzung des „objectif de disposer d'un logement décent“, die der gesetzgeberischen Modifizierung insoweit entzogen ist, als sie die völlige Abschaffung der

[170] C.C. 94-359 DC vom 19. Januar 1995, AJDA 1995, S. 455 (455).

[171] C.C. 94-359 DC vom 19. Januar 1995, AJDA 1995, S. 455 (456). Einfügung durch den Verfasser.

einfach-gesetzlichen Umsetzung zur Folge hätte. Zu deren Gunsten entfaltet sich eine Art verfassungsrechtlichen Bestandsschutzes.[172]

### cc) Die Entscheidung aus dem Jahre 1998

Eine Präzisierung zur Normativität des „objectif de disposer d'un logement décent" brachte eine Entscheidung des Conseil constitutionnel aus dem Jahre 1998. Gegenstand dieser Entscheidung war ein umfangreiches Gesetzesvorhaben, die „Loi d'orientation relative à la lutte contre les exclusions"[173], welches der Bekämpfung der Wohnungsnot vor allem in städtischen Ballungszentren Frankreichs dienen sollte. Das Gesetz sah unter anderem die Beschlagnahme leer stehender Wohnungen vor. So sollten seit mindestens 18 Monaten leer stehende Wohnungen im Eigentum juristischer Personen des Privatrechts durch die öffentliche Hand beschlagnahmt werden können, und zwar für eine Dauer von einem bis zu sechs Jahren, unter bestimmten Bedingungen sogar für 12 Jahre. Die Wohnung sollte dann durch die beschlagnahmende staatliche Stelle an Bedürftige, deren Auswahl bestimmten Kriterien unterlag, vergeben werden. Für die Dauer der Beschlagnahme war eine Entschädigung vorgesehen. Sollte die leer stehende Wohnung in einem Zustand sein, der ihre Bewohnbarkeit ausschloss, so durfte die zuständige staatliche Stelle die Vornahme von Instandsetzungsarbeiten anordnen; die dabei anfallenden Kosten wurden zulasten des Eigentümers von seiner Entschädigung abgezogen.[174]

Die Antragsteller rügten im Hinblick auf diese Regelung einen „quasitransfert de proprieté" zu Lasten des Eigentümers. Während der möglichen Beschlagnahmedauer von bis zu 12 Jahren sei es diesem unmöglich, über sein Eigentum zu verfügen. Vielmehr sei nun die Stelle, welche die Beschlagnahme durchführt, mit den Befugnissen eines Eigentümers ausgestattet. Denn sie habe die Möglichkeit, Reparaturarbeiten anzuordnen und für einen Zeitraum von ggf. bis zu 12 Jahren über die jeweilige Wohnung zu verfügen.[175] Dadurch verletze der Gesetzgeber das Recht auf Eigentum, welches in Artikel 2 sowie in Art. 17 der Menschenrechtserklärung von 1789 geschützt sei. Der Conseil constitutionnel habe ausdrücklich den Verfassungsrang des Eigentumsrechts anerkannt und ausgeführt, es dürfe nur insoweit beschränkt werden, als dies nicht zur

---

[172] Zum Bestandsschutz ausführlich unten, IV. 4. c).

[173] Loi n° 98-657 du 29 juillet 1998, J.O. 1998, S. 11679 ff. Die Textfassung des Gesetzesvorhabens mit den hier interessierenden Vorschriften entspricht der des in Kraft getretenen Gesetzes, da das Vorhaben insoweit für verfassungskonform erklärt wurde.

[174] Der Sachverhalt lässt sich der Entscheidung C.C. 98-403 DC vom 29. Juli 1998, AJDA 1998, S. 739 ff., entnehmen. Vgl. auch die Erläuterungen von *Schoettl*, AJDA 1998, S. 705 (708 f.).

[175] Vortrag der Antragsteller wiedergegeben in J.O. 1998, S. 11714 (11718 f.).

Folge habe, „...de dénaturer la portée de ce droit...“.[176] Grenze jeder gesetzgeberischen Beschränkung ist hier aus Sicht der Antragsteller das Verbot, den Wesensgehalt des Eigentumsrechts zu verletzen.[177]

Das Gericht ist diesem Vortrag nicht gefolgt. Seine Begründung beginnt mit der Nennung der für den vorliegenden Fall entscheidungsrelevanten Verfassungsnormen. Zunächst wiederholt es seine bereits in der Entscheidung von 1995 getroffene Feststellung: „...il résulte de ces principes [die in der Präambel von 1946 genannten Absätze] que la possibilité pour toute personne de disposer d'un logement décent est un objectif de valeur constitutionnelle...“. Andererseits aber, so fährt es fort, ergebe sich aus den Artikeln 2 und 17 der Menschenrechtserklärung von 1789, dass auch das Recht auf Eigentum von Verfassungs wegen geschützt sei. Die sich ergebende Kollision zwischen dem Recht auf Eigentum und dem Ziel von Verfassungsrang, über eine anständige Wohnung verfügen zu können, sei grundsätzlich wie folgt aufzulösen: „Considérant qu'il résulte de ce qui précède que, s'il appartient au législateur de mettre en oeuvre l'objectif de valeur constitutionnelle que constitue la possibilité pour toute personne de disposer d'un logement décent, *et s'il lui est loisible, à cette fin, d'apporter au droit de propriété les limitations qu'il estime nécessaires, c'est à la condition que celles-ci n'aient pas un caractère de gravité tel que le sens et la portée de ce droit en soient dénaturés*;...“.[178] Der Gesetzgeber dürfe in der Absicht, das Ziel von Verfassungsrang zu verwirklichen, in das Recht auf Eigentum die Eingriffe („limitations“) vornehmen, die er für notwendig erachte. Grenze dieser „limitations“ ist das Verbot, den Wesensgehalt des Eigentumsgrundrechts zu verletzen („...à la condition que celles-ci n'aient pas un caractère de gravité tel que le sens et la portée de ce droit en soient dénaturés“). Nach der Benennung dieser allgemeinen Grundsätze widmet es sich der Überprüfung der gerügten Vorschrift. Die behauptete Verletzung des Rechts auf Eigentum sieht es als nicht erwiesen an. Denn zum einen sehe das Gesetz vor, dass die zuständige staatliche Stelle den Eigentümer von ihrer Absicht der Beschlagnahme und deren voraussichtlicher Dauer vorab informiere; der Eigentümer habe dann 2 Monate Zeit, eine Begründung zu liefern, warum die Wohnung zur Zeit unbelegt sei. Im Übrigen bleibe es ihm unbenommen, die Wohnung in dieser Zeit zu belegen oder aber, sofern ihr Zustand eine Vermietung nicht zulasse, entsprechende Renovierungsarbeiten selbst vorzunehmen. Zum anderen sehe das Gesetz eine Entschädigung vor, über die die ordentliche Gerichtsbarkeit zu befinden habe. Auch sei

---

176 J.O. 1998, S. 11714 (11718).

177 Zum Verständnis des Verbes „dénaturer“ als Schranken-Schranke und der möglichen Parallele zum Schutz des Wesensgehalts (Art. 19 Abs. II GG) vgl. bereits oben, IV. 2. a) bb) sowie Fn 133.

178 Zitate aus C.C. 98-403 DC vom 29. Juli 1998, AJDA 1998, S. 739 (739 f.). Einfügung durch den Verfasser.

ein Verwaltungsverfahren vorgesehen, das es dem Eigentümer erlaube, den Zustand der Beschlagnahme aufzuheben. Aus all dem folge, so das Gericht mit der seinen Entscheidungen eigenen Kürze, dass die gerügte Vorschrift „...ne porte pas au droit de propriété une atteinte contraire à la constitution".[179] Wenn auch das Gericht im Zuge seiner Ausführungen nicht mehr ausdrücklich auf das besagte Ziel von Verfassungsrang Bezug nimmt, um den Eingriff als gerechtfertigt anzusehen, so ergibt sich doch aus den oben zitierten, das Urteil einleitenden grundsätzlichen Erwägungen, dass die eingriffsrechtfertigende Funktion des Ziels die Prüfung der einfach-gesetzlichen Vorschrift geleitet hat – anderenfalls wäre ihre Erwähnung am Anfang des Urteils überflüssig.

Was die in Frage stehenden Regelungen des Gesetzesvorhabens anbelangt, so hat das Gericht noch aus eigener Initiative[180] eine Vorschrift überprüft, die die Regelung der Situation desjenigen betraf, der die ihm zugewiesene Wohnung bewohnt und nun wegen Ablauf der Maximaldauer der Beschlagnahme gezwungen ist, sich nach einer anderweitigen Wohnung umzusehen. Das aus der Sicht des Gerichts mögliche Verständnis dieser Norm, welches ein Verbleiben des Bewohners in der ihm zugewiesenen Wohnung auch nach Ablauf der Beschlagnahmefrist ermöglicht hätte, wenn die zuständige staatliche Stelle ihm nicht zuvor eine seinen Bedürfnissen und finanziellen Verhältnissen entsprechende Alternative zugewiesen hat, wurde als nicht mehr verfassungskonform gewertet. Das Gericht schreibt insoweit die einzig mögliche verfassungskonforme Auslegung dieser Vorschrift vor: „...les dispositions de l'article L. 642-27 ne sauraient être comprises comme conférant au bénéficiaire un titre d'occupation à l'expiration de la durée de la réquisition, au cas où le représentant de l'Etat dans le département ne lui aurait pas proposé un logement correspondant à ses besoins et à ses possibilités; que, *sous cette réserve*, les dispositions de l'article 52 ne portent pas au droit de propriété une atteinte contraire à la constitution".[181] Damit stellt es klar: der Wesensgehalt des Rechts auf Eigentum ist in jedem Fall dann berührt, wenn eine faktische Beschlagnahme die gesetzliche Frist überschreitet. So weit reicht die rechtfertigende Wirkung des Ziels von Verfassungsrang doch nicht: Sie scheitert dort, wo nach Auffassung des Conseil constitutionnel der Wesensgehalt des mit der gesetzge-

---

179 C.C. 98-403 DC vom 29. Juli 1998, AJDA 1998, S. 739 (742).

180 Zu dieser Überprüfungsmöglichkeit „ex officio" vgl. *Renoux/deVilliers*, Code Constitutionnel, S. 507 f.

181 C.C. 98-403 DC vom 29. Juli 1998, AJDA 1998, S. 739 (742). Hervorhebung durch den Verfasser. Auch der Conseil constitutionnel kennt den Grundsatz, dass eine Vorschrift solange nicht für verfassungswidrig erklärt wird, wie sie einer verfassungskonformen Interpretation („réserve d'interprétation") noch zugänglich ist: Vgl. dazu *Renoux/deVilliers*, Code Constitutionnel, S. 510.

berischen Zielverwirklichung kollidierenden Rechts (hier des Eigentums) berührt wird.

### dd) Die Entscheidung aus dem Jahre 2000

Die – soweit ersichtlich – letzte Entscheidung des Conseil constitutionnel zum hier interessierenden „objectif" hatte ein umfangreiches Gesetzesvorhaben zum Gegenstand, die „Loi rélative à la solidarité et au renouvellement urbains".[182] Neben einer Fülle vorgesehener Änderungen verschiedenster Gesetze sollte auch eine Vorschrift des Mietrechts, Art. 1719 Code Civil, dergestalt geändert werden, dass gemäß dem vorgesehenen Gesetzeswortlaut der Vermieter zukünftig verpflichtet war, dem Mieter eine „anständige" Wohnung („logement décent") im Rahmen des Mietverhältnisses zu überlassen, sofern der Mieter in der vermieteten Wohnung seinen Hauptwohnsitz hatte. Eine Legaldefinition präzisierte dabei den Begriff der „anständigen Wohnung". Für den Fall der Nichterfüllung dieser Pflicht konnte ein ordentliches Gericht dem Vermieter die Durchführung derjenigen Renovierungsarbeiten vorschreiben, die aus der Sicht des Gerichts erforderlich sind, um den vorgesehenen Standard zu erreichen. Im Falle der Nichtbefolgung des Urteilsspruches war eine Sanktion in Form einer vom Gericht zu bestimmenden Mietminderung vorgesehen.[183]

Die Antragsteller rügten eine Verletzung des Rechts auf Eigentum und der Vertragsfreiheit. Was das Recht auf Eigentum anbelangt, liege ein offensichtlich unverhältnismäßiger Eingriff vor, da u.U. ein Gericht – und nicht mehr der Eigentümer als Vermieter der Wohnung – bestimme, wie die Wohnung instandzusetzen sei. Die Vertragsfreiheit sei insoweit verletzt, als das Gericht in die Lage versetzt werde, durch eine im Wege des Urteils festgelegte Mietminderung das bestehende vertragliche Mietverhätnis außer Kraft zu setzen. Denn die vom Vermieter und Mieter ausgehandelte Miethöhe sei dann nicht mehr verbindlicher Bestandteil des Mietvertrages.[184] Der Conseil constitutionnel erklärte das Gesetzesvorhaben insoweit für verfassungsgemäß. Die dem Vermieter auferlegten Verpflichtungen sowie die gerichtlichen Sanktionsmöglichkeiten entsprächen dem „objectif de valeur constitutionnelle que constitue la possibilité

[182] Loi n° 2000-1208 du 13 décembre 2000, J.O. 2000, S. 19777 ff. Die Textfassung des Gesetzesvorhabens mit den hier interessierenden Vorschriften entspricht der des in Kraft getretenen Gesetzes, da das Vorhaben insoweit für verfassungskonform erklärt wurde.

[183] Der Sachverhalt lässt sich der Entscheidung C.C. 2000-436 DC vom 7. Dezember 2000 entnehmen, wiedergegeben in Rec. 2001, S. 176 ff. Die Regelung des Art. 1719 des Code Civil und die insoweit vorgesehenen Neuerungen des Gesetzesvorhabens referiert *Schoettl*, AJDA 2001, S. 18 (25).

[184] Vortrag der Mitglieder der Assemblée Nationale wiedergegeben in J.O. 2000, S. 19846 (19849 f.).

pour toute personne de disposer d'un logement décent"; der Gesetzgeber sei bei der Ausarbeitung des Gesetzesvorhabens durch dieses „objectif" geleitet worden. Die gerügte „offensichtliche Unverhältnismäßigkeit" erklärt es – ohne nähere Begründung – für nicht gegeben.[185] Auch bei dieser Entscheidung entfaltete das „objectif" seine eingriffsrechtfertigende Funktion gegenüber dem kollidierenden Grundrecht.

### b) Rezeption der Rechtsprechung durch die Lehre

#### aa) Die eingriffsrechtfertigende Funktion des „objectif"

Während die referierte Entscheidung des Conseil constitutionnel aus dem Jahre 1990 so gut wie gar keine nennenswerten Reaktionen in der Lehre hervorgerufen hat, kann dies für die übrigen hier analysierten Entscheidungen nicht behauptet werden. Was die Entscheidung aus dem Jahre 1995 anbelangt, weist die Literatur, bevor sie sich der eingriffsrechtfertigenden Funktion zuwendet, zunächst auf den gesellschaftspolitischen Kontext hin. Der im Winter 1994 – 95 gefällten Entscheidung war eine vereinzelt recht spektakuläre gesellschaftspolitische Debatte über das Problem der Obdachlosigkeit vorangegangen, die sich unter anderem auch in einzelnen Aktionen wie Besetzungen leer stehender Häuser niederschlug.[186] Dieser gesellschaftspolitische Kontext mag eine der Ursachen gewesen sein, die das Gericht zu einer Weiterentwicklung der genannten Rechtsverbürgung von einem eher vagen „intérêt national" (so noch das Urteil aus dem Jahre 1990), welches ohne jegliche normative Verankerung als gegeben behauptet wurde, hin zu dem in der Präambel von 1946 normativ verankerten „Ziel von Verfassungsrang" bewogen haben könnten. Dass die Behauptung einer Beeinflussung der Rechtsfindung des Conseil constitutionnel durch gesellschaftspolitische Strömungen nicht ganz abwegig ist (man kann ihr immerhin entgegenhalten, als Gericht sei der Conseil constitutionnel der rein rechtlichen Auslegung und Anwendung des geltenden Verfassungsrechts verpflichtet) belegt schon seine Entscheidung aus dem Jahre 1971, welche im Wesentlichen auch durch einen breiten gesellschaftspolitischen Konsens provoziert worden war.[187]

Der Schwerpunkt der rechtswissenschaftlichen Rezeption der Entscheidungen von 1995 und 1998 liegt indes auf der Betonung der eingriffsrechtfertigenden Funktion des von dem Gericht abgeleiteten Ziels von Verfassungsrang im

[185] C.C. 2000-436 DC vom 7. Dezember 2000, Rec. 2001, S. 176 (187).
[186] *Rousseau*, RDP 1996, S. 11 (22 f.); *Jorion*, AJDA 1995, S. 456 (456).
[187] Vgl. dazu oben, IV. 1. b).

Hinblick auf mit ihm kollidierende Grundrechte, vor allem dem Eigentumsrecht.[188] Mit der Ableitung des Ziels habe die Rechtsprechung die Unbestimmtheit der „intérêt national"-Formel aus dem Jahre 1990 aufgegeben und der Bekämpfung der Wohnungslosigkeit einen verfassungsrechtlich anwendbaren „Rahmen" gegeben.[189] Das vom Conseil Constitutionnel aus den einzelnen Präambelverbürgungen abgeleitete „objectif" sei eine „norme de conciliation", welche den Gesetzgeber ermächtige, vor allem das Eigentumsgrundrecht in dem von ihm für erforderlich gehaltenen Umfange zu begrenzen.[190] Es erlaube so, den Gebrauch mit ihm kollidierender Grundrechte zu „kanalisieren".[191] Vereinzelt finden sich aber auch Stimmen, die in der Rechtsprechung aus dem Jahre 1995 und der durch sie eröffneten Möglichkeit zur Eingriffsrechtfertigung in kollidierende Grundrechtsnormen bereits das drohende Ende des Rechts auf Eigentum sehen: Das von dem Gericht abgeleitete Ziel von Verfassungsrang „...risque de primer régulièrement sur le droit de propriéte en particulier, et, dans une prespective, soit à long terme, soit pessimiste, le droit de propriété peut disparaître en tant que droit fondamental..."[192]; eine überzogene Einschätzung indes, die durch die referierte Entscheidung aus dem Jahre 1998 wiederlegt worden ist. Denn das Gericht errichtet mit dem Verbot eines Eingriffs, der Sinn und Tragweite des Eigentumsrechts „denaturiert", immerhin eine äußerste, wenn auch im Einzelfall schwierig zu bestimmende Grenze. Zwar kann das Recht auf Eigentum auch zukünftig eingeschränkt werden, von seinem gänzlichen Verschwinden zu sprechen erscheint jedoch überzogen. Denn als Grenze des Eingriffs bleibt in jedem Falle der geforderte Respekt des Wesensgehalts[193] des begrenzten Grundrechts: Auf diese und andere Schranken der eingriffsrechtfertigenden Funktion wird noch zurückzukommen sein.

---

[188] *Crocq* in: Libertés et droits fondamentaux, Rn 1007; *Schoettl*, AJDA 1998, S. 705 (705); *Trémeau*, RFDC 1998, S. 765 (767); *Mathieu*, Les Petites Affiches, 7. juin 1995 N° 68, S. 9 (10).

[189] *Rousseau*, RDP 1996, S. 11 (22).

[190] *Guiselin*, Les Petites Affiches, 13. mars 2000 N° 51, S. 6 (7).

[191] *Zitouni*, Les Petites Affiches, 12. janvier 1996 N° 6, S. 14 (17); *Gaia*, RFDC 1995, S. 582 (584).

[192] *Pauliat*, Recueil Dalloz Sirey (Chronique) 1995, S. 283 (284).

[193] *Sabete*, Recueil Dalloz Sirey (Jurisprudence) 1995, S. 271 (272) spricht insoweit von der „garantie de la substance".

### bb) Die leistungsrechtliche Dimension des „objectif“

#### *(1) Interpretationsversuche der französischen Lehre*

Ein besonderes Interesse in der Literatur hat der richterliche Rückgriff auf die Rechtsfigur des „objectif de valeur constitutionnelle“ und eine ihr immanente leistungsrechtliche Dimension gefunden. Insoweit bemüht die Literatur vereinzelt den Vergleich mit der gemeinschaftsrechtlichen Richtlinie (Art. 249 Abs. III EG). Wie diese verpflichte das „objectif de disposer d'un logement décent“ aus der Sicht des Conseil constitutionnel seinen Adressaten, den einfachen Gesetzgeber, zur Verwirklichung eines Ergebnisses.[194] Vereinzelt findet sich auch der Begriff der „directive constitutionnelle“, welche der Gesetzgeber umzusetzen habe.[195] Andere beschreiben in ihren Stellungnahmen zu den voranstehend analysierten Entscheidungen das „objectif“ als verfassungskräftigen Auftrag an den Gesetzgeber, die bestehende einfachgesetzliche Umsetzung dieses Auftrages zu verbessern: „Désormais, pèse donc sur le Parlement une obligation de légiférer sur les droits sociaux seulement pour améliorer leur protection“.[196] Das Ziel leite verbindlich die Ausübung einer gesetzgeberischen Kompetenz, indem es die zu erreichenden Ziele vorgebe: „...il [l'objectif] conditionne l'utilisation de cette compétence en définissant l'objectif à satisfaire“; ihm komme so letztlich die Funktion einer „compétence finalisée“ zu.[197] Angeblich prüfe dann der Conseil constitutionnel den „degrée de protection et de bonne réalisation de l'objectif“.[198] Dabei scheint die Literatur sich auf die schon in den zu Abs. 5 S. 1 2. Alt. ergangenen Entscheidungen nachweisbaren Urteilsformulierungen zu stützen, welche hier wiedergegeben seien: „...il *incombe* tant au législateur qu'au gouvernement de déterminer...les modalités de mise en oeuvre de cet objectif à valeur constitutionnelle...“[199], oder: „...il *appartient* au législateur de mettre en oeuvre l'objectif...“[200]. Man kann hierin bei oberflächlicher Betrachtung in der Tat die Auferlegung einer Handlungspflicht erblicken. Wie schon bei der zu Abs. 5 S. 1 2. Alt. ergangenen Rechtsprechung werden hier die Verben

---

[194] *Jorion*, AJDA 1995, S. 456 (460).

[195] *Mathieu*, Les Petites Affiches, 7. juin 1995 N° 68, S. 9 (10).

[196] *Rousseau*, RDP 1996, S. 11 (62).

[197] Zitate nach *Trémeau*, RFDC 1998, S. 775 (767, 768). Einfügung durch den Verfasser.

[198] So – indes ohne Belege aus der Rechtsprechung – *Guiselin*, Les Petites Affiches, 13. mars 2000 N° 51, S. 6 (8).

[199] C.C. 94-359 DC vom 19. Januar 1995, AJDA 1995, S. 455 (455). Hervorhebung durch den Verfasser.

[200] C.C. 98-403 DC vom 29. Juli 1998, AJDA 1998, S. 739 (739). Hervorhebung durch den Verfasser.

„incomber“ und „appartenir“ im Sinne von „obliegen“ interpretiert.[201] Auch *Braibant* behauptet im Konvent, die Entscheidungen des Conseil constitutionnel zum „Recht auf Wohnung“ würden dem Gesetzgeber eine „obligation de résultat“ auferlegen; das Gericht sanktioniere ggf. die unzureichende Zielverwirklichung.[202]

Vor dem Hintergrund dieser vermeintlich leistungsrechtlichen, den Gesetzgeber zu einer Handlung verpflichtenden Dimension müssen die im Schrifttum immer wieder anzutreffenden Hinweise, der Conseil constitutionnel habe zum einen nicht irgendeine Wohnung, sondern nur eine angemessene oder „anständige“ Wohnung, zum anderen nur die „Möglichkeit, über eine solche zu verfügen“ zum Ziel von Verfassungsrang erklärt, nicht aber ein „Recht auf Wohnung“[203], bewerten werden. Die erste Einschränkung betrifft die Qualität der angeblich vorgeschriebenen Zielverwirklichung. Das zu erreichende Ziel besteht eben ausschließlich in der Bereitstellung wie dann auch immer zu definierender „anständiger“ Wohnungen. Die zweite Einschränkung nimmt, so die Literatur, das Ziel als eines für jedermann zu verwirklichendes zurück auf die Bereitstellung der bloßen Möglichkeit. Beide Einschränkungen sind indes nicht unproblematisch. Die erstere wirft die Frage nach der Definition auf, was die Angemessenheit einer Wohnung ausmacht. Kann man dieser Frage noch eine Lösung zuführen[204], so erscheint die von der Literatur getroffene Feststellung, durch die Wahl der Formulierung „Möglichkeit“ habe das Gericht zum Ausdruck bringen wollen, nicht jedem könne tatsächlich eine Wohnung zur Verfügung gestellt werden, verfehlt. Es ist nicht ersichtlich, wo zwischen dem „Recht auf eine Wohnung“ und der Möglichkeit, über eine solche zu verfügen, die vom Gericht dann auch noch jedermann („toute personne“[205]) zugebilligt wird, der eigentliche, über die bloße Wortwahl hinausgehende und damit die rechtliche Tragweite betreffende Unterschied liegen soll. Die „Möglichkeit zu“ ist insoweit gleichbedeutend mit dem „Recht auf“. Übertragen auf die leistungsrechtliche Dimension aber hieße dies, dass der Gesetzgeber von Verfassungs wegen sehr wohl zu einer Gesetzgebung verpflichtet ist, die allen diese Möglichkeit einräumt. Die von der

---

[201] Vgl. insoweit die Analyse der gerichtlichen Ausführungen zu Abs. 5 S. 1 2. Alt., oben IV. 2. b) bb) (2).

[202] Siehe dazu oben, Erstes Kapitel, V. 2. b).

[203] *Jorion*, AJDA 1995, S. 456 (459); *Zitouni*, Les Petites Affiches, 12. janvier 1996 N° 6, S. 15 (15); *Mathieu*, Les Petites Affiches, 7. juin 1995 N° 68, S. 9 (10).

[204] Als Beleg hierfür mag die Legaldefinition des referierten Gesetzesvorhabens aus dem Jahre 2000 dienen: „Un logement décent est un logement ne laissant pas apparaître de risques manifestes pouvant porter atteinte à la sécurité physique ou à la santé et doté des éléments le rendant conforme à l'usage d'habitation“. Zitiert nach *Schoettl*, AJDA 2001, S. 18 (25).

[205] C.C. 94-359 DC vom 19. Januar 1995, AJDA 1995, S. 455 (455); C.C. 98-403 DC vom 29. Juli 1998, AJDA 1998, S. 739 (739).

Literatur in die Entscheidungen hineininterpretierte Begrenzung der gesetzgeberischen Leistungspflicht fände dann nicht mehr statt.

*(2) Die zu verneinende leistungsrechtliche Dimension in den analysierten Entscheidungen des Conseil constitutionnel*

Letztlich sind die Äußerungen der Literatur zu der vermeintlichen leistungsrechtlichen Dimension des „objectif" in den hier analysierten Entscheidungen des Conseil constitutionnel das Ergebnis einer überzogenen, den Gesamtzusammenhang der gerichtlichen Argumentation verlassenden Interpretation. Denn ein gesetzgeberisches Unterlassen, eine Vernachlässigung der auf dem Gesetzgeber möglicherweise von Verfassungs wegen lastenden Leistungspflichten war nie Gegenstand der Vorträge der Antragsteller und wurde auch nicht vom Gericht „ex officio" geprüft. Wie schon bei der Interpretation der zu Abs. 5 S. 1 2. Alt. ergangenen Entscheidungen führt letztlich nur eine Betrachtung, welche die einzelnen gerichtlichen Äußerungen aus ihrem argumentativen Zusammenhang isoliert, zu den von der Literatur festgestellten (vermeintlichen) Verpflichtungen des Gesetzgebers. Im argumentativen Kontext der referierten Entscheidungen wird das „objectif" aber nur zur Rechtfertigung von Eingriffen in kollidierende Verfassungsgüter herangezogen. Eine Verletzung des „objectif" selbst wurde dabei nicht geprüft. Was die von der Literatur behauptete leistungsrechtliche Dimension des „objectif" in der Rechtsprechung des Conseil constitutionnel anbelangt, sei auf die schon im Rahmen der Analyse der Rechtsprechung zu Abs. 5 S. 1 2. Alt. getroffene Feststellung verwiesen, dass die in den einzelnen, isolierten Äußerungen des Gerichts („...il incombe au...") anklingende leistungsrechtliche Dimension allenfalls ein Zufallsprodukt des Vorgangs der Eingriffsrechtfertigung ist. Auch für diese isolierten Äußerungen gilt aber: sie müssen unter Einbeziehung der Vorträge der Antragssteller in ihrem argumentativen Gesamtkontext interpretiert werden. Man kann in diesem interpretativen „Auswringen" einzelner Äußerungen des Gerichts durch das französische Schrifttum einen Beleg für die Schwierigkeiten und die Gefahr von Missverständnissen sehen, welche ein Entscheidungsstil hervorruft, der in seiner apodiktischen Kürze geradezu dazu herausfordert, die jeweilige Entscheidung überzuinterpretieren.

Was für das französische Schrifttum gilt, gilt auch für das Konventsmitglied *Braibant*. Im Konvent behauptet er, der Conseil constitutionnel prüfe, ob der Gesetzgeber den dem „objectif de disposer d'un logement" immanenten Zielgehalt (*Braibant* spricht insoweit von einer „obligation de résultat") hinreichend umgesetzt habe; sei dies nicht der Fall, sehe sich der Gesetzgeber einer Sanktion ausgesetzt. Indes finden seine Behauptungen, das haben die voranstehenden

Ausführungen gezeigt, in den analysierten Entscheidungen des Conseil constitutionnel keine Stütze.

### cc) Der „effet-cliquet": Bindung des Gesetzgebers an den Stand der einfach-gesetzlichen Umsetzung des „objectif"?

#### *(1) Der umfassende „effet-cliquet" aus der Sicht des Schrifttums*

Nähere Betrachtung verdient noch eine Interpretation der voranstehend referierten Entscheidungen des Conseil constitutionnel aus dem Jahre 1995, welche in der Literatur nicht nur für das hier interessierende „objectif de disposer d'un logement décent" verbreitet zu finden ist: der sog. „effet-cliquet"[206], auch als „effet-anti-retour"[207] bezeichnet. Diesem angeblich den Entscheidungen des Gerichts zu entnehmenden Phänomen, ins Deutsche wohl am trefflichsten als verfassungsrechtlicher Bestandsschutz einfachen Rechts übersetzt[208], soll nach im Schrifttum verbreitet anzutreffender Auffassung folgende Wirkung zukommen: Die einmal erfolgte einfach-gesetzliche Umsetzung des „objectif" sei dann keiner gesetzlichen Modifizierung mehr zugänglich, wenn diese darauf abzielte, den einmal erreichten Standard der einfach-gesetzlichen Umsetzung zurückzunehmen. Dieser Standard ist damit im Hinblick auf seine mögliche Zurücknahme unantastbar; es bleibt nur die Möglichkeit des gesetzgeberischen Stillstands oder aber einer Verbesserung des Standards: „Associée à la téchnique de l'effet-cliquet, la téchnique de l'objectif permet d'éviter un retour en arrière. Si la stagnation est possible, seule la progression est concevable sur le long terme".[209] Bezugspunkt für eine derartige Interpretation dürfte dabei die vom Gericht in der Entscheidung aus dem Jahre 1995 getroffene Feststellung sein, es sei dem Gesetzgeber zwar erlaubt, die zur Verwirklichung des „objectif" ergangenen Gesetze zu modifizieren, indes nur „...à la seule condition de ne pas priver de garanties légales les principes à valeur constitutionnelle qu'elles avaient pour objet de mettre en oeuvre".[210]

---

206 *Rousseau*, RDP 1996, S. 11 (62); *Jorion*, AJDA 1995, S. 456 (461).

207 *Sabete*, Recueil Dalloz Sirey (Jurisprudence) 1995, S. 271 (272).

208 Ein wenig sperrig die Übersetzung von *Jouanjan* in Armut und Verfassung, S. 141 (146): Rücknahmesperrwirkung.

209 Zitat nach *Jorion*, AJDA 1995, S. 456 (462) für die Entscheidung aus dem Jahre 1995. Inhaltlich in die gleiche Richtung *Gaia*, RFDC 1995, S. 582 (584). Generell für das „objectif de disposer d'un logement décent" so auch *Guiselin*, Les Petites Affiches, 13. mars 2000 N° 15, S. 6 (9). Verallgemeinernd für die sozialen Grundrechte der Präambel von 1946 *Pavia/Rousseau* in: La protection des droits sociaux fondamentaux dans les Etats membres de l'Union Européenne, S. 347 (370, 384).

210 C.C. 94-359 DC, AJDA 1995, S. 455 (455). Auf diese Formulierung nehmen *Jorion*, AJDA 1995, S. 456 (462) und *Rousseau*, RDP 1996, S. 11 (62) ausdrücklich Bezug.

Letztlich läuft diese Literaturauffassung auf die Annahme der Konstitutionalisierung des einmal erreichten einfach-gesetzlichen Standards hinaus. Das „objectif“ entfaltet zugunsten der zu seiner Umsetzung ergangenen Gesetze seine abwehrrechtliche Dimension, die jede gesetzgeberische Verkürzung dieser Umsetzung sperrt: Die einfach-gesetzliche Umsetzung genießt einen verfassungsrechtlichen Bestandsschutz. Neben der bereits untersuchten eingriffsrechtfertigenden Funktion und der leistungsrechtlichen Dimension deutet sich hier eine dritte Funktion sozialer Grundrechte an, welche die Lehre den Entscheidungen des Conseil constitutionnel entnehmen zu können glaubt. Es ist dies eine Funktion, die, soweit ersichtlich, in den deutsch-französischen Debatten im Konvent zwar nicht problematisiert worden ist, die aber, wie noch zu zeigen sein wird, in engem Zusammenhang mit der Frage der leistungsrechtlichen Dimension sozialer Grundrechte steht – von daher rechtfertigt sich ihre Einbeziehung in die Untersuchung.

*(2) Allenfalls ein begrenzter „effet-cliquet“ in den Entscheidungen des Conseil constitutionnel*

Tatsächlich scheint das Gericht durch Verwendung des Verbes „priver“ (entziehen[211]) das einmal erreichte Niveau an einfach-gesetzlicher Umsetzung des „objectif de disposer d'un logement décent“ schützen zu wollen. Dass damit aber eine *vollständige* Unterschutzstellung von Seiten des Gerichts beabsichtigt gewesen sein soll, widerlegt eine Interpretation des gerichtlichen Erwägungsgrundes im argumentativen Gesamtzusammenhang der Entscheidung und unter Berücksichtigung des Vortrags der Antragsteller. Was Ersteren anbelangt, stellt das Gericht im selben Erwägungsgrund zuvor fest, der Gesetzgeber dürfe die einfach-gesetzliche Umsetzung modifizieren, und zwar auch im Sinne einer Zurücknahme des einmal erreichten einfach-gesetzlichen Standards: „...le législateur peut...*abroger* des dispositions législatives antérieurement promulguées...“.[212] Darüber hinaus ist das Gericht in der von der Literatur angeführten Entscheidung aus dem Jahre 1995 dem Vortrag der Antragsteller gerade nicht gefolgt, die sich auf den umfassenden „effet-cliquet“ berufen hatten, um die durch das Gesetzesvorhaben ermöglichte Zurverfügungstellung qualitativ minderwertiger Anlagen anstelle von Wohnungen, Folge der gerügten einfach-gesetzlichen Verkürzung, als verfassungswidrig zu rügen.[213]

---

[211] *Weiss/Mattutat*, Großwörterbuch Französisch, S. 443.

[212] C.C. 94-359 DC vom 19. Januar 1995, AJDA 1995, S. 455 (455). Hervorhebung durch den Verfasser.

[213] Vgl. insoweit die Analyse der Entscheidung oben, IV. 3. a) bb).

Wenn also der Literatur insoweit nicht gefolgt werden kann, dass die einfach-gesetzliche Umsetzung des „objectif de disposer d'un logement décent" gänzlich vor einer Verkürzung in der Rechtsprechung des Conseil constitutionnel geschützt sei, so wäre es indes verfehlt, anzunehmen, die einfach-gesetzliche Umsetzung würde in seinen Entscheidungen gar keinem Schutz durch das „objectif" mehr unterliegen. Geschützt ist es offenbar vor einem *vollständigen* Entzug jeglicher einfach-gesetzlichen Umsetzung, wie sich aus dem Zusammenspiel des vom Gericht erlaubten Vorgangs des „abroger" und des von ihm verbotenen des „priver de garanties légales" ergibt. Unklar bleibt dabei die genaue Grenze der so beschränkten gesetzgeberischen Zurücknahmemöglichkeiten. Ein Mindestmaß an Umsetzung scheint aus Sicht des Conseil constitutionnel von Verfassungs wegen geboten; was dabei den Gehalt diese Mindestmaßes ausmacht, dürfte im Einzellfall von dem erreichten gesetzgeberischen Standard abhängen sowie von der Intensität der Zurücknahme. Diese auf ein – in seinen Konturen letztlich unscharfes – Mindestmaß reduzierte Abwehrfunktion bzw. Bestandsschutzgarantie des „objectif de disposer d'un logement décent" ist und bleibt allerdings davon abhängig, dass der Gesetzgeber zu seiner Umsetzung tätig geworden ist. Nur was dieses Mindestmaß anbelangt, ist es gerechtfertigt, von einer Rücknahmesperrwirkung zu sprechen.[214]

## 4. Wirkdimensionen der sozialen Grundrechte der Präambel von 1946

Es gilt, die voranstehend durchgeführte Rechtsprechungsanalyse zu vertiefen. Bezugspunkt ist dabei die Trias der Wirkdimensionen[215], auf welche die Rechtsprechung des Conseil constitutionnel und die sie rezepierende Lehre untersucht wurden. Die Ausführungen bleiben dabei nicht auf das „Recht auf Arbeit" und das „Recht auf Wohnung" beschränkt, sondern wollen die insoweit noch zu vertiefenden Erkenntnisse auf sämtliche sozialen Grundrechte der Präambel von 1946 übertragen.

---

[214] So anscheinend auch *Jouanjan* in Armut und Verfassung, S. 141 (146), der darauf hinweist, es gebe bei den „droits sociaux" eine Rücknahmesperrwirkung, die aber „relativiert" werden müsse. Inhaltlich in die gleiche Richtung *Capitant* in: Mélanges Fromont, S. 127 (142).

[215] Es sind dies die eingriffsrechtfertigende und die leistungsrechtliche Dimension sowie die Problematik verfassungsrechtlichen Bestandsschutzes einfachen Gesetzesrechts.

### a) Die eingriffsrechtfertigende Funktion der sozialen Grundrechte der Präambel von 1946

Was die eingriffsrechtfertigende Funktion des „objectif de disposer d'un logement décent" und des Abs. 5 S. 1 2. Alt. der Präambel von 1946 anbelangt, so vermittelt eine Analyse der voranstehend dargestellten Rechtsprechung letztlich mehrere Erkenntnisse – Erkenntnisse, die, wie zu zeigen sein wird, für sämtliche sozialen Grundrechte der Präambel von 1946 Gültigkeit beanspruchen.

#### aa) Soziale Grundrechte als Begründung der Verfassungslegitimität gesetzgeberischer Zweckverfolgung

Das „objectif de disposer d'un logement décent" vermittelt dem Gesetzgeber eine verfassungsrechtlich verankerte[216] Ermächtigung zur Begrenzung kollidierender Grundrechtspositionen. Der Conseil constitutionnel begnügt sich nicht mit der Feststellung, der Gesetzgeber sei schon kraft Art. 34 Abs. I S. 2 1. Spiegelstrich[217] gehalten, eine „conciliation" miteinander kollidierender Grundrechtspositionen vorzunehmen. Vielmehr muss der Gesetzgeber bei der Begrenzung eines Grundrechts offenbar ein „Ziel von Verfassungsrang" bzw., legt man eine weitere mögliche Übersetzung des Begriffs „objectif" zugrunde, einen „Zweck von Verfassungsrang" verfolgen. Den Inhalt des verfassungsrechtlich zulässigerweise verfolgten Ziels findet er dabei in den Verbürgungen der Präambel von 1946, bzw. Letztere vermitteln ihm den von der Verfassung grundsätzlich getragenen Zweck. In der hier beschriebenen Funktion wird das „objectif" nicht vom grundrechtsberechtigten Bürger, sondern ausschließlich vom handelnden Gesetzgeber her gedacht. Es vermittelt Letzterem einen von der Verfassung anerkannten Zweck, zu dessen Verwirklichung er handeln darf – wohlgemerkt darf, aber, zumindest was die eingriffsrechtfertigende Funktion anbelangt, nicht handeln muss. Man kann daher anstelle von einer verfassungsrechtlich vermittelten Ermächtigung zur Begrenzung kollidierender Grundrechte auch von einer verfassungsrechtlichen Gestaltungs- oder Aktionsvollmacht zu einer solchen sprechen. Das Bedürfnis nach einer derartigen, dem Gesetzgeber durch das „objectif" vermittelte Vollmacht dürfte dabei daraus resultieren, dass die in den meisten Grundrechten der französischen Verfassung enthaltenen „Gesetzesvor-

---

[216] *Mels*, Bundesverfassunsggericht und Conseil constitutionnel, S. 291, irrt daher, wenn er behauptet, die Ableitung des „objectif de disposer d'un logement décent" lasse „jedweden verfassungsrechtlichen Bezugspunkt" vermissen.

[217] Art. 34 Abs. I S. 2 1. Spiegelstrich: „La loi fixe les règles concernant: - les droits civiques et les garanties fondamentales accordées aux citoyens pour l'exercice des libertés publiques".

behalte" in der Rechtsprechung des Conseil constitutionnel nicht entfaltet wurden.[218] Die Idee des Gesetzesvorbehaltes als „echter, Grundrechte konstitutiv verkürzender Eingriff" ist der französischen Verfassungsrechtsprechung und dem Schrifttum offenbar unbekannt.[219] Allenfalls Art. 34 Abs. I S. 2 1. Spiegelstrich[220] scheint in der Rechtsprechung des Conseil constitutionnel die Funktion eines „generalklauselartigen allgemeinen Gesetzesvorbehaltes" zuzukommen.[221] Diese Norm ist auf diese Weise mehr als eine bloß staatsorganisationsrechtliche Vorschrift, die die Kompetenzen von Legislative und Exekutive abgrenzen will.[222] Sie vermittelt aber für sich genommen keine Befugnis zur einseitigen sachlichen Verkürzung des Schutzbereichs. Allenfalls liefert sie die verfassungsrechtliche Grundlage für die grundrechtsbegrenzende gesetzgeberische Betätigung, die zu ihrer Rechtfertigungsvollendung noch ein Ziel verfolgen muss, welches wie das „objectif de disposer d'un logement décent" seinerseits mit Verfassungsrang ausgestattet ist.

Die hier für das „objectif de disposer d'un logement décent" zu dessen eingriffsrechtfertigender Funktion fixierten Überlegungen beanspruchen auch Geltung für die gerichtlichen Äußerungen zu Abs. 5 S. 1 2. Alt. Zwar greift der Conseil constitutionnel nicht ausdrücklich auf die Rechtsfigur des „objectif de valeur constitutionnelle" zurück. Der Sache nach sind indes Parallelen nicht zu übersehen. Denn auch in den Entscheidungen des Conseil constitutionnel zu Abs. 5 S. 1 2. Alt. war es das den Gesetzgeber motivierende, ebenfalls seine Verankerung in der genannten Präambelverbürgung findende Ziel eines möglichst hohen Beschäftigungsstandes, welches die der kollidierenden Unternehmensfreiheit zugeführten einfach-gesetzlichen Begrenzungen verfassungsrecht-

---

218 *Bauer*, Verfassungsgerichtlicher Grundrechtsschutz in Frankreich, S. 200. Dabei kann man auf den französischen Verfassungstext durchaus die deutsche Unterscheidung zwischen einfachen und qualifizierten Gesetzesvorbehalten übertragen: Vgl. als Beispiel für Erstere nur Art. 4 S. 2 oder aber Art. 10 der Erklärung von 1789; als Beispiel für Letztere Art. 17 der Erklärung von 1789 mit dem dort aufgestellten Erfordernis einer „gerechten und vorherigen Entschädigung durch Gesetz".

219 Äußerung und Zitat nach *Arnold*, JöR 38 (1989), S. 197 (197, 205 ff.).

220 Wie Fn 217.

221 *Bauer*, Verfassungsgerichtlicher Grundrechtsschutz in Frankreich, S. 199. Vgl. insoweit auch die hier analysierten Entscheidungen C.C. 2000-436 DC vom 7. September 2000, Rec. 2001, S. 176 (179): „considérant que, si le législateur peut, sur le *fondement* des dispositions des articles *34* et 72 de la Constitution, *assujetir* les collectivités territoriales...*à des obligations*" (Hervorhebungen durch den Verfasser); sowie C.C. 90-274 DC vom 29. Mai 1990, Rec. 1990, S. 61 (61).

222 Diese Abgrenzungsfunktion des Art. 34 ergibt sich, wenn man ihn im Wege der systematischen Auslegung zu Art. 37 Abs. I („Les matières *autres* que celles *qui sont du domaine de la loi* ont un caractère réglementaire") in Beziehung setzt. Hervorhebungen durch den Verfasser. Vgl. dazu *Franzke*, JURA 1998, S. 346 (347).

lich zu rechtfertigen vermochte.[223] Auch in den insoweit einschlägigen Entscheidungen bedurfte der Gesetzgeber zusätzlich zum „generalklauselartigen Gesetzesvorbehalt" des Art. 34 Abs. I S. 2 1. Spiegelstrich für eine erfolgreiche Eingriffsrechtfertigung eines mit Verfassungsrang ausgestatteten Ziels, welches ihm Abs. 5 S. 1 2. Alt. vermittelte.[224]

### bb) Schranken der eingriffsrechtfertigenden Funktion

Im französischen Schrifttum glaubte *Burdeau* schon zu Beginn der 70er Jahre (die Kontrolle des Gesetzgebers auf die Grundrechtskonformität seines Handelns durch den Conseil constitutionnel hatte gerade erst begonnen), auf die eingriffsrechtfertigende Funktion sozialer Grundrechte hinweisen zu können: „Le premier bénéficiaire des droits sociaux, c'est l'Etat. C'est lui qu'ils enrichissent d'abord en élargissant ses *possibilités d'intervention.* Les droits traditionnels limitent le pouvoir, les droits sociaux l'accroissent."[225] Das Ziel bzw. der Zweck, soweit vom Gesetzgeber verfolgt, gibt diesem zunächst einen verfassungsrechtlichen Rahmen, eine auf das jeweilige soziale Grundrecht gegründete Berechtigung für seine einzelnen gesetzgeberischen Aktivitäten, infolge derer es zu Begrenzungen entgegenstehender Grundrechte kommt. Ob soziale Grundrechte dabei aber, um mit den Worten *Burdeaus* zu sprechen, die gesetzgeberischen „possibilités d'intervention" erweitern, hier zu verstehen als eine Weiterung der Eingriffsmöglichkeiten in die Freiheitsrechte („les droits traditionnels"), erscheint zumindest unter der Rechtsprechungspraxis des Conseil constitutionnel fragwürdig. Denn die Verankerung der vom Gesetzgeber jeweils verfolgten Zielsetzung in einzelnen sozialen Grundrechten der Präambel von 1946 ist für sich genommen ersichtlich nicht ausreichend, um den Eingriff in das mit der Zielverwirklichung kollidierende Grundrecht zu rechtfertigen: Die eingriffsrechfertigende Funktion des „objectifs de disposer d'un logement décent" oder aber des Abs. 5 S. 1 2. Alt., das hat die Rechtsprechungsanalyse gezeigt, findet eine Schranke in dem von Verfassungs wegen gebotenen Respekt des kollidierenden, begrenzten Grundrechts. Eine Verletzung seines Wesensgehalts oder aber ein „offensichtlich unverhältnismäßiger" Eingriff sind dem Gesetzgeber verboten.

---

[223] So im Ergebnis auch *Renoux/deVilliers*, Code Constitutionnel, S. 195, die von einem „objectif de sauvegarde de l'emploi" sprechen. Ebenso *Borgetto/Lafore*, Droit et l'aide de l'action sociale, Rn 383; *Gay*, RFDC 2002, S. 422 (434).

[224] Vgl. insoweit nur C.C. 98-401 DC vom 10. Juni 1998, Rec. 1998, S. 258 (260). Siehe dazu oben, IV. 2. a) bb).

[225] *Burdeau*, Les libertés publiques, S. 371. Hervorhebung durch den Verfasser.

Der Conseil constitutionnel wacht dabei nur insoweit über die „conciliation" zwischen dem vom Gesetzgeber verfolgten und von der Präambel von 1946 getragenen Ziel bzw. Zweck der gesetzgeberischen Betätigung einerseits und dem dabei begrenzten Grundrecht in seiner abwehrrechtlichen Dimension andererseits, als er dem Gesetzgeber äußerste Grenzen der Grundrechtsverkürzung aufzeigt. Die „conciliation" zwischen dem vom Gesetzgeber verfolgten, durch ein soziales Grundrecht der Präambel von 1946 grundsätzlich getragenes Ziel auf der einen und dem beschränkten Freiheitsrecht auf der anderen Seite ist daher nicht im Sinne der „Herstellung praktischer Konkordanz"[226], ist nicht im Sinne eines „möglichst schonenden Ausgleichs" zwischen den widerstreitenden Rechtspositionen zu verstehen: Von daher ist Vorsicht geboten, soweit eine Parallele zu den Grundsätzen der Eingriffsrechtfertigung durch kollidierendes Verfassungsrecht[227] gezogen werden soll. Vielmehr gilt, was *Schoettl* speziell für das „objectif de disposer d'un logement décent" treffend formuliert hat: „Entre l'objectif à valeur constitutionnelle (logement) et le principe constitutionnel (propriété), la conciliation n'est pas „mise en balance", *mais fixation d'une limite à ne pas franchir*".[228] In konsequenter Anwendung dieser „negativen Verfassungsgemäßheitskontrolle", negativ, weil sie dem Gesetzgeber bloß äußerste Grenzen der Grundrechtsbegrenzung („limite à ne pas franchir") aufzeigt und ihm damit weitestgehende Handlungsfreiheit einräumt, scheiterte die Eingriffsrechtfertigung in den analysierten Entscheidungen nur äußerst selten.[229] Es erscheint dabei vertretbar, in der aus den Entscheidungen des Conseil constitutionnel herausgearbeiteten Zurücknahme gerade der Verhältnismäßigkeitsprüfung ein Fortleben der Idee der „loi sacrée" zu sehen. Wenn das Gesetzesvorhaben auch ersichtlich nicht mehr gänzlich einer Kontrolle durch den Conseil constitutionnel entzogen ist, so scheint das Gericht doch von einer in aller Regel höheren verfassungsrechtlichen Legitimation der gesetzgeberischen Entscheidungen auszugehen, als sie seiner gerichtlichen Kontrolltätigkeit am Maßstab der Grundrechte zukommt; regelmäßig weist es in seinen Entscheidungen darauf hin, dass Art. 61 Abs. II ihm nicht „un pouvoir général d'appréciation et de décision identique à celui du Parlement" vermittele[230] –

---

[226] Zum Begriff *Hesse*, Grundzüge des Verfassungsrechts der Bundesrepublik Deutschland, Rn 317 ff.

[227] Dazu *Pieroth/Schlink*, Grundrechte, Rn 325 ff.

[228] *Schoettl*, AJDA 1998, S. 705 (706). Hervorhebung durch den Verfasser.

[229] Soweit ersichtlich, nur in C.C. 2001-455 DC vom 12. Januar 2000 zu Abs. 5 S. 1 2. Alt.; vgl. dazu oben, IV. 2. a) cc).

[230] C.C. 74-54 DC vom 15. Januar 1975, Rec. 1975, S. 19 (19): „Considérant que l'article 61 de la Constitution ne confère pas au Conseil constitutionnel un pouvoir général d'appréciation et de décision *identique* à celui du Parlement, mais lui donne seulement compétence de se prononcer sur la conformité à la Constitution des lois déférées à son examen;...". Hervorhebung durch den Verfasser. Aus jüngster Zeit vgl. statt vieler C.C. 94-341 DC vom 6. Juli 1994 in J.O. 1994, S. 9956 (9956).

dieser Hinweis erfolgte auch in einigen der voranstehend analysierten Entscheidungen.[231]

### cc) Übertragbarkeit der Erkenntnisse auf andere soziale Präambelverbürgungen?

Am Ende dieser Überlegungen steht die Frage nach der Übertragbarkeit der Erkenntnisse, die zur eingriffsrechtfertigenden Funktion des Abs. 5 S. 1 2. Alt. und des „objectif de disposer d'un logement décent“ formuliert wurden, auf die übrigen sozialen Präambelnormen. Diese Frage kann positiv beantwortet werden.[232] Denn durch Auslegung kann man den verschiedensten Präambelverbürgungen „objectifs“ entnehmen, die dem Gesetzgeber in den unterschiedlichsten, von ihm auch zukünftig in Angriff genommenen Gesetzesmaterien die unter Umständen erforderliche Begrenzung entgegenstehender Grundrechte ermöglichen, indem sie das mit der gesetzgeberischen Maßnahme verfolgte Ziel, den vom Gesetzgeber verfolgten Zweck als von der Verfassungs grundsätzlich getragen zu werten erlauben. So kann man das in Abs. 11 S. 1 verbürgte „Recht auf Schutz der Gesundheit“ als „Ziel des Gesundheitsschutzes“ verstehen. Will der Gesetzgeber auf dieses Ziel hinarbeiten und erscheinen ihm hierzu Begrenzungen kollidierender Grundrechte unausweichlich, so findet er in dem genannten Ziel die erforderliche verfassungsrechtliche Legitimation für die Begrenzung. Konsequenterweise greift der Conseil constitutionnel etwa auf Abs. 11 S. 1 der Präambel von 1946 und das dort nach seiner Auffassung verbürgte Ziel der „protection de la santé“ zurück, um etwa Werbeverbote für Alkohol und Tabakprodukte und die dadurch hervorgerufenen Eingriffe in die Unternehmer- und Eigentumsfreiheit zu rechtfertigen.[233]

Einmal mehr bestätigt die jüngste Rechtsprechung des Conseil constitutionnel die hier aufgestellte These der Übertragbarkeit derjenigen Erkenntnisse, welche zur eingriffsrechtfertigenden Funktion sozialer Grundrechte gewonnen wurden, auf die übrigen sozialen Präambelverbürgungen: Gesetzgeberische Maßnahmen[234], welche es dem Arbeitnehmer ermöglichen, zusätzlich be-

---

[231] So etwa in: C.C. 98-401 DC vom 10. Juni 1998, Rec. 1998, S. 258 (265). Vgl. dazu oben, IV. 2. a) bb).

[232] So im Ergebnis auch *Fromont* in: FS-Stern, S. 1085 (1091).

[233] C.C. 90-283 DC vom 8. Januar 1991, Rec. 1991, S. 11 ff. betreffend die Loi n° 91-32 du 10 janvier 1991 relative à la lutte contre le tabagisme et l'alcoolisme (J.O. n° 10 du 12 janvier 1991). Vgl. auch C.C. 90-287 DC vom 16. Januar 1991, Rec. 1991, S. 24 ff.

[234] Loi n° 2003-47 du 17 janvier 2003 relative aux salaires, au temps de travail et au développement de l'emploi, J.O. 2003, S. 1080 ff. Die Textfassung des Gesetzesvorhabens mit den hier interessierenden Vorschriften entspricht der des in Kraft getretenen Gesetzes, da das Vorhaben insoweit für verfassungskonform erklärt wurde.

zahlte Urlaubstage zu erlangen, greifen zwar zu Lasten des Arbeitgebers in die Vertragsfreiheit („liberté contractuelle“) ein, weil sie rückwirkend auch für bereits geschlossene Arbeitsverträge gelten. Indes finde, so der Conseil constitutionnel, das vom Gesetzgeber verfolgte Ziel, dem Arbeitnehmer zusätzliche bezahlte Urlaubstage zu gewähren, in dem in Abs. 11 S. 1 der Präambel von 1946 niedergelgten „droit au repos“ (Recht auf Erholung) seine verfassungsrechtliche Verbürgung. Der Gesetzgeber könne sich daher auf ein verfassungsrechtlich verankertes „motif d'intérêt général“ berufen, welches ihm ermögliche, den Eingriff in die Vertragsfreiheit zu rechtfertigen.[235] Auch wenn der Conseil constitutionnel nicht ausdrücklich von einem „objectif de valeur constitutionnelle“ spricht – die grundrechtsfunktionalen Parallelen sind nicht zu übersehen.

dd) Zuordnung der Erkenntnisse zu den Ausführungen *Braibants* im Konvent

Vor dem Hintergrund der gewonnenen Erkenntnisse werden bestimmte Ausführungen *Braibants* im Konvent zu den Wirkdimensionen sozialer Grundrechte verständlich. Wenn er ausführt, ein soziales Grundrecht könne anderen Grundrechten „entgegengehalten“ werden bzw. Letztere müssten mit sozialen Grundrechten in Einklang gebracht werden[236], so zeigen die voranstehenden Untersuchungen zur eingriffsrechtfertigenden Funktion, was hierunter zumindest im französischen Verfassungsrecht zu verstehen ist: Die eingriffsrechtfertigende Funktion sozialer Grundrechte erlaubt es dem Gesetzgeber, Begrenzungen bei entgegenstehenden Grundrechten vorzunehmen. Insoweit können die sozialen Grundrechte anderen, kollidierenden Grundrechten „entgegengehalten“ werden. Der Conseil constitutionnel prüft dann aber ausschließlich, ob der Gesetzgeber nicht das *entgegenstehende* Grundrecht verletzt. Eine differenzierte Abwägung im Sinne eines schonenden Ausgleichs der miteinander kollidierenden Verfassungsgewährleistungen nimmt der Conseil constitutionnel bei der Überprüfung der Kollisionslage nicht vor. Denn seine „negative Verfassungsgemäßheitskontrolle“ zeigt dem Gesetzgeber allenfalls die äußersten verfassungsrechtlichen Grenzen seiner grundrechtsbeschränkenden, auf die sozialen Grundrechte der Präambel von 1946 gestützten Betätigung auf, indem das Gericht die Beachtung des Wesensgehalts vorschreibt und eine „Verhältnismäßigkeitsprüfung“ durchführt, die in ihrer Zurücknahme auf eine Prüfung der „offensichtlichen Unverhältnismäßigkeit“ die Entscheidungsfreiheit des Gesetzgebers bei der Begrenzung kollidierender Grundrechte wahrt.

[235] C.C. 2002-465 DC vom 13. Januar 2003, J.O. 2003, S. 1084 ff.

[236] Vgl. die Ausführungen *Braibants* im Konvent: Dort führt er beispielhaft die Kollision zwischen dem Recht auf Eigentum und dem sozialen Grundrecht „Recht auf Gesundheit“ an. Vgl. dazu Erstes Kapitel, V. 2. b).

### b) Eine von Verfassungs wegen gegebene leistungsrechliche Dimension bzw. ein „Zielgehalt“ der sozialen Grundrechte der Präambel von 1946?

#### aa) Ausgangspunkt der Untersuchung

Ob ein Gesetzesvorhaben hinter der leistungsrechtlichen Dimension bzw. dem Zielgehalt des „Recht(s) auf Arbeit“ oder des „objectif de disposer d'un logement décent“ zurückbleibt und daher als verfassungswidrig verworfen werden muss, war, wie die Untersuchung gezeigt hat, nie Gegenstand einer Prüfung durch den Conseil constitutionnel. Beide Grundrechtspositionen weisen aber zumindest in ihrem Wortlaut einen ihnen immanenten Ziel- bzw. leistungsrechtlichen Gehalt auf. Damit stellt sich die Frage nach einer aus der Verfassung begründbaren leistungsrechtlichen Dimension der beiden genannten Normen. Einbezogen in die Untersuchung werden dabei weitere Gewährleistungen der Präambel von 1946. Denn ob nun beim „Schutz der Gesundheit“, der „materiellen Sicherheit“ und dem „Recht auf angemessene Mittel für den Unterhalt“ (Abs. 11), oder aber dem Schutz der Familie (Abs. 10): Der jeweilige Wortlaut dieser Normen ist einer Interpretation zugänglich, die ihnen eine leistungsrechtliche Dimension, verstanden als eine auf dem Gesetzgeber von Verfassungs wegen lastende Pflicht zu ihrer einfach-gesetzlichen Umsetzung, entnimmt. Insoweit wären sie dann auch „objectifs“; eben Ziele, zu deren Verwirklichung der Gesetzgeber möglicherweise von Verfassungs wegen gehalten ist. Auch für die restlichen sozialen Grundrechtsverbürgungen der Präambel von 1946 gilt: Ihre Verletzung durch eine nicht hinreichende einfach-gesetzliche Umsetzung des ihnen durch Auslegung möglicherweise zu entnehmenden Zielgehalts wurde bis heute nicht vom Conseil constitutionnel geprüft.[237]

Zur Verwendung der Begriffe der leistungsrechtlichen Dimension der sozialen Grundrechte der Präambel von 1946 und des ihnen möglicherweise immanenten „Zielgehalts“ scheint es angebracht, klarzustellen, dass der Sache nach zwischen ihnen keine Unterschiede bestehen. Denn in beiden Fällen geht es darum, zu ermitteln, in welchem Umfang der Gesetzgeber möglicherweise *von Verfassungs wegen* zu ihrer/seiner Umsetzung im einfachen Gesetzesrecht und damit – anders als bei der abwehrrechtlichen Dimension der Grundrechte – zu einem positiven Tun verpflichtet ist. Es ist daher vertretbar, die Begriffe im Fortgang der Untersuchung synonym zu verwenden. Für die durchzuführende Untersuchung der Bindung des französischen Gesetzgebers ist damit auch der Gegenstand der möglicherweise von Verfassungs wegen geschuldeten Leis-

---

[237] So übereinstimmend Äußerungen der französischen Verfassungslehre: Vgl. statt vieler nur *Roman*, Le droit public face à la pauvreté, S. 333; *Borgetto* in: Le Préambule de la Constitution de 1946, S. 127 (147).

tung[238] zwangsläufig auf eine normative Handlung beschränkt: den Erlass eines Gesetzes. Ob dieses Gesetz dann Ansprüche auf finanzielle oder tatsächliche Leistungen gewährt (im Rahmen des „objectif de disposer d'un logement décent" bspw. Wohngeld oder einen Anspruch auf Zuweisung einer Wohnung) oder aber eine Schutzwirkung zugunsten des Begünstigten vor Handlungen Dritter beinhaltet (bspw. Kündigungsschutz im Mietrecht), kann dahinstehen. Denn die im Folgenden zu erörternden verfassungsrechtlichen Vorgaben für die Beantwortung der Frage nach der leistungsrechtlichen Dimension bzw. dem Zielgehalt beanspruchen, wie sich zeigen wird, in aller Regel gleichermaßen Geltung; wo dies ausnahmsweise nicht der Fall ist, erfolgen dann entsprechende Hinweise.

### bb) Eingrenzung der Untersuchung

Angesichts des gegenwärtigen Standes des einfachen französischen Gesetzesrechts dürfte sich in Zukunft weniger die Frage stellen, ob der Gesetzgeber wegen einer *gar nicht* erfolgten Umsetzung des Zielgehalts bzw. der leistungsrechtlichen Dimension der sozialen Grundrechte der Präambel von 1946 belangt wird. Denn schon zum Zeitpunkt der Ausarbeitung der Präambel bestand eine Sozialgesetzgebung, deren verschiedene Regelungen den einzelnen Schutzbereichen der Präambelverbürgungen zuzuordnen sind.[239] Dass auch der französische Gesetzgeber jüngeren Datums bemüht ist, dem Zielgehalt einzelner sozialer Gewährleistungen der Präambel von 1946 im einfachen Gesetzesrecht zur Geltung zu verhelfen, belegt die untersuchte eingriffsrechtfertigende Funktion des Abs. 5 S. 1 2. Alt. oder aber des „objectif de disposer d'un logement décent". So mag man Maßnahmen zur Bekämpfung der Arbeitslosigkeit dem Zielgehalt des Abs. 5 S. 1 2. Alt.[240] und einfach-gesetzliche Ansprüche auf Wohngeld oder aber mietrechtlichen Kündigungsschutz dem besagtem „objectif" zuordnen.[241] Ansprüche auf finanzielle Sozialleistungen[242] können als Konkretisierungen

[238] Zur Frage, ob der Gegenstand der leistungsrechtlichen Dimension auf faktische oder normative Handlungen beschränkt ist, vgl. oben, Erstes Kapitel, III. 4. a).

[239] Vgl. die Auflistung einer Fülle von Sozialgesetzen der III. Republik, welche in der IV. Republik weitergegolten haben, bei *Borgetto/Lafore*, La République Sociale, S. 52 f.

[240] Vgl. nur den Regelungsgehalt der einzelnen Gesetze, welche in den voranstehend analysierten Entscheidungen vom Conseil constitutionnel unter Rückgriff auf Abs. 5 S. 1 2. Alt. für verfassungsgemäß erklärt wurden.

[241] Vgl. die voranstehend analysierten Entscheidungen des Conseil constitutionnel, in welchen derartige Gesetze unter Rückgriff auf das besagte „objectif" für verfassungsmäßig erklärt wurden. Weitere einfach-gesetzliche Regelungen des französischen Sozialrechts, die als Umsetzung des „objectif de disposer d'un logement" begriffen werden können, benennt *Crocq* in: Libertés et droits fondamentaux, Rn 1008 ff.

[242] Überblicksartig zu den einfach-gesetzlichen Sozialleistungsansprüchen im französischen Sozialrecht *Eichenhofer* in: FS-Zacher, S. 137 (145 ff.).

etwa des Abs. 11 begriffen werden. Die erfolgreiche Rüge einer *gar nicht* erfolgten einfach-gesetzlichen Umsetzung erscheint angesichts dieser einfach-gesetzlichen Ausgangslage äußerst unwahrscheinlich. In Zukunft könnte aber immerhin die Problematik einer *nicht hinreichenden* Umsetzung zur Entscheidung anstehen: Welche verfassungsrechtlichen Maßgaben würden den Conseil constitutionnel bei seiner Entscheidungsfindung dann leiten?

Überlegungen hierzu sind in der französischen verfassungsrechtlichen Lehre nur vereinzelt zu finden: Offenbar ist die Vorstellung dem Schrifttum fremd, der Conseil constitutionnel könne den Gesetzgeber am Kontrollmaßstab der sozialen Grundrechte erfolgreich wegen deren nicht hinreichenden einfach-gesetzlichen Umsetzung und damit wegen eines gesetzgeberischen Unterlassens rügen. Wenn überhaupt dahingehende Überlegungen erfolgen, so tauchen sie zum einen im Zusammenhang mit der (vermeintlichen) leistungsrechtlichen Dimension des „objectif de disposer d'un logement décent" in der Rechtsprechung des Conseil constitutionnel auf, zum anderen betreffen sie sämtliche sozialen Grundrechte der Präambel von 1946. Die insoweit angestellten Überlegungen gilt es zu berücksichtigen und um weiterführende Überlegungen anzureichern. In Ermangelung eines konkreten Gesetzesvorhabens mit all seinen Detailregelungen, welche im Hinblick auf die aufgeworfene Fragestellung zu beurteilen sind, können insoweit nur die grundsätzlichen, bei der Beantwortung der Fragestellung zu berücksichtigenden verfassungsrechtlichen Vorgaben aufgezeigt werden.

#### cc) Keine Sanktion eines gesetzgeberischen Unterlassens wegen fehlender Rechtsschutzmöglichkeiten?

Bevor die insoweit interessierenden materiell-rechtlichen Aspekte erörtert werden, gilt es, eine im französischen Schrifttum weit verbreitete Auffassung zu entkräften, der zufolge die (materiell-rechtliche) Frage der leistungsrechtlichen Dimension sozialer Grundrechte sich vor dem Conseil constitutionnel regelmäßig nicht stellen werde: Denn ein Unterlassen des Gesetzgebers könne vor diesem Gericht nicht erfolgreich gerügt werden, da es schon an den insoweit erforderlichen Rechtsschutzverfahren fehle. Exemplarisch für diese Auffassung seien hier die Äußerungen *Jorions* wiedergegeben, welche er angesichts der Entscheidung des Conseil constitutionnel zum „objectif de disposer d'un logement" aus dem Jahre 1995 glaubte, artikulieren zu können: Zwar verpflichte besagtes „objectif" den Gesetzgeber von Verfassungs wegen, ein bestimmtes Ergebnis zu erreichen und sei insoweit einer europäischen Richtlinie vergleichbar. Indes sei die nicht oder nicht hinreichend erfolgte einfach-gesetzliche Umsetzung des „Ziels" in Frankreich – anders als etwa bei einer gemeinschaftsrechtlichen Richtlinie in der Rechtsprechung des EuGH – nicht durch ein Gericht sanktionierbar, da es an den dafür erforderlichen Rechtsschutzverfahren fehle[243] – eine Behauptung, die auch im Zusammenhang mit der leistungsrechtlichen Dimension des Abs. 5 S. 1 2. Alt. auftaucht[244] und darüber hinaus für die Problematik der (verfassungs-)prozessualen Flankierung des leistungsrechtlichen Gehalts sämtlicher sozialer Präambelverbürgungen im französischen Schrifttum regelmäßig vorgetragen wird.[245] Auch im deutschen Schrifttum, welches den rechtsvergleichenden Blick über die Grenze wagt, finden sich – indes ohne Begründung – dahingehende Äußerungen.[246] Wären diese Überlegungen zutreffend, so erübrigte sich die Frage nach einer aus der Verfassung begründbaren leistungsrechtlichen Dimension der sozialen Grundrechte der Präambel von 1946. Diesbezügliche Überlegungen und die dabei gewonnenen Erkenntnisse wären dann zumindest insoweit wenig ergiebig, als sie in der Verfassungspraxis – konkret vor dem Conseil constitutionnel – nicht entfaltet werden könnten.

Die Behauptung, es fehlte an den unabdingbaren Rechtsschutzverfahren, verdient indes eine differenzierte Betrachtung. Sie ist für den Fall zutreffend, dass die Antragsteller – losgelöst von einem Gesetzesvorhaben – den Gesetzgeber zu einem „Mehr“ an gesetzgeberischer Umsetzung des „objectif“ kraft gerichtlicher Entscheidung verpflichten wollen. Insoweit kann die eingangs dieser Untersuchung vorgenommene Darstellung der Rechtschutzmöglichkeiten vor dem Conseil constitutionnel fruchtbar gemacht werden: In Frankreich ist eine Kontrolle des gesetzgeberischen Handelns nur *vor* Verkündung eines Gesetzes*vorhabens* vorgesehen; eine mit ihr einhergehende Verwerfungskompetenz des Conseil constitutionnel im Hinblick auf verfassungswidrige Normen ist auf diese Situation beschränkt. Das Gesetzesvorhaben ist und bleibt der Bezugspunkt einer Einschaltung des Conseil constitutionnel. Ist also das verkündete Gesetz einer derartigen Prüfung durch den Conseil constitutionnel entzogen, so kann aber immerhin das Gesetzes*vorhaben* Gegenstand einer Überprüfung im Hinblick auf die hinreichende einfach-gesetzliche Umsetzung eines sozialen Grundrechts sein. Die oben zitierte Ansicht, es gebe in Frankreich keine prozessualen Möglichkeiten zur Überprüfung eines Gesetzes unter diesem Aspekt, ist insoweit unzutreffend. Zwar mag die Überprüfung des Gesetzesvorhabens dadurch erschwert sein, dass es eben nur ein Vorhaben ist. Einhergehend damit können all diejenigen Probleme, die für seine verfassungsrechtliche Beurteilung

[243] *Jorion*, AJDA 1995, S. 456 (462) für die Entscheidung C.C. 94-359 DC aus dem Jahre 1995.

[244] So etwa – indes ohne Begründung – bei *Borgetto* in: Le Préambule de la Constitution de 1946, S. 146.

[245] Vgl. *Flauss*, Droit Social 1982, S. 645 (655), *Capitant* in: Mélanges Fromont, S. 127 (140) sowie *Borgetto*, La notion de fraternité en droit public francais, S. 530 f.

[246] So bei *Classen*, JöR 36 (1987), S. 29 (47); *Szczekalla*, Die sogenannten grundrechtlichen Schutzpflichten im deutschen und europäischen Recht, S. 921 f.

im Hinblick auf die in Frage stehende Dimension relevant sind, sich aber unter Umständen erst im Laufe der kontinuierlichen, sich möglicherweise über Jahre erstreckenden Anwendung des Gesetzes zeigen, nicht im gerichtlichen Verfahren geltend gemacht werden.[247] Dies ändert aber nichts an der auch beim gegenwärtigen Stand des französischen Verfassungsprozessrechts gegebenen Möglichkeit, dass die Antragsteller ein Gesetzesvorhaben wegen einer vermeintlich nicht hinreichend erfolgten einfach-gesetzlichen Umsetzung eines sozialen Grundrechts über den prozessualen Weg des Art. 61 Abs. II dem Conseil constitutionnel zur Überprüfung vorlegen. Im Übrigen ist der Conseil constitutionnel nicht gehindert, eine dahingehende Prüfung „ex officio" durchzuführen.[248]

Wenn also die leistungsrechtliche Dimension eines beliebigen sozialen Grundrechts Gegenstand einer Entscheidung des Conseil constitutionnel sein kann, weil entsprechende prozessuale Mögichkeiten insoweit vorhanden sind, so bleiben Fragen zu den das Gericht dann möglicherweise leitenden verfassungsrechtlichen Erwägungen zu beantworten.

#### dd) Verfassungsrechtliche Schranken

Zweckmäßigerweise werden zunächst die verfassungsrechtlichen Schranken der leistungsrechtlichen Dimension bzw. der Zielverwirklichung aufgezeigt, bevor im Anschluss daran der Frage nachgegangen wird, in welchem Umfange möglicherweise eine von Verfassungs wegen gebotene Zielverwirklichung bzw. Umsetzung der leistungsrechtlichen Dimension auf dem Gesetzgeber lastet.

In den Stellungnahmen der Lehre zu den zum „objectif de disposer d'un logement décent" ergangenen Entscheidungen finden sich vereinzelt Hinweise wie die, dass der Gesetzgeber kraft des „objectif" keiner „obligation de résultat" unterliege. Es gebe kein bestimmtes, von Verfassungs wegen zu erreichendes Ziel.[249] Auch zu den Entscheidungen, welche das „Recht, eine Beschäftigung zu erhalten" zum Gegenstand hatten, finden sich Stellungnahmen, die hervorheben, dass der Gesetzgeber allenfalls gehalten sei, dass Recht im bestmöglichen Umfange zu verwirklichen – keinesfalls sei sein ihm immanenter Zielgehalt als

---

[247] Mit Blick auf diesen Zustand glaubt *Grewe* feststellen zu können, dass die Prüfung durch den Conseil constitutionnel im Verfahren der präventiven Normenkontrolle äußerst „abstrakt und spekulativ" erfolge: *Dies.*, EuGRZ 2002, S. 209 (212).

[248] Zu dieser Überprüfungsmöglichkeit *Renoux/deVilliers*, Code Constitutionnel, S. 507 f.

[249] So – indes ohne Begründung – *Mathieu,* Les Petites Affiches, 7. juin 1995 N° 68, S. 9 (10). Inhaltlich in die gleiche Richtung *Zitouni*, Les Petites Affiches, 12. janvier 1996 N° 6, S. 14 (19).

Auftrag zur Vollbeschäftigung zu verstehen.[250] Das „objectif" scheint für Teile des Schrifttums kein „perfektibles Ziel"[251] zu sein, welches vollumfänglich zu verwirklichen ist und daher erst bei seiner – wie im einzelnen auch immer zu bestimmenden – vollständigen Umsetzung durch den Gesetzgeber verfassungskonform im einfachen Recht realisiert worden ist. Es fehlt indes in aller Regel an einer verfassungsrechtlichen Begründung für diese Restriktion der Reichweite des Ziels.

*(1) Die Beachtung kollidierender Freiheitsgrundrechte*

Allenfalls vereinzelt finden sich Andeutungen, wieso eine derartige Restriktion von Verfassungs wegen geboten sein könnte. Aufschlussreich ist insoweit ein Ausschnitt aus dem Antrag der Mitglieder der Assemblée Nationale, der der Entscheidung des Conseil constitutionnel zum „objectif de disposer d'un logement décent" aus dem Jahre 2000 zugrunde lag. Zwar handele es sich, so die Antragsteller, bei diesem „objectif" für den Gesetzgeber um ein von Verfassungs wegen zu verfolgendes Ziel, „mais en aucun cas d'un droit à réaliser *de facon absolue* et dans toutes les situations, ***au détriment d'autres droits de même valeur constitutionnelle***".[252] Der letzte Teil der Aussage verdeutlicht, inwieweit einer vollständigen Verwirklichung des Ziels von Verfassungs wegen Grenzen gezogen sein können: Die mit dem „objectif" kollidierenden Grundrechte bilden eine äußerste, unüberwindbare Grenze. Damit ist ein Grundproblem der Zielverwirklichung aufgezeigt: Das im Rahmen der einfach-gesetzlichen Umsetzung des Ziels gewährte „Mehr" an Rechten bestimmter Personengruppen (bspw. Obdachloser oder aber Arbeitsloser) kann oftmals nur einhergehen mit einer Beschränkung der Grundrechte Dritter; so bspw., das haben die Untersuchungen der Rechtsprechung des Conseil constitutionnel gezeigt, des Wohnungseigentümers oder des Unternehmers. Die Begrenzung dieser kollidierenden Grundrechte, ein Eingriff in ihre abwehrrechtliche Dimension als einer denkbaren Folge der Zielverwirklichung kann nicht schrankenlos möglich sein – andernfalls liefe der verfassungsrechtliche Schutz der kollidierenden Grundrechte ins Leere.

Wichtig erscheint in diesem Zusammenhang der Hinweis, dass die vollständige Zielverwirklichung nur um den Preis einer Beschränkung kollidierender Grundrechte zu erreichen sein kann, aber nicht zwangsläufig zu erreichen sein muss. Es bleibt bspw. denkbar, dass allen Obdachlosen eine Wohnung zur Verfügung gestellt wird, ohne dass damit zwangsläufig das Eigentumsrecht Dritter

---

[250] Wie Fn 147.

[251] Zum Begriff *Sommermann*, Staatsziele und Staatszielbestimmungen, S. 380 f.

[252] J.O. 2000, S. 19846 (19848). Hervorhebungen durch den Verfasser.

verletzt wird. Unter welchen Bedingungen das besagte Ziel auch ohne den Preis einer Verletzung kollidierender Rechte Dritter im einzelnen erreicht werden kann, soll hier nicht theoretisch „durchdekliniert" werden.[253] Wo genau aber die Grenze zwischen einer noch zulässigen Beschränkung des kollidierenden Grundrechts und dessen Verletzung im Rahmen der Zielverwirklichung verläuft, ist abhängig vom Einzelfall. Wie dabei die Wesensgehaltsgarantie oder aber das Verbot eines offensichtlich unverhältnismäßigen Eingriffs der gesetzgeberischen Betätigung im Einzelfall Grenzen ziehen können, haben die Analysen der eingriffsrechtfertigenden Funktion des Abs. 5 S. 1 2. Alt. und des „objectif de disposer d'un logement décent" gezeigt. Auf diese Weise leitet die von Verfassungs wegen gebotene Beachtung kollidierender Grundrechte die Auslegung der sozialen Grundrechte der Präambel von 1946 mit Blick auf die hier interessierende Grundrechtsfunktion. Deren Gehalt darf nicht derart bestimmt werden, dass seine Verwirklichung nur um den Preis der Verletzung entgegenstehender Grundrechte möglich ist.

### *(2) Schranken der Präambel von 1946*

Nicht nur die abwehrrechtliche Dimension kollidierender Grundrechte zieht der leistungsrechtlichen Interpretation der sozialen Grundrechte der Präambel von 1946 eine Schranke. Dass der Verfassungsgeber von 1946 selbst davon ausgegangen ist, mit der Niederlegung sozialer Grundrechte nicht in jedem Falle die Erreichung eines einfach-gesetzlichen Idealzustandes in ihrem jeweiligen Regelungsbereich vorschreiben zu können – etwa im Zuge des Abs. 5 S. 1 2. Alt. den Zustand der Vollbeschäftigung – ergibt sich vereinzelt schon im Wege systematischer Auslegung der Präambel von 1946. Deren Abs. 11 S. 2 formuliert: „Tout être humain qui, en raison...de la situation économique, se trouve dans l'incapacité de travailler a le droit d'obtenir de la collectivité des moyens convenables d'existence".[254] Begreift man Arbeitslosigkeit als vom Einzelnen zu tragende Folge einer gesamtwirtschaftlich prekären Situation, so wird dem Staat durch diese Norm die Pflicht auferlegt, auch Arbeitslosen den Lebensunterhalt zu sichern. Dadurch aber räumt der Verfassungsgeber indirekt ein, dass eine Vollbeschäftigung nicht immer verwirklicht werden kann.[255] Absatz 11 S. 2 beschränkt so die normative Reichweite des „Recht(s), eine Beschäftigung zu erhalten".[256]

---

[253] Naheliegend wäre bspw. ein umfassendes, staatlicherseits finanziertes Bauprogramm.

[254] Auslassung durch den Verfasser.

[255] So im Ergebnis auch *Luchaire*, Le Conseil constitutionnel Band II, Rn 231 sowie *Borgetto/Lafore*, Droit de l'aide et de l'action sociales, Rn 383.

[256] *Borgetto* in: Le Préambule de la Constitution de 1946, S. 137.

### *(3) Das Prinzip der Gewaltenteilung als verfassungsrechtliche Schranke*

#### *(a) Der Beurteilungsspielraum des Gesetzgebers*

In der französischen Lehre finden sich Äußerungen, denen zufolge der Gesetzgeber bei der Umsetzung („mise en oeuvre“) etwa des „objectif de disposer d'un logement décent“ einen Beurteilungsspielraum habe. Kraft dieser „marge de manoeuvre“ sei es seiner Einschätzung überlassen, neue Maßnahmen zur Zielverwirklichung zu ergreifen.[257] Eine gewisse „liberté d'appréciation“ begleite so die dem Gesetzgeber von Verfassungs wegen aufgegebene Zielverwirklichung.[258] Andere sehen die Zubilligung eines Beurteilungsspielraums als generelles Merkmal der von Verfassungs wegen gebotenen gesetzgeberischen „mise en oeuvre“ der sozialen Präambelverbürgungen.[259] Die zitierte Literatur begnügt sich dabei in aller Regel mit dem Postulat eines gesetzgeberischen Beurteilungsspielraums. Sofern Überlegungen zu in der Folge des Beurteilungsspielraums gebotenen Zurückhaltung der gerichtlichen Kontrolle der Zielverwirklichung angestellt werden, erfolgen diese in aller Regel isoliert von dem Aspekt des Beurteilungsspielraums oder des Gewaltenteilungsgrundsatzes. Sie sind diesen aber, wie zu zeigen sein wird, der Sache nach zuzuordnen.

#### *(b) Die Furcht vor dem „gouvernement des juges“*

Dem Gesetzgeber im Einzelnen vorzuschreiben, welche Aktionen zur Zielverwirklichung der sozialen Präambelverbürgungen von Verfassungs wegen geboten seien, bedeute, so die Literatur, letztlich nichts anderes, als dass sich der Richter an die Stelle des demokratisch legitimierten Gesetzgebers setze. Er schriebe diesem dann die eine Fülle von Einzelfragen aufwerfende Umsetzung der Zielverwirklichung vor allem im Sozialrecht vor – Einzelfragen, zu deren Beurteilung ihm die notwendige Sachkenntnis und die Legitimation fehle. Bei der Zulassung einer derartigen Detailkontrolle aber stünde der Gesetzgeber unter der dauernden Bedrohung einer gerichtlichen Sanktion. Dies liefe letztlich auf ein „gouvernement des juges“ hinaus, daher sei ihm der Beurteilungsspielraum einzuräumen.[260] Mit dem Vorwurf des „gouvernement des juges“ spielen die zitierten Äußerungen auf eine mögliche Verletzung des Prinzips der Gewaltenteilung an. Wo der Richter „regiert“, im Zusammenhang mit einer Kontrolle des

[257] *Mathieu*, Les Petites Affiches, 7. juin 1995 N° 86, S. 9 (10).

[258] *Zitouni*, Les Petites Affiches, 12. janvier 1996 N° 6, S. 14 (18).

[259] *Borgetto*, La notion de fraternité en droit public francais, S. 531; *Rivero*, Les libertés publiques, Band I, S. 100.

[260] *Borgetto*, La notion de fraternité en droit public francais, S. 535. Inhaltlich in die gleiche Richtung *Robert* in: Le Préambule de la Constitution de 1946 – Un contrat de société?, S. 17 (24).

Gesetzgebers dürfte die Verwendung des Verbes „légiférer" präziser sein, verletzt er offensichtlich dieses Prinzip. Dessen drohende Verletzung durch eine im Wege des Gerichtsurteils erfolgende Vorgabe des Ziels und der insoweit zu ergreifenden Maßnahmen kann nur vermieden werden, indem dem Gesetzgeber ein der gerichtlichen Kontrolle entzogener Beurteilungsspielraum im Hinblick auf die Zielverwirklichung zugebilligt wird. Hierin äußert sich der sachliche Bezug des Vorwurfs des „gouvernement des juges" zum Aspekt des Beurteilungsspielraums. Der Vorwurf des „gouvernement des juges" taucht in der französischen Verfassungslehre, aber auch und gerade in der politischen Diskussion immer dann auf, wenn eine gerichtliche Kontrolle staatlichen Handelns als Mißachtung des Gewaltenteilungsprinzips empfunden wird.[261]

Nun ist das bloße Empfinden einer Verletzung noch kein Beleg dafür, dass das Prinzip der Gewaltenteilung, ausdrücklich niedergelegt in Art. 16 der Erklärung von 1789[262] und daher mit Verfassungsrang ausgestattet, tatsächlich verletzt ist, solange es an rechtlichen Argumenten mangelt, die zu belegen vermögen, dass eine detaillierte Kontrolle der Zielverwirklichung eine Überschreitung der richterlichen Kompetenzen darstellt und damit einhergehend die Rechte der Legislative verletzt. Allenfalls im oberflächlichen Ansatz finden sich in der französischen Lehre rechtliche Argumente, mit denen es sich im Folgenden auseinanderzusetzen gilt:

Auf die Problematik einer gerichtlichen Kontrolle der Zielverwirklichung angesprochen, äußert sich die Lehre wie folgt: „Le Conseil constitutionnel n'a pas à contraindre le législateur à excercer une compétence que lui a donné le constituant".[263] Diese knappe Äußerung spielt offenbar auf Art. 34 S. 4 5.

---

[261] *Troper* in: Mélanges Conac, S. 49 ff. sowie *Luchaire*, JöR 38, S. 173 (191 f.); letzterer mit Beispielen aus der französischen Tagespolitik.
Der Begriff des „gouvernement des juges" wurde 1921 durch eine Studie *Edouard Lamberts* eingeführt, welche die Rechtsprechung des Supreme Court der Vereinigten Staaten untersuchte. Unter dem Titel „Le gouvernement des juges et la lutte contre la législation sociale aux Etats-Unis" (veröffentlicht unter diesem Titel bei Girard im Jahre 1921) glaubte *Lambert* nachweisen zu können, dass Ausbildung und konservative Gesinnung der Richter des Supreme Court diese dazu veranlasst hätten, die jüngste amerikanische Sozialgesetzgebung als verfassungswidrig zu bewerten. Angesichts dieser ihrer Machtfülle könnten Verfassungsrichter jede einfach-gesetzliche Reform blockieren; letztlich „regierten" daher sie den Staat. Diese Studie *Lamberts* hat nachhaltig die Debatten der französischen Lehre über die Einführung einer Nomenkontrolle beeinflusst und entscheidend eine insoweit ablehnende Haltung weiter Teile des Schrifttums zur Zeit der IV. Republik gefördert: Referiert bei *Bauer*, Verfassungsgerichtlicher Grundrechtsschutz in Frankreich, S. 40 f. sowie *Mels*, Bundesverfassungsgericht und Conseil constitutionnel, S. 58 ff.

[262] Art. 16: „Toute Société dans laquelle la garantie des Droits n'est pas assurée, *ni la séparation des pouvoirs, n'a point de Constitution*". Hervorhebung durch den Verfasser.

[263] *Robert* in: Préambule de la Constitution de 1946 – Un contrat de société?, S. 17 (24).

Spiegelstrich[264] der französischen Verfassung an, kraft dessen es Sache des Gesetzgebers ist, bspw. auf dem Gebiet des Arbeits- und Sozialrechts Gesetze zu erlassen; oder aber sie bezieht sich auf Art. 34 S. 7[265], der den Gesetzgeber ermächtigt, die Ziele der wirtschaftlichen und sozialen Staatsaktivitäten zu bestimmen. Nur diesen, so muss man die Äußerungen im Schrifttum interpretieren, habe der Verfassungsgeber kraft der genannten Normen zur Gesetzgebung ermächtigt, nicht aber ein Gericht. Letzterem mangelt es offenbar an der durch den Verfassungsgeber vermittelten Legitimation seiner Kontrolle. Indes, so ließe sich einwenden, greift dieser Ansatz zu kurz. Denn mit Art. 61 Abs. II ist der Conseil constitutionnel ermächtigt, die Vereinbarkeit von Gesetzen mit der Verfassung („conformité à la Constitution") zu überprüfen: Warum dann nicht auch im Hinblick auf eine nicht hinreichende, weil hinter dem von Verfassungs wegen möglicherweise gebotenen Zielgehalt zurückbleibende, einfach-gesetzliche Zielverwirklichung?

Gleiches gilt für das Argument der Kostenintensität der einfach-gesetzlichen Zielverwirklichung, welches im Zusammenhang mit dem Beurteilungsspielraum, welcher dem Gesetzgeber bei der Bestimmung des Zielgehalts zuzubilligen sei, vorgetragen wird[266]: Zumindest soweit der Zielgehalt des sozialen Grundrechts durch seine einfach-gesetzliche Umsetzung unmittelbar finanzielle Leistungsansprüche des Bürgers gegen den Staat schaffe, seien diese Ansprüche u.U. mit hohen Belastungen des Staatshaushalts verbunden. Die einfachgesetzliche Verwirklichung sozialer Grundrechte sei daher abhängig von den Ressourcen des Staates, diese wiederum vom Zustand der Volkswirtschaft.[267] Man mag dabei das Argument der Kostenintensität ebenfalls in Beziehung zu einer möglichen Verletzung der Rechte des Gesetzgebers setzen: Es ist der Gesetzgeber, der grundsätzlich das Haushaltsrecht beschließt (vgl. Art. 34 S. 5[268]) und damit auch über die für die Umsetzung der sozialen Präambelverbürgungen aus seiner Sicht notwendigen finanziellen Aufwendungen entscheidet (vgl. Art. 34 S. 6[269]), und nicht ein Gericht. Aber auch hier gilt: Wenn der Conseil constitutionnel den Gesetzgeber zwar nicht zur Finanzierung des Unmöglichen ver-

---

264 „La loi détermine les principes fondamentaux: ... – du droit du travail, du droit syndical et de la sécurité sociale".

265 „Des lois de programme déterminent les objectifs de l'action économique et sociale de l'État."

266 So bei *Capitant* in: Mélanges Fromont, S. 127 (139).

267 *Rivero*, Les libertés publiques, Band I, S. 101; *Roman*, Le droit public face à la pauvreté, S. 334.

268 „Les lois de finances déterminent les ressources et les charges de l'État dans les conditions et sous les réserves prévues par une loi organique."

269 „Les lois de financement de la sécurité sociale déterminent les conditions générales de son équilibre financier et, compte tenu de leurs prévisions de recettes, fixent ses objectifs de dépenses, dans les conditions et sous les réserves prévues par une loi organique."

pflichten kann, so ist es doch eine Überlegung wert, ob er ihm kraft Art. 61 Abs. II bspw. eine andere als die beabsichtigte Schwerpunktsetzung bei der Verteilung des Steueraufkommens vorschreiben darf. Das Gesetzesvorhaben wäre eben nur dann verfassungskonform, wenn es hinreichend zu der vermeintlich von Verfassungs wegen gebotenen Zielverwirklichung beiträgt.

*(c) Die Unmöglichkeit einer präzisen Bestimmung des Zielgehalts*

Das Grundproblem der voranstehend skizzierten Überlegungen bleibt. Die angedachte gerichtliche Kontrolle steht und fällt mit einer präzisen, durch Auslegung zu ermittelnden Bestimmung dessen, was dem Gesetzgeber von Verfassungs wegen an Zielverwirklichung aufgegeben ist. Die mit dem Vorwurf des „gouvernement des juges“ auf eine mögliche Verletzung des Gewaltenteilungsprinzips anspielenden Äußerungen der Lehre reihen sich damit letztlich in das Grundproblem jeglicher Auslegung ein: Es ist dies die Bestimmung der Grenzen noch zulässiger Auslegung; Grenzen, die auch daraus resultieren, dass Auslegung – ihrer Konzeption nach – Interpretation von vorgegebenen Normen und nicht Schaffung neuer Norminhalte sein soll.[270] Der im französischen Schrifttum postulierte Beurteilungsspielraum des Gesetzgebers steht einer durch Auslegung zu ermittelnden Bestimmung des von Verfassungs wegen gebotenen Zielgehalts aber gerade entgegen.

Letztlich erscheint die Zubilligung des Beurteilungsspielraums als eine unausweichliche Konsequenz der leistungsrechtlichen Dimension der sozialen Präambelverbürgungen bzw. des ihnen immanenten Zielgehalts. Denn dort, wo man den Gesetzgeber von Verfassungs wegen zu einem „Mehr“ an Leistungen oder aber einer intensiveren Schutzgesetzgebung zugunsten des Bürgers, vermittelt durch eine entsprechende einfach-gesetzliche Umsetzung, verpflichten will, wirft der Versuch der Definition dieses „Mehr“ Fragen auf, die durch Verfassungsauslegung nicht mehr zu beantworten sind. Denn das zu verwirklichende Zielniveau ist beliebig erhöhbar: Nicht nur bei dem „objectif de disposer d'un logement décent“ sind die Anforderungen bspw. an die Qualität des bereitzustellenden Wohnraumes steigerungsfähig. Gleiches gilt etwa für den „Schutz der materiellen Sicherheit“ oder den „Schutz der Gesundheit“ (Abs. 10 S. 1). Je nachdem aber, wie hoch das zu erreichende Zielniveau fixiert wird, setzte man den Gesetzgeber unter einen permanenten Zielverwirklichungszwang; er liefe Gefahr, beständig hinter dem zu erreichenden Zielgehalt zurückzubleiben. Wo aber ein Gericht die Meßlatte im Hinblick auf den zu erreichenden Zielgehalt

[270] Zum Spannungsverhältnis von noch zulässiger Auslegung und möglicher Verletzung des Gewaltenteilungsprinzips im Zusammenhang mit dem Vorwurf des „gouvernement des juges“ vgl. *Troper* in: Mélanges Conac, S. 49 (50 ff.), *Renoux/deVilliers*, Code Constitutionnel, S. 513 f. sowie *Burdeau/Hamon/Troper*, Droit constitutionnel, S. 73 ff.

immer höher legt, ist es nicht mehr der Gesetzgeber, der über die Inhalte seiner Gesetzgebung entscheidet, sondern das Gericht: Es „regierte“ dann letztlich das Land und sähe sich aus der Perspektive der französischen Verfassungstradition konsequenterweise dem Vorwurf des „gouvernement des juges“ ausgesetzt.

Es ist darüber hinaus eine Eigenart der leistungsrechtlichen Dimension, dass die verschiedensten Wege zu ihrer Umsetzung im einfachen Gesetzesrecht denkbar sind. Sollte man, was nach voranstehend geäußerter Überlegung kaum möglich erscheint, überhaupt zur Bestimmung des Zielgehalts gelangen, so bleibt die Frage nach den zu seiner Verwirklichung gebotenen Mitteln. Auch diese Frage kann kaum durch Verfassungsauslegung beantwortet werden. Denn ob das Mittel zur Zielverwirklichung tatsächlich geeignet ist, stellt sich bei der Beurteilung des dann in Frage stehenden Gesetzes*vorhabens* als eine Prognoseentscheidung dar. Seine Eignung kann nur vermutet werden, belegt ist sie erst nach erfolgter Anwendung des Gesetzes. Dies gilt umso mehr, als die Frage der Geeignetheit nicht nur für das vorgesehene Mittel isoliert beantwortet werden darf. Denn dessen Geeigentheit zur Zielverwirklichung kann sich ggf. erst aus seinem Zusammenspiel mit bereits existierenden gesetzlichen Maßnahmen ergeben. Hier ist es die Komplexität des aus einer Fülle von ineinandergreifenden Gesetzen und Verordnungen bestehenden einfach-gesetzlichen Sozialrechts, die eine richterliche Beurteilung ersichtlich zu erschweren vermag.[271]

Vor dem Hintergrund der voranstehenden Erwägungen wird deutlich, inwieweit die Zielbestimmung durch ein Gericht der Verletzung des Prinzips der Gewaltenteilung nach sich ziehen könnte. Dem Gesetzgeber laufend bestimmte, noch zu verwirklichende Ziele vorzuschreiben hieße, ihn unter einen permanenten Zielverwirklichungszwang zu setzen. Das Gesetzesinitiativ*recht* des französischen Parlaments und der Regierung (Art. 39 Abs. I) mutierte zu einer Initiativ*pflicht*, begründet aus dem den Präambelverbürgungen vermeintlicherweise immanenten Zielgehalt. Das Niveau der zu erreichenden Ziele würde nicht mehr der Gesetzgeber bestimmen, sondern der Conseil constitutionnel. Dieser hat aber schon 1975 entschieden und wiederholt seitdem beständig, dass Art. 61 ihm nicht eine Einschätzungs- und Entscheidungsbefugnis gebe, die mit der des Parlaments *identisch* sei.[272] In dieser Feststellung kommt letztlich der Respekt

---

[271] *Schoettl*, zitiert bei *Favoreu/Philip*, Les grandes décisions du Conseil constitutionnel, S. 922; *Prétot* in: Le Préambule de la Constitution de 1946, S. 281.

[272] C.C. 74-54 DC vom 15. Januar 1975, Rec. 1975, S. 19 (19): „Considérant que l'article 61 de la Constitution ne confère pas au Conseil constitutionnel un pouvoir général d'appréciation et de décision *identique* à celui du Parlement, mais lui donne seulement compétence de se prononcer sur la conformité à la Constitution des lois déférées à son examen;...“. Hervorhebung durch den Verfasser. Aus jüngster Zeit vgl. statt vieler C.C. 94-

vor dem Gesetzgeber als dem durch Wahlen unmittelbar legitimierten Repräsentanten des Volkes zum Ausdruck. Man wird in dieser im französischen Schrifttum immer wieder zitierten Äußerung des Gerichts ein Fortleben der Idee der „loi sacrée" ausmachen dürfen: Wenn das Gesetz auch ersichtlich nicht mehr gänzlich einer Kontrolle durch den Conseil constitutionnel entzogen ist – die eingangs geschilderte Entwicklung seiner Rechtsprechung zu den sozialen Grundrechten der Präambel von 1946 sei insoweit Beleg genug – so äußert sich ein Restbestand dieser Idee auch im Schrifttum, wenn es dem Gesetzgeber bei der Frage nach der leistungsrechtlichen Dimension bzw. dem Zielgehalt der sozialen Grundrechte einen Beurteilungsspielraum einräumt, der einer gerichtlichen Kontrolle entzogen sein soll.

#### ee) Die Bedeutung des Gesetzgebers für die Umsetzung der leistungsrechtlichen Dimension bzw. des Zielgehalts sozialer Grundrechte

Die voranstehenden Ausführungen haben allenfalls aufgezeigt, wo die verfassungsrechtlichen Grenzen der Verwirklichung des den sozialen Präambelverbürgungen immanenten Zielgehalts bzw. ihrer leistungsrechtlichen Dimension und einer diesbezüglichen Kontrolle durch den Conseil constitutionnel verlaufen. Unbeantwortet bleibt so nach wie vor die Frage nach der von Verfassungs wegen gebotenen Zielverwirklichung: „Wieviel" an einfach-gesetzlicher Umsetzung der leistungsrechtlichen Dimension gebietet die Verfassung? Erst die Beantwortung dieses Fragekomplexes lieferte dem Conseil constitutionnel die nötigen Maßstäbe, um die eingangs aufgeworfene Problematik einer möglicherweise nicht hinreichenden Zielverwirklichung durch den Gesetzgeber zu prüfen und ein gesetzgeberisches Unterlassen zu sanktionieren. Die aufgeworfene Frage kann aber, berücksichtigt man die voranstehend herausgearbeiteten Schranken, durch Verfassungsauslegung nicht beantwortet werden. Insoweit bleibt die ernüchternde Erkenntnis, dass der Wunsch der Verfassungsväter von 1946, den Gesetzgeber vermittels der sozialen Päambelgewährleistungen zu einem „Mehr" an Leistungen zugunsten des Bürgers zu veranlassen[273], von einer dahingehenden Bereitschaft des Gesetzgebers abhängt. An dieser Stelle ist es angebracht, auf die Bedeutung des Gesetzgebers für die Entfaltung der leistungsrechtlichen Dimension bzw. des Zielgehalts der sozialen Präambelverbürgungen hinzuweisen. Was der Wortlaut dieser oftmals als „droits à..." („Rechte auf...") formulierten Normen dem Grundrechtsberechtigten an Leistungen verspricht – das französische Schrifttum bezeichnet die sozialen Präambelverbürgungen daher auch als „droits-créances" bzw. „droits-exigences" (Forderungs-

341 DC vom 6. Juli 1994 in J.O. 1994, S. 9956 (9956) oder aber die oben analysierte Entscheidung C.C. 98-401 DC vom 10. Juni 1998, Rec. 1998, S. 258 (265).

[273] Vgl. dazu oben, III. 2. b).

rechte)[274] – bleibt solange bloß „virtuelles Recht“[275], als der Gesetzgeber keine entsprechende einfach-gesetzliche Umsetzung geschaffen hat. Der Gesetzgeber ist der Ausgestalter dieser Dimension. Er kann ihre einfach-gesetzliche Umsetzung („mise en oeuvre“) unter Rückgriff auf die eingriffsrechtfertigende Funktion der sozialen Präambelverbürgungen verstärken, ist aber von Verfassungs wegen hierzu nicht gehalten.

Die herausgearbeitete Bedeutung des Gesetzgebers als Ausgestalter der leistungsrechtlichen Dimension der sozialen Grundrechte des französischen Verfassungsrechts erhellt und bestätigt auch die Ausführungen *Braibants* im Konvent. Die sozialen Grundrechte, von ihm in Anlehnung an die Terminologie der französischen Verfassungslehre als „droits de créance“ bezeichnet, entfalten ihre leistungsrechtliche Dimension gegenüber dem einzelnen Grundrechtsberechtigten erst vermittels eines einfach-gesetzlichen Umsetzungsaktes[276]; erst dieser gewährt finanzielle Leistungsansprüche oder aber Schutz vor den Handlungen Dritter.

### c) Ein von Verfassungs wegen gebotener umfassender „effet-cliquet“?

Es bleibt die Frage zu klären, ob sich – entgegen der Auffassung des Conseil constitutionnel – mit Teilen des französsichen Schrifttums ein umfassender Bestandsschutz zugunsten der einfach-gesetzlichen Konkretisierungen der Präambel von 1946 aus der Verfassung begründen lässt.

Insoweit können die zur leistungsrechtlichen Dimension bzw. zum Zielgehalt der sozialen Präambelverbürgungen voranstehend angestellten Überlegungen fruchtbar gemacht werden, die letztlich eine verneinende Antwort begünstigen. Genausowenig wie es von Verfassungs wegen möglich ist, dem Gesetzgeber einen bestimmten zu erreichenden Standard an einfach-gesetzlicher Zielverwirklichung vorzuschreiben, ist es nicht ersichtlich, wieso der einmal erreichte Stand an Zielverwirklichung von einer Veränderung *vollständig* ausgenommen sein soll. Denn der Gesetzgeber muss frei sein, unterschiedliche Schwerpunkte bei der Zielverwirklichung setzen zu können; damit einhergehend muss ihm auch die Zurücknahme des einmal erreichten Standards möglich sein, um auf neue Herausforderungen sozialpolitischer Art reagieren zu können. Wie schon bei der generellen leistungsrechtlichen Dimension können es ihm haushaltsrechtliche Erwägungen unmöglich machen, den einmal erreichten Stand zu hal-

---

[274] *Teboul* in: Le Préambule de la Constitution de 1946, S. 59 (63); *Israel*, Droit des libertés fondamentales, S. 22.

[275] Begriff nach *Rivero*, Les libertés publiques, S. 100.

[276] Vgl. die dahinlautenden Äußerungen *Braibants* im Konvent, Erstes Kapitel, V. 2. b).

ten. Denn bei einer volkswirtschaftlichen Krise und entprechend verminderten Steuereinnahmen bleibt ihm unter Umständen gar keine andere Wahl als eine Leistungskürzung. Wollte man den Gesetzgeber aber angesichts dieser Sachlage zu einer entsprechenden Umschichtung innerhalb des Haushaltes verpflichten, so bleibt es bei den schon voranstehend geäußerten Bedenken: Auch hier lebte dann aus französischer Perspektive die Furcht vor einem „gouvernement des juges" wieder auf, läge eine Verletzung des Gewaltenteilungsprinzips nahe. Die verfassungsrechtlichen Erwägungen, die gegen die Annahme einer leistungsrechtlichen Dimension bzw. eines Zielgehalts der Präambelverbürgungen sprechen, streiten so zwangsläufig gegen den im Schrifttum postulierten umfassenden „effet-cliquet": Wo von Verfassungs wegen schon kein Gebot besteht, auf eine bestimmte, von Verfassungs wegen so und nicht anders gebotene einfachgesetzliche Konkretisierung der sozialen Grundrechte der Präambel von 1946 hinzuarbeiten, kann nicht die Rücknahme von als Konkretisierung verstandenem einfachen Gesetzesrecht erfolgreich als verfassungswidrig gerügt werden. Es ist daher mit dem Conseil constitutionnel allenfalls von einer auf ein Mindestmaß begrenzten Rücknahmesperrwirkung auszugehen. Die Konturen dieses Mindestmaßes bleiben in seiner Rechtsprechung indes im Dunkeln. Eine Bestimmung dieses von Verfassungs wegen gebotenen Mindestmaßes durch Auslegung dürfte dabei auf die gleichen Schwierigkeiten stoßen, die schon bei der Ermittlung der leistungsrechtlichen Dimension bzw. des den sozialen Präambelverbürgungen immanenten Zielgehalts festgestellt wurden. Bezeichnenderweise finden sich im französischen Schrifttum keine Überlegungen zum von Verfassungs wegen gebotenen Umfang dieses Mindestmaßes. Soweit ersichlich, wurde auch noch nie eine Verletzung dieses Mindestmaßes vom Conseil constitutionnel festgestellt.[277]

### 5. Art. 1 S. 1 4. Var. der französischen Verfassung von 1958: die „République sociale"

Im Folgenden soll die Normativität des Art. 1 S. 1 4. Var. im gegenwärtigen französischen Verfassungsrecht untersucht werden. Die dabei gewonnenen Erkenntnisse werden dann in erster Linie im Rahmen des noch durchzuführenden Rechtsvergleichs verwertet werden können.

---

[277] So im Ergebnis auch *Capitant* in: Mélanges Fromont, S. 145.

### a) Art. 1 S. 1 4. Var. in der Rechtsprechung des Conseil constitutionnel: eine nicht entfaltete Verfassungsnorm

Das Bekenntnis zur „République sociale“ hat in der Rechtsprechung des Conseil constitutionnel bis zum heutigen Tag keine ausdrückliche Anwendung erfahren.[278] Ursache hierfür dürfte die Existenz eines umfangreichen, soziale Rechtspositionen verbürgenden Rechtekataloges sein: der Präambel von 1946. Mit dieser bietet sich dem Conseil constitutionnel eine reichhaltige Quelle an, auf die er im Rahmen der Eingriffsrechtfertigung zurückgreifen kann. Insbesondere der im Vergleich zu Art. 1 S. 1 4. Var. immer noch hohe Grad an inhaltlicher Ausdifferenzierung der Präambelnormen dürfte einen Rückgriff auf sie im juristischen „Bedarfsfalle“ attraktiv machen. Sie erlauben es dem Gericht, auf die jeweils sachnächste Norm zurückzugreifen. Daher zieht der Conseil constitutionnel Abs. 5 S. 1 1. Alt. zur Rechtfertigung von Maßnahmen der Beschäftigungsförderung heran, das „objectif de diposer d'u logement décent“ zur Rechtfertigung solcher Maßnahmen, die die Bekämpfung der Wohnungslosigkeit zum Ziel haben, und Abs. 11 S. 1 („protection de la santé“) zur Rechtfertigung von Eingriffen etwa in die Grundrechte der Tabakindustrie.[279] Dort nämlich, wo zumindest im Vergleich zur Unbestimmtheit einer Norm wie der „République sociale“ sachnähere, präzisere Regelungen im Verfassungstext vorhanden sind, wird der Rückgriff auf die allgemeinere Formulierung entbehrlich.

### b) Art. 1 S. 1 4. Var. in der französischen Lehre

Angesichts der Bedeutungslosigkeit des Art. 1 S. 1 4. Var. in der Rechtsprechung des Conseil constitutionnel lassen sich vereinzelte Stimmen im Schrifttum nachweisen, die diesen Zustand bedauern und für eine verstärkte Anwendung der Norm plädieren. So solle der Conseil constitutionnel in Zukunft auf die genannte Norm zurückgreifen, um die fehlende Präzision seiner „intérêt national“-Formel zu kompensieren. Denn schon früher habe er auf diese Formel zurückgegriffen, um Eingriffe in Freiheitsrechte zu rechtfertigen. Die Motivation des Gesetzgebers bei der Beschränkung der einschlägigen Freiheitsrechte sei dabei aber in einer Vielzahl der Fälle „sozialer Natur“ gewesen, so auch bspw. bei der voranstehend ausgewerteten Entscheidung aus dem Jahre 1990 zum Gesetz über Weisungsrechte im sozialen Wohnungsbau.[280] Das vom Gesetzgeber zur Rechtfertigung behauptete „intérêt national“ sei rein sozialer Natur. So habe das Bekenntnis zur „République sociale“ den Gesetzgeber zumindest unterschwellig bei der Ausarbeitung des gerügten Gesetzesvorhabens

---

[278] *Mathieu* in: Mathieu/Verpeaux, La République en droit francais, S. 141 (141).
[279] Vgl. oben, IV. 4. a) cc).
[280] Vgl. dazu oben, IV. 3. a) aa).

geleitet. Entsprechend solle der Conseil constitutionnel besagtes Bekenntnis zukünftig in ähnlich gelagerten Fällen zur Eingriffsrechtfertigung ausdrücklich heranziehen.[281] Bedenken, die sich auf die Unbestimmtheit des Begriffs der „République sociale" stützten und deswegen weiterhin seine Nichtanwendung forderten, seien nicht gerechtfertigt: Art. 1 S. 1 4. Var. sei nun einmal Bestandteil des geltenden französischen Verfassungsrechts und als solcher auch von den Gerichten uneingeschränkt anzuwenden. Gerade das Beispiel der Bundesrepublik Deutschland mit dem Sozialstaatsprinzip des Grundgesetzes zeige, dass auch vage Verfassungsnormen im Wege der Auslegung juristisch verwertbar gemacht werden könnten. Vermittels Art. 1 S. 1 4. Var. ließen sich dann – einmal angewandt – die individualistischen Rechtspositionen der Erklärung von 1789 abmildern.[282]

Dem wird überwiegend entgegengehalten, dass sich eine Nichtberücksichtigung der „République sociale" mit dem Willen des Verfassungsgebers von 1958 decke. Denn diesem sei es bei der Formulierung des Art. 1 S. 1 4. Var. ausschließlich darum gegangen, ein rein deklaratorisches Bekenntnis zur „sozialen Republik" zu formulieren, um die Akzeptanz der Verfassung im bevorstehenden Referendum zu erhöhen.[283] Die Intention des Verfassungsgebers scheint so eher politischer Natur und nicht auf eine rechtliche Tragweite ausgerichtet gewesen zu sein. Eine Auswertung der „travaux préparatoires" zu der Verfassung von 1958 bestätigt diese Einschätzung: Ausführungen einzelner Beteiligter vor dem Comité Consultatif Constitutionnel unterstreichen die ausschließliche Intention des Verfassungsgebers der V. Republik, die Attraktivität des ausgearbeiteten Verfassungsprojektes im bevorstehenden Referendum zu erhöhen, indem man ein Bekenntnis zur „République sociale" in den Verfassungstext aufnehme, ohne dass dieses Bekenntnis eine wie auch immer ausgestaltete Normativität entfalten sollte.[284]

---

281 *Mathieu* in: Mathieu/Verpeaux, La République en droit francais, S. 185. Man sieht bei dieser Behauptung des „unterschwellig geleitet seins" deutlich die Problematik des vom Conseil constitutionnel praktizierten apodiktischen Entscheidungsstils, welcher, da in aller Regel keine umfassenden Begründungen vorgetragen werden, zur Spekulation über mögliche, bei der Entscheidungsfindung ausschlaggebende Beweggründe geradezu auffordert.

282 *Fromont* in: Mathieu/Verpeaux, La République en droit francais, S. 188. Belege aus der Rechtsprechung des Bundesverfassungsgerichts fehlen indes bedauerlicherweise.

283 *Braibant* in: Mathieu/Verpeaux, La République en droit francais, S. 189.

284 Vgl. die Ausführungen in *Comité National*, l'Histoire de l'élaboration de la Constitution de 1958, Band I, S. 457 und Band II, S. 127.

### c) Die Präambel von 1946 als Ursache für die verfassungsrechtliche Bedeutungslosigkeit des Art. 1 S. 1 4. Var.

Auch wenn die beschriebene Intention des Verfassungsgebers aus den zitierten Dokumenten hervorgeht, so spricht dies nicht gegen eine rechtliche Bindungswirkung des Bekenntnisses zur „République sociale" im *gegenwärtigen* französischen Verfassungsrecht. Denn sämtliche Grundrechte und sonstigen materiellen Rechtssätze der französischen Verfassung von 1958 – von den staatsorganisationsrechtlichen Kompetenzen und Verfahrenvorschriften abgesehen – waren von vornherein nicht dazu bestimmt, als Prüfungsmaßstab für die materielle Verfassungsgemäßheit von Gesetzen zu dienen. Genauso wie aber die Bindung des Gesetzgebers an die Rechtspositionen der Präambel von 1946 oder aber der Erklärung von 1789 seit 1971 allgemein akzeptiert ist, muss dies auch für Art. 1 S. 1 4. Var. gelten. Eine andere Frage ist, ob für die in der Literatur vereinzelt geforderte Anwendung ein Bedarf in der Rechtsprechungspraxis des Conseil constitutionnel besteht. Die Fülle sozialer Rechtsverbürgungen in der Präambel von 1946 und ihre größere Sachnähe, welche aus ihrer höheren inhaltlichen Ausdifferenziertheit resultiert, dürfte eine verneinende Antwort begünstigen. Die geforderte Anwendung ist überflüssig, der Katalog der Präambel von 1946 ausreichend. Als Beleg hierfür sei auf die voranstehende Rechtsprechungsanalyse verwiesen. Auch wenn die Urteilserwägungen des Conseil constitutionnel oftmals Fragen nach der Reichweite der herangezogenen Präambelgewährleistungen offengelassen haben, so ist nicht ersichtlich, inwieweit die geforderte Anwendung des Art. 1 S. 1 4. Var. (ggf. in Verbindung mit anderen Grundrechtsnormen) eine präzisere Lösung ermöglicht hätten. Angesichts seiner Unbestimmtheit dürfte wohl eher das Gegenteil der Fall sein. Diese im Wesentlichen pragmatischen Überlegungen sollen durch eine rechtliche bestätigt werden: Das sich unter Umständen ergebende Konkurrenzverhältnis zwischen Art. 1 S. 1 4. Var. und einzelnen sozialen Präambelverbürgungen wird gelöst, indem man Letztere als lex specialis zu Art. 1 S. 1 4. Var. begreift. Sie liefern sachnähere Maßstäbe als die „République sociale", können gar als deren Konkretisierung begriffen werden. Soweit sie aufgrund ihrer größeren Sachnähe einmal anwendbar sind, verdrängen sie die allgemeinere Verfassungsnorm des Art. 1 S. 1 4. Var.[285]

[285] Zur Grundrechtskonkurrenz aus der Perspektive des Grundgesetzes vgl. *Pieroth/ Schlink*, Grundrechte, Rn 337 ff. Grundsätzlich zur „lex-specialis-Regel" *Larenz*, Methodenlehre der Rechtswissenschaft, S. 266 ff.

# V. Die sozialen Grundrechte in der Rechtsprechung des Conseil d'Etat

## 1. Interesse an einer Untersuchung der Rechtsprechung des Conseil d'Etat

Die Untersuchung der Handhabung sozialer Grundrechte in der Rechtsprechung des Conseil constitutionnel hat gezeigt, dass eine bestimmte rechtliche Wirkdimension der Verbürgungen der Präambel von 1946 nie Gegenstand seiner Rechtsprechung war: Es ist dies die Frage nach der vom einzelnen Grundrechtsträger einklagbaren leistungsrechtlichen Dimension. Kann der einzelne Grundrechtsberechtigte unmittelbar unter Berufung auf einzelne soziale Grundrechte der Präambel von 1946 Leistungsrechte gegen den französischen Staat geltend machen? Eine derartige Frage konnte und kann gegenwärtig vor dem Conseil constitutionnel nicht zur Entscheidung gebracht werden. Die im voranstehenden Abschnitt beschriebenen prozessualen Möglichkeiten, den Conseil constitutionnel anzurufen, verhindern das Aufkommen und damit Entscheidenmüssen über einen subjektiv eingeklagten leistungsrechtlichen Anspruch, da vor dem Conseil constitutionnel kein Individualbeschwerdverfahren eröffnet ist. Hier wird deutlich, inwieweit die prozessuale Flankierung von Grundrechten Einfluss hat auf die Wirkdimensionen, welche diesen Grundrechten möglicherweise entnommen werden können. Vor dem Conseil constitutionnel kann allenfalls die leistungsrechtliche Dimension der Präambelnormen in ihrer Wirkung gegenüber dem Gesetzgeber problematisiert werden; die hier interessierende Dimension in ihrer Wirkung gegenüber der Verwaltung scheidet in Ermangelung einzelner Klageberechtigter zwangsläufig aus.

Daher ist es angebracht, das Augenmerk auf die Rechtsprechung eines weiteren Gerichts zu legen: den Conseil d'Etat. Dieses oberste Verwaltungsgericht Frankreichs kann – im Gegensatz zum Conseil constitutionnel – auch von einzelnen Grundrechtsberechtigten zur Entscheidung bestimmter Rechtsstreitigkeiten angerufen werden. Es ist daher nicht auszuschließen, dass der Conseil d'Etat in seiner Vergangenheit über Ansprüche Einzelner unmittelbar aus den sozialen Grundrechten der Präambel von 1946 zu entscheiden hatte. Die Untersuchung der Rechtsprechung des Conseil d'Etat ermöglicht ferner, einzelne Ausführungen *Braibants* im Konvent zuerläutern. Es verstehe sich doch von selbst, so ließ er sich im Konvent ohne nähere Begründung vernehmen, dass ein „Recht auf Wohnung" dem Einzelnen nicht die Möglichkeit eröffne, vor Gericht die Zuweisung einer Wohnung einklagen zu können; gleiches gelte für das „Recht auf Arbeit", welches keinen Anspruch auf Bereitstellung eines Arbeitsplatzes vermittele.[286] Die Untersuchung erlaubt, diese Behauptungen *Braibants* für das französische Verfassungsrecht mit rechtlichen Erwägungen zu fundieren. Schließlich ist sie von Interesse, da vor allem die deutschen Konventsmitglieder glaubten, in der subjektiv einklagbaren leistungsrechtlichen Dimension sozialer Grundrechte eine ihrer zentralen rechtlichen Problemstellungen ausgemacht zu haben.[287] Ihre Befürchtungen vor unmittelbar vor Gericht durchsetzbaren Ansprüchen einzelner Grundrechtsberechtigter aus sozialen Grundrechten werden sich zumindest im Licht der Erkenntnisse zur Rechtsprechung des Conseil d'Etat als unbegründet erweisen.

Eine nähere Betrachtung verdient die Rechtsprechung dieses Gerichts noch aus einem anderen Grunde. Der für den Conseil constitutionnel geltende Grundsatz der verfassungsgerichtlichen Unantastbarkeit des in Kraft getretenen Gesetzes wird durch die Rechtsprechung des Conseil d'Etat – wenn auch, wie zu zeigen sein wird, nur behutsam – relativiert. Denn dieser prüft über Art. 55 unter bestimmten Bedingungen auch die Vereinbarkeit von in Kraft getretenen Gesetzen mit völkerrechtlichen Verträgen. In diesem Zusammenhang wird daher kurz über eine Quelle sozialer Grundrechte zu berichten sein, die der Conseil d'Etat möglicherweise zu berücksichtigen hat: das Völkerrecht.

## 2. Kontrollbefugnisse des Conseil d'Etat im Hinblick auf grundrechtswidriges staatliches Handeln

Vorab sollen die Kontrollbefugnisse des Conseil d'Etat im Hinblick auf möglicherweise grundrechtswidriges staatliches Handeln überblicksartig referiert werden, um die bessere Nachvollziehbarkeit der Urteilsanalyse zu gewährleisten.

### a) Der Conseil d'Etat als Richter der Verwaltung – Rechtsschutzmöglichkeiten des einzelnen Bürgers

Kennzeichnend für den Conseil d'Etat, welcher im Jahre 1799 geschaffen wurde, sind im gegenwärtigen französischen öffentlichen Recht eine beratende[288] und rechtsprechende[289] Funktion. Was letztere Funktion anbelangt, so kann der einzelne Bürger über den „recours de pleine juridiction" (auch „recours de plein contentieux" genannt) auch Leistungsansprüche gegen den Staat gel-

[286] Siehe oben, Erstes Kapitel, V. 2. b).

[287] Siehe oben, Erstes Kapitel, V. 1. b).

[288] Vgl. nur die Art. 37 Abs. II S. 1, 39 Abs. II S. 1 franz. Verf. Dazu *Laubadère/Venezia/Gaudemet*, Droit Administratif, Band I, Rn 453 f.

[289] *Laubadère/Venezia/Gaudemet*, Droit Administratif, Band I, Rn 455.

tend machen: Sach- und Geldleistungen können so eingeklagt werden.[290] Anders als vor dem Conseil constitutionnel ist so die Geltendmachung der leistungsrechtlichen Dimension der sozialen Präambelverbürgungen durch den einzelnen Grundrechtsträger zumindest in prozessualer Hinsicht nicht von vornherein ausgeschlossen.

### b) Die Grundrechte der französischen Verfassung von 1958 als anwendbare Kontrollmaßstäbe

Die Bedeutung der Grundrechte der französischen Verfassung in der Rechtsquellenlehre des französischen Verwaltungsrechts und damit ihre Anwendbarkeit zur Überprüfung der Rechtmäßigkeit des Verwaltungshandelns erschließen sich nur unter Berücksichtigung der Funktion des einfachen Gesetzesrechts in der Rechtsprechung des Conseil d'Etat. Letzteres ist zunächst selbst Rechtsquelle für die Prüfung der Rechtmäßigkeit des Verwaltungshandelns.[291] Es wird aber grundsätzlich nicht auf seine Vereinbarkeit mit den Grundrechtspositionen der *französischen Verfassung* kontrolliert. Regelmäßig weigert der Conseil d'Etat sich, ein Gesetz auf seine Grundrechtskonformität hin zu überprüfen und ggf. wegen dessen Verfassungswidrigkeit zu verwerfen.[292] Insoweit bleibt es auch für den Conseil d'Etat bei dem für das gegenwärtige französische Verfassungsrecht geltenden Grundsatz der verfassungsrechtlichen Unantastbarkeit des einmal verkündeten Gesetzes.[293] Fand diese Rechtsprechung zur Zeit der IV. Republik ihre Begründung noch in der Idee der „loi sacrée", so ist durch die Verfassung der V. Republik eindeutig geregelt, wem unter welchen Voraussetzungen die Kompetenz zur Prüfung der Verfassungsgemäßheit von Gesetzen – und insoweit eben nur von Gesetzesvorhaben – am Maßstab der Grundrechte der französischen Verfassung zukommt: dem Conseil constitutionnel.

Diese „grundrechtliche Unantastbarkeit" des Gesetzes wirkt sich nun erheblich auf die Überprüfung der Rechtmäßigkeit des Verwaltungshandelns am Maßstab der Grundrechte der französischen Verfassung (und damit auch der sozialen Grundrechte der Präambel von 1946) aus. Solange ein Verwaltungsakt

---

[290] *Laubadère/Venezia/Gaudemet*, Droit Administratif, Band I, Rn 617. Ausführlich zum „recours de plein contentieux" und seiner Parallele zur deutschen verwaltungsgerichtlichen Leistungsklage *Koch*, Verwaltungsrechtsschutz in Frankreich, S. 102 f. sowie S. 202 ff.

[291] *Chapus*, Droit Administratif Général, Band I, Rn 98.

[292] *Chapus*, Droit Administratif Général, Band I, Rn 1148. Zur insoweit einschlägigen älteren Rechtsprechung des Conseil d'Etat vgl. nur C.E. vom 10. Nov. 1950, Rec. Lebon 1950, S. 548. Zu seiner Rechtsprechung aus jüngerer Zeit vgl. C.E. vom 23. April 1997, Rec. Lebon 1997, S. 142 ff.

[293] *Chapus*, Droit Administratif Général, Band I, Rn 96 – 98; *Autexier/Sonnenberger*, Einführung in das französische Recht, S. 64 f.

oder aber eine Rechtsverordnung sich auf eine gesetzliche Ermächtigungsgrundlage stützt und deren inhaltlichen Vorgaben konform ist, weigert sich der Conseil d'Etat, die Grundrechte der französischen Verfassung als Kontrollmaßstäbe zur Überprüfung bspw. eines Verwaltungsaktes heranzuziehen. Aus seiner Sicht bedeutet eine derartige Kontrolle nichts anderes, als inzident auch das Gesetz auf seine Verfassungsgemäßheit zu überprüfen. Denn soweit der Verwaltungsakt als verfassungswidrig eingeschätzt würde, schlüge diese Beurteilung unweigerlich auch auf das zu seinem Erlass ermächtigende Gesetz durch. Gerade aber eine derartige Überprüfung der Grundrechtskonformität des Gesetzes steht ihm nicht zu. Das Gesetz schirmt hier den Verwaltungsakt vor einer Rechtmäßigkeitskontrolle am Maßstab der Verfassung ab; es bildet zwischen Verwaltungsakt und Verfassung einen, um mit der Terminologie der französischen Verwaltungslehre zu sprechen, „écran" („Schirm"). Infolge dieser „theorie de la loi-écran" kann ein den inhaltlichen Vorgaben des Gesetzes konformer Verwaltungsakt nicht mehr anhand der Maßstäbe des Verfassungsrechts – und damit auch nicht der Verbürgungen der Präambel von 1946 – überprüft werden.[294]

Der Rückgriff auf die sozialen Grundrechte der Präambel von 1946 als Kontrollmaßstab des Verwaltungshandelns wird also durch besagte Theorie von vornherein erheblich eingeschränkt. So ist bspw. eine Vielzahl sozialrechtlicher Verwaltungsakte, soweit sie auf ein entsprechendes Gesetz gestützt sind, nicht mehr anhand der Präambelverbürgungen überprüfbar. Damit ist das Verwaltungshandeln indes nicht gänzlich einer Überprüfung anhand der Maßstäbe des Verfassungsrechts entzogen: Dort, wo es etwa an einer einfach-gesetzlichen Ermächtigung für den Verwaltungsakt fehlt oder aber die Regierung von ihrem unmittelbar aus der Verfassung abgeleiteten Verordnungsrecht[295] Gebrauch macht, ist die Verfassung von 1958 grundsätzlich ein direkt anwendbarer Kontrollmaßstab und mit ihr auch die sozialen Grundrechte der Präambel von 1946 – denn in beiden Fällen gibt es keinen „écran" durch ein Gesetz.[296]

---

[294] *Chapus*, Droit Administratif Général, Band I, Rn 51 mit Nennung einer Fülle von Entscheidungen des Conseeil d'Etat zu dieser Problematik. In konsequenter Anwendung des „écran légilsatif" sah sich der Conseil d'Etat dann auch im Jahre 1978 gezwungen, ein den inhaltlichen Vorgaben eines offensichtlich verfassungswidrigen Gesetzes entsprechendes Dekret der Regierung für rechtmäßig zu erklären. Hier konnte letztlich nur eine – dann auch erfolgte – Gesetzesänderung den kaum akzeptablen Zustand des Fortbestehens verfassungswidriger einfach-gesetzlicher Normen aufheben: Entscheidung und ihre Folgen wiedergegeben bei *Chapus*, Droit Administratif Général, Band I, Rn 52.

[295] Vgl. Art. 37 Abs. I franz. Verf.

[296] *Chapus*, Droit Administratif Général, Band I, Rn 69.

### c) Grundrechte in völkerrechtlichen Verträgen als Kontrollmaßstab (Art. 55)

Im Übrigen bemüht sich der Conseil d'Etat, die beschriebenen Auswirkungen der „théorie de la loi-écran" abzumildern. Neben der schon genannten verfassungskonformen Interpretation einfachen Gesetzesrechts ist vor allem die Heranziehung völkerrechtlicher Verträge zur Kontrolle desselben zu nennen. Letztere wird ihm ermöglicht durch Art. 55. Kraft dieser Vorschrift kommt völkerrechtlichen Verträgen und Abkommen, soweit sie ratifiziert, verkündet und von beiden Vertragsparteien gleichermaßen angewandt werden, eine „autorité superieure à celle des lois" zu. Der Conseil constitutionnel weigert sich seit einer Entscheidung aus dem Jahre 1975, die Vereinbarkeit von Gesetzen mit völkerrechtlichen Verträgen zu prüfen.[297] Seit seiner Grundsatzentscheidung „Nicolo" aus dem Jahre 1989 prüft nun der Conseil d'Etat die Vereinbarkeit von Gesetzen mit den genannten völkerrechtlichen Rechtsnormen.[298] Gemäß der seitdem etablierten Rechtsprechung des Conseil d'Etat muss ein völkerrechtswidriges Gesetz, auch wenn es erst nach der Unterzeichnung des völkerrechtlichen Vertrages geschaffen wurde, außer Anwendung gelassen werden. Wohl gemerkt: eine Verwerfungskompetenz über das Gesetz erkennt sich der Conseil d'Etat nicht zu; es kommt nur zur Nichtanwendung derjenigen seiner Vorschriften, die der völkerrechtlichen Rechtsnorm zuwiderlaufen.[299] Auf das besagte Gesetz gestützte Rechtsverordnungen oder Verwaltungsakte sind dann rechtswidrig. Damit eröffnet sich dem Conseil d'Etat eine weitere Rechtsquelle, die Grundrechtsnormen enthält: das Völkerrecht. Anwendung in seiner Rechtsprechung findet so bspw. die EMRK.[300] Von Interesse ist Art. 55 für die Untersuchung der Rechtsprechung des Conseil d'Etat nun insoweit, als er möglicherweise auch sozialen Grundrechten aus völkerrechtlichen Verträgen in die nationale Rechtsordnung Frankreichs Eingang verschafft und ihnen entgegenstehendes nationales Recht außer Anwendung gelassen werden muss. Damit könnte sich die Möglichkeit einer Kontrolle des *in Kraft getretenen* Gesetzes eröffnen; eine diesbezügliche Untersuchung der Rechtsprechung des Conseil d'Etat ist vor dem Hintergrund der insoweit fehlenden Kontrollmöglichkeiten des Conseil constitutionnel von besonderem Interesse.

---

297 Aus der Sicht des Conseil constitutionnel ist er weder durch Art 61 noch durch Art. 34 zu einer derartigen Kontrolle ermächtigt, vgl. C.C. 74-54 DC vom 15. Januar 1975, Rec. 1975, S. 19 ff.

298 C.E. vom 20. Oktober 1989, Rec. Lebon 1989 S. 190. Zur vorherigen Rechtsprechung („la jurisprudence des semoules"), die noch eine derartige Überprüfung als dem Prinzip der Unantastbarkeit in Kraft getretener Gesetz zuwiderlaufend abgelehnt hatte, vgl. *Chapus*, Droit Administratif Général, Band I, Rn 186 – 190.

299 *Chapus*, Droit Administratif Général, Band I, Rn 191.

300 Vgl. die Nachweise aus der Rechtsprechung des Conseil d'Etat bei *Berger*, RFDA 1991, S. 111 ff., S. 843; *ders*., RFDA 1993, S. 963 ff.

### d) Eigenheiten der Urteile des Conseil d'Etat – Konsequenz für die methodische Vorgehensweise bei der Entscheidungsanalyse

Die für den Conseil constitutionnel charakteristische Kürze seiner Urteile findet sich schon bei seinem traditionsreichen Vorbild, dem Conseil d'Etat. Wegen ihres apodiktischen, bei Feststellungen verbleibenden Urteilsstils erlaubt die Lektüre der bloßen Urteilserwägungen des Gerichts es kaum, die Beweggründe seiner Entscheidungsfindung nachzuvollziehen. Besondere Bedeutung kommt daher den Schlussanträgen der dem Conseil d'Etat beigeordneten „commissaires du gouvernement" zu. Deren juristische Begutachtung des zu entscheidenden Falles liegt dem Gericht vor. Soweit veröffentlicht – was bedauerlicherweise häufig nicht der Fall ist[301] – erlauben es diese Schlussanträge, die knappen Ausführungen des Gerichts zu erhellen. Die Beweggründe für die Entscheidung erschließen sich dann aus dem Vortrag des „commissaire du gouvernement" und dem Urteil des Gerichts. Folgt das Gericht zumindest im Ergebnis seinem Vortrag, so ist zumindest nicht auszuschließen, dass die von ihm vorgetragene Argumentation das Gericht überzeugt hat. Andere, über den jeweiligen Schlussantrag hinausgehende gerichtliche Erwägungen bleiben allerdings im Verborgenen – das gilt vor allem in den Fällen, in denen das Gericht der Argumentation seines „commissaire" nicht folgt.

## 3. Die subjektive Einklagbarkeit der leistungsrechtlichen Dimension der sozialen Grundrechte: die Entscheidung „Tallagrand"

Was die subjektive Einklagbarkeit der leistungsrechtliche Dimension sozialer Grundrechte der Präambel von 1946 anbelangt, soll hier eine Entscheidung aus dem Jahre 1968 näher untersucht werden. Im Zentrum der Untersuchung wird dabei Abs. 12 der Präambel von 1946 stehen. Insoweit wird – wie eingangs dieses Kapitels bereits angekündigt – von der Vorgehensweise der Untersuchung sozialer Grundrechte in der Rechtsprechung des Conseil constitutionnel abgewichen, bei der das „Recht, eine Beschäftigung zu erhalten" und das „objectif de disposer d'un logement décent" den Schwerpunkt der Untersuchung bildeten. Dies erscheint notwendig, weil besagte Rechte, soweit ersichtlich, in der hier interessierenden Wirkdimension in der Rechtsprechung des Conseil d'Etat noch nie Gegenstand einer Entscheidung waren.[302] Gleiches gilt für die „République

---

[301] *Autexier/Sonnenberger*, Einführung in das französische Recht, S. 30.

[302] So für Abs. 5 S. 1 2. Alt. *Borgetto* in: Le Préambule de la Constitution de 1946, S. 127 (146). Die Nichtanwendung des „objectif de disposer d'un logement décent" dürfte sich daraus erklären, dass angesichts seiner ausschließlich auf die Bedürfnisse des Gesetzgebers ausgerichteten Funktion in der Rechtsprechung des Conseil constitutionnel und der Weigerung des Conseil d'Etat, Gesetze auf ihre Grundrechtskonformität anhand der Präambel-

sociale“ (Art. 1 S. 1 4. Var.). Die Untersuchung der Entscheidung des Conseil d'Etat zu Abs. 12 erlaubt aber, in gewissem Umfange stellvertretend für die sozialen Präambelverbürgungen Erkenntnisse zur hier interessierenden Fragestellung zu gewinnen. Geändert hat sich so für die Untersuchung nur der normative Anknüpfungspunkt in der Präambel von 1946.

### a) Der Sachverhalt

Der der Entscheidung zugrunde liegende Sachverhalt wird nur unter Berücksichtigung seines historischen Kontextes verständlich, welcher daher kurz geschildert werden soll.

Im Zuge der Unabhängigkeitswerdung der ehemaligen französischen Kolonie Algerien, ermöglicht durch die Verträge von Evian, kam es zu Übergriffen auf das noch auf algerischem Territorium befindliche Eigentum französischer Staatsbürger. Diese sahen sich wegen dieser Übergriffe genötigt, Algerien zu verlassen. So erging es auch dem Kläger im zu untersuchenden Fall, M. Tallagrand. Dieser verklagte – über den prozessualen Weg des „plein contentieux“[303] – den französischen Staat auf Entschädigung für den Verlust seines Eigentums in Algerien. Seine Klage begründete er im Wesentlichen wie folgt: Ihm stehe ein Entschädigungsanspruch unmittelbar aus Abs. 12 zu, der da lautet: „La Nation proclame la solidarité et l'égalité de tous les Francais devant les charges qui résultent des calamités nationales.“.[304] Der ihm zugefügte Verlust seines Eigentums sei Folge eines „nationales Notstandes“, nämlich des Algerienkrieges und der mit ihm verbundenen Unabhängigkeitswerdung des algerischen Staates, welche letztlich erst die Übergriffe auf sein Eigentum ermöglicht hätten. Infolgedessen gewähre die zitierte Norm ihm unmittelbar einen Anspruch auf Entschädigung.[305] Insoweit wird nichts anderes als die leistungsrechtliche Dimension einer Vorschrift der Präambel von 1946 geltend gemacht: Dem *einzelnen* Kläger soll *unmittelbar* auf der Grundlage des Abs. 12 eine Leistung – hier in Gestalt einer finanziellen Entschädigung – gewährt werden.

---

verbürgungen zu überprüfen, kaum Fallkonstellationen ersichtlich sind, in denen es zur Anwendung gelangen könnte.

[303] Dazu oben, V. 2. a).

[304] Übersetzung bei *Kimmel/Kimmel*, Die Verfassungen der EU-Mitgliedsstaaten, S. 161: „Die Nation verkündet die Solidarität und Gleichheit aller Franzosen hinsichtlich der Lasten, die ihnen aus nationalen Notständen erwachsen.“.

[305] Der Vortrag des Klägers ergibt sich zum einen aus den – sehr knappen – Ausführungen des Gerichts (C.E. vom 29. November 1968, Rec. Lebon 1968, S. 386 (386)), zum anderen aus den raren Stellungnahmen der Literatur zu dieser Entscheidung: Vgl. insoweit *Waline*, RDP 1969, S. 686 ff.

### b) Die Entscheidung

Der Conseil d'Etat verweigerte dem Kläger den geltendgemachten Anspruch. Das Gericht führt mit der für seinem Entscheidungsstil charakteristischen Kürze aus: „...le principe (gemeint ist der Abs. 12) ainsi posé, *en l'absence de disposition législative précise en assurant l'application*, ne peut servir de base à une action contentieuse en indemnité,...".[306] In Ermangelung einer einfach-gesetzlichen Umsetzung gewähre Abs. 12, so das Gericht, unmittelbar keinen Schadensersatzanspruch. Mit dieser Feststellung begnügt es sich. Es fehlt an einer Begründung dafür, warum besagte Norm den geltend gemachten Anspruch nicht unmittelbar zu gewähren vermag bzw. zunächst eine einfach-gesetzliche Umsetzung erforderlich sein soll. An dieser Stelle sei erwähnt, dass der Conseil d'Etat in den folgenden Jahren in ähnlich gelagerten Fällen mit der gleichen „Begründung" die Gewährung von Schadensersatzansprüchen unmittelbar aus Abs. 12 verweigerte.[307]

In Ermangelung einer detaillierten gerichtlichen Begründung stellt sich die Frage nach den Erwägungsgründen, die das Gericht bei seiner Entscheidungsfindung geleitet haben könnten. Eine Antwort hierauf wird durch die fehlende Zugriffsmöglichkeit auf das Gutachten des „commissaire du gouvernement" erschwert, welches bedauerlicherweise nicht veröffentlicht worden ist. Dafür lassen sich im Schrifttum verschiedene Erklärungsansätze für die knappen Erwägungen des Gerichts nachweisen.

### c) Mögliche Beweggründe des Gerichts bei der Entscheidungsfindung

#### aa) Die fehlende sprachliche Präzision des Abs. 12 als möglicher Erklärungsansatz

Einzelne Autoren sehen in dem unbestimmten Wortlaut des Abs. 12 der Präambel von 1946 den Grund dafür, dass er vom Conseil d'Etat für nicht unmittelbar anwendbar erklärt wurde. Die Unbestimmtheit des Wortlauts der Norm erfordere ersichtlich eine einfach-gesetzliche Umsetzung; erst diese vermöge Voraussetzungen und Höhe eines Schadenersatzanspruchs präzise zu regeln.[308] Bei genannter Norm handele es sich um eine rein ethische Regel, die in Ermangelung einer einfach-gesetzlichen Umsetzung bar jeder rechtlichen Wir-

306 C.E. vom 29. November 1968, Rec. Lebon 1968, S. 386 (386). Einfügung und Hervorhebung durch den Verfasser.

307 So bspw. C.E. vom 28. Mai 1971, AJDA 1972, S. 331 f.

308 *Roman*, Le droit public face à la pauvreté, S. 336; *Terneyre*, RFDC 1991, S. 317 (326).

kung bleibe.[309] Angemerkt sei an dieser Stelle, dass die unmittelbare Anwendbarkeit nicht nur für Abs. 12 wegen dessen angeblich fehlender sprachlicher Präzision verneint wird. Auch das „Recht, eine Beschäftigung zu erhalten“ (Abs. 5 S. 1 2. Alt.), so Stimmen aus dem Schrifttum, sei angesichts seiner sprachlichen Unbestimmtheit eher eine unverbindliche Absichtserklärung als eine Rechtsnorm – eine Auffassung übrigens, die auch in einem von *Braibant* mitverfassten Lehrbuch des Verwaltungsrechts vertreten wird.[310] Betrachtet man den Wortlaut des Abs. 12, so erscheinen die zitierten Äußerungen der Literatur zunächst durchaus überzeugend. Nicht von einem Schadenersatzanspruch ist dort die Rede, sondern lediglich von einer von „der Nation“ proklamierten „Solidarität aller Franzosen“ angesichts der Folgen eines „nationalen Notstandes“. Zwar kann man den Begriff der Solidarität dahingehend auslegen, dass er auch finanzielle Unterstützungen abverlangt, welche der französische Staat – dann gleichbedeutend mit der „Nation“ – zu leisten verpflichtet ist. Unklar bleiben bei bloßer Berücksichtigung des Wortlauts des Abs. 12 aber die einzelnen Voraussetzungen eines Anspruchs auf finanzielle Unterstützung, so vor allem der Begriff des „nationalen Notstandes“ oder die inhaltliche Ausgestaltung und Reichweite der proklamierten „Solidarität“.

Dem wird entgegengehalten, dass in der bloßen Unbestimmtheit des Wortlauts des Abs. 12 nicht der entscheidende Grund für die Verweigerungshaltung des Gerichts liegen könne. Denn der Conseil d’Etat habe in seiner Rechtsprechung bis in die Gegenwart hinein ähnlich unpräzise Rechtsverbürgungen der Präambel unmittelbar angewandt und wende sie noch gegenwärtig an, und dies trotz fehlender einfach-gesetzlicher Umsetzung.[311] In der Tat wandte der Conseil d’Etat bspw. Abs. 10 der Präambel von 1946 wiederholt an, um Dekrete der Regierung auf ihre Rechtmäßigkeit zu überprüfen. So entschied er im Jahre 1978, ein Dekret, welches die Nachzugsmöglichkeiten der Kinder von Ausländern beschränke[312], verstieße gegen das „Recht, ein normales Familienleben zu führen“ („droit de mener une vie familiale normale“), welches auch das Recht für legal in Frankreich lebende Ausländer beinhalte, ihren Ehepartner und ihre minderjäh-

---

[309] So *Ruzié*, zitiert bei *Clapié*, Rev. adm. 1997, S. 278 (281, Fn 16). In die gleiche Richtung *Venezia/Gaudemet*, Droit Administratif Général, Band I, Rn 823: „...disposition trop vague pour avoir valeur de droit positif à défaut de sa mise en oeuvre par des lois“.

[310] *Braibant/Stirn*, Le droit administratif francais, S. 212.

[311] *Borgetto*, La notion de fraternité en droit public francais, S. 540.

[312] Der Inhalt des Dekretes vom 10. November 1977 wird ausführlich referiert bei *Braibant/Delvolvé/Genevois/Long/Weil*, Les grands arrêts de la jurisprudence administrative, S. 674.

rigen Kinder zu sich zu holen. Dieses Recht gehöre zu den „principes généraux du droit" und resultiere aus Abs. 10 der Präambel der Verfassung von 1946.[313]

Von Bedeutung für die Untersuchung sind diese und die ihr folgenden[314] Entscheidungen, weil der Conseil d'Etat eine im hohen Maße auslegungsbedürftige Norm wie Abs. 10 zur Entscheidung heranzieht, sie durch Auslegung präzisiert und so für den konkreten Fall anwendbar macht. Wohlgemerkt: ein Gesetz, welches das „Recht, ein normales Familienleben zu führen" in irgendeiner Weise konkretisiert hatte, fehlte im zu entscheidenden Fall[315] – bei seinem Vorliegen wäre dann auch die Anwendung des Abs. 10 oder aber anderer Grundrechtsverbürgungen als Kontrollmaßstäbe des Verwaltungshandelns wegen der „théorie de la loi-écran" ausgeschlossen gewesen.[316] Nicht nur für Abs. 10 bejaht der Conseil d'Etat dessen unmittelbare Anwendbarkeit. Gleiches gilt paradoxerweise auch für Abs. 7 – eine Vorschrift, die ausdrücklich formuliert, dass das Streikrecht nur im Rahmen seiner einfach-gesetzlichen Umsetzung ausgeübt werden kann. Trotzdem wurde dieses Recht bereits zu einer Zeit vom Conseil d'Etat für unmittelbar anwendbar erklärt, in der es noch keine nähere einfach-gesetzliche Umsetzung erfahren hatte.[317] Ersichtlich hat also die Unbestimmtheit des Wortlauts der Normen ihre direkte Anwendung nicht gehindert. Die nicht nur für die Entscheidung „Tallagrand" angeführte Differenzierung einiger Autoren zwischen sprachlich präzisen und unpräzisen Normen der Präambel – Erstere seien unmittelbar anwendbar, Letztere „déclarations d'intention plus que des règles de droit"[318] – überzeugt daher nicht als Erklärungsansatz für die Rechtsprechung des Conseil d'Etat. Die Verweigerungshaltung des Gerichts gegenüber dem geltend gemachten individuellen Anspruch muss andere Ursachen haben.

---

[313] C.E. vom 8. Dezember 1978, Rec. Lebon 1978, S. 493 f. sowie AJDA 1979, S. 54 f. Das Gutachten des „commissaire du gouvernement", welcher das benannte „principe général du doit" aus Abs. 10 der Präambel von 1946 herleitet, ist wiedergegeben bei *Hamon*, Recueil Dalloz Sirey (Jurisprudence) 1979, S. 661 (662). Zur Verankerung vieler „principes généraux du droit" im geschriebenen Verfassungsrecht vgl. überblicksartig *Koch*, Verwaltungsrechtsschutz in Frankreich, S. 55 f.

[314] C.E. vom 26. September 1986, AJDA 1986, S. 54 (54). Siehe auch Conseil d'Etat vom 6. Juni 1986, AJDA 1986, S. 455 f.: In dieser Entscheidung erweitert er das 1978 aus Abs. 10 abgeleitete „principe général du droit" noch um den Norminhalt des Abs. 11 der Präambel von 1946.

[315] Darauf weisen zutreffend *Dutheillet de Lamothe/Robineau*, AJDA 1979, S. 27 (39) hin.

[316] *Hamon*, Recueil Dalloz Sirey (Jurisprudence) 1979, S. 661 (663). Zu dieser Theorie vgl. oben, V. 2. b).

[317] C.E. vom 7. Juli 1950, Rec. Lebon 1950, S. 426 sowie C.E. vom 12. November 1976, Rec. Lebon 1976, S. 48.

[318] So *Braibant/Stirn*, Le droit administratif francais, S. 212.

### bb) Die geltend gemachte leistungsrechtliche Dimension als alleiniger Erklärungsansatz?

Verständlicher wird die Haltung des Conseil d'Etat in der Entscheidung „Tallagrand" und in den ihr folgenden möglicherweise dann, wenn man die unterschiedlichen Wirkdimensionen berücksichtigt, die den im jeweiligen Rechtsstreit einschlägigen Präambelvorschriften entnommen wurden. Staatliche aktive Handlungen (so das Dekret in der Entscheidung aus dem Jahre 1978, oder aber das Streikverbot für Beamte aus dem Jahre 1950) wurden vom Gericht daraufhin überprüft, ob sie die sozialen Gewährleistungen der Präambel von 1946 in ihrer abwehrrechtlichen Dimension verletzten. Nicht Gegenstand der zu entscheidenden Sachverhalte war – wie im Fall „Tallagrand" – die leistungsrechtliche Dimension dieser Gewährleistungen. Diese bei der rechtlichen Beurteilung der jeweiligen Sachverhalte geltend gemachte unterschiedliche grundrechtliche Wirkdimension erscheint als ein naheliegender Erklärungsansatz für die Urteilsfindung des Conseil d'Etat im Fall „Tallagrand".[319]

Der Versuch, unter Rückgriff auf die unterschiedlichen Wirkdimensionen der geltend gemachten Präambelvorschriften die jeweilige Haltung des Conseil d'Etat befriedigend zu erklären, ist an dieser Stelle noch nicht abgeschlossen. Die bloße Feststellung, die subjektiv eingeklagte leistungsrechtliche Dimension des Abs. 12 habe den Conseil d'Etat veranlasst, die Norm für nicht unmittelbar anwendbar zu erklären, sagt nämlich nichts darüber aus, ob die geltend gemachte Dimension auch ein *überzeugendes* Argument ist, welches die Verweigerungshaltung des Conseil d'Etat abschließend zu erklären vermag. Es bleibt die Frage, warum die geltend gemachte abwehrrechtliche Dimension eine unmittelbare Anwendung der Präambelvorschriften erlaubt, während dies bei der leistungsrechtlichen Dimension nicht der Fall ist. Denn in beiden Fällen werden Normen des Verfassungsrechts angewandt; in beiden Fällen bedarf es angesichts ihres weit gefassten Wortlauts einer präzisierenden Auslegung durch den Normanwender. Bleibt man bei diesen Erwägungen zunächst stehen, spricht eigentlich nichts für eine „Privilegierung" der abwehrrechtlichen Dimension; Abs. 12 würde dann auch in seiner leistungsrechtlichen Dimension unmittelbar anwendbar sein.

---

[319] So im Ergebnis auch *Borgetto*, La notion de fraternité en droit public francais, S. 545 f.

### cc) Die subjektiv einklagbare leistungsrechtliche Dimension vor dem Hintergrund des Prinzips der Gewaltenteilung als Erklärungsansatz

Ganz vereinzelt findet sich im Schrifttum ein Hinweis auf das verfassungsrechtliche Prinzip der Gewaltenteilung, welches die ablehnende Haltung des Conseil d'Etat in der Entscheidung „Tallagrand" möglicherweis motiviert haben könnte. Den geforderten Anspruch auch in Ermangelung einer einfach-gesetzlichen Umsetzung zu gewähren, bedeutete, so die Lehre, besagtes Prinzip zu verletzen. Denn der Richter setzte sich dann an die Stelle des Gesetzgebers; er nähme dessen Begufnisse war. Die gesetzgeberische Entscheidung, den in Abs. 12 aufgestellten Verfassungsgrundsatz nicht im einfachen Gesetzesrecht umzusetzen, würde durch die richterrechtliche Gewährung des Anspruchs ignoriert.[320] Man wird diese Äußerungen so verstehen müssen, dass die Konkretisierung des Abs. 12 in seiner leistungsrechtlichen Dimension grundsätzlich Sache des Gesetzgebers ist: zu seinen Gunsten entfaltet sich eine Art Gesetzesvorbehalt, welchen das Gericht durch die Zubilligung des geltend gemachten Anspruches nicht umgehen darf. Diese äußerst knapp gehaltenen Überlegungen verdienen eine nähere Auseinandersetzung. Zunächst sei darauf hingewiesen, dass besagtes Prinzip im Rahmen dieser Arbeit schon einmal problematisiert wurde. Bei der Frage, ob den sozialen Grundrechten der Präambel von 1946 eine leistungsrechtliche Dimension bzw. ein Zielgehalt zukommt, kraft derer der französische Gesetzgeber von Verfassungs wegen zu einem Mehr an einfach-gesetzlicher Umsetzung der Normen verpflichtet wird, hat die Einbeziehung dieses Prinzips eine verneinende Antwort entscheidend begünstigt.[321] Es lässt sich daher argumentieren, dass für die Problematik der leistungsrechtlichen Dimension und einer entsprechenden Bindung der Verwaltung nichts anderes gelten kann. Geändert hat sich im Gefüge der Staatsgewalten nur der durch die in Frage stehende Grundrechtsdimension verpflichtete Normadressat. In prozessualer Hinsicht ist es im Übrigen nicht mehr eine Gruppe von Antragstellern, die die in Frage stehende Dimension des sozialen Grundrechts zur Entfaltung gebracht sehen möchte, sondern der einzelne Grundrechtsträger. Die materiell-verfassungsrechtlichen Erwägungen aber, die grundsätzlich gegen die Annahme der leistungsrechtlichen Dimension streiten, beanspruchen auch für die in Frage stehende Bindung der Verwaltung Geltung:

Unmittelbar einen Anspruch aus der in Frage stehenden Norm zu gewähren, hieße, dass letztlich der Conseil d'Etat über die einzelnen Anspruchsvoraussetzungen zu befinden hätte. Das Gericht müsste nicht nur den Begriff des nationalen Notstandes näher festlegen, sondern auch grundsätzlich den Kreis der An-

---

[320] *Borgetto*, La notion de fraternité en droit public francais, S. 546.
[321] Siehe dazu oben, IV. 4. b) dd) (3).

spruchsberechtigten und -verpflichteten sowie die Höhe des Anspruchs und seine Auszahlungsmodi bestimmen. Eine Fülle von Einzelfragen wäre also zu klären. Dabei resultiert diese Fülle von Einzelfragen aus der leistungsrechtlichen Dimension und ihrer nicht erfolgten einfach-gesetzlichen Umsetzung durch den Gesetzgeber. Gerade weil dieser die notwendigen Detailregelungen nicht vorgenommen hat, weil er untätig geblieben ist, ist – im Vergleich zur abwehrrechtlichen Dimension – ein „Mehr“ an Einzelfragen zu klären. Denn soweit das Gericht über eine Verletzung durch staatliches positives Tun zu befinden hat, gibt es immerhin einen Anknüpfungspunkt für das angerufene Gericht: so bspw. das ausdifferenzierte Verbot des Nachzugs von Familienangehörigen durch ein Regierungsdekret in den zu Abs. 10 ergangenen Sachverhalten. In diesen fand das Gericht immerhin eine konkrete Regelung vor und findet sie bei einem aktiven Handeln der Verwaltung immer vor, dort (im Falle der leistungsrechtlichen Dimension) sieht es sich mit einem „Nichts“ konfrontiert – eben mit einem staatlichen Unterlassen. Genauso wie der Gesetzgeber, solange er im zu regelnden Lebensbereich noch nicht tätig geworden ist und nun aus eigener Initiative tätig werden will, ein „unbestelltes Feld“ vorfindet, welches ihm erlaubt, es vielfältigst im Wege der Gesetzgebung zu bearbeiten, sähe sich der Conseil d'Etat bei der Gewährung leistungsrechtlicher Ansprüche unmittelbar aus Abs. 12 mit der gleichen Situation konfrontiert. Bearbeitet er nun dieses „unbestellte Feld“ im Wege der Entscheidungsfindung, so nimmt es in hohem Maße eine rechtsetzende Tätigkeit wahr und verlässt so den Bereich der Verfassungsauslegung (hier des Abs. 12).

Vor dem Hintergrund dieser Überlegungen werden die Ausführungen der Literatur zur möglichen Verletzung des Gewaltenteilungsprinzips verständlich: Wenn der Richter den sozialen Grundrechten unmittelbar eine leistungsrechtliche Dimension entnimmt und so den subjektiv geltend gemachten Anspruch trotz fehlender einfach-gesetzlicher Umsetzung gewährt, liegt nach dem Verständnis des französisches Schrifttums (und so wird man wohl auch die knapp gehaltenen Erwägungen des Conseil d'Etat in der Entscheidung „Tallagrand“ verstehen müssen) eine Verletzung dieses Prinzips vor.

Was die leistungsrechtliche Dimension des Abs. 12 anbelangt, so hat der Conseil d'Etat eindeutig entschieden: Unmittelbar, d.h. ohne eine einfach-gesetzliche Umsetzung, gewährt Abs. 12 keinen Anspruch auf Leistung. Erst die genannte Umsetzung durch den Gesetzgeber – die französische Lehre spricht insoweit von der „mise en oeuvre“[322] – würde die leistungsrechtliche Dimension des Abs. 12 zum Leben erwecken. Was der Wortlaut dieses und anderer sozialen Grundrechte der Präambel von 1946 an leistungsrechtlichen Positionen ver-

[322] Vgl. statt vieler nur *Favoreu*, Droit des libertés fondamentales, Rn 380.

spricht, bleibt solange bloß „virtuelles Recht“[323], als der Gesetzgeber nicht zur einfach-gesetzlichen Umsetzung dieser Positionen geschritten ist. Die Haltung des Conseil d'Etat im Fall „Tallagrand“ bestätigt die im Rahmen der Untersuchung der Rechtsprechung des Conseil constitutionnel gewonnenen Ergebnisse zu der Frage, ob der Gesetzgeber möglicherweise von Verfassungs wegen zur Umsetzung der leistungsrechtlichen Dimension der sozialen Grundrechte der Präambel von 1946 verpflichtet ist. Schon zu einer Zeit, in der die Verfassungsgemäßheit von Gesetzen am Maßstab der Grundrechte noch gar nicht geprüft wurde, lehnte es der Conseil d'Etat ab, mittelbar dem Gesetzgeber ein verfassungswidriges Unterlassen vorzuhalten, indem er trotz nicht erfolgter einfach-gesetzlicher Konkretisierung der leistungsrechtlichen Dimension eines sozialen Grundrechts unmittelbare Leistungsansprüche aus diesem gewährt.

### d) Der Erkenntniswert der Entscheidung „Tallagrand“

Es bleibt die Frage zu beantworten, ob die Aussagen des Gerichts zu Abs. 12 auch für andere Normen der Präambel von 1946 Geltung beanspruchen können, so bspw. für die eingangs dieser Abhandlung aufgeworfene Frage nach der leistungsrechtlichen Dimension des Abs. 5 S. 1 2. Alt. Die voranstehend aufgezeigten möglichen Beweggründe des Gerichts in der Entscheidung „Tallagrand“ scheinen zunächst eine positive Anwort zu begünstigen. Denn auch bei Abs. 5 S. 1 2. Alt. wäre das Gericht mit einer rechtlichen Situation konfrontiert, die derjenigen der Entscheidung Tallagrand ähnelt. Zwar würde kein Schadensersatz gefordert, sondern allenfalls ein Realakt (Bereitstellung eines Arbeitsplatzes), u.U. noch verbunden mit einem Verwaltungsakt. Was von Seiten des Klägers gefordert wird, ist indes unerheblich. Entscheidend ist, dass die geltend gemachte leistungsrechtliche Dimension die gleichen verfassungsrechtlichen Bedenken – hier vor allem solche betreffend eine Verletzung des Gewaltenteilungsprinzips – provozieren würde. Vieles spricht daher dafür, dass die Äußerungen des Gerichts im Fall „Tallagrand“ grundsätzlicher Natur sind.

An dieser Stelle bedarf es jedoch eines Hinweises, welcher die Bedeutung der Entscheidung „Tallagrand“ für die Problematik der subjektiv einklagbaren leistungsrechtlichen Dimension sozialer Grundrechte der Präambel von 1946 relativiert: Für die meisten sozialen Präambelverbürgungen existieren einfach-gesetzliche Umsetzungen. Die Fülle und Ausdifferenziertheit der verschiedenen Gesetze und Verordnungen des französischen Sozialrechts erlauben, darauf wurde bei der Untersuchung der Rechtsprechung des Conseil constitutionnel hingewiesen[324], eine Zuordnung ihres jeweiligen Regelungsgehalts zum Schutz-

[323] Ausdruck nach *Rivero*, Les libertés publiques, Band I, S. 100.
[324] Wie Fn 240 – 242.

bereich unterschiedlichster Präambelverbürgungen. Damit stellt sich die Frage nach einer unmittelbaren Anspruchsgewährung aus einem Großteil der sozialen Präambelverbürgungen *in Ermangelung* einer einfach-gesetzlichen Umsetzung nicht: Die bei der Untersuchung der Entscheidung „Tallagrand" gewonnenen Erkenntnisse bleiben auf Abs. 12 beschränkt, denn insoweit existiert mit besagter Norm einer der wenigen Fälle einer nicht erfolgten einfach-gesetzlichen Umsetzung. Der Erkenntniswert der Entscheidung „Tallagrand" zur subjektiv einklagbaren leistungsrechtlichen Dimension sozialer Präambelverbürgungen ist daher eher begrenzt.

#### e) Leistungsansprüche über den einfach-gesetzlichen Umfang hinaus?

Zu klären bleibt daher nur noch, ob der Conseil d'Etat unmittelbar aus einzelnen sozialen Präambelverbürgungen Leistungsansprüche gewähren würde, die über den vom Gesetzgeber vorgesehenen Leistungsumfang *hinausgehen.* Diese Frage kann nur verneint werden. Unmittelbar unter Rückgriff auf einzelne soziale Präambelverbürgungen mehr an Leistungen – welcher Art auch immer – zu gewähren, als der Gesetzgeber vorgesehen hat, hieße nichts anderes, als die Verfassungsgemäßheit des in Frage stehenden Gesetzes anzuzweifeln, da der Gesetzgeber offensichtlich die leistungsrechtliche Dimension der einschlägigen sozialen Präambelverbürgung nicht hinreichend umgesetzt hat. Die „théorie de la loi-écran" würde aber eine derartige Kontrolle verhindern. An dieser Stelle können die Darstellungen zur Bedeutung der Grundrechte der französischen Verfassung als Kontrollmaßstäbe des Verwaltungshandelns in der Rechtsprechung des Conseil d'Etat fruchtbar gemacht werden[325]: Der Conseil d'Etat würde eine indirekte Kontrolle des Gesetzes anhand der Präambelverbürgungen verweigern.

#### f) Die Ausführungen *Braibants* im Konvent vor dem Hintergrund der Rechtsprechung des Conseil d'Etat

Die dargestellten, mit hoher Wahrscheinlichkeit ausschlaggebenden rechtlichen Beweggründe des Conseil d'Etat in der Entscheidung „Tallagrand" stützen auch die Ausführungen *Braibants* im Konvent mit verfassungsrechtlichen Erwägungen. Zumindest für das französische Verfassungsrecht ist damit geklärt, wieso soziale Grundrechte wie das Recht auf Arbeit oder das Recht auf Wohnung „auf keinen Fall" (so *Braibant*) im Sinne eines individuellen Anspruchs auf Zuweisung dessen, was ihr Wortlaut dem Grundrechtsberechtigten an staatlichen Leistungen verspricht, verstanden werden können. Als langjährigem Mitglied der rechtsprechenden Sektion des Conseil d'Etat und Verfasser diverser Lehrbü-

[325] Zur Bedeutung der „théorie de la loi-écran" vgl. oben, V. 2. b).

cher zum französischen Verwaltungsrecht[326] dürfte *Braibant* die Rechtsprechung dieses Gerichts geläufig gewesen sein. Bei seiner Äußerung im Konvent, der Leistungsgehalt sozialer Grundrechte könne auf keinen Fall durch den einzelnen Grundrechtsberechtigten eingeklagt werden, dürfte er daher auch durch die ihm bekannte Rechtsprechung des Conseil d'Etat beeinflusst gewesen sein.

### 4. Art. 55 der französischen Verfassung

#### a) Vordergründiges Interesse der Untersuchung

Im Folgenden soll noch kurz auf das Völkerrecht als mögliche Quelle sozialer Grundrechte und ihre Anwendung über Art. 55[327] durch den Conseil d'Etat eingegangen werden. Denn die Vollständigkeit gebietet es, mit Art. 55 eine Rechtsquelle zu nennen, kraft derer der Conseil d'Etat unter bestimmten, allerdings sehr engen Voraussetzungen auch das bereits in Kraft getretene Gesetz vereinzelt auf seine Grundrechtskonformität (zumindest für Grundrechte aus völkerrechtlichen Verträgen) überprüft. Die gelegentlich in der deutschen rechtswissenschaftlichen Lehre anzutreffende Behauptung, dieses Gericht habe keine Befugnis zur „direkten oder aber inzidenten Kontrolle von Gesetzen"[328], wird in dieser Pauschalität der Rechtswirklichkeit des französischen Verfassungsrechts nicht gerecht. Vor dem Hintergrund der fehlenden Kontrollbefugnis des Conseil constitutionnel über in Kraft getretene Gesetze wäre aber eine Analyse, die die vereinzelt praktizierte Kontrolle des Conseil d'Etat außer Acht lässt, unvollständig. Denn möglicherweise liefert Art. 55 i.V.m. entsprechenden völkerrechtlichen Verträgen eine weitere Quelle sozialer Grundrechte, die im französischen Verfassungsrecht unter bestimmten Bedingungen Geltung beanspruchen: Frankreich ist nicht nur Mitglied der EMRK, sondern hat bspw. auch die Europäische Sozialcharta von 1961[329] oder aber das Übereinkommen über die Rechte des Kindes vom 20. November 1989[330] ratifiziert und verkündet.[331]

---

[326] Zu den von *Braibant* verfassten Lehrbüchern vgl. das Literaturverzeichnis S. 348. Zu seiner Funktion innerhalb des Conseil d'Etat *Braibant*, Droit Social, N° 1, janvier 2001, S. 1 Fußnotenapparat.

[327] Art. 55: „Les traités et les accords régulièrement ratifiés ou approuvés ont, dès leur publication, *une autorité suprérieure à celle des lois*, sous réserve, pour chaque accord ou traité, de son application par l'autre partie". Hervorhebung durch den Verfasser.

[328] So *Koch*, Verwaltungsrechtsschutz in Frankreich, S. 118; *Arnold*, JöR 38 (1989), S. 197 (198).

[329] GBl 1964 II, S. 1262; vgl. auch Satorius II, Nr. 115.

[330] BGBl 1992 II, S. 122; vgl. auch Satorius II, Nr. 29.

[331] Nachweise bei *Terneyre*, Les Petites Affiches, 27. décembre 1991 N° 155, S. 4 (10).

Betrachtet man die inhaltliche Ausdifferenziertheit der beiden zuletzt genannten völkerrechtlichen Verträge, welche soziale Grundrechtsnormen enthalten und denen Frankreich beigetreten ist, so drängt sich unvermittelt der Eindruck einer schier unerschöpflichen Quelle sozialer Grundrechtsverbürgungen auf. Allein die europäische Sozialcharta enthält eine Fülle von Normen, die von speziellen Arbeitnehmerrechten (Art. 1 ff.) über Rechte der Familie (Art. 16, 17, 19) bis hin zu allgemeinen Ansprüchen auf eine permanente Verbesserung des sozialen Sicherheit (Art. 12 Nr. 3) reichen. Gleiches gilt für das Übereinkommen über die Rechte des Kindes. Angesichts der Rechtsfolge des Art. 55 eröffnet sich daher dem Conseil d'Etat, dies macht eine spontane Betrachtung glauben, anders als dem Conseil constitutionnel eine Fülle von Möglichkeiten, das in Kraft getretene Gesetz auf seine Vereinbarkeit mit sozialen Grundrechten aus völkerrechtlichen Verträgen zu überprüfen.

#### b) Die Unergiebigkeit des Art. 55 für die Untersuchung sozialer Grundrechte

Es wäre indes verfehlt, von der Anzahl der verbürgten sozialen Rechtspositionen auf ihre ausgeprägte Relevanz in der Rechtsprechung des Conseil d'Etat zu schließen. Der Grund für die fehlende Relevanz liegt in einem ungeschriebenen Erfordernis des Art. 55, welches aus der Sicht des Conseil d'Etat die Grundrechtsnorm eines völkerrechtlichen Vertrages erfüllen muss, um in der innerstaatlichen Rechtsordnung Frankreichs unmittelbare Geltung beanspruchen und damit die hier interessierende Rechtsfolge des Art. 55 auslösen zu können: Es ist dies der sog. „effet direct". Wegen dessen Fehlen verneinte der Conseil d'Etat bspw. die Anwendbarkeit der Art. 4 Abs. IV, 11 und 12 der europäischen Sozialcharta.[332] Was das Übereinkommen über die Rechte des Kindes anbelangt, verfuhr er gleichermaßen mit den Art. 9, 12 Abs. I, II sowie Art. 14 Abs. I.[333] Auch die Art. 24 Abs. I, 26 Abs. I und 27 Abs. I des Übereinkommens über die Rechte des Kindes wurden in Ermangelung ihres „effet direct" für nicht anwendbar erklärt.[334] Soweit ersichtlich, genügte allenfalls der Art. 16 des besagten Übereinkommens den Anforderungen des „effet direct"; ein Verstoß des nationalen Gesetzes gegen Art. 16 wurde in dieser Entscheidung indes nicht festgestellt.[335] Mit dem ungeschriebenen Erfordernis des „effet direct" will der Conseil d'Etat vor allem solchen Grundrechtsnormen aus völkerrechtlichen

[332] Zu Art. 4 Abs. IV vgl. C.E. vom 20. April 1984, Rec. Lebon 1984, S. 148; zu den Art. 11 und 12 vgl. C.E. vom 15. Mai 1995, Rec. Lebon 1995, S. 610.

[333] Zu Art. 9 vgl. C.E. vom 29. Juli 1994, AJDA 1994, S. 841 (843); zu den Art. 12 Abs. I und II sowie Art. 14 Abs. I vgl. C.E. vom 3. Juli 1996, RFDA 1996, S. 1059 (1059).

[334] C.E. vom 23. April 1997, Rec. Lebon 1997, S. 142 (142 ff.) *Chauvaux/Girardot*, AJDA 1997, S. 435 (435).

[335] Vgl. C.E. vom 10. März 1995, Rec. Lebon 1995, S. 610.

Verträgen den Eingang in die nationale Rechtsordnung Frankreichs verwehren, die ihrem Sinn und Zweck nach ausschließlich die Beziehung der vertragsschließenden Staaten untereinander regeln wollen. Ist dem aus Sicht des Conseil d'Etat so, beinhalten sie keinen „effet direct" zugunsten des einzelnen Rechtsträgers; die Rechtsfolge des Art. 55 stellt sich dann nicht.[336]

Auf eine weitere, detaillierte Erörterung des „effet direct" als ungeschriebenem Tatbestandsmerkmal des Art. 55 soll im Rahmen dieser Arbeit aber bewusst verzichtet werden.[337] Dieser Verzicht ist geboten, weil er für die Untersuchung derjenigen Funktionen sozialer Grundrechte, welche die deutsch-französischen Konventsdebatten beherrscht haben und daher die Untersuchung der Handhabung sozialer Grundrechte im französischen Verfassungsrecht strukturieren sollen und bisher auch strukturiert haben, letztlich unergiebig ist, und dies aus mehreren Gründen:

Zum einen betreffen die geschriebenen und ungeschriebenen Tatbestandsvoraussetzungen des Art. 55 – und insoweit vor allem das Erfordernis des „effet direct" – ausschließlich die Problematik der Inkorporierung von (nicht nur sozialen) Grundrechten, die in völkerrechtlichen Verträgen niedergelegt sind, in die innerstaatliche Rechtsordnung Frankreichs und damit das grundsätzliche Verhältnis der französischen Rechtsordnung zum internationalen Recht. Insoweit reichen sie aber ersichtlich über diejenigen spezifischen rechtlichen Problemstellungen sozialer Grundrechte hinaus, die beständiger Bezugspunkt der Untersuchung des französischen Verfassungsrechts waren. Zum anderen, und dies ist letztlich ausschlaggebend, ergibt eine Analyse der insoweit einschlägigen Entscheidungen des Conseil d'Etat, dass soziale Grundrechte aus völkerrechtlichen Verträgen in Ermangelung ihres „effet direct" regelmäßig für nicht anwendbar erklärt wurden. Die einschlägigen Entscheidungen wurden voranste-

---

[336] Vgl. insoweit stellvertretend für die voranstehend zitierten Entscheidungen C.E. vom 23. April 1997, Rec. Lebon 1997, S. 142 (143) zu den Art 24 Abs. I, 26 Abs. I und 27 Abs. I des Übereinkommens über die Rechte des Kindes: „...ces stipulations [die Normen des Übereinkommens] qui ne produisent pas d'effets directs à l'égard des particuliers, ne peuvent être utilement invoquées à l'appui de conclusions tendant à l'annulation d'une décision individuelle ou réglementaire..." (Einfügung durch den Verfasser). Warum es den Normen am „effet direct" fehlen soll, begründet der Conseil d'Etat zwar nicht. Er dürfte sich insoweit aber von seinem „commissaire du gouvernement" geleitet haben lassen, der die Normen ihrem Sinn und Zweck nach als ausschließlich auf das Verhältnis der vertragschließenden Staaten ausgerichtet interpretiert hat: Vgl. dazu die Ausführungen des „commissaire du gouvernement" *R. Abrahams* in Rec. Lebon 1997, S. 144 (147) sowie *Chauvaux/Girardot*, AJDA 1997, S. 435 (438).

[337] Gleiches gilt für die geschriebenen Tatbestandsmerkmale des Art. 55; insoweit sei auf die einschlägigen Darstellungen im französischen Schrifttum verwiesen: vgl. etwa *Chapus*, Droit Administratif Général, Band I, Rn 1145 ff.

hend bereits zitiert.[338] Konsequenterweise entfaltete sich die potentielle Rechtsfolge des Art. 55 nie, und damit liefern die ausgewerteten Entscheidungen zwangsläufig keine Erkenntnisse zu den Wirkdimensionen sozialer Grundrechte aus völkerrechtlichen Verträgen in der innerstaatlichen Rechtsordnung Frankreichs – und somit auch keine Erkenntnisse etwa zu der Frage, ob der Conseil d'Etat ein Gesetz außer Anwendung lässt, weil es bspw. den Zielgehalt eines sozialen Grundrechts völkervertraglichen Ursprungs nicht hinreichend verwirklicht.

Im Übrigen gilt: Selbst wenn der Conseil d'Etat ein derartiges soziales Grundrecht über die Hürde des „effet direct" gelangen ließe, so ist es mehr als fraglich, ob seine Rechtsprechung dann Ergebnisse zeitigen würde, die denen der Judikatur des Conseil constitutionnel widersprechen. Denn was an verfassungsrechtlichen Erwägungen etwa zur leistungsrechtlichen Dimension bzw. zum Zielgehalt der sozialen Grundrechte in der Präambel von 1946 gesagt wurde, dürfte auch für dieses Gericht gelten. Allenfalls die textliche Quelle des sozialen Grundrechts hätte sich so geändert; die materiell-verfassungsrechtlichen Problemstellungen, die seine zur Diskussion stehende Wirkdimension mit sich bringt, blieben. Im Übrigen sähe sich der Conseil d'Etat, und dies dürfte ein weiterer Grund für das Festhalten am engen Erfordernis des „effet direct" sein, dann unter Umständen mit der misslichen Situation konfrontiert, ein Gesetz wegen Verstoßes gegen Art. 55 außer Anwendung lassen zu müssen, welches der Conseil constitutionnel im Verfahren der präventiven Normenkontrolle am Maßstab der sozialen Grundrechte der Präambel von 1946 zuvor für verfassungskonform erklärt hat.[339]

## Zusammenfassung

Die Idee, dass Grundrechte nicht nur die Abwehr staatlichen Handelns bezwecken, sondern gerade darauf ausgerichtet sein sollen, staatliche Aktivitäten, ein positives staatliches Handeln zugunsten der Grundrechtsberechtigten einfordern zu können, war den Verfassern der Menschen- und Bürgerrechtserklärung von 1789 noch fremd. In der Präambel der französischen Verfassung von 1946 (IV.

[338] Vgl. die Fn 332, 333 sowie *Chauvaux/Girardot*, AJDA 1997, S. 435 (435).

[339] So lag der Fall in der Entscheidung C.E. vom 23. April 1997, Rec. Lebon 1997, S. 142 ff.: Der Conseil constitutionnel hatte das gerügte Gesetz, die Loi n° 93-1027 du 24. août 1993 relative à la maîtrise de l'immigration et aux conditions d'entrée, d'accueil et de séjour des étrangers en France (J.O. N° 200 du 29. août 1993) im Jahre 1993 für verfassungskonform erklärt: vgl. C.C. 93-325 DC vom 13. August 1993, RFDA 1993, S. 887 (898 f.).

Republik), ihrerseits in die Präambel der noch heute gültigen Verfassung von 1958 (V. Republik) inkorporiert, findet sich im gegenwärtigen französischen Verfassungsrecht eine Fülle von Grundrechten, die ihrer Idee nach auf eine staatliche Intervention zugunsten bestimmter Grundrechtsberechtigter ausgerichtet sind.

Die sozialen Grundrechte der Präambel von 1946, in der französischen Verfassungslehre auch als „Rechte der 2. Generation" bezeichnet, sind im gegenwärtigen französischen Verfassungsrecht potentielle Kontrollmaßstäbe für die Überprüfung der Grundrechtskonformität staatlichen Handelns: Mit dem Conseil d'Etat findet sich schon in der IV. Republik ein Gericht, dem unter – wenn auch engen – Voraussetzungen die Kontrolle des Verwaltungshandelns am Maßstab der sozialen Gewährleistungen der Präambel von 1946 möglich ist. Mit dem Conseil constitutionnel schafft die Verfassung der V. Republik schließlich eine Verfassungsgerichtsbarkeit, die seit einer Entscheidung aus dem Jahre 1971, welche vor dem Hintergrund der französischen Verfassungsgeschichte nur als revolutionär bezeichnet werden kann, auch die Vereinbarkeit von Gesetzen mit den sozialen Grundrechten der Präambel von 1946 zu überprüfen vermag. Im Hinblick auf das Handeln des Gesetzgebers ursprünglich konzipiert als bloß unverbindliche Programmsätze mit einer allenfalls moralischen Autorität, sind die sozialen Grundrechte der Präambel von 1946 aufgrund einer entsprechenden verfassungsprozessualen Flankierung (Art. 61) und der zentralen Entscheidung des Conseil constitutionnel aus dem Jahre 1971 seit diesem Zeitpunkt auch für den französischen Gesetzgeber verbindliche Rechtsnormen, deren Nichtbeachtung grundsätzlich eine gerichtliche Sanktion nach sich ziehen kann.

Wie dabei die rechtliche Bindung staatlichen Handelns an die sozialen Präambelverbürgungen und damit solche Wirkdimensionen sozialer Grundrechte, die übereinstimmend von deutschen und französischen Konventsmitgliedern als deren zentrale rechtliche Problemstellungen ausgemacht wurden, im Einzelnen ausgestaltet sein können, hat die Analyse der Rechtsprechung des Conseil constitutionnel zum „Recht, eine Beschäftigung zu erhalten" (Abs. 5 S. 1 2. Alt.) und zum „objectif de disposer d'un logement décent" gezeigt. Die dabei gewonnenen Ergebnisse wurden, soweit man sie von ihrem jeweiligen spezifischen Normbereich abstrahiert, als auf sämtliche sozialen Präambelverbürgungen übertragbar gewertet:

Dem Gesetzgeber, auf welchen die Untersuchung der durch den Conseil constitutionnel entfalteten Wirkdimensionen der sozialen Präambelverbürgungen aus verfassungsprozessualen Gründen zwangsläufig beschränkt war, vermitteln diese Normen zunächst ein „Ziel von Verfassungsrang" („objectif de valeur constitutionnelle"), welches bei der Begrenzung kollidierender Grundrechte seine eingriffsrechtfertigende Funktion entfaltet. Die Grenzen der eingriffsrechtfertigenden Funktion als der zentralen Wirkdimension der beiden untersuchten Rechtspositionen in der Rechtsprechung des Conseil constitutionnel sind die Beachtung des Wesensgehalts des kollidierenden Grundrechts und das Verbot eines offensichtlich unverhältnismäßigen Eingriffs. Dabei prüft der Conseil constitutionnel gerade nicht, ob das jeweils widerstreitende soziale Grundrecht und das Freiheitsrecht im Sinne eines möglichst „schonenden Ausgleichs" durch den Gesetzgeber entfaltet wurden. Vielmehr beschränkt er seine Kontrolle im Rahmen der Verhältnismäßigkeitsprüfung auf Fälle der „offensichtlichen Unverhältnismäßigkeit" und belässt dem Gesetzgeber so weitestgehende Handlungsfreiheit bei der Beschränkung eines mit dem sozialen Grundrecht kollidierenden Freiheitsrechts.

Die Idee der Verfassungsgeber der Präambel von 1946, den Staat kraft der verbürgten sozialen Grundrechte zu einer Intervention zu Gunsten seiner Bürger verpflichten zu können, wurde unter dem Aspekt der leistungsrechtlichen Dimension dieser Rechte bzw. des ihnen immanenten Zielgehalts (die synonyme Verwendung der beiden Begrifflichkeiten erschien vertretbar) auf ihre Umsetzung im aktuellen französischen Verfassungsrecht hin untersucht. Weder für das „Recht, eine Beschäftigung zu erhalten" noch das untersuchte „objectif de disposer d'un logement décent" hat die Rechtsprechung des Conseil constitutionnel eine diesen beiden Normen möglicherweise immanente leistungsrechtliche Dimension bzw. ihren Zielgehalt entfaltet. Für die Zukunft ist ein dahingehendes Rechtsschutzbegehren der Antragsteller entgegen einer weit verbreiteten Auffassung des französischen Schrifttums in verfassungsprozessualer Hinsicht zwar möglich, wenn es auch vor dem Conseil constitutionnel auf ein Gesetzesvorhaben beschränkt bleibt. Es dürfte aber, vergegenwärtigt man sich die kritisch ausgewerteten Überlegungen des französischen Schrifttums zu einer von Verfassungs wegen zu beachtenden leistungsrechtlichen Dimension, ohne Erfolg bleiben. Angesichts der bestehenden einfach-gesetzlichen Umsetzung der sozialen Präambelverbürgungen dürfte sich in Zukunft die Problematik der gar nicht erfolgten Umsetzung regelmäßig nicht stellen. Den Gesetzgeber im Wege eines Gerichtsentscheidung aber zu einer Verstärkung ihres Zielgehalts im einfachen Gesetzesrecht von Verfassungs wegen verpflichten zu können, wurde vor dem Hintergrund einzelner Stellungnahmen des französischen Schrifttums als nicht mehr vertretbar gewertet. Denn einer derartigen gerichtlichen Sanktion steht vor allem das Prinzip der Gewaltenteilung entgegen. Ein gesetzgeberisches Unterlassen, verstanden als eine nicht hinreichende Umsetzung der Zielgehalte der sozialen Präambelverbürgungen im einfachen Gesetzesrecht, bleibt aus diesem Grunde letztlich ohne gerichtliche Sanktion. Was der Verfassungsgeber von 1946 in den Wortlaut der sozialen Präambelverbürgungen an vermeintlichen Leistungsansprüchen in Aussicht gestellt hat, bleibt daher solange – um mit der

Terminologie des französischen Schrifttums zu sprechen – „virtuelles Recht", als der Gesetzgeber nicht zur einfach-gesetzlichen Umsetzung geschritten ist. Er ist der Ausgestalter dieser Dimension. Solange er nicht aus eigener Initiative zu einer einfach-gesetzlichen „mise en oeuvre" der sozialen Grundrechte der Präambel von 1946 bzw. der Verbesserung der Umsetzung schreitet, bleiben die im Wortlaut besagter Grundrechte in Aussicht gestellten staatlichen Leistungen bar jeder rechtlichen Wirkung.

Um Erkenntnisse zur Frage der subjektiven Einklagbarkeit leistungsrechtlicher Gehalte der sozialen Grundrechte der Präambel von 1946 zu gewinnen, wurde die Rechtsprechung eines in der französischen Verfassungsgeschichte traditionsreichen Gerichts untersucht: des Conseil d'Etat. Dieses Gericht ist kraft entsprechender prozessualer Möglichkeiten zur Überprüfung auch solcher Rechtsfragen ermächtigt, die vor dem Conseil constitutionnel in Ermangelung eines entsprechenden Prozessrechts gar nicht erst aufkommen können.

Es ist dies zum einen die subjektiv einklagbare leistungsrechtliche Dimension sozialer Präambelverbürgungen, verstanden als die Möglichkeit, unmittelbar aus besagten Rechten individuelle Leistungsansprüche einklagen zu können. Der Conseil d'Etat verweigert eine Gewährung von Leistungsansprüchen unmittelbar auf der Grundlage einzelner sozialer Präambelverbürgungen, ohne dass zuvor eine einfach-gesetzliche Umsetzung erfolgt ist. Hier ist es der Gesetzgeber, der das im bloßen Wortlaut der sozialen Präambelverbürgungen an Leistung Versprochene zunächst im einfachen Gesetzesrecht umsetzen muss. Soweit eine derartige Umsetzung erfolgt ist, was – darauf wurde im Rahmen der Auseinandersetzung mit der Rechtsprechung des Conseil constitutionnel hingewiesen – in aller Regel der Fall ist, sperrt das Gesetz die Gewährung weitergehender Leistungsanspüche unmittelbar aus der Verfassung; es ist dies eine Folge der Anwendung der „théorie de la loi-écran".

Anders als der Conseil constitutionnel hat der Conseil d'Etat im Übrigen kraft Art. 55 zwar die Möglichkeit, in Kraft getretene Gesetze auf ihre Grundrechtskonformität zu überprüfen. Eine Kontrolle des in Kraft getretenen Gesetzes über Art. 55 anhand solcher sozialen Grundrechte, die ihren Ursprung in völkerrechtlichen Verträgen haben, wird vom Conseil d'Etat indes in aller Regel nicht praktiziert und erscheint angesichts des eng gefassten Kriteriums des „effet direct" auch für die nahe Zukunft als unwahrscheinlich.

Die hier zusammengefasste Haltung von Conseil constitutionnel und Conseil d'Etat zu einer möglichen leistungsrechtlichen Dimension der sozialen Präambelverbürgungen unterstreicht die zentrale Rolle des Gesetzgebers, die diesem aus der Sicht des französischen Verfassungsrechts bei der Entfaltung der besagten Dimension zukommt. Er ist Ausgestalter dieser Dimension; nur er kann sie im einfachen Gesetzesrecht zum Leben erwecken, ohne dass aber ein Gericht ihn hierzu überhaupt und auch nicht zu einem Mehr an Umsetzung zwingen kann.

Unter dem Stichwort des „effet-cliquet" wurde noch eine Bindung des zukünftigen Gesetzgebers an den Stand der einmal erreichten einfach-gesetzlichen Umsetzung der sozialen Präambelverbürgungen untersucht. Allenfalls ein begrenzter „effet-cliquet" wird – entgegen der Auffassung von Teilen des französischen Schrifttums – in der Rechtsprechung des Conseil constitutionnel postuliert. Es ist dies – neben der eingriffsrechtfertigenden – eine weitere Funktion der sozialen Präambelverbürgungen. Diese Dimension entfaltet zugunsten der einfach-gesetzlichen Umsetzung einen verfassungsrechtlichen Bestandsschutz und sperrt so in einem gewissen, in der Rechtsprechung des Conseil constitutionnel aber letztlich im Unklaren verbleibenden Umfang die Verkürzung der Umsetzung.

Ohne verfassungsrechtliche Relevanz ist die „République sociale" (Art. 1 S. 1 4. Var. der Verfassung von 1958) im gegenwärtigen französischen Verfassungsrecht. Für eine Entfaltung ihrer wie im Einzelnen auch immer ausgestalteten Wirkdimensionen besteht angsichts der vergleichsweise größeren Ausdifferenziertheit und Sachnähe der sozialen Gewährleistungen der Präambel von 1946 zum jeweils in Frage stehenden gesetzlichen Regelungsbereich kein Bedarf; Letztere sperren die Anwendung des Art. 1 S. 1 4. Var. der Verfassung von 1958 nach der „lex-specialis"-Regel.

# Drittes Kapitel: Wirkdimensionen sozialer Grundrechte im deutschen Verfassungsrecht – das Sozialstaatsprinzip und einzelne Grundrechte des Grundgesetzes

## I. Gegenstand und Gang der Untersuchung

Wer das deutsche Verfassungsrecht rechtsvergleichend auf Wirkdimensionen sozialer Grundrechte untersucht, wird, wie zu zeigen sein wird, zumindest beim Blick in das Grundgesetz mit einem äußerst mageren textlichen Befund konfrontiert. Denn es fehlt im deutschen Grundgesetz – von einzelnen Vorschriften abgesehen – an einem Pendant zur Präambel von 1946. Dieser Zustand lässt sich nur erklären, indem man den verfassungsgeschichtlichen Kontext des Grundgesetzes in die Untersuchung mit einbezieht und der französischen Verfassungsgeschichte und ihrer im Zweiten Kapitel beschriebenen Entwicklung des Grundrechtsschutzes gegenüberstellt.

Mit diesen Vorgaben ausgestattet gilt es, sich mit der Thematik „soziale Grundrechte im deutschen Verfassungsrecht" auseinander zu setzen. Der vergleichsweise dürftige textliche Befund des Grundgesetzes zu sozialen Grundrechten wird kompensiert durch eine ausdifferenzierte Judikatur des Bundesverfassungsgerichts und deren rechtswissenschaftliche Rezeption. Sowohl für Erstere als auch Letztere gilt dabei, dass sie – im Vergleich zum französischen Verfassungsrecht – einen Umfang aufweisen, welcher die rechtsvergleichende Vorgehensweise nicht unerheblich erschwert. Denn nähert man sich allein dem deutschen Schrifttum unter dem Stichwort „soziale Grundrechte" oder aber „Sozialstaatsprinzip", so sieht man sich mit einer Fülle von Beiträgen konfrontiert, deren Anzahl im deutschen Schrifttum selbst entweder vorsichtig als „nahezu unübersehbar"[1] oder aber – mit einem gewissen Unterton des Missfallens – als „überbordend"[2] bzw. vom selben Autor als „schier uferlos"[3] bezeichnet wird. Die Rechtsprechung des Bundesverfassungsgerichts allein zum Sozialstaatsprinzip weist einen Umfang auf[4], der die Anzahl sämtlicher zum „Recht auf Arbeit" und zum „objectif de disposer d'un logement décent" gefällten und im Zweiten Kapitel untersuchten Entscheidungen des Conseil constitutionnel bei weitem übersteigt. Angesichts dieses Zustandes gilt es, die Thematik „Wirkdi-

---

[1] So *Brohm*, JZ 1994, S. 213 (216, dort Fn 19), gleichlautend *Denninger* in: AK-GG, vor Art. 1 Rn 23 (Fn 88).

[2] So *Dreier* in: Dreier, GG Band I, Vorb., Rn 42 (dort Fn 163).

[3] *Dreier*, JURA 1994, S. 505 (507, dort Fn 41).

[4] Vgl. die Zusammenstellung von *Schiek* in: AK-GG, Art. 20, V, Rn 106.

mensionen sozialer Grundrechte im deutschen Verfassungsrecht" ausschließlich von den Fragestellungen ausgehend zu bearbeiten, die die Untersuchung der sozialen Grundrechte des französischen Verfassungsrechts dominiert und in aller Regel auch die deutsch-französischen Konventsdebatten beherrscht haben. Welche Antworten gibt insoweit das deutsche Verfassungsrecht, vor allem die Rechtsprechung des Bundesverfassungsgerichts? Worin unterscheiden sie sich von den Lösungsansätzen des französischen Verfassungsrechts?

Nach der Untersuchung des textlichen Befundes des Grundgesetzes (II.) und der insoweit interessierenden verfassungsgeschichtlichen Aspekte (III.) gilt es zunächst, sich mit dem Sozialstaatsprinzip des Grundgesetzes auseinander zu setzen (IV.). Wenn das Sozialstaatsprinzip auch im Zentrum der Untersuchung stehen wird – bei einer Analyse dieses Prinzips soll und kann es nicht verbleiben. So vorzugehen hieße, ausschließlich dort im Grundgesetz einen Erkenntnisgewinn zu den genannten rechtlichen Problemstellungen „sozialer Grundrechte" zu vermuten, wo ein adjektivisches „sozial" – wie eben in den Art. 20 Abs. I und 28 Abs. I S. 1 GG – eine derartige Vermutung nahe legt. Eine solche Vorgehensweise würde indes den Stand der Rechtsprechung des Bundesverfassungsgerichts und den Forschungsstand der deutschen rechtswissenschaftlichen Lehre unzulässig verkürzt wiedergeben. Wer sich bspw. allein mit der sog. leistungsrechtlichen Dimension „sozialer Grundrechte" (bzw. der Grundrechte an sich) im deutschen Verfassungsrecht auseinandersetzen will, kommt nicht umhin, sich mit einzelnen Grundrechten des Grundgesetzes und den allgemeinen Grundrechtslehren zu beschäftigen, die sich dieser den Grundrechten des Grundgesetzes möglicherweise immanenten Dimension unter Rückgriff auf Begrifflichkeiten der allgemeinen Grundrechtslehre wie etwa der „objektiv-rechtlichen Gehalte" der Grundrechte nähern. Diese Lehren und ihr Erkenntnisgewinn für die Analyse derjenigen rechtlichen Problemstellungen sozialer Grundrechte, die die deutsch-französischen Konventsdebatten dominiert und die Untersuchung des französischen Verfassungsrechts strukturiert haben, gilt es daher für die Grundrechte des Grundgesetzes auszuwerten (V.). Im Zentrum der Untersuchung wird dabei, wie schon für das französische Verfassungsrecht praktiziert, die Bindung des Gesetzgebers an das Sozialstaatsprinzip bzw. an die einzelnen Grundrechte des Grundgesetzes stehen. Auf eine etwaige Bindung der Verwaltung soll nur insoweit eingegangen werden, als dies einen Vergleich mit der Rechtsprechung des Conseil d'Etat ermöglicht.

Schon an dieser Stelle sind einige Hinweise zur methodischen Vorgehensweise angebracht. Wo bei der Untersuchung des deutschen Verfassungsrechts Erkenntnisse zu den zentralen rechtlichen Problemstellungen „sozialer Grundrechte" zu erwarten sind, wird direkt rechtsvergleichend gearbeitet und werden entsprechende Verknüpfungen zu den Ausführungen des Zweiten Kapitels und den dort gewonnenen Erkenntnissen hergestellt. Wie schon im Rahmen des Zweiten Kapitels für die Beiträge der französischen Konventsmitglieder verfahren, sollen auch Rückbezüge zu den Beiträgen der deutschen Konventsmitglieder hergestellt werden. Weiterhin gilt Folgendes: Die Analyse der einzelnen Entscheidungen des Conseil constitutionnel war in aller Regel durch eine gewisse Ausführlichkeit gekennzeichnet; die Gründe hierfür wurden erläutert.[5] Für das deutsche Recht muss und soll anders verfahren werden. Um die Nachvollziehbarkeit der folgenden Untersuchungen zu gewährleisten und auf die aufgeworfenen Fragestellungen zentriert Antworten geben zu können, sollen in erster Linie die einschlägigen Kernentscheidungen des Bundesverfassungsgerichts ausgewertet werden; auf weniger aussagekräftige, gleichlautende Entscheidungen wird dann nur noch verwiesen. Der Fülle des Schrifttums schließlich kann nur begegnet werden, indem man sich auch insoweit auf besonders aussagekräftige, ggf. divergierende Äußerungen beschränkt.

## II. Der textliche Befund des Grundgesetzes und der Länderverfassungen

### 1. Der textliche Befund des Grundgesetzes

Wer im Grundgesetz nach einem „Recht auf Arbeit", einem „Recht auf Bildung" oder aber einem „Recht auf Wohnung" sucht, sieht sich enttäuscht. Denn auf die Niederlegung sozialer Grundrechte hat der Verfassungsgeber des Grundgesetzes, anders als die Väter der französischen Verfassung der IV. Republik mit der Ausarbeitung der Präambel von 1946[6], welche der Verfassungsgeber der V. Republik seinerseits inkorporiert hat, weitestgehend verzichtet. Allenfalls vereinzelt finden sich Grundrechtsnormen, die eine inhaltliche Übereinstimmung mit den Normen der europäischen Sozialcharten aufweisen und deren Wortlaut dem Staat eine Handlungspflicht zugunsten bestimmter Grundrechtsberechtigter auferlegt.[7] Zu nennen ist Art. 6 Abs. IV GG, welcher den Anspruch einer jeden Mutter „auf den Schutz und die Fürsorge der Gemeinschaft" formuliert. Auch der Wortlaut des Art. 1 Abs. I GG scheint dem Einzelnen Leistungen in Aussicht zu stellen, wenn dort der „staatlichen Gewalt" aufgegeben wird, die Würde des Menschen zu „schützen". Diese Pflicht zum Schutz könnte, so macht eine bloße Betrachtung des Wortlautes glauben, den Staat in bestimmten Situationen

---

5 Dazu Zweites Kapitel, IV. 1. e).

6 Zum textlichen Befund der Präambel von 1946 zu sozialen Grundrechten vgl. oben, Zweites Kapitel, II. 2. b).

7 Zur Bestimmung des Begriffs „soziale Grundrechte" vgl. oben, Erstes Kapitel, III. 5. a).

von Verfassungs wegen etwa dazu verpflichten, Leistungen finanzieller Art bereit zu stellen, um dem ihm aufgegeben Schutz der Menschenwürde Rechnung zu tragen.

An „sozialen Grundrechten“ im für diese Arbeit zugrunde zu legenden Sinne ist das Grundgesetz also von einer im Vergleich zur Präambel von 1946 relativen Armut gekennzeichnet.[8] Die Normstruktur der Mehrzahl der Grundrechte des Grundgesetzes ist vielmehr durch eine zuvorderst abwehrrechtliche Dimension gekennzeichnet.[9] Wie die Erklärung der Menschen- und Bürgerrechte von 1789 betont ihr Wortlaut die Freiheit von staatlichem Zwang.[10] So ist bspw. von der „freien Entfaltung der Persönlichkeit“ die Rede (Art. 2 Abs. I GG), von der „Freiheit des Glaubens“, der „Pressefreiheit“ (Art. 5 Abs. I S. 2 GG) oder aber von dem „Recht, Beruf, Arbeitsplatz und Ausbildungsstätte frei zu wählen“ (Art. 12 Abs. I GG). Die Abwehr staatlichen Handelns scheint, so macht die bloße Betrachtung des Wortlautes der jeweiligen Normen und ihre Betonung der „Freiheit“ glauben, wie schon für die Väter der Erklärung von 1789 auch für den Erschaffer des Grundgesetzes die zentrale Funktion der Grundrechte gewesen zu sein. Anders als der Präambel von 1946 ist dem Grundgesetz auch die Nennung des „Arbeiters“ oder gar des „alten Arbeiters“ als einer eigenständigen Kategorie von Grundrechtsberechtigten unbekannt. Rechte der Arbeitnehmer gehen im Grundgesetz in den Jedermannsrechten bspw. des Art. 9 Abs. III S. 1 GG oder aber dem Deutschengrundrecht des Art. 12 GG auf; eine gesonderte Erwähnung findet nicht statt. Der hier ausgewertete textliche Befund des Grundgesetzes im Hinblick auf soziale Grundrechte, realisiert vor dem Hintergrund eines Vergleiches mit der in die französische Verfassung von 1958 inkorporierten Präambel von 1946, erlaubt letztlich eine Feststellung, die – aus französischer Perspektive – mit den Worten *Jouanjans* formuliert werden soll: „On ne trouve pas dans le texte constitutionnel allemand l'équivalent du préambule francais de 1946“.[11]

Wenn auch ein Grundrechtskatalog, wie ihn die Präambel von 1946 mit ihren ausdifferenzierten sozialen Grundrechten aufweist, dem Grundgesetz unbekannt

---

[8] Natürlich hängt diese Feststellung entscheidend davon ab, wie man den Begriff der sozialen Grundrechte versteht. Fasst man ihn weit wie etwa *Badura*, Der Staat 14 (1975), S. 17 (37), fallen auch die abwehrrechtlichen Verbürgungen wie Art. 9 Abs. III, Art. 12 oder aber Art. 14 GG unter die Begrifflichkeit, vgl. *ders.* a.a.O. Versteht man ihn in dem Sinne, wie er für diese Arbeit zugrunde gelegt wurde, gelangt man aber zu der oben formulierten Feststellung.

[9] So offenbar auch *Brohm*, JZ 1994, S. 213 (215), der von den „klassischen liberalen Grundrechten“ des Grundgesetzes spricht.

[10] Zur Erklärung von 1789 und ihrer abwehrrechtlichen Akzentuierung vgl. oben, Zweites Kapitel, II. 2. a).

[11] *Jouanjan*, AJDA 1998 (N° 20 juillet/20 août 1998 spécial), S. 44 (47). Vgl. auch *Kugelmann* in: Französisches Staatsdenken, S. 233 (236 f.).

ist, so findet sich in diesem immerhin ein sprachliches Äquivalent zur „République Sociale“ (Art. 1 S. 1 4. Var. der franz. Verf. von 1958): Gemäß Art. 20 Abs. I GG ist die Bundesrepublik Deutschland ein „demokratischer und *sozialer* Bundesstaat“; Art. 28 Abs. I S. 1 GG schreibt u.a. vor, dass die verfassungsmäßige Ordnung in den Ländern den Grundsätzen des „*sozialen* Rechtsstaates im Sinne dieses Grundgesetzes“ entsprechen müsse. Es sind die hier zitierten Normen des Grundgesetzes, die die Vertreter Deutschlands im Konvent bei ihrem Bekenntnis zum Sozialstaatsprinzip inspiriert haben.[12] Anders als bei den französischen Konventsmitgliedern, denen die an sozialen Grundrechten reichhaltige Präambel von 1946 als textliche Inspirationsquelle gedient hat, mussten sich die deutschen Konventsmitglieder mit dem vergleichsweise mageren textlichen Befund des Grundgesetzes zufrieden geben.

### 2. Der textliche Befund der Landesverfassungen – die Beispiele Bayerns und Brandenburgs

Den deutschen Konventsmitgliedern boten sich aber auch solche nationalen Grundrechtskataloge als textliche Inspirationsquellen an, die, anders als das Grundgesetz, an sozialen Grundrechten ausgesprochen reichhaltig sind. Wie nachgewiesen wurde, ist es das Konventsmitglied *Meyer*, das auf die Verfassungen diverser deutscher Bundesländer mit ihren umfangreichen Katalogen sozialer Grundrechte hinweist, um seine befürwortende Haltung zur Aufnahme sozialer Grundrechte in der Charta zu begründen.[13]

So weisen etwa die vorgrundgesetzlichen Verfassungen einiger Länder einen umfangreichen Katalog sozialer Grundrechte auf. Beispielhaft sei nur auf die Verfassung Bayerns verwiesen, die ein Recht auf Arbeit (Art. 166 Abs. II BayVerf), ein Recht auf Wohnung (Art. 106 Abs. I BayVerf) oder aber ein „Recht auf Sicherung gegen die Wechselfälle des Lebens“ (Art. 171 BayVerf) enthält.[14] Auch die neuen Bundesländer haben nach der Wiedervereinigung in ihren Verfassungen soziale Grundrechte aufgenommen. Stellvertretend für die neuen Bundesländer ist die Verfassung Brandenburgs: Art. 48 Abs. I BbgVerf verpflichtet das Land, „im Rahmen seiner Kräfte durch eine Politik der Vollbeschäftigung und Arbeitsförderung für die Verwirklichung des Rechts auf Arbeit

---

[12] So die Konventsmitglieder *Gnauck* und *Meyer*, vgl. Erstes Kapitel, V. 1. a).

[13] Siehe oben, Erstes Kapitel, V. 1. a).

[14] Zu sozialen Grundrechten in den vorgrundgesetzlichen Verfassungen der Länder Bremen, Hessen und Rheinland-Pfalz siehe die Nachweise bei *Dietlein*, Die Grundrechte in den Verfassungen der neuen Bundesländer, S. 122 f. A.a.O. sowie bei *Zacher* in: HStR I, § 25 Rn 6 finden sich Nachweise zu sozialen Grundrechten in den nachgrundgesetzlichen Verfassungen der Länder Berlin, Baden-Württemberg, Niedersachsen und Nordrhein-Westfalen.

zu sorgen, welche das Recht jedes einzelnen umfasst, seinen Lebensunterhalt durch frei gewählte Arbeit zu verdienen"; Art. 47 Abs. I BbgVerf statuiert die Pflicht, für die „Verwirklichung des Rechts auf eine angemessene Wohnung zu sorgen".[15]

Trotz der nachweisbaren Rückgriffe eines deutschen Konventsmitglieds auf soziale Grundrechte in einzelnen Landesverfassungen sei bereits in diesem Stadium der Untersuchung darauf hingewiesen, dass die sozialen Grundrechte der Länderverfassungen nur noch am Rande in die weiteren Untersuchungen einbezogen werden sollen; und zwar dort, wo ihre Einbeziehung – insoweit vor allem die zu ihnen ergangene Rechtsprechung der Landesverfassungsgerichte – Erkenntnisse zu einzelnen rechtlichen Problemstellungen bringt, die schon bei der Untersuchung der sozialen Grundrechte im französischen Verfassungsrecht maßgeblich waren und auch die Untersuchungen in diesem Kapitel strukturieren sollen. Dies rechtfertigt sich daraus, dass ein Großteil der Diskussionen vor allem des Schrifttums zur Geltung von (allen, und nicht nur sozialen) Landesgrundrechten ihren Auslöser in der bundesstaatlichen Ordnung der Bundesrepublik Deutschland und damit im Verhältnis von Bundes- und Landesrecht, also auch von Bundes- und Landes*grundrechten*, findet.[16] Normative Anknüpfungspunkte für die dabei auftretenden verfassungsrechtlichen Fragestellungen sind insoweit vor allem Art. 31 GG[17], aber auch Art. 142 GG[18]. Auf all diejenigen Problemstellungen, die primär in der durch das Grundgesetz vorgeschriebenen bundesstaatlichen Ordnung verankert sind und ihre Lösung vornehmlich in den zitierten Vorschriften des Grundgesetzes finden, wird daher nicht näher eingegangen werden. Vielmehr soll die einschlägige Rechtsprechung einzelner Landesverfassungsgerichte vor dem bereits genannten Interesse ausgewertet werden, einen Erkenntnisgewinn zu den rechtlichen Problemstellungen zu gewinnen, die die Untersuchung des französischen Verfassungsrechts beherrscht haben. Insoweit verlagert sich, wie noch zu zeigen sein wird, allenfalls die Ebene, auf der im föderalen System der Bundesrepublik bestimmte Grundrechtsgehalte wie bspw. die leistungsrechtliche Dimension (sozialer) Grundrechte problematisiert

---

[15] Zu sozialen Grundrechten in den Verfassungen der übrigen neuen Länder vgl. die Nachweise bei *Dietlein*, Die Grundrechte in den Verfassungen der neuen Bundesländer, S. 122 f.

[16] *Dietlein*, Die Grundrechte in den Verfassungen der neuen Bundesländer, S. 7 ff. spricht zutreffend von „vertikaler Grundrechtskonkurrenz" als einem „bundesstaatlichem Phänomen".

[17] Zur Bedeutung des Art. 31 GG für die Lösung von Kollisionen zwischen Grundrechten des Landes- und Bundesverfassungsrechts, aber auch zwischen solchen des Landesverfassungsrechts und einfachem Bundesrecht vgl. statt vieler *Dreier* in: Dreier, GG Band II, Art. 31 Rn 50 ff.

[18] Zur Bedeutung des Art. 142 GG bei der Lösung von derartigen Kollisionen vgl. *Dreier* in: Dreier, GG Band III, Art. 142 Rn 40 ff.

werden: Dann steht etwa die Bindung des jeweiligen Landesgesetzgebers und nicht mehr des Bundesgesetzgebers an die beispielhaft benannte Dimension zur Frage – die verfassungsrechtlichen Problemstellungen der Dimension bleiben.

## III. Der historische Kontext des Grundgesetzes: Umfassende Bindungswirkung der Grundrechte sowie Verzicht auf soziale Grundrechte

Wird man mit dem – im Vergleich zur Präambel von 1946 – dürftigen textlichen Befund des Grundgesetzes zu sozialen Grundrechten konfrontiert, drängt sich eine Frage auf: Wie kommt es, dass unmittelbar nach dem 2. Weltkrieg zwei Staaten wie Deutschland und Frankreich trotz ihrer geographischen Nähe und des geringfügigen zeitlichen Abstandes, der zwischen dem Inkrafttreten der Verfassung der IV. Republik und des Grundgesetzes liegt[19], zu so unterschiedlichen Verfassungstexten kommen, was die Verbürgung sozialer Grundrechte anbelangt? Wie erklärt sich ferner das schon eingangs dieses Kapitels erwähnte „Mehr" an Rechtsprechung und Schrifttum allein zur Problematik sozialer Grundrechte im deutschen Verfassungsrecht?

Wie schon bei der Untersuchung des französischen Verfassungsrechts und seiner Präambel von 1946 finden sich Antworten auf diese Fragen in einer Analyse des historischen Kontextes des Grundgesetzes. Die Analyse will dabei das Augenmerk in erster Linie auf solche Aspekte des historischen Kontextes des Grundgesetzes richten, deren Herausarbeitung vor dem Hintergrund der im Zweiten Kapitel vorgenommenen Beschreibung der Geschichte der Präambel von 1946 von Interesse ist.

### 1. Bindungswirkung und prozessuale Flankierung der Grundrechte des Grundgesetzes

#### a) Die Bindungswirkung der Grundrechte: Art. 1 Abs. III GG

Die Verfassungsgeber der IV. und der V. Republik haben den Grundrechten der Erklärung von 1789 und denen der Präambel von 1946 keine unmittelbare recht-

[19] Die Verfassung der IV. Republik trat am 27. Oktober 1946 in Kraft, also bloß wenig mehr als 2 ½ Jahre vor dem Grundgesetz, welches am 24. 5 1949 in Kraft trat (vgl. insoweit *Jarass* in: Jarass/Pieroth, GG, Art. 145, Rn 2).

liche Bindungswirkung gegenüber dem Gesetzgeber zugebilligt. Vielmehr sahen sie in ihnen allenfalls philosophische Prinzipien oder aber Absichtserklärungen, deren Missachtung nicht die Gültigkeit des Gesetzes als Ausdruck der „volonté générale" in Frage stellen können sollte – ein Fortleben der rousseauschen Idee der „loi sacrée". Erst das Jahr 1971 brachte mit einer revolutionären Entscheidung des Conseil constitutionnel eine grundlegende Wende: Von diesem Zeitpunkt an binden die Grundrechte des französischen Verfassungsrechts auch den französischen Gesetzgeber als unmittelbar geltende Rechte, deren Beachtung das französische Verfassungsgericht im Wege der präventiven Normenkontrolle erzwingen kann.

Dagegen sind die Erschaffer des Grundgesetzes von der unmittelbaren Bindung aller staatlichen Gewalt, und damit auch des Gesetzgebers, an die Grundrechte des Grundgesetzes ausgegangen: Einzelne Mitglieder des Parlamentarischen Rates, welcher mit der Ausarbeitung des Verfassungstextes beauftragt war[20], betonten wiederholt, die Grundrechte sollten nicht nur Rechtsprechung und Verwaltung, sondern „auch den Gesetzgeber"[21] binden. Dabei war die umfassende Bindung auch und gerade des Gesetzgebers an die Grundrechte für die Erschaffer des Grundgesetzes vor dem Hintergrund der deutschen Verfassungstradition durchaus eine Neuerung. Zwar wurde im rechtswissenschaftlichen Schrifttum der Weimarer Republik die Normativität der Grundrechte der Weimarer Reichsverfassung gegenüber dem Gesetzgeber lebhaft diskutiert[22]; zu einer umfassenden Bindung des Gesetzgebers, über deren Einhaltung ein Gericht wachte, kam es aber nicht. Das heutige Schrifttum benennt hierfür im Wesentlichen zwei zentrale Gründe. Zum einen wurde im Deutschen Reich um die Jahrhundertwende die Tätigkeit des Gesetzgebers nicht als Bedrohung individueller Freiheit angesehen. Ausgehend von den Erfahrungen mit den damals vorherrschenden monarchischen Regierungssystemen empfand man vielmehr gegenüber der monarchischen Exekutive ein verstärktes grundrechtliches Schutzbedürfnis. Dem Gesetzgeber dagegen traute man zu, als Hüter der grundrechtlichen Freiheiten zu fungieren. Diese Grundauffassung prägte auch die Weimarer Republik.[23] Konsequenterweise fehlte es an einer Norm vergleichbar dem Art. 1 Abs. III GG.[24] Zum anderen kannte die Weimarer Republik keine institutionalisierte Verfassungsgerichtsbarkeit: Der Staatsgerichtshof für das deutsche Reich

---

[20] Zur Vorgeschichte, Einsetzung und Zusammensetzung des Parlamentarischen Rates *Mussgnug* in: HStR I, § 6, Rn 33 ff.

[21] Parl. Rat V, S. 43, 49.

[22] Diskussion referiert bei *Stern*, Staatsrecht V, S. 660 ff.

[23] *Stern*, Staatsrecht III/1, S. 1255.

[24] Die Aufnahme einer vergleichbaren Vorschrift wurde zwar in der Nationalversammlung erwogen, fand aber letztlich nur wenige Befürworter: Dazu *Gusy*, Die Weimarer Reichsverfassung, S. 274.

(vgl. Art. 108 WRV) war für Normenkontrollverfahren zur Prüfung der Verfassungsgemäßheit von Reichsgesetzen nicht zuständig.[25] Das Reichsgericht schließlich übte das von ihm in Anspruch genommene richterliche Verwerfungsrecht über Reichsgesetze kaum aus.[26] Wenn aber den Grundrechten durch das Reichsgericht eine gerichtlich nachprüfbare Bindungswirkung zuerkannt wurde, dann in erster Linie gegenüber den Aktivitäten der Verwaltung und nur ganz vereinzelt gegenüber denjenigen des Landesgesetzgebers.[27]

Was die Kontrolle der Grundrechtskonformität gesetzgeberischen Handelns anbelangt, so zeigt die hier schwerpunktartig referierte deutsche Verfassungsgeschichte bis zur Ausarbeitung des Grundgesetzes Parallelen zur Entwicklung im Frankreich der III., IV. und – zumindest in ihren Anfängen – V. Republik. Zumindest im Ergebnis lässt sich festhalten: Hier wie dort war die Zeit noch nicht reif für eine derartige Kontrolle, war das Vertrauen in die Richtigkeit und damit „Grundrechtsfestigkeit" des gesetzgeberischen Handelns noch zu ausgeprägt, als dass eine Infragestellung dieses Handelns durch Gerichte unter Anwendung der Grundrechte als Prüfungsmaßstäbe notwendig erschien. Immerhin finden sich, wie beschrieben, zumindest in der Rechtsprechung des Reichsgerichts zur Zeit der Weimarer Republik erste zaghafte Ansätze einer dahingehenden Kontrolle. Dass sich der Verfassungsgeber des Grundgesetzes entgegen der bisherigen Verfassungstradition dann doch für eine umfassende Bindungswirkung entschieden hat, wird im Schrifttum im Wesentlichen auf die Exzesse der nationalsozialistischen Herrschaft zurückgeführt, die dem Parlamentarischen Rat in den Jahren 1948 und 1949 noch lebhaft vor Augen gestanden haben dürften.[28] Verschiedene Äußerungen einzelner Mitglieder des Parlamentarischen Rates lassen erkennen, dass die Forderungen nach einer unmittelbaren Bindung auch des Gesetzgebers gerade auf die Erfahrungen mit der nationalsozialistischen Herrschaft und das dort begangene „legislative Unrecht" zurückzuführen sind.[29]

---

[25] *Huber*, Verfassungsgeschichte VI, S. 549, 562 ff. Vgl. auch die Art. 15 III, 18 VII sowie Art. 19 WRV.

[26] *Dreier* in: Dreier, GG Band I, Vorb. Rn 13. Einer der – soweit ersichtlich – ersten Versuche des Reichsgerichts, ein Reichgesetz auf seine Grundrechtskonformität zu überprüfen, wurde in der Entscheidung RGZ 111, 320 ff. vorgenommen; es kam aber zu keiner Unwirksamkeitsfeststellung: Vgl. insoweit *Huber*, Verfassungsgeschichte VI, S. 565 f. Weitere der wenigen Entscheidungen, im Rahmen derer es zu einer Überprüfung der Verfassungsgemäßheit von Reichsgesetzen durch das Reichsgericht kam, ohne dass aber ein Verstoß festgestellt wurde, sind bei *Gusy*, Richterliches Prüfungsrecht, S. 84 ff., analysiert.

[27] Entscheidungsnachweise bei *Stern*, Staatsrecht V, S. 662.

[28] *Stern*, Staatsrecht III/1, S. 1255; *Willoweit*, Deutsche Verfassungsgeschichte, S. 386.

[29] Vgl. nur die Äußerungen der Abgeordneten *Schmid*, Parl. Rat IX, S. 37 und *Süsterhenn*, Parl. Rat S. 55 f. Zur Bindung sämtlicher Staatsgewalt – und damit auch der Gesetzgebung – an die Grundrechte gerade vor dem Hintergrund der Erfahrungen des „III. Reiches" siehe ferner Parl. Rat V, S. 34 f., 39, 63, 69.

Diesem nicht nur legislativen Unrecht hatten die Grundrechte der Weimarer Reichsverfassung in ihrer schwachen Normativität nichts entgegenzusetzen. In den einzelnen Textentwürfen zum Grundgesetz wurde dann nur noch um die sprachliche Fassung des Art. 1 Abs. III GG gerungen[30], sein Normgehalt aber nicht mehr in Frage gestellt: Die Bindung auch und gerade des Gesetzgebers an die Grundrechte des Grundgesetzes wurde allgemein akzeptiert.

### b) Die verfassungsprozessuale Flankierung der Grundrechte: Einrichtung des Bundesverfassungsgerichts

Der Verfassungsgeber der IV. Republik billigte den Grundrechten der Präambel von 1946 und der Erklärung von 1789 keine unmittelbare Bindungswirkung gegenüber dem gesetzgeberischen Handeln zu. Konsequenterweise versagte die Verfassung der IV. Republik dem „Comité constitutionnel" die Möglichkeit einer Überprüfung von Gesetzen vermittels einer abstrakten Normenkontrolle. Die Erschaffer der Verfassung der V. Republik schließlich wollten dem Conseil constitutionnel über Art. 61 allenfalls eine Kontrolle der formellen Verfassungsgemäßheit („constitutionnalité externe") des Gesetzesvorhabens ermöglichen. Grundrechte sollten nach ihrem in der verfassungsgebenden Versammlung ausdrücklich artikulierten Willen als anwendbare Kontrollmaßstäbe ausgeschlossen sein; ein Wille, an den sich der Conseil constitutionnel bis in das Jahr 1971 gehalten hat.[31] So blieb auch der Verfassungsgeber von 1958 wie schon die Constituante von 1946 der Idee der „loi sacrée" weitgehend treu: Frankreich will auch mit der Verfassung von 1958 sein legizentristisches Konzept weiter fortsetzen.

Die Entwicklung des Grundgesetzes ist dagegen eine grundlegend andere. Der Verfassungsgeber hat sich, wie voranstehend beschrieben, mit der Niederlegung des Art. 1 Abs. III GG für die unmittelbare Bindung sämtlicher staatlichen Gewalt – und damit auch der gesetzgeberischen – an die Grundrechte des Grundgesetzes entschieden. Wollte man diese Bindungswirkung nicht auf einen bloßen Appellcharakter beschränken, sondern sie in der Verfassungswirklichkeit zum Leben erwecken, so bedurfte es einer entsprechenden verfassungsprozessualen Flankierung. Unmittelbare, über den verfassungstextlich artikulierten Anspruch hinausgehende Bindungswirkung und verfassungsprozessuale Flankierung gehen insoweit Hand in Hand. Erstere läuft leer ohne Letztere.[32] Schon die

---

[30] Vgl. die verschiedenen Formulierungsvarianten im Parlamentarischen Rat zu Art. 1 Abs. III, wiedergegeben bei *Stern*, Staatsrecht III/1, S. 1193.

[31] Insoweit sei auf die Ausführungen zur fehlenden Normativität der Präambel von 1946 verwiesen: Siehe oben, Zweites Kapitel, III. 3. c).

[32] Siehe oben, Zweites Kapitel, III. 3. c).

Entwürfe des Herrenchiemseer Konvents sahen daher die Schaffung einer Verfassungsgerichtsbarkeit mit umfangreichen Zuständigkeiten vor.[33] Diese sollte, so Äußerungen im Herrenchiemseer Konvent, auch über die Beachtung der Grundrechte durch staatliches Handeln wachen.[34] Ausdrücklich angemahnt wurde in den Debatten des Parlamentarischen Rates dabei, anders als in denen des „Comité consultatif constitutionnel" von 1958, dass die zu schaffende Gerichtsbarkeit auch die Grundrechtskonformität des gesetzgeberischen Handelns überprüfen können sollte.[35] Gleich mehrere Vorschriften des Grundgesetzes in der Fassung vom 23. Mai 1949 eröffneten den prozessualen Weg zu einer Kontrolle des Gesetzgebers durch das Bundesverfassungsgericht. Es ist dies zunächst der Art. 93 Abs. I Nr. 2 mit der dort niedergelegten Möglichkeit einer abstrakten Normenkontrolle. Anders als über Art. 61 Abs. II der französischen Verfassung von 1958 kann so das in Kraft getretene Gesetz auf seine Verfassungsgemäßheit und damit auch seine Grundrechtskonformität überprüft werden: es ist unter der Herrschaft des Grundgesetzes gerade nicht „unantastbar", wie dies im aktuellen französischen Verfassungsrecht angesichts der eingeschränkten Prüfungsmöglichkeiten zumindest des Conseil constitutionnel der Fall ist. Eine Kontrolle des Gesetzes auf seine Grundrechtskonformität und ggf. dessen Nichtigerklärung ist daher auch noch Jahre nach seinem Inkrafttreten denkbar und wird praktiziert.[36] Eine weitere Kontrolle des Gesetzgebers ermöglicht darüber hinaus Art. 100 Abs. I GG (konkrete Normenkontrolle). Es ist dies ein Rechtsschutzverfahren, dessen Eröffnung vor dem Conseil constitutionnel in Frankreich in den 90er Jahren erwogen wurde, dann aber letztlich scheiterte.[37] Schließlich ist noch auf ein Rechtsschutzverfahren hinzuweisen, welches vor dem Conseil constitutionnel nicht eröffnet ist, dafür aber vor dem Bundesverfassungsgericht: es ist dies die Verfassungsbeschwerde (Art. 93 Nr. 4a GG), die dem einzelnen Grundrechtsberechtigten unter bestimmten Bedingungen die Möglichkeit eröffnet, auch gesetzgeberische Handlungen auf ihre Vereinbarkeit mit dem Grundgesetz durch das Bundesverfassungsgericht überprüfen zu lassen.[38]

---

[33] Vgl. Art. 98 des Herrenchiemseer Entwurfs, wiedergegeben in Parl. Rat II, S. 599 f.

[34] Parl. Rat II, S. 76.

[35] So ließ sich bspw. der Abgeordnete *Süsterhenn* im Plenum des Parlamentarischen Rates vernehmen: „Der von uns geforderte Verfassungsgerichtshof soll auch das Recht haben zu prüfen, ob ein *Gesetz* seinem Inhalt nach dem Geist und den naturrechtlichen, menschenrechtlichen Grundlagen der Verfassung entspricht,..."; vgl. Parl. Rat IX, S. 67 (Hervorhebung durch den Verfasser). Vgl. mit Blick auf weitere Mitglieder des Parl. Rates Parl. Rat XIII, S. 145, 147, 1205 f., 1373.

[36] Vgl. aus den Anfangsjahren der Rechtsprechung des Bundesverfassungsgerichts statt vieler BVerfGE 7, 377 (377 ff). Aus jüngster Zeit vgl. statt vieler BVerfGE 102, 26 (26 ff).

[37] Siehe Zweites Kapitel, IV. 1. c).

[38] Obwohl im Herrenchiemseer Entwurf vorgesehen, lehnte der Parlamentarische Rat die Aufnahme einer Verfassungsbeschwerde in das GG ab. Einfach-gesetzlich gewährleistet

Vergleicht man allein die hier genannten Rechtsschutzmöglichkeiten, welche vor dem Bundesverfassungsgericht existieren, mit denen, welche das französische Verfassungsprozessrecht vor dem Conseil constitutionnel eröffnet, so wundert es wenig, dass das Bundesverfassungsgericht aus der Sicht des französischen Schrifttums als „la juridiction...la plus puissante“ bezeichnet wird.[39] Wer als Reaktion auf die Verbrechen des „III. Reiches“ alle staatliche Gewalt vermittels des Art. 1 Abs. III GG an die Grundrechte binden wollte, musste auch für eine entsprechende gerichtliche Durchsetzung dieser Bindungswirkung Sorge tragen. Zu Recht sieht daher das französische Schrifttum in den hier beschriebenen umfassenden Kontrollbefugnissen des Bundesverfassungsgerichts eine Reaktion der Erschaffer des Grundgesetzes auf die „terreur brune“ der nationalsozialistischen Herrschaft.[40] Überhaupt erscheint das Bundesverfassungsgericht mit seiner umfassenden Kompetenzfülle und seiner entsprechenden Grundrechtsjudikatur aus französischer Perspektive in einem speziellen Licht. Einschlägige Äußerungen seien hier wiedergeben, ohne dass damit aber ihre Richtigkeit behauptet werden soll. Gewohnt an die im Vergleich zu Deutschland „sehr viel bescheidenere Verfassungskontrolle“ des Conseil constitutionnel und offenbar immer noch von der Idee der nur begrenzten Überprüfbarkeit gesetzgeberischer Entscheidungen beeinflusst, finden sich Äußerungen, dass der Rechtsstaat unter dem Grundgesetz „praktisch der Staat der Grundrechte und des Verfassungsrichters geworden“ sei, ist gar vom „‚Imperialismus' des Bundesverfassungsgerichts“, von einer „Hypertrophie der Grundrechte“ die Rede.[41] Der in der französischen Verfassungslehre immer dann artikulierte Vorwurf des „gouvernement des juges“, sobald eine (zu) weit reichende gerichtliche Kontrolle des Gesetzgebers als Verletzung des Gewaltenteilungsprinzips empfunden wird[42], wird von den Teilen des französischen Schrifttums, die den Blick über den Rhein wagen, dann auch angesichts der umfassenden Kontrollbefugnisse des Bundesverfassungsgerichts prompt erhoben, wobei vereinzelt dieser Zustand

---

ab dem Jahre 1951, wurde sie erst im Jahre 1969 als Gegengewicht zur Notstandsverfassung in Art. 93 Abs. I Nr. 4a GG aufgenommen: Dazu *Wieland* in: Dreier, GG Band III, Art. 93 Rn 17, 72.

[39] So durch *Fromont*, zitiert bei *Hamon*, Les juges de la loi, S. 122.

[40] *Hamon*, Les juges de la loi, S. 123.

[41] Alle Zitate nach *Grewe* in: Wandel von Recht und Rechtsbewusstsein in Frankreich und Deutschland, S. 166. Bedauerlicherweise fehlt es an einzelnen Belegen aus der Rechtsprechung des Bundesverfassungsgerichts. Immerhin liefern die Ausführungen ein interessantes Bild zur Rechtsprechungstätigkeit des Bundesverfassungsgerichts aus französischer Sicht.

[42] Zum „gouvernement des juges“ vgl. oben, Zweites Kapitel, IV. 4. b) dd) (3) (b) sowie dort Fn 261.

wiederum auf die Erfahrungen der deutschen Vergangenheit zurückgeführt wird.[43]

## 2. Der Verzicht auf eine umfassende Niederlegung sozialer Grundrechte

Welche Bedeutung der unmittelbaren Bindungswirkung der Grundrechte des Grundgesetzes und ihrer im Vergleich zum französischen Verfassungsrecht starken verfassungsprozessualen Flankierung für eine rechtsvergleichende Untersuchung „sozialer Grundrechte" im deutschen Verfassungsrecht zukommt, zeigt sich erst, wenn man auch den Verzicht des Grundgesetzgebers auf eine vergleichsweise umfassende Niederlegung „sozialer Grundrechte" erläutert.

### a) Die Debatten des Parlamentarischen Rates: Gründe für die Ablehnung sozialer Grundrechte

Dass es im Grundgesetz an einem Pendant zur Präambel von 1946 fehlt, erklärt nur eine Analyse der Debatten im Parlamentarischen Rat:

#### aa) Forderungen zur Aufnahme sozialer Grundrechte

Die Aufnahme sozialer Grundrechte in das Grundgesetz wurde im Parlamentarischen Rat durchaus erwogen.[44] Dabei wurde der Begriff der „sozialen Grundrechte", soweit ersichtlich, eher selten verwandt.[45] Stattdessen wurden diejenigen Rechtspositionen, die im Rahmen dieser Arbeit der Kategorie sozialer Grundrechte zugeordnet wurden, vor allem unter dem Oberbegriff der „sogenannten Lebensordnungen"[46], aber auch unter der Kategorie der Grundrechte der „sozialwirtschaftlichen Ordnung"[47] oder aber der „Rechte wirtschafts- und sozialpolitischer Art"[48] diskutiert. Prominenteste Befürworter ihrer Niederlegung im Grundgesetz waren die Mitglieder der KPD. Sie legten dem Parlamentarischen Rat in einer Eingabe einen umfangreichen Katalog sozialer Grundrechte vor, der in seiner inhaltlichen Ausgestaltung auffällige Parallelen zur Präambel

43 *Hamon*, Les juges de la loi, S. 124: „L'horreur de l'Etat sauvage qu'a connu l'Allemagne a, par réaction, promu le gouvernement des juges.".

44 So durch *Zinn*, Parl. Rat V, S. 36 f.

45 Allenfalls durch die Abgeordneten *Bergsträsser*, Parl. Rat V, S. 868, *Renner*, Parl. Rat IX, S. 459 und *Wessel*, Parl. Rat IX, S. 557.

46 Parl. Rat V, S. 10, 217; Parl. Rat IX, S. 37; Parl. Rat XIII, S. 1240.

47 Parl. Rat IX, S. 116.

48 Parl. Rat V, S. 37.

von 1946 aufweist. Eine inhaltliche Parallele besteht z. B. zwischen Art. 1 (Recht auf Arbeit) des vorgelegten Kataloges und Abs. 5 S. 1 2. Alt. der Präambel von 1946, oder aber zwischen den durch Art. 6 vorgesehenen sozialen Sicherungssystemen gegen die „Wechselfälle des Lebens" und dem Abs. 11 der Präambel von 1946.[49] In den Abstimmungen fand diese Eingabe aber kaum weitere Befürworter.[50] Die Begründungen der KPD für die Forderung nach der Aufnahme gleichen dabei denjenigen, die im Rahmen dieser Arbeit bei dem Versuch einer Klärung des Begriffs „soziale Grundrechte" sowie der Darstellung des ideengeschichtlichen Hintergrundes der sozialen Grundrechte der Präambel von 1946 herausgearbeitet wurden, aber auch vereinzelt in den deutsch-französischen Konventsdebatten von den Befürwortern einer umfassenden Niederlegung sozialer Grundrechte artikuliert wurden: Soziale Grundrechte müssten in das Grundgesetz aufgenommen werden, um die (vor allem materiellen) Voraussetzungen zur Ausübung der Freiheitsrechte des Grundgesetzes zu schaffen[51]; sie seien eine notwendige Ergänzung der liberalen Rechte des Bürgertums, damit auch die Rechte der Arbeiterschaft, der „werktätigen Massen" angemessen berücksichtigt würden.[52] Man sieht hier, dass die Idee sozialer Grundrechte in der Nachkriegszeit nicht auf vereinzelte europäische Staaten wie etwa Frankreich beschränkt geblieben ist.

Dass die nachgewiesenen Forderungen nach der Niederlegung sozialer Grundrechte im Grundgesetz nicht umgesetzt wurden, mag zunächst verwundern. Denn derartige Grundrechte waren der deutschen Verfassungstradition und damit auch den Mitgliedern des Parlamentarischen Rates keinesfalls fremd. Die Weimarer Reichsverfassung enthielt in ihrem „Zweiten Hauptteil" einen umfassenden Katalog derartiger Rechte: Bspw. verbürgte Art. 119 Abs. II S. 2 WRV einen Anspruch kinderreicher Familien auf „ausgleichende Fürsorge", Art. 161 WRV verpflichtete den Staat zur Schaffung eines „umfassenden Versicherungswesens" gegen die „Wechselfälle des Lebens", Art. 163 Abs. II S. 1 WRV garantierte der Sache nach ein „Recht auf Arbeit" und sah eine Unterstützung für den Fall der Arbeitslosigkeit vor, und nicht zuletzt verpflichtete Art. 151 WRV den Staat, eine Wirtschaftsordnung zu realisieren, die dem Einzelnen ein

---

[49] Eingabe der KPD vom 12. Oktober 1948, wiedergegeben in Parl. Rat V, S. 253 ff.

[50] Parl. Rat IX, S. 459 ff. Soweit ersichtlich, forderten – neben der KPD – allenfalls noch Vertreter des Zentrums (vgl. Parl Rat IX, S. 557) und der DP (vgl. Parl. Rat IX, S. 567) die Aufnahme sozialer Grundrechte; im Übrigen finden sich ganz vereinzelt Eingaben von Privatpersonen an den Parlamentarischen Rat, die die Verbürgung bestimmter sozialer Grundrechte anmahnen (vgl. Parl. Rat V, S. 472).

[51] So die Einleitung im Antrag der KPD vom 12. Oktober 1948, Parl. Rat V, S. 253. Vgl. auch den Beitrag des franz. Konventsmitglieds *Dieulangard*, Erstes Kapitel, V. 2. a). Zum ideengeschichtlichen Hintergrund der Präambel von 1946 siehe Zweites Kapitel, III. 2.

[52] Vortrag des KPD-Abgeordneten *Renner*, Parl. Rat IX, S. 461. Zu gleichlautenden Erwägungen im Konvent vgl. oben, Erstes Kapitel, V. 2. a).

„menschenwürdiges Dasein“ ermöglicht. Aber nicht nur die Weimarer Reichsverfassung mit ihren sozialen Grundrechten lieferte eine textliche Inspirationsquelle für den Parlamentarischen Rat. Gleiches gilt für die Präambel der Verfassung der IV. französischen Republik mit ihren sozialen Grundrechten, welche nur wenige Jahre vor dem Beginn der Arbeiten des Parlamentarischen Rates vom französischen Volk in einem Referendum angenommen worden war und nun dem Parlamentarischen Rat vorlag: die alliierten Mächte hatten für textliche Inspiration gesorgt.[53] Auch völkerrechtliche Grundrechtskataloge, die soziale Grundrechte enthielten, wie bspw. der Entwurf der Erklärung der Menschenrechte der UN-Vollversammlung, lagen dem Parlamentarischen Rat vor.[54] Neben den bereits genannten Textquellen ist schließlich auf die Verfassungen einiger vorgrundgesetzlicher Länder zu verweisen, die umfangreiche Kataloge sozialer Grundrechte enthielten, dem Parlamentarischen Rat bekannt waren und auf welche in seinen Debatten oftmals Bezug genommen wurde: so bspw. auf die Verfassungen der Länder Bayern[55] und Hessen.[56]

Angesichts dieser an sozialen Grundrechten reichhaltigen textlichen Inspirationsquellen unterschiedlichster Herkunft drängt sich die Frage nach den Gründen für die ablehnende Haltung des Parlamentarischen Rates auf. Was veranlasst die Erschaffer des Grundgesetzes, auf ihre umfassende Kodifizierung zu verzichten, wo hingegen bspw. die mit der Ausarbeitung der Verfassung der IV. Republik betraute „Commission de la Constitution“ wenige Jahre zuvor ein Verfassungsdokument erarbeitet hat, welches im Vergleich zum Grundgesetz an sozialen Grundrechten ausgesprochen reichhaltig ist? Mehrere Gründe dürften ursächlich gewesen sein:

### bb) Der provisorische Charakter des Grundgesetzes

Vereinzelt finden sich im Parlamentarischen Rat Stimmen, die die Aufnahme sozialer Grundrechte unter Hinweis auf den provisorischen Charakter des Grundgesetzes, welcher eine Folge der sich abzeichnenden Teilung Deutschlands war, ablehnen. Man könne keine „Lebensordnungen“ dort schaffen, wo man nur ein Provisorium einrichten wolle, meinte der Abgeordnete *Schmid.* Im Übrigen brauche man für die Formulierung der Lebensordnungen „das Wort un-

---

[53] Vgl. Parl. Rat V, S. 33 Fn 16.

[54] Der Entwurf der UN-Vollversammlung zur „Erklärung der Menschenrechte“ vom 7. Oktober 1948, wiedergegeben in Parl. Rat V, S. 220 ff., enthält bspw. ein „Recht auf Arbeit“ (Art. 21 Abs. I) oder aber ein „Recht auf ein ausreichendes Lebensniveau und genügende soziale Dienste“ (Art. 22 Abs. I). Vgl. auch Parl. Rat V, S. XXXIII.

[55] Verfassung vom 8. 12. 1946. Zu den Bezugnahmen im Parlamentarischen Rat auf diese Verfassung vgl. nur Parl. Rat V, S. 752.

[56] Verfassung vom 1. 12. 1946. Vgl. Parl. Rat V, S. XXXIII sowie S. 126, 700, 752.

serer Brüder im Osten", um „etwas Gültiges zu schaffen"[57] – eine Einschätzung, die auch von den Vertretern der CDU geteilt wurde.[58] Angesichts dieser Äußerungen glauben Teile des deutschen verfassungsgeschichtlichen Schrifttums, in dem vorläufigen Charakter des Grundgesetzes einen der zentralen Gründe für den Verzicht des Parlamentarischen Rates auf soziale Grundrechte sehen zu können.[59] Indes bleibt diese Ansicht die Erklärung schuldig, wieso dann die klassischen Freiheitsrechte in das Grundgesetz Eingang finden konnten. Denn insoweit störte der provisorische Charakter des zu schaffenden Grundgesetzes offenbar nicht. Der Verzicht muss andere Gründe haben.

#### cc) Vermeidung parteipolitisch-ideologischer Konflikte

Einzelne Äußerungen in den Debatten des Parlamentarischen Rates lassen vermuten, dass man grundlegende parteipolitisch-ideologische Auseinandersetzungen um die inhaltliche Ausgestaltung der sozialen Grundrechte zwischen SPD und CDU fürchtete. Daher traf man rechtzeitig eine Absprache, die sozialen Grundrechte aus dem Grundrechtskatalog des Grundgesetzes auszuklammern.[60] Angesichts der drohenden, langwierigen Auseinandersetzung um die Grundrechte der „sogenannten Lebensordnungen" äußerte *Schmid*: „Wir als sozialdemokratische Fraktion wollen nicht, dass zu den klassischen Grundrechten noch die sogenannten Lebensordnungen genommen werden, und zwar aus verschiedenen Gründen. ... Wir würden [bei unseren Debatten] ins Uferlose kommen. Ich denke an die Sozialisierung und Wirtschaftsverfassung; auf alle Fälle würden wir, fürchte ich, sehr lange brauchen, um einen Ort zu finden, an dem *unsere Gegensätze* sich in einer neuen Konzeption aufheben könnten. Man sollte daher solche Dinge weglassen".[61] Es ist dies eine Äußerung, die postwendend auf die Zustimmung des Abgeordneten *von Mangoldt* traf: Angesichts der Gefahr, dass „...das Hineingehen in einen solch erweiterten [d.h. um die sozialen Grundrechte angereicherten] Grundrechtsteil sehr viel Zeit erfordern würde..."[62], verkündete er, dass sich die CDU aus „den gleichen Gründen" wie den von *Schmid* genannten gegen die Aufnahme sozialer Grundrechte ausspreche.[63] Der Abgeordnete der KPD *Renner* glaubte dann auch, den großen Parteien im Parlamentarischen Rat ein „Gentleman's Agreement" unterstellen zu können: die SPD verzichte auf umfassende soziale Grundrechte, die CDU im Gegenzug auf

---

57 So wiederholt *Schmid*, Parl. Rat V, S. 10, 217; Parl. Rat IX, S. 37.

58 So von *von Mangoldt*, Parl. Rat V, S. 217.

59 So *Eichenhofer* in: 80 Jahre Weimarer Reichsverfassung – was ist geblieben?, S. 222 f. Vgl. auch *Murswiek* in: HStR V, § 112 Rn 46 sowie *Stern*, Staatsrecht I, S. 879.

60 Parl. Rat V, S. XXXIV f.

61 *Schmid*, Parl. Rat V, S. 217. Hervorhebung und Einfügung durch den Verfasser.

62 Parl. Rat V, S. 216. Einfügung durch den Verfasser.

63 Parl. Rat V, S. 217.

bestimmte weltanschauliche und kirchenpolitische Rechte.[64] Damit trifft er durchaus den Punkt. Die voranstehend referierten Äußerungen der Vertreter von CDU und SPD belegen die behauptete Absprache. Folgerichtig sah sich die CDU-Abgeordnete *Weber* bei ihrer Forderung nach einem umfassenden Schutz von Ehe und Familie von dem SPD-Abgeordneten *Menzel* an diese Absprache erinnert: Man könne dahingehend nicht zu weitreichende Formulierungen aufnehmen. Denn die SPD, wiewohl auch der Aufnahme von „Grundrechten der sozialen Lebensordnung" gegenüber durchaus aufgeschlossen, habe den Gewerkschaften[65] gegenüber erklärt, man wolle darauf um der erleichterten Kompromissfindung mit der CDU im Parlamentarischen Rat willen verzichten. Der geforderte Schutz falle aber unter die Kategorie der oben genannter Rechte; nehme man ihn ins Grundgesetz auf, müsse die SPD auch die weitreichenderen Forderungen der Gewerkschaften nach sozialen Grundrechten berücksichtigen – genau dies aber führe dann zu den langwierigen Debatten „...über all die Probleme auf dem Gebiete des sozialen und wirtschaftlichen Lebens..."; Debatten, welche die Arbeiten des Parlamentarischen Rates unangemessen verzögern würden.[66]

Die hier referierten Auszüge aus den Debatten des Parlamentarischen Rates zeigen, dass der Wille, zügig zu einer umfassenden Einigung bei den Grundrechten zu gelangen (*von Mangoldt* spricht von einer „Einigung mit überwältigender Mehrheit"[67]), für die Vertreter der großen Parteien eine entscheidende Rolle bei der Ausklammerung der politisch-ideologisch offenbar nicht unproblematischen Thematik „soziale Grundrechte" aus dem Grundgesetz gespielt hat. Diese politischen Beweggründe erklären die ablehnende Haltung im Parlamentarischen Rat weitaus überzeugender als der im deutschen Schrifttum immer wieder anzutreffende Hinweis auf den provisorischen Charakter des Grundgesetzes. Es verwundet daher wenig, wenn in den Erinnerungen *Schmids* das Argument des Provisoriums nicht mehr auftaucht[68] und auch *von Mangoldt* in seinem ersten Kommentar zum Grundgesetz ausdrücklich auf die untergeordnete Rolle dieses Argumentes hinweist.[69]

---

64 So *Renner*, Parl. Rat IX, S. 460 f.

65 Die Gewerkschaften hatten für die Aufnahme sozialer Grundrechte plädiert, vgl. Parl. Rat V, S. XXXV.

66 Vgl. die Äußerungen von *Weber* und *Menzel* in Parl. Rat V, S. 806 f.

67 Parl. Rat V, S. 216.

68 *Schmid*, Erinnerungen, S. 373 f.

69 *von Mangoldt*, Das Bonner Grundgesetz (1. Aufl. 1953), S. 35.

### dd) Rechtliche Problemstellungen sozialer Grundrechte

Indes waren nicht nur die hier beschriebenen parteipolitisch-taktischen Beweggründe für den Verzicht ausschlaggebend. Offenbar erkannten einzelne Abgeordnete auch die *rechtlichen* Problemstellungen der Kategorie sozialer Grundrechte, die – aus ihrer Sicht – ihre im Rat artikulierte Ablehnung zu tragen vermochten. Einige der im Parlamentarischen Rat vorgetragenen Argumente gegen die Aufnahme sozialer Grundrechte in das Grundgesetz weisen dann auch zumindest im Ansatz auf diejenigen rechtlichen Problemstellungen der Kategorie soziale Grundrechte hin, die in den deutsch-französischen Debatten des Konvents zur Niederlegung sozialer Grundrechte virulent waren. Sie lassen sich darüber hinaus den Problemstellungen zuordnen, mit denen es sich bei der Analyse der Handhabung sozialer Grundrechte im französischen Verfassungsrecht auseinander zu setzen galt. Ein Teil der im Folgenden analysierten Äußerungen einzelner Mitglieder des Parlamentarischen Rates wird zwar im deutschen Schrifttum immer wieder aufgegriffen. Dabei erfolgt aber in aller Regel kein Hinweis darauf, dass im Parlamentarischen Rat bestimmte rechtliche Problemstellungen sozialer Grundrechte durchaus erkannt wurden.[70] Umso mehr besteht ein Interesse daran, den Äußerungen einzelner Mitglieder analytisch zu begegnen:

Einzelne Abgeordnete erkannten, dass der Wortlaut sozialer Grundrechte u.U. weitaus mehr an staatlichen Leistungen verspricht, als nach erfolgter Auslegung unter Abwägung aller weiteren relevanten Aspekte gewährleistet werden kann. So äußerte sich der Abgeordnete *Schrage* in den Debatten, dass er sich an eine Vorschrift der Weimarer Reichsverfassung erinnere, kraft derer der Staat verpflichtet sei, den Lebensunterhalt der Familie sicherzustellen. Aus dieser Vorschrift (es dürfte sich um Art. 119 Abs. II S. 2 WRV gehandelt haben[71]) hätten einzelne Grundrechtsberechtigte zur Zeit der Weimarer Republik geschlossen, „...der Staat müsse für den Unterhalt der Familie sorgen, auch wenn der Familienvater sich nicht restlos für sie einsetze". Angesichts der Erfahrungen mit den dann enttäuschten Erwartungen in der Weimarer Republik der 20er Jahre, „...als wir von einer Krise in die andere taumelten...", solle man „...keine Grundrechte festlegen, die unter den gegenwärtigen Zeitverhältnissen falsche Hoffnungen" erweckten.[72] *Schrage* problematisiert in seinem kurzen Redebeitrag, inwiefern die gemäß dem Wortlaut des Grundrechts versprochenen Leistungen (Art. 119 WRV) von einem Zustand der Volkswirtschaft abhängig sind,

---

[70] Die Äußerungen bloß referierend *Stern*, Staatsrecht I, S. 879 f. Ebenso *Eichenhofer* in: 80 Jahre Weimarer Reichsverfassung – Was ist geblieben?, S. 222 ff.

[71] Art. 119 Abs. II S. 2 WRV: „Kinderreiche Familien haben Anspruch auf ausgleichende Fürsorge".

[72] *Schrage*, Parl. Rat V, S. 39.

welche das Versprochene zu erwirtschaften vermag und damit den Staat in die Lage versetzt, das an Leistungen in Aussicht Gestellte auch tatsächlich gewähren zu können. Offenbar sind ihm die wirtschaftlichen Krisen der Weimarer Republik noch sehr geläufig, während derer nicht nur Art. 119 WRV im Kontrast zur sozialen Wirklichkeit stand[73], sondern bspw. auch das „Recht auf Arbeit" (Art. 163 Abs. II S. 1 WRV) angesichts der phasenweise enorm hohen Arbeitslosigkeit[74] als Farce erscheinen musste. Besonders vor dem Hintergrund der verheerenden volkswirtschaftlichen Situation im Deutschland der Nachkriegsjahre[75] erschien ihm, ausgehend von den Erfahrungen der Weimarer Republik, offenbar ein Verzicht auf weitgefasste staatliche Leistungsversprechungen angebracht. Auch andere Mitglieder des Parlamentarischen Rates erkannten die Problematik solcher sozialen Grundrechte, deren Wortlaut dem Grundrechtsberechtigten viel verspricht, womöglich aber im eklatanten Gegensatz zur volkswirtschaftlichen Realität steht. Mit Blick auf die an sozialen Grundrechten reichhaltigen Kataloge einiger Länderverfassungen sprach *Zinn* davon, dass dort „...Verfassung und Verfassungswirklichkeit in einem ungewöhnlichen Maß auseinander klaffen".[76] Noch härter formulierte es der Abgeordnete *Heuss*: In Anbetracht der Unvorhersehbarkeit der zukünftigen volkswirtschaftlichen Entwicklung sei es „leichtfertig", ja „...hoffärtig...zu glauben, dass aus der gegenwärtigen undurchsichtigen Situation überhaupt ein Mensch sagen könne: so wird die sozialwirtschaftliche Struktur der kommenden Zeit sein." Die Landtage hätten „...die Vermessenheit oder den Mut besessen, in ihre Verfassungen hineinzuschreiben, wie die sozialwirtschaftliche Struktur der kommenden Zeit sein wird".[77]

### ee) Unmittelbare Bindungswirkung und prozessuale Flankierung der Grundrechte des Grundgesetzes

Ein besonderes Augenmerk verdienen nochmals die Äußerungen *Schrages*: er erinnert sich an die Weimarer Verfassung mit ihrem Art. 119 Abs. II S. 2 WRV und den dort in Aussicht gestellten Leistungen – Leistungen, deren Umsetzung nicht nur an der volkswirtschaftlichen Realität der Weimarer Republik gescheitert sein dürften. Denn die besagte Vorschrift entfaltete zur Zeit der Weimarer Republik gar keine gerichtlich nachprüfbare Bindungswirkung – sie

73 Der als Gesetzgebungsauftrag interpretierte Art. 119 Abs. II S. 2 WRV (so *Anschütz*, Die Verfassung des Deutschen Reiches, S. 560) blieb in der Weimarer Republik offenbar ohne einfach-gesetzliche Umsetzung: *Gusy*, Die Weimarer Reichsverfassung, S. 299 f.

74 Im Jahr 1932 immerhin 6 Millionen: vgl. *Huber*, Deutsche Verfassungsgeschichte VI, S. 1103. Zu den regelmäßigen Wirtschaftskrisen der Weimarer Republik *Stern*, Staatsrecht V, S. 713 f.

75 Vgl. *Lütge*, Deutsche Sozial- und Wirtschaftsgeschichte, S. 565 ff.

76 *Zinn*, Parl. Rat V, S. 35.

77 *Heuss*, Parl. Rat IX, S. 116.

teilte insoweit das Schicksal der Mehrzahl der Grundrechtsbestimmungen der Weimarer Verfassung.[78] Damit ist im Ansatz auf einen weiteren Aspekt hingewiesen, der den Verzicht des Parlamentarischen Rates auf soziale Grundrechte erklärt und auf den es abschließend noch einzugehen gilt: die Entscheidung des Parlamentarischen Rates für die unmittelbare, einklagbare Bindungswirkung der Grundrechte des Grundgesetzes:

Die Erschaffer des Grundgesetzes haben sich in bewusster Abkehr von der Weimarer Reichsverfassung und anders als die Erschaffer der Verfassung der IV. französischen Republik für eine umfassende Bindung aller staatlichen Gewalt an die Grundrechte des Grundgesetzes entschieden. Um diese Bindungswirkung über den bloßen textlichen Anspruch des Art. 1 Abs. III GG hinaus auch in die Verfassungswirklichkeit umzusetzen, wurde das Bundesverfassungsgericht mit seinen umfassenden Kontrollkompetenzen geschaffen. Die beabsichtigte Bindungswirkung und prozessuale Flankierung der Grundrechte beeinflussten offenbar auch die ablehnende Haltung des Parlamentarischen Rates gegenüber der Aufnahme sozialer Grundrechte, wie sich den Äußerungen einzelner Mitglieder entnehmen lässt:

Man wolle sich, so der Abgeordnete *Schmid*, bewusst auf einen „recht klaren und *wirksamen* Katalog von Individualgrundrechten" beschränken, daher hätten die sozialen Grundrechte außen vor zu bleiben.[79] Offenbar fielen für *Schmid* die sozialen Grundrechte aus der Kategorie der wirksamen, vom Einzelnen vor Gericht einklagbaren Grundrechte heraus. Nur so erklärt sich die Gegenüberstellung von sozialen Grundrechten und „wirksamen" Grundrechten, welche er in einem Zug in dem hier zitierten Redebeitrag im Parlamentarischen Rat vornimmt. Welche Gründe ihn letztlich zu dieser Annahme veranlasst haben, geben seine Äußerungen im Parlamentarischen Rat indes nicht her. Dafür lassen spätere Stellungnahmen vermuten, dass er zum einen von der fehlenden Normativität der sozialen Grundrechte der Weimarer Reichsverfassung negativ beeinflusst war. Zum anderen sah er den Gesetzgeber als diejenige zentrale Instanz im Gefüge der staatlichen Gewalten an, die die Idee sozialer Grundrechte in die Rechtswirklichkeit des einfachen Gesetzesrechts umsetzen sollte. Der Gesetzgeber aber sollte insoweit in seiner Entscheidung frei sein: „Soziale Grundrechte können nur abstrakt und in Wunschform von uns heutigen an jene, die auf uns

---

[78] Allgemein zur Bindungswirkung der Grundrechte der WRV siehe bereits oben, III. 1. a). Soweit ersichtlich, spielte Art. 119 in der höchstrichterlichen Rechtsprechung der Weimarer Periode keine Rolle; vgl. insoweit *Stern*, Staatsrecht V, S. 662 sowie *Eichenhofer* in: 80 Jahre Weimarer Reichsverfassung – Was ist geblieben?, S. 218 f. Zur allenfalls im Ansatz erfolgten einfach-gesetzlichen Umsetzung des Art. 119 vgl. *Gusy*, Die Weimarer Reichsverfassung, S. 299 f.

[79] *Schmid*, Parl. Rat IX, S. 37. Hervorhebung durch den Verfasser.

folgen werden, oder als Inhalt eines Sollens formuliert werden. Der *konkrete Inhalt* müsste von Fall zu Fall vom *Gesetzgeber* festgestellt werden; *er wird also in Funktion der Stärkenverhältnisse des jeweiligen Parlaments definiert werden.* Ist eine Mehrheit für eine Veränderung der gesellschaftlichen Zustände, dann wird sie entsprechende Gesetze beschließen, ist sie es nicht, dann helfen auch – wie die Geschichte der Weimarer Republik ausweist – noch so progressive soziale Grundrechte im Text der Verfassung nichts...".[80] Auf die Bedeutung des Gesetzgebers als der entscheidenden Instanz zur Umsetzung sozialer Grundrechte im Gefüge der drei staatlichen Gewalten wurde im Rahmen dieser Arbeit schon einmal hingewiesen: Bei der Untersuchung des französischen Verfassungsrechts wurde er als der eigentliche Ausgestalter der leistungsrechtlichen Dimension bzw. des Zielgehalts sozialer Grundrechte gewertet, der, ohne hierzu von einem Gericht angehalten werden zu können, aus eigener Initiative die Entscheidung zur Umsetzung treffen muss.[81] Auch *Schmid* weist auf diese Bedeutung hin. Dabei betont er die Freiheit des demokratisch-legitimierten Gesetzgebers, der „in Funktion der Stärkenverhältnisse des jeweiligen Parlaments" den „konkreten Inhalt" der sozialen Grundrechte bestimme. Von einem Gericht, das ihn hierzu unter Berufung auf den Zielgehalt sozialer Grundrechte zwingen kann, ist nicht die Rede. *Schmid* scheint die Verwirklichung des wie auch immer zu definierenden sozialen Fortschrittes ausschließlich dem Parlament zugetraut zu haben.

Der Abgeordnete *Zinn* schließlich kritisiert, das wurde bereits erwähnt, die Länderverfassungen und ihre sozialen Grundrechte wegen des Auseinanderfallens von Verfassung und Verfassungswirklichkeit und fügt direkt im Anschluss hinzu: „Auch in der Weimarer Verfassung waren die Grundrechtsvorschriften teilweise nur ein Stück Literatur".[82] Diese Feststellung spielt auf die mangelnde Normativität der sozialen Grundrechte der Weimarer Reichsverfassung an[83]; wie schon für die Weimarer Reichsverfassung fürchtet *Zinn* auch für die sozialen Grundrechte der Länderverfassungen, dass sie als ein „Stück Literatur" enden könnten – eben als inhaltsleere Versprechungen. Wollte man sich aber auf „wirksame", d.h. gerichtlich nachprüfbar bindende Grundrechte beschränken, lag es nahe, solche Grundrechte nicht in das Grundgesetz aufzunehmen, bei denen wie bei den sozialen Grundrechten die Gefahr bestand, dass sie das, was sie an staatlichen Leistungen versprachen, nicht würden halten können. Denn zu einer derartigen Enttäuschung der Erwartungshaltung angesichts umfassender Versprechungen im Wortlaut der sozialen Grundrechte hätte es spätestens dann

---

[80] *Schmid*, Erinnerungen, S. 373 f. Hervorhebungen durch den Verfasser.

[81] Siehe dazu Zweites Kapitel, IV. 4. b) ee).

[82] *Zinn*, Parl. Rat V, S. 35.

[83] Zur schwach ausgeprägten Normativität des Fünften Abschnittes der WRV („Das Wirtschaftsleben") in Rechtsprechung und Lehre der Weimarer Republik *Eichenhofer* in: 80 Jahre Weimarer Reichsverfassung – Was ist geblieben?, S. 216 f.

unweigerlich kommen müssen, wenn diesen Grundrechten auch noch die Bindungswirkung des Art. 1 Abs. III GG zuteil geworden wäre und sie damit – wie auch die Freiheitsgrundrechte des Grundgesetzes – mehr als einen bloß deklaratorischen Charakter bekommen hätten.

Derartige Sorgen mussten sich die Verfassungsgeber der IV. Republik nicht machen: Für sie hatten nicht nur die sozialen, sondern alle Grundrechte der Präambel von 1946 gegenüber dem Gesetzgeber bestenfalls eine moralische Autorität; als Kontrollmaßstäbe des Comité constitutionnel waren sie nicht vorgesehen. Man konnte so im Wortlaut der Rechte umfangreiches staatliches Handeln zugunsten bestimmter Personengruppen in Aussicht stellen, ohne der Gefahr einer Desillusionierung vor Gericht zu unterliegen. Auch der Verfassungsgeber der V. Republik knüpft an diese Tradition an: Als „déclarations d'intention plus que de véritables dispositions juridiques“[84] kann er die sozialen Grundrechte der Präambel von 1946 bedenkenlos in die Verfassung der V. Republik inkorporieren. Sie sollen in Fortsetzung der legizentristischen Tradition ja gerade nicht den Gesetzgeber gerichtlich überprüfbar binden.

### b) Initiativen zur Aufnahme sozialer Grundrechte in das Grundgesetz

In der Verfassungsgeschichte der Bundesrepublik Deutschland mangelte es nicht an Initiativen, das Grundgesetz um soziale Grundrechte anzureichern. Auf zwei zentrale Initiativen sei verwiesen. So bekundete die neue Bundesregierung im Jahre 1981 ihren Willen, zu prüfen, ob in das Grundgesetz „detaillierte Staatszielbestimmungen und Gesetzgebungsaufträge aufgenommen werden sollen, etwa die Sicherung des inneren und äußeren Friedens, der Schutz der Umwelt und der Gesundheit oder das Angebot ausreichender und menschenwürdiger Arbeit für alle“.[85] Zwar war insoweit nicht ausdrücklich von sozialen Grundrechten die Rede; indes weisen die anvisierten Regelungsbereiche eine inhaltliche Nähe zu den Rechtsverbürgungen auf, die üblicherweise unter der Kategorie „soziale Grundrechte“ diskutiert werden.[86] Es ist dies eine Einschätzung, die auch von der „Sachverständigenkommission Staatszielbestimmungen / Gesetzgebungsaufträge“ selbst geteilt wurde[87], welche von den Bundesministern des Innern und

[84] So die Qualifizierung der Grundrechte der auszuarbeitenden Verfassung der V. Republik durch das Mitglied der verfassungsgebenden Versammlung *Debrés*: vgl. Zweites Kapitel, IV. 1. a), dort auch Fn 67.

[85] Bulletin des Presse- und Informationsamtes der Bundesregierung vom 23. 3. 1981 (Nr. 28), S. 233, 234.

[86] So auch *Lücke*, AöR 107 (1982), S. 15 (17).

[87] Bericht der Sachverständigenkommission Staatszielbestimmungen/Gesetzgebungsaufträge vom 10. August 1983, Rn 4, 68.

der Justiz mit der wissenschaftlichen Prüfung einer dahingehenden Ergänzung des Grundgesetzes beauftragt worden war. Die Kommission empfahl die Aufnahme einzelner Staatszielbestimmungen in den Bereichen Arbeit, Umweltschutz und Kulturstaat, ohne sich indes auf eine bestimmte Formulierung einigen zu können.[88] Eine Änderung des Grundgesetzes bewirkten ihre Empfehlungen aber nicht.[89]

Im Zuge der Wiedervereinigung lebten die Forderungen nach der Aufnahme sozialer Grundrechte in das Grundgesetz wieder auf. Art. 5 des Einigungsvertrages erteilte unter anderem den Auftrag, sich mit Fragen „zur Aufnahme von Staatszielbestimmungen in das Grundgesetz" zu befassen.[90] Hierzu wurde, ausgelöst von dahingehenden Initiativen, eine „Gemeinsame Verfassungskommission" geschaffen[91], die sich mit den verschiedenartigsten Vorschlägen zur Aufnahme sozialer Staatszielbestimmungen in den Bereichen Arbeit, Wohnen, soziale Sicherheit sowie Bildung und Kultur, welche die einzelnen Fraktionen im Bundestag eingebracht hatten, auseinander zu setzen hatte.[92] Die Gemeinsame Verfassungskommission empfahl gegen Ende ihrer Arbeiten aber lediglich die Aufnahme von Bestimmungen in den Bereichen Minderheitenschutz[93] und Umweltschutz[94]; ausschließlich für die Aufnahme einer Staatszielbestimmung im letztgenannten Bereich hat sich dann der verfassungsändernde Gesetzgeber im Jahre 1994 mit der Einfügung des Art. 20a in das Grundgesetz entschieden.[95]

Die beiden zentralen Initiativen aus den 80er und 90er Jahren zeigen, dass das Grundgesetz mit der primär freiheitlich-abwehrrechtlichen Akzentuierung seiner Grundrechte offenbar als ergänzungsbedürftig empfunden wurde. Die Gründe für die Forderungen nach einer Ergänzung sind dabei vielschichtig; sie können hier nicht umfassend wiedergegeben werden. Auf einzelne Beweggründe vor allem zur Initiative im Rahmen der Wiedervereinigung sei aber verwiesen: Genannt werden eine Prägung der Bevölkerung der neuen Bundesländer durch die sozialistische Verfassungstradition und eine dementsprechend an sozi-

---

[88] Bericht der Sachverständigenkommission Staatszielbestimmungen/Gesetzgebungsaufträge vom 10. August 1983, Rn 87 ff., 130 ff., 169 ff.

[89] *Brohm*, JZ 1994, S. 213 (214).

[90] Einigungsvertrag vom 31. 8. 1990 in BGBl II S. 889.

[91] Zu deren Einsetzung und den ihr vorausgegangenen Initiativen siehe den Bericht der Gemeinsamen Verfassungskommission, BT-Drs. 12/6000, S. 5 ff.

[92] Vorschläge wiedergegeben in Bericht der Gemeinsamen Verfassungskommission, BT-Drs. 12/6000, S. 76 f.

[93] Bericht der Gemeinsamen Verfassungskommission, BT-Drs. 12/6000, S. 71 ff.

[94] Bericht der Gemeinsamen Verfassungskommission, BT-Drs. 12/6000, S. 65 ff.

[95] Dazu *Schulze-Fielitz* in: Dreier, GG Band II, Art. 20a Rn 4 ff.

alen Grundrechten reichhaltige DDR-Verfassung[96], aber auch das Bedürfnis nach verstärkter sozialer Sicherheit angesichts eines im Zuge der Wiedereinigung teilweise als rücksichtslos empfundenen marktwirtschaftlichen Systems.[97] Es bleibt die Frage, warum sich die zur Grundgesetzänderung ermächtigten Organe letztlich einer umfassenden Aufnahme der in Frage stehenden Rechtsverbürgungen verweigerten. Befriedigend vermag diese Verweigerungshaltung nur eine Auseinandersetzung mit denjenigen rechtlichen Problemstellungen sozialer Grundrechte zu erklären, die schon die Untersuchung des französischen Verfassungsrechts geleitet haben und die, wie noch zu zeigen sein wird, auch die Kommissionen der 80er und 90er Jahre zu ausgesprochen zurückhaltenden Empfehlungen veranlasst haben, was die Aufnahme sozialer Grundrechte bzw. sozialer Staatszielbestimmungen in das Grundgesetz anbelangt: Auf die entsprechenden Ausführungen der Kommissionen wird daher im Fortgang der Untersuchung zurückzukommen sein.

### 3. Konsequenzen für die rechtsvergleichende Untersuchung

Die voranstehend geschilderte unterschiedliche Entwicklung der jeweiligen nationalen jüngeren Verfassungsgeschichte, im Wesentlichen beschränkt auf die Aufnahme sozialer Grundrechte und der verfassungsprozessualen Flankierung von Grundrechten, erklärt zunächst die weitaus größere Zahl an Entscheidungen des Bundesverfassungsgerichts zur Frage der *Grundrechts*konformität staatlichen Handelns. Die deutsche verfassungsgerichtliche Rechtsprechung weist insoweit gegenüber der französischen einen „Vorsprung“ von immerhin fast 20 Jahren auf.[98] Aber nicht nur diese Tatsache erklärt die Unterschiede in den Dimensionen. Angesichts der weitaus umfangreicheren Rechtsschutzverfahren vor dem Bundesverfassungsgericht hatte dieses in seiner dann auch noch längeren Rechtsprechungstätigkeit zwangsläufig über mehr Fälle zu befinden als der französische Conseil constitutionnel.[99] Wo aber mehr Entscheidungen gefällt

[96] Vgl. die Art. 15, 19 ff. der Verfassung der Deutschen Demokratischen Republik vom 7. 10. 1949, wiedergegeben bei *Dürig/Rudolf*, Texte zur deutschen Verfassungsgeschichte, S. 294 ff.

[97] So *Schiek* in: AK-GG, Art. 20, V, Rn 20 f.

[98] Eine der – soweit ersichtlich – ersten Entscheidungen des Bundesverfassungsgerichts zur Grundrechtskonformität eines Gesetzes findet sich in BVerfGE 1, 264 (273 ff.) (Urteil vom 30. April 1952). Dagegen prüfte der Conseil constitutionnel erst im Jahre 1971 die dahingehende Vereinbarkeit eines Gesetzes, vgl. Zweites Kapitel, IV. 1. b).

[99] So erledigte das Bundesverfassungsgericht (Senate und Kammern) seit 1951 durch Entscheidungen bis zum 31. 12. 2000 immerhin 129.542 Verfahren aller Art (Verfassungsbeschwerde, Normenkontrolle, etc.): vgl. die Nachweise bei *Benda/Klein*, Verfassungsprozessrecht, S. 563. Dem stehen 2.981 erledigte Verfahren des Conseil constitutionnel ab

werden, bietet sich auch dem rechtswissenschaftlichen Schrifttum zwangsläufig ein erweitertes Rezeptionsfeld; ist die Möglichkeit zur vertieften wissenschaftlichen Auseinandersetzung mit grundrechtsdogmatischen Problemstellungen zwangsläufig größer – und erfolgt dann auch, wie sich zeigen wird, oftmals intensiver. Begünstigt wird diese Auseinandersetzung noch durch ein weiteres Faktum: Anders als die Entscheidungen des Conseil constitutionnel sind diejenigen des Bundesverfassungsgerichts in aller Regel von einer – für den an den französischen Entscheidungsstil gewöhnten Leser – weit aus größeren Ausführlichkeit gekennzeichnet.[100] Das Bundesverfassungsgericht liefert mit seinen vergleichsweise differenzierten Entscheidungsbegründungen der Rechtswissenschaft mehr Argumentationsmaterial für eine wissenschaftliche Auseinandersetzung mit grundrechtsdogmatischen Problemstellungen, wohingegen die knappen, apodiktischen Äußerungen des Conseil constitutionnel ihrem Interpreten den Zugang zu den letztlich ausschlaggebenden Beweggründen für die jeweilige Entscheidung oftmals verwehren.

Wer also die Rechtsprechung des Bundesverfassungsgerichts und das einschlägige deutsche Schrifttum rechtsvergleichend auf diejenigen rechtlichen Problemstellungen untersuchen will, die im französischen Verfassungsrecht mit der Kategorie sozialer Grundrechte in Verbindung gebracht werden, sieht sich aus den genannten Gründen mit einem weit aus größerem Umfang an Rechtsprechung, vor allem aber an grundrechtsdogmatischen Überlegungen des Schrifttums konfrontiert. Daraus resultiert letztlich die eingangs zu diesem Kapitel erwähnte Notwendigkeit, sich bei der Auswahl von Entscheidungen des Bundesverfassungsgerichts und des deutschen Schrifttums beschränken zu müssen.

---

dem Jahre 1958 bis Ende 2000 gegenüber; vgl. die Statistiken bei *Jan*, Le procès constitutionnel, S. 127 f.

[100] Aus der Fülle der Entscheidungen von BVerfG und Conseil constitutionnel vgl. statt vieler nur die im Zweiten Kapitel analysierte Entscheidung C.C. 2001-455 DC vom 12. Januar 2002 mit BVerfGE 97, 169 (169 ff). In beiden Entscheidungen geht es u.a. um die Vereinbarkeit einfach-gesetzlicher Kündigungsschutzvorschriften des jeweiligen nationalen Arbeitsrechts mit den Grundrechten der Verfassung. In C.C. 2001-455 DC vom 12. Januar 2002 wird die Problematik auf gerade mal einer ¾ Seite abgehandelt, wohingegen sich bei BVerfGE 97, 169 (175 – 185) zu einer durchaus gleich gelagerten Verfassungsproblematik Ausführungen auf immerhin 10 Seiten finden.

## IV. Das Sozialstaatsprinzip des Grundgesetzes

Inspirationsquelle deutscher Konventsmitglieder[101], sprachliches Äquivalent zur „République sociale“ (Art. 1 S. 1 4. Var. der französischen Verfassung von 1958): Das Sozialstaatsprinzip[102] des Grundgesetzes, niedergelegt in Art. 20 Abs. I GG[103], soll Gegenstand der folgenden Untersuchungen sein.

### 1. Die Einbeziehung des Art. 20 Abs. I GG (Sozialstaatsprinzip) in die Untersuchung

Das Sozialstaatsprinzip ist kein Grundrecht im Sinne des deutschen Grundrechtsverständnisses. Dafür spricht zunächst seine systematische Stellung im Grundgesetz außerhalb des Abschnittes I („Die Grundrechte“). Einhellig betonen dann auch Schrifttum und Rechtsprechung, dem Sozialstaatsprinzip lasse sich kein subjektives öffentliches Recht entnehmen.[104] Da die Eigenschaft als (auch) subjektives Recht für das deutsche Verständnis des Grundrechtsbegriffs konstituierend ist[105], eine derartige Eigenschaft dem Sozialstaatsprinzip aber nicht zukommt, wird dessen Grundrechtsqualität verneint. Fehlt es schon an der Grundrechtseigenschaft, so ist das Sozialstaatsprinzip aus der Perspektive der

---

[101] So für die Konventsmitglieder *Gnauck* und *Meyer*. Vgl. dazu oben, Erstes Kapitel, V. 1. a).

[102] Das Bundesverfassungsgericht spricht von „sozialstaatlicher Ordnung“ oder vom „Bekenntnis zum Sozialstaat“; vom „Sozialstaatsgrundsatz“, „Sozialstaatsgebot“, „Grundsatz der Sozialstaatlichkeit“ oder aber vom „Sozialstaatsprinzip“: vgl. die Nachweise aus der Rechtsprechung bei *Gröschner* in: Dreier, GG Band II, Art. 20 (Sozialstaat), Rn 30. Entsprechend variieren die Begrifflichkeiten im Schrifttum, vorherrschend ist aber vom Sozialstaatsprinzip die Rede: vgl. statt vieler *Sachs* in: Sachs, GG, Art. 20 Rn 46 ff. Im folgenden wird durchgehend der Begriff „Sozialstaatsprinzip“ verwandt.

[103] Das Sozialstaatsprinzip hat nicht nur in Art. 20 Abs. I GG seine normative Verankerung. Art. 28 Abs. I S. 1 GG ordnet an, dass die „verfassungsmäßige Ordnung in den Ländern den Grundsätzen des ... sozialen Rechtsstaates im Sinne dieses Grundgesetzes“ entsprechen müsse. Indes soll sich die folgende Untersuchung auf die Geltung des Sozialstaatsprinzips auf der Bundesebene beschränken. Angesichts der in aller Regel fehlenden Gesetzgebungskompetenzen der Länder für die Schaffung einer Sozialordnung wird im Schrifttum überwiegend von der verfassungspraktischen Bedeutungslosigkeit des Art. 28 Abs. I S. 1 GG ausgegangen, soweit er das Sozialstaatsprinzip umfasst: vgl. etwa *Nierhaus* in: Sachs, GG, Art. 28 Rn 15; *Dreier* in: Dreier, GG Band II, Art. 28 Rn 58.

[104] Aus dem Schrifttum: *Sommermann* in: von Mangoldt/Klein/Starck, GG Band II, Art. 20 Abs. I Rn 97; *Sachs*, GG, Art. 20 Rn 50; *Stern*, Staatsrecht I, S. 924; *Herzog* in: Maunz/Dürig, GG Band II, Art. 20, VIII, Rn 28; *Jarass* in: Jarass/Pieroth, GG, Art. 20 Rn 103. Aus der Rechtsprechung vgl. nur BVerfGE 27, 253 (283 m.w.N.); 82, 60 (80).

[105] Vgl. dazu oben, Erstes Kapitel, III. 5. b) aa).

deutschen Grundrechtsdogmatik dann auch kein soziales Grundrecht und müsste konsequenterweise aus der Untersuchung ausgeklammert werden. Gerechtfertigt ist seine Einbeziehung indes aus mehreren Gründen:

Ein Grund findet sich zunächst in der inhaltlichen Bestimmung des Begriffs sozialer Grundrechte, wie er dieser Arbeit zugrunde gelegt wurde.[106] Der bloße Wortlaut des Art. 20 Abs. I GG statuiert zwar keine ausdrückliche Handlungspflicht seiner Adressaten. Wie die „République sociale" in Art. 1 S. 1 4. Var. der französischen Verfassung von 1958 ist Art. 20 Abs. I GG aber gerade wegen der Unbestimmtheit seines Wortlautes möglicherweise vielfältigen Interpretationen zugänglich – so vielleicht auch einer Interpretation, die den durch ihn gebundenen Adressaten bestimmte Handlungspflichten auferlegt. Die Frage, inwieweit soziale Grundrechte ihren Adressaten positive Handlungspflichten auferlegen, wurde im Konvent diskutiert und hat die vorliegende Untersuchung der sozialen Grundrechte des französischen Verfassungsrechts unter den Gesichtspunkten der leistungsrechtlichen Dimension dieser Rechte bzw. des ihnen immanenten Zielgehalts geleitet. Von daher besteht ein Interesse, das Sozialstaatsprinzip ebenfalls auf eine derartige Dimension hin zu untersuchen. Allenfalls verlagert sich so die normative Quelle, aus der die genannte Dimension möglicherweise ausfließt: Es ist dann nicht ein Grundrecht im Sinne des deutschen Grundrechtsverständnisses (Abschnitt I des GG), das die zur Diskussion stehende Dimension möglicherweise entfaltet, sondern – um mit der deutschen Terminologie zu sprechen – der „objektiv-rechtliche" Verfassungssatz des Sozialstaatsprinzips.[107]

Zwei weitere Gründe für die Einbeziehung des Sozialstaatsprinzips in die Untersuchung wurden bereits in der Einleitung zu diesem Kapitel genannt: Zum einen war das Sozialstaatsprinzip eine der nationalen verfassungstextlichen Inspirationsquellen deutscher Konventsmitglieder. Zum anderen, und vor diesem Hintergrund ist seine Einbeziehung in die Untersuchung geboten, stellt es ein zumindest sprachliches Äquivalent zur „République sociale" dar. Für eine rechtsvergleichende Arbeit ist es daher geboten, zu untersuchen, welche Wirkdimensionen dem Sozialstaatsprinzip entnommen werden und warum es, anders als die „Réublique sociale" der französischen Verfassung von 1958, in der Verfassungspraxis unter dem Grundgesetz überhaupt entfaltet worden ist.

---

[106] Vgl. dazu oben, Erstes Kapitel, III. 5. a).

[107] *Sommermann*, Staatsziele und Staatszielbestimmungen, S. 347 f.; *Brohm*, JZ 1994, S. 213 (215); Bericht der Sachverständigenkommission Staatszielbestimmungen und Gesetzgebungsaufträge vom 10. August 1983, Rn 5, 11.

## 2. Eine leistungsrechtliche Dimension bzw. ein Zielgehalt des Sozialstaatsprinzips?

Hier soll der Frage nachgegangen werden, ob das Sozialstaatsprinzip in der Rechtsprechung des Bundesverfassungsgerichts eine Interpretation erfährt, kraft derer es dem Gesetzgeber von Verfassungs wegen die Verwirklichung bestimmter „Ziele“ vorschreibt. Dabei bleibt die Untersuchung auf die Bindung des Gesetzgebers beschränkt. Denn dessen Bindung stand schon bei der Untersuchung der Handhabung sozialer Grundrechte im französischen Verfassungsrecht im Mittelpunkt – in Ermangelung von verfassungsprozessualen Verfahren, die eine dahingehende Kontrolle der Verwaltung oder aber der Rechtsprechung erlauben, blieb insoweit auch gar keine andere Wahl.

### a) Äußerungen von Rechtsprechung und Lehre

In der Rechtsprechung des Bundesverfassungsgerichts findet sich ein Konglomerat von Begrifflichkeiten, die vermuten lassen, das Sozialstaatsprinzip verpflichte den Gesetzgeber zur Vornahme positiver Handlungen. So ist die Rede von einem „Gestaltungsauftrag an den Gesetzgeber“[108], wird dem Sozialstaatsprinzip eine „Aufgabe“ entnommen, die es dem Staat stelle[109] und die die Schaffung einer „gerechten Sozialordnung“ zum Inhalt habe.[110] Das Sozialstaatsprinzip begründe die „Pflicht“ zur Schaffung einer derartigen Ordnung[111], gebiete die Verwirklichung des „Zieles“ einer „gerechten Sozialordnung“[112], enthalte die Forderung nach staatlichen Maßnahmen zur Herstellung „sozialer Gerechtigkeit“.[113] Es verpflichte zum „Ausgleich der sozialen Gegensätze“.[114] Vereinzelt wird das Gericht – zumindest im Vergleich zu den voranstehend zitierten Äußerungen – ein wenig präziser: So gehöre die „Fürsorge für Hilfsbedürftige zu den selbstverständlichen Pflichten eines Sozialstaates“[115], beinhalte das Sozialstaatsprinzip das „Ziel“ der Bekämpfung der „Massenarbeitslosigkeit“.[116]

Auf die hier aus den Entscheidungen des Bundesverfassungsgerichts extrahierten Äußerungen wird noch zurückzukommen sein. Jedenfalls dürften sie das

---

108 BVerfGE 100, 271 (284 m.w.N.).
109 BVerfGE 59, 231 (263); 65, 182 (193); 75, 348 (360).
110 BVerfGE 59, 231 (263, m.w.N.).
111 BVerfGE 97, 169 (185); 94, 241 (263 m.w.N.).
112 BVerfGE 29, 221 (236).
113 BVerfGE 5, 85 (198).
114 BVerfGE 22, 180 (204).
115 BVerfGE 40, 121 (133, m.w.N.).
116 BVerfGE 103, 293 (307).

deutsche Schrifttum geleitet haben, welches unter Rückgriff auf die einschlägigen Entscheidungen des Bundesverfassungsgerichts anmerkt, dem Sozialstaatsprinzip komme die Rechtswirkung eines „Auftrages“[117], eines „Gestaltungsauftrages“[118] oder aber einer „Staatszielbestimmung“[119] zu. Welchen Inhalt der von Verfassungs wegen bindende Auftrag oder aber Gestaltungsauftrag hat, welchen Zielgehalt das Sozialstaatsprinzip als Staatszielbestimmung den gebundenen Organen zur Verwirklichung im Einzelnen auferlegt, bleibt bei Betrachtung der hier aus Rechtsprechung und Schrifttum referierten Terminologie noch im Unklaren: Was kennzeichnet das („Staats“-)„Ziel“ „sozialer Gerechtigkeit“ oder aber einer „gerechten Sozialordnung“, wann kann von einem „Ausgleich sozialer Gegensätze“ gesprochen werden? Anders ausgedrückt: was ist im Einzelnen Gegenstand des „Auftrages“, „Gestaltungsauftrages“ oder aber der „Staatszielbestimmung“? Es muss einen derartigen Gegenstand geben. Denn wer von einem „Ziel“ spricht, meint einen Zustand, den es zu erreichen gilt – es ist dies der „Zielgehalt“. Ebenso ist ein rechtlich bindender „Auftrag“ undenkbar, wenn man nicht den Inhalt bzw. Gegenstand dieses Auftrages festlegen kann: Auch insoweit drängt sich die Frage nach dem konkreten Inhalt bzw. Gegenstand des Auftrages oder aber Gestaltungsauftrages auf. Es bedarf daher einer Auslegung des Sozialstaatsprinzips, um auf die aufgeworfenen Fragen Antworten geben zu können.

### b) Versuch einer Auslegung des Art. 20 Abs. I GG im Hinblick auf seinen Zielgehalt

#### aa) Der Wortlaut des Art. 20 Abs. I GG

Nähert man sich dem bloßen Wortlaut des Art. 20 Abs. I GG, so sieht man sich mit einer adjektivischen Beschreibung des Bundes- bzw. Rechtsstaates als eines „sozialen“ konfrontiert. Was kennzeichnet das „Soziale“ des so bezeichneten Staatsgebildes? Der bloße Wortlaut der genannten Grundgesetznorm gibt dem Verfassungsinterpreten auf diese Frage keine präzise Antwort. Insoweit kann auf die Ausführungen verwiesen werden, die zur Bestimmung des Begriffs des „sozialen Grundrechts“ gemacht wurden: Es zeigte sich, dass eine Begriffsklärung, die allen durch das adjektivische „sozial“ provozierten denkbaren Aspekten ge-

---

[117] *Jarass* in: Jarass/Pieroth, GG, Art. 20 Rn 104, *Hesse*, Grundzüge des Verfassungsrechts der Bundesrepublik Deutschland, Rn 212 f.; *Sachs* in: Sachs, GG, Art. 20 Rn 47.

[118] *von Münch*, Staatsrecht Band I, Rn 307 f.; *Gröschner* in: Dreier, GG Band II, Art. 20 (Sozialstaatlichkeit), Rn 31.

[119] *Sommermann* in: von Mangoldt/Klein/Starck, GG Band II, Art. 20 Rn 97; *Badura*, DÖV 1989, S. 491 (493); *Schiek* in: AK-GG, Art. 20, V, Rn 70; *Ipsen*, Staatsrecht I, Rn 859.

recht wird, nicht möglich ist.[120] Genauso wenig, wie das Bekenntnis zur „République sociale“ in Art. 1 S. 1 4. Var. der französischen Verfassung von 1958 dem Norminterpreten eine verbindliche Auskunft zum Normgehalt zu geben vermag, lässt sich auch der Normgehalt des Art. 20 Abs. I GG aus dessen bloßem Wortlaut nicht ableiten.[121] Konsequenterweise verweigert der bloße Wortlaut dem Norminterpreten dann auch die Bestimmung des dem Sozialstaatsprinzip möglicherweise immanenten Zielgehalts.

### bb) Die Genese des Sozialstaatsprinzips

Wenn nicht sein Wortlaut, so ist möglicherweise die Genese des Sozialstaatsprinzips für die Beantwortung der aufgeworfenen Frage ergiebiger. Die Genese des Sozialstaatsprinzips ist im Schrifttum bereits umfassend aufbereitet worden; die wichtigsten Aspekte seien daher hier zusammengefasst: Soweit ersichtlich, wurde im Parlamentarischen Rat allenfalls um die sprachliche Fassung des dann letztlich ins Grundgesetz als Art. 20 Abs. I GG aufgenommenen Verfassungssatzes gerungen; die dabei gewählte Beschreibung des Bundesstaates als eines „Sozialen“ gab aber offenbar keinen Anlass zu Diskussionen.[122] In Ermangelung konkreter Äußerungen einzelner Mitglieder des Parlamentarischen Rates dazu, was das „soziale“ des so bezeichneten Staatsgebildes beinhalten solle, ziehen Großteile des Schrifttums den Schluss, dass die Genese des Sozialstaatsprinzips für dessen Auslegung grundsätzlich unergiebig sei[123] – und damit konsequenterweise auch für die hier interessierende Frage nach den zu verwirklichenden Aufträgen oder Zielen wenig hergibt.

Es lassen sich aber auch vereinzelte Äußerungen im Schrifttum nachweisen, denen zufolge die Genese des Sozialstaatsprinzips sehr wohl Rückschlüsse auf seine inhaltliche Gestaltung zulasse. Mit der Niederlegung des Sozialstaatsprinzips hätten die Mitglieder des Parlamentarischen Rates an die Weimarer Reichsverfassung mit ihren sozialen Grundrechten anknüpfen wollen; diese seien daher Bestandteil des Grundgesetzes.[124] Gewichtige Gründe sprechen gegen diese An-

---

[120] Vgl. Erstes Kapitel, III. 2.

[121] *Stern*, Staatsrecht I, S. 891; *Herzog* in: Maunz/Dürig, GG Band II, Art. 20, VIII, Rn 3, 19.

[122] Vgl. die Nachweise zu den verschiedenen Formulierungsvarianten bei *Stern*, Staatsrecht I, S. 877 ff.

[123] So *Gröschner* in: Dreier, GG Band II, Art. 20 (Sozialstaatlichkeit), Rn 9; *Stern*, Staatsrecht I, S. 880.

[124] So – indes ohne Belege aus den Debatten des Parlamentarischen Rates – *Schiek* in: AK-GG, Art. 20, V, Rn 61 (m.w.N., dabei aber unter verfehlter Berufung auf *Murswiek* in: HStR V, § 112 Rn 48, der allenfalls vage davon spricht, die „Idee“ sozialer Grundrechte sei im Sozialstaatsprinzip aufgehoben).

nahme. Der Parlamentarische Rat hat – z. T. unter Einbeziehung der einschlägigen Normen der Weimarer Reichsverfassung in seine Debatten – ausdrücklich auf die Aufnahme sozialer Grundrechte verzichtet.[125] Hätte er aber die Fortgeltung der sozialen Grundrechte der Weimarer Reichsverfassung unter dem Grundgesetz sicherstellen wollen, so hätte es für ihn nahegelegen, sie – vergleichbar dem Art. 140 GG (Art. 136 bis 141 WRV) – in das Grundgesetz zu inkorporieren: Genau dies ist aber nicht geschehen. Vereinzelt findet sich ferner die Behauptung, das Bekenntnis des Parlamentarischen Rates zur Sozialstaatlichkeit sei im Wesentlichen von bestimmten Sozialstaatstheorien einzelner Autoren beeinflusst gewesen, so von denen *Hermann Hellers*.[126] Dessen Sozialstaatstheorie sei daher bei der Auslegung des Sozialstaatsprinzips entscheidend zugrunde zu legen.[127] Diese Ansicht findet indes keine Stütze in den Debatten des Parlamentarischen Rates; sie hat daher auch im Schrifttum zu Recht keinen weiteren Rückhalt erfahren.[128]

### cc) Berücksichtigung der Ideengeschichte und Praxis der Sozialstaatlichkeit bis 1949

Wenn auch die Genese des Sozialstaatsprinzips für die Auslegung unergiebig ist, so finden sich im Schrifttum vereinzelt Versuche, den Begriff zu präzisieren, indem auf die in der deutschen Rechtsgeschichte bis 1949 praktizierte „Sozialstaatlichkeit" zurückgegriffen wird. Die Ermittlung der Ideengeschichte und tradierten Praxis der Sozialstaatlichkeit könnte so helfen, das Sozialstaatsprinzip inhaltlich zu präzisieren.

#### *(1) Die Ideengeschichte*

Mit der Ideengeschichte deutscher Sozialstaatlichkeit werden im Schrifttum Namen wie *Lorenz von Stein*[129] sowie (der bereits erwähnte) *Hermann Heller* und *Franz Neumann*[130] in Verbindung gebracht. Aber auch die verschiedenen politischen Strömungen der Weimarer Republik artikulierten Forderungen und

---

[125] Siehe oben, III. 2. a) aa).

[126] Vgl. dessen Schrift „Rechtsstaat oder Diktatur?" (1929/30), in: *Heller*, Gesammelte Schriften, Band II, S. 443 ff.

[127] So ausdrücklich *Stein/Frank*, Staatsrecht, S. 162; offenbar auch *Kittner* in: AK-GG (2. Aufl. 1989), Art. 20 Abs. 1 – 3 IV, Rn 20.

[128] Zu diesem und weiteren Kritikpunkten an dem genannten Rückgriff auf einen einzelnen Autor zur Auslegung des Sozialstaatsprinzips ausführlich *Gröschner* in: Dreier, GG Band II, Art. 20 (Sozialstaatlichkeit), Rn 9. Vgl. auch *Schiek* in: AK-GG, Art. 20, V, Rn 16.

[129] *Gröschner* in: Dreier, GG Band II, Art. 20 (Sozialstaatlichkeit), Rn 5; *Schiek* in: AK-GG, Art. 20, V, Rn 17.

[130] *Schiek* in: AK-GG, Art. 20, V, Rn 19.

Vorstellungen sozialstaatlichen Charakters: Von der KPD über die Sozialdemokratie bis hin zu den national-konservativen Parteien und schließlich in der christlichen Soziallehre fanden sich variierende und damit zum Teil auch gegenläufige Forderungen und Vorstellungen.[131] An dieser Stelle soll es bewusst bei der Benennung einzelner Autoren oder aber gesellschaftlicher Bewegungen verbleiben. Sie im Einzelnen darzustellen erforderte nicht nur eine eigenständige Bearbeitung, da nur sie der Komplexität der verschiedenartigen gesellschaftstheoretischen und politischen Strömungen gerecht würde; insoweit sei hier auf weiterführende Darstellungen verwiesen.[132] Die Darstellung der verschiedenen Strömungen erscheint, und das ist letztlich entscheidend, für die Auslegung des Sozialstaatsprinzips wenig ergiebig. Denn die Ideengeschichte der Sozialstaatlichkeit ist von einer Vielfalt gekennzeichnet, die zumindest den Schluss nahe legt, dass es *die eine* ideengeschichtliche Grundlage nicht gibt[133] – und mithin aus der Ideengeschichte heraus kaum eine präzise Auslegung des Sozialstaatsprinzips erfolgen kann. Bezeichnenderweise vermeidet es das rechtswissenschaftliche Schrifttum, soweit es die Ideengeschichte des Sozialstaatsprinzips schildert, dann auch, aus dieser Schilderung ausdrücklich Konsequenzen für die Auslegung des Sozialstaatsprinzips dergestalt zu ziehen, dass es glaubt, ihm einzelne, konkret gefasste verfassungsrechtliche Vorgaben für den Gesetzgeber entnehmen zu können – es bleibt der reinen Darstellung verhaftet.[134] Vereinzelt wird die naheliegende Konsequenz gezogen, dass die Verschiedenartigkeit der ideengeschichtlichen Grundlagen eine Auslegung des Sozialstaatsprinzips, welche unter Rückgriff auf dessen Ideengeschichte realisiert werden soll, generell unmöglich macht[135] – und damit auch für die hier im Konkreten interessierende Frage nach seinem Zielgehalt unergiebig ist.

*(2) Praxis der Sozialstaatlichkeit*

Nun ist die – in ihren Konturen letztlich im Unscharfen verbleibende – Idee der Sozialstaatlichkeit nicht auf ihre Formulierung durch unterschiedliche Autoren, politische oder andere gesellschaftliche Kräfte beschränkt geblieben, sondern hat ihre einfach-gesetzliche Umsetzung bereits vor Inkrafttreten des Grundge-

---

131 *Herzog* in: Maunz/Dürig, GG Band II, Art. 20, VIII, Rn 19.

132 Vgl. zu Hermann Heller etwa *Robbers*, Hermann Heller: Staat und Kultur, S. 52 ff., 68 ff. (jeweils m.w.N.). Zu Lorenz von Stein vgl. *Kingreen*, Das Sozialstaatsprinzip im europäischen Verfassungsverbund, S. 89 ff. (m.w.N.).

133 So explizit *Herzog* in: Maunz/Dürig, GG Band II, Art. 20, VIII, Rn 3.

134 So *Gröschner* in: Dreier, GG Band II, Art. 20 (Sozialstaatlichkeit), Rn 1 ff. Unklar *Schiek* in: AK-GG, Art. 20, V, Rn 17 ff., wenn sie behauptet, die Ideengeschichte der Sozialstaatlichkeit bis in die Weimarer Republik liefere „wichtige Anhaltspunkte für...die Verfassungsauslegung", dabei aber nicht aufzeigt, welche diese im einzelnen sein sollen.

135 So *Herzog* in: Maunz/Dürig, GG Band II, Art. 20, VIII, Rn 3, 19 ff.

setzes erfahren. Das Schrifttum zitiert insoweit zuvörderst die Bismarcksche Sozialgesetzgebung, welche verschiedene Sozialgesetze im ausgehenden 19. Jahrhundert hervorgebracht hat.[136] Diese Gesetzgebung wurde in der Weimarer Republik fortgesetzt.[137] Entscheidend ist aber, welche Relevanz die Tatsache für die Auslegung des Sozialstaatsprinzips entfalten kann, dass es bis zum Inkrafttreten des Grundgesetzes eine einfach-gesetzliche Sozialstaatspraxis in Deutschland gab. Das zitierte Schrifttum zieht in aller Regel aus der von ihm beschriebenen einfach-gesetzlichen Sozialstaatspraxis keinerlei Konsequenzen für die Auslegung des Art. 20 Abs. I GG. Nur ganz vereinzelt wird – in relativer Unschärfe – aus der beschriebenen Sozialstaatspraxis der Schluss gezogen, sie sei unter der Geltung des Sozialstaatsprinzips „veränderungsfest".[138] Was damit im Einzelnen gemeint ist, bleibt im Unklaren. Offenbar, so dürfte die zitierte Auffassung zu verstehen sein, genießt ein Teil der genannten Sozialgesetzgebung unter dem Sozialstaatsprinzip eine Art Bestandsschutz – darauf wird noch zurückzukommen sein. Jedenfalls aber kann die zitierte Auffassung unmöglich dahingehend verstanden werden, dass das Sozialstaatsprinzip den Gesetzgeber in der Gegenwart zur Erreichung eines im einzelnen wie auch immer umrissenen Zielgehalts verpflichtet; der Rückgriff auf die Sozialgesetzgebung einer vergangenen Epoche, etwa der Weimarer Republik, schließt ein derartiges zukunftsgerichtetes Verständnis zwangsläufig aus.

#### dd) Vorläufiges Auslegungsergebnis zum Zielgehalt des Sozialstaatsprinzips

Die Ermittlung eines möglichen Zielgehalts des Sozialstaatsprinzips bereitet erhebliche Schwierigkeiten. Zu mager ist der Befund aus den Debatten des Parlamentarischen Rates, als dass die Genese des Sozialstaatsprinzips über einen derartigen Gehalt des Art. 20 Abs. I GG verbindlich Auskunft zu geben vermöchte. Zu vielfältig, zum Teil gegenläufig ist auch der ideengeschichtliche Hintergrund dieser Vorschrift. Was schließlich die einfach-gesetzliche Sozialstaatspraxis bis zum Jahre 1949 anbelangt, so mag sie vielleicht von Erkenntniswert sein für die Frage nach einem möglicherweise durch die Verfassung vermittelten Bestandsschutz zugunsten dieser Praxis – für die Frage nach einer in der Zukunft liegenden einfach-gesetzlichen Zielverwirklichung ist sie indes zwangsläufig unergiebig. Mit *Herzog* mag man daher geneigt sein, an dieser Stelle zu formulieren,

---

[136] So *Gröschner* in: Dreier, GG Band II, Art. 20 (Sozialstaatlichkeit), Rn 6; *Schiek* in: AK-GG, Art. 20, V, Rn 4 ff. Zur Bismarckschen Sozialgesetzgebung ausführlich *Ritter* in: FS-Zacher, S. 789 (789 ff.).

[137] Nachweise bei *Schiek*, in: AK-GG, Art. 20, V, Rn 7.

[138] So *Schiek* in: AK-GG, Art. 20, V, Rn 55. Die so behauptete Verfassungsfestigkeit ausdrücklich ablehnend *Gröschner* in: Dreier, GG Band II, Art. 20 (Sozialstaatlichkeit), Rn 6 (unter Berufung auf BVerfGE 39, 302 (314)).

was er bereits 1980 feststellen zu können glaubte: „Die Auslegung ... dieses Sozialstaatsprinzips bietet der Verfassungslehre bis heute und wohl auch künftig fast unüberwindbare Schwierigkeiten“[139] – dies gilt dann auch für den Zielgehalt des Art. 20 Abs. I GG.

### c) Ein Zielgehalt des Sozialstaatsprinzips in der Rechtsprechung des Bundesverfassungsgerichts?

Nicht nur angesichts der zitierten Behauptung *Herzogs* besteht ein Interesse daran, die Rechtsprechung des Bundesverfassungsgerichts darauf zu untersuchen, ob sie dem Sozialstaatsprinzip des Grundgesetzes einen Zielgehalt entnimmt – denn möglicherweise zeigt die Judikatur dieses Gerichts Wege auf, einen derartigen Gehalt trotz der von *Herzog* behaupteten Schwierigkeiten zu ermitteln. Auch und gerade im Hinblick auf die rechtsvergleichende Vorgehensweise in dieser Arbeit verdienen einzelne, insoweit möglicherweise aussagekräftige Entscheidungen dieses Gerichts ein besonderes Augenmerk: Denn die Frage nach dem Zielgehalt der sozialen Grundrechte der Präambel von 1946 war einer der zentralen Aspekte bei der Untersuchung der Rechtsprechung des Conseil constitutionnel.

Zuvor bedarf es aber einer Klarstellung. Es wurde eingangs bereits eine Vielzahl von Äußerungen des Bundesverfassungsgerichts zitiert, die – isoliert betrachtet – den unbefangenen Leser glauben machen, es lege das Sozialstaatsprinzip im Sinne von für den Gesetzgeber verbindlichen Zielvorgaben aus; Teile des Schrifttums haben sich durch dessen Äußerungen dahingehend inspirieren lassen.[140] Indes gilt für die nachfolgend durchgeführte Rechtsprechungsanalyse, was schon bei der Untersuchung der Entscheidungen des Conseil constitutionnel angemerkt wurde: Die extrahierten Äußerungen des Gerichts müssen in ihrem argumentativen Kontext ausgewertet werden; jede andere Vorgehensweise birgt die Gefahr der Fehlinterpretation. Daher muss unterschieden werden zwischen denjenigen Entscheidungen, in denen einzelne, vom jeweiligen Entscheidungsinterpreten aus ihrem argumentativen Kontext isolierte Äußerungen des Gerichts eine gesetzgeberische Handlungspflicht qua Sozialstaatsprinzip suggerieren, und einer dann auch tatsächlich realisierten gerichtlichen Prüfung, ob der Gesetzgeber der Handlungspflicht nachgekommen ist und das Sozialstaatsprinzip hinreichend im einfachen Gesetzesrecht umgesetzt hat.

---

[139] *Herzog* in: Maunz/Dürig, GG Band II, Art. 20, VIII, Rn 3, 19. Auslassung durch den Verfasser.

[140] Wie Fn 117 – 119.

### aa) Einzelne Entscheidungen des Bundesverfassungsgerichts

Das Bundesverfassungsgericht hat in nur wenigen Entscheidungen überprüft, ob einfaches Gesetzesrecht hinreichend das Sozialstaatsprinzip verwirklicht – ein Verstoß wurde indes nie festgestellt:

In einer der – soweit ersichtlich – ersten Entscheidungen, welche für die Fragestellung ergiebig ist, stand eine Vorschrift des Gesetzes über die Abgeltung von Besatzungsschäden zur Überprüfung.[141] Die Beschwerdeführer rügten unter anderem eine Verletzung des Art. 14 GG, da das Gesetz die ihnen durch die alliierte Besatzung im Nachkriegsdeutschland entstandenen Schäden an ihrem Eigentum nicht in vollem Umfange entschädigte. Das Bundesverfassungsgericht prüfte aus eigener Initiative, und nur das soll hier interessieren, ob etwa Art. 20 Abs. I GG gebiete, die Besatzungsschäden im vollen Umfange zu entschädigen – eine Frage, die es letztlich verneinte. Zwar gebiete das Sozialstaatsprinzip, dass die „Gemeinschaft in der Regel Lasten trägt, die aus einem von der Gesamtheit zu tragenden Schicksal,..., entstanden sind". Der Gesetzgeber sei daher zu einem Lastenausgleich, und damit auch zum Ausgleich solcher Lasten, die durch die Besatzung verursacht worden sein, grundsätzlich verpflichtet. Die Ausgestaltung im Einzelnen sei jedoch „in weitem Maße" seiner Entscheidung anheim gestellt; Art. 20 Abs. I GG mache diesbezüglich keine konkreten Vorgaben.[142] Eine vage Zielvorgabe – die wie auch immer zu bestimmende „gemeinschaftliche Lastentragung" – wird also in dieser Entscheidung gemacht, der Weg zur Verwirklichung der Zielvorgabe im Einzelnen aber bleibt dem Gesetzgeber überlassen, der insoweit einer gerichtlichen Kontrolle entzogen ist.

In einer weiteren Entscheidung, es handelt sich um das im Schrifttum viel zitierte „Numerus-clausus"-Urteil, hat das Bundesverfassungsgericht unter anderem die Frage aufgeworfen, ob sich aus dem Sozialstaatsprinzip i.V.m. den grundrechtlichen Wertentscheidungen des Grundgesetzes ein „objektiver *sozialstaatlicher* Verfassungsauftrag zur Bereitstellung ausreichender Ausbildungskapazitäten für die verschiedenen Studienrichtungen" ableiten lasse. Zwar hat es die Antwort auf diese Frage offen gelassen, hat aber auch deutlich gemacht, dass bei „evidenter Verletzung jenes Verfassungsauftrages" eine gerichtliche Sanktion durchaus denkbar wäre – eine solche Verletzung zeitigten die angegriffenen

---

[141] Es handelt sich um § 21 Abs. III und IV des Gesetzes zur Abgeltung von Besatzungsschäden vom 1. Dez. 1955 (BGBl. I, S. 734), demzufolge Beschädigungen an Sachen als Folge der alliierten Besatzung nicht in vollem Umfange zu entschädigen waren: vgl. BVerfGE 27, 253 (263).

[142] Zitate und Aussagen nach BVerfGE 27, 253 (283, 285). Vgl. insoweit auch die „Kriegsschädenentscheidung" BVerfGE 41, 148 (153 f.).

Regelungen im vorliegenden Fall indes nicht.[143] Interessant ist diese Entscheidung, weil sie die Grenzen einer Auslegung des Sozialstaatsprinzips im Hinblick auf den ihm möglicherweise immanenten Zielgehalt aufzeigt: Das Bundesverfassungsgericht spricht vom „Vorbehalt des Möglichen", den es zu beachten gelte. Auch habe der Gesetzgeber den Erfordernissen des gesamtwirtschaftlichen Gleichgewichts (Art. 109 Abs. II GG) Rechnung zu tragen.[144] Es verweist somit ausdrücklich auf die Grenzen, die eine Auslegung erfährt, welche glaubt, dem Sozialstaatsprinzip einen Verfassungsauftrag zur Bereitstellung ausreichender universitärer Ausbildungskapazitäten entnehmen zu können.

Einzelne Entscheidungen zum Sozialversicherungsrecht hatten ebenfalls die Problematik einer nicht hinreichenden einfach-gesetzlichen Zielverwirklichung zum Gegenstand. Eine Vorschrift des zur Überprüfung vorgelegten Angestelltenversicherungsgesetzes gewährte die Zahlung von Waisengeld für körperlich oder geistig gebrechliche Waisen ehemals Versicherter nur bis zur Vollendung des 25. Lebensjahres.[145] Das Bundesverfassungsgericht prüfte, ob Art. 20 Abs. I GG die Einbeziehung behinderter Waisen über das 25. Lebensjahr hinaus gebiete. Zwar gehöre „die Fürsorge für Hilfsbedürftige zu den selbstverständlichen Pflichten des Sozialstaates", in jedem Fall habe die staatliche Gemeinschaft daher die „Mindestvoraussetzungen für ein menschenwürdiges Dasein" zu sichern. Um dieses Ziel zu verwirklichen, habe der Gesetzgeber aber eine gewisse Gestaltungsfreiheit, die daraus resultiere, dass er den Umfang der zu gewährenden Leistungen unter „Berücksichtigung vorhandener Mittel und anderer gleichrangiger Staatsaufgaben" bestimmen müsse. Erst wenn die einfach-gesetzlich gewährte Hilfe nicht den „Anforderungen sozialer Gerechtigkeit" entspreche, sei ein Verstoß gegen das Sozialstaatsprinzip gegeben. Die gerügte Regelung sei indes, so stellt es ohne weitere Begründung fest, mit dem Sozialstaatsprinzip vereinbar.[146] Eine weitere Entscheidung aus dem Sozialversicherungsrecht betraf die Frage, inwieweit das Sozialstaatsprinzip möglicherweise die Einbeziehung bestimmter Personengruppen in den Kreis der Anspruchsberechtigten der gesetzlichen Unfallversicherung gebietet. Die gerügte Norm gewährte nur bei Erfüllung bestimmter Bedingungen Ansprüche aus der gesetzlichen Unfallversicherung, Bedingungen, denen die Beschwerdeführer nicht genügten.[147] Die

---

143 Zitate und Aussagen nach BVerfGE 33, 303 (333). Hervorhebung durch den Verfasser.

144 BVerfGE 33, 303 (333).

145 § 44 S. 2 Angestelltenversicherungsgesetz in der Fassung des Angestelltenversicherungsneuregelungsgesetzes vom 23. Februar 1957 (BGBl. I, S. 88), vgl. BVerfGE 40, 121 (124 f.).

146 Zitate und Aussagen nach BVerfGE 40, 121 (133 f.).

147 Es handelt sich um § 555a RVO i.d.F. vom 18. August 1980 (BGBl. I, S. 1469), vgl. BVerfGE 75, 348 (349 ff.).

Norm wurde als mit Art. 20 Abs. I GG vereinbar erklärt. Denn das Sozialstaatsprinzip mache keine konkreten Vorgaben, wer im Einzelnen unter welchen Voraussetzungen Anspruchsberechtigter der gesetzlichen Unfallversicherung sein müsse.[148]

Aus der jüngeren Rechtsprechung sei abschließend noch eine Entscheidung referiert, in der ebenfalls ein gerügtes gesetzgeberisches Unterlassen in Gestalt einer nicht hinreichenden Umsetzung des Sozialstaatsprinzips am Maßstab desselben geprüft werden sollte. So hatte das vorlegende Arbeitsgericht in seinem Aussetzungs- und Vorlagebeschluss argumentiert, die in Frage stehende Vorschrift des Kündigungsschutzgesetzes sei insoweit mit dem Sozialstaatsprinzip nicht vereinbar, als sie Kleinbetriebe mit weniger als 5 Angestellten vom Geltungsbereich des Gesetzes ausschließe (sog. Kleinbetriebsklausel).[149] Das Bundesverfassungsgericht erklärte in diesem Fall das Sozialstaatsprinzip zum nicht anwendbaren Kontrollmaßstab. Zwar begründe dieses grundsätzlich die „Pflicht des Staates zur Schaffung einer gerechten Sozialordnung“, dabei komme dem Gesetzgeber ein „weiter Gestaltungsspielraum“ zu. Die Frage aber, ob er Kleinbetriebe vom Geltungsbereich des Kündigungsschutzgesetzes habe ausnehmen dürfen, sei an der spezielleren Regelung des Art. 12 Abs. I GG zu messen – was das Bundesverfassungsgericht dann auch unter Rückgriff auf den Schutzpflichtgehalt des Art. 12 Abs. I GG praktiziert hat.[150] Denn Art. 12 Abs. I GG setze den „konkreteren Maßstab“ für die aufgeworfene Rechtsfrage, da sich dem Sozialstaatsprinzip hierzu nichts entnehmen lasse.[151] Art. 12 Abs. I GG in seiner Schutzpflichtdimension verdrängt aus Sicht des Gerichts also als spezieller Rechtssatz das Sozialstaatsprinzip – auf diese Entscheidung und die Frage, inwieweit das Schutzpflichtkonzept dem Gesetzgeber Handlungspflichten auferlegt, wird noch zurückzukommen sein.[152]

#### bb) Analyse der Entscheidungen

Das Bundesverfassungsgericht glaubt, dem Sozialstaatsprinzip einen Zielgehalt entnehmen zu können. Dieser bleibt indes in seinen Konturen ausgesprochen unscharf. Begrifflichkeiten wie „gemeinsame Lastentragung“, „gerechte Sozialordnung“ oder aber „die Anforderungen sozialer Gerechtigkeit“ sollen diesen

---

148 BVerfGE 75, 348 (359 f.).

149 Es handelte sich um § 23 Abs. I S. 2 KSchG i.d.F. vom 26. 4. 1985 (BGBl. I, S. 710); vgl. BVerfGE 97, 169 (169 f.). Zum Vorlagebeschluss des Arbeitsgerichts vgl. BVerfGE 97, 169 (172).

150 BVerfGE 97, 169 (175 – 180).

151 Zitate und Aussagen nach BVerfGE 97, 169 (185).

152 Zu BVerfGE 97, 169 ff. und der Ableitung grundrechtlicher Schutzpflichten aus Art. 12 GG ausführlich unten, V. 3.

Zielgehalt kennzeichnen. Wann im Einzelnen der Gesetzgeber etwa den Anforderungen sozialer Gerechtigkeit hinreichend Rechung getragen hat, bleibt indes im Unklaren. Der vage Begriff des Sozialstaates erfährt eine „Präzisierung" durch ihrerseits im hohen Maße interpretationsoffene Begrifflichkeiten; ein präzises Auslegungsergebnis gewinnt auch das Bundesverfassungsgericht nicht.

Unweigerlich setzt dann auch die Kritik des Schrifttums an der Verwendung der genannten unbestimmten Begrifflichkeiten ein. Der Begriff der Gerechtigkeit und damit auch der der sozialen Gerechtigkeit sei „unentrinnbar subjektiv", denn zu unterschiedlich seien die Gerechtigkeitskonzepte.[153] Niemand, „auch nicht das Bundesverfassungsgericht", wisse, was eine gerechte Sozialordnung im Einzelnen ausmache.[154] Zumindest letztere Aussage bedarf einer Ergänzung: Natürlich kann der Einzelne für sich den Begriff der sozialen Gerechtigkeit und ihm verwandte Begrifflichkeiten inhaltlich ausfüllen. Dies belegen exemplarisch die Äußerungen des Verfassungsrichters *Simon*, der in seinem immer wieder zitierten Beitrag zu einer Festschrift die Fantasielosigkeit und Denkfaulheit der Rechtswissenschaft bei der Konkretisierung des Sozialstaatsprinzips angeprangert und im Rahmen seines Beitrages den Begriff der sozialen Gerechtigkeit erläutert hat: Sein „*eigenes* Gerechtigkeitsdenken" folge der „eschatologisch orientierten neueren evangelischen Rechts- und Staatsethik".[155] Nun mag man dem Begriff „soziale Gerechtigkeit" unbenommen sein eigenes Gerechtigkeitsdenken zugrunde legen – ein allgemeinverbindliches verfassungsrechtliches Verständnis des Begriffs der sozialen Gerechtigkeit, seinerseits Ergebnis einer *de lege artis* durchgeführten Auslegung des Art. 20 Abs. I GG, kann in einer pluralistischen Gesellschaft indes damit kaum behauptet werden.[156] Die Äußerungen *Simons* sind so Beleg für die in der Literatur zu recht festgestellte Subjektivität des Gerechtigkeitsbegriffs. Zumindest was die Umschreibung des Zielgehalts des Sozialstaatsprinzips mit den in der Rechtsprechung des Bundesverfassungsgerichts verwendeten Termini anbelangt, bleibt es dabei, dass die genannten Begrifflichkeiten ihn nicht zu präzisieren vermögen.

Der so gegebenen Unbestimmtheit des Zielgehalts korrespondiert die in den ausgewerteten Entscheidungen des Bundesverfassungsgerichts immer wieder betonte Gestaltungsfreiheit des Gesetzgebers, die ihm bei der Verwirklichung des dem Art. 20 Abs. I GG immanenten Zielgehalts zukommt. Auch weil der

---

[153] *Sommermann* in: von Mangoldt/Klein/Starck, GG Band II, Art. 20 Rn 98 unter Berufung auf *Wilhelm Henke*, Recht und Staat, S. 181. Vgl. auch *Merten*, Bitburger Gespräche 1982, S. 19 (21): „leerformelartige Umschreibung". Zur Unbestimmtheit des Begriffs „soziale Gerechtigkeit" siehe bereits Erstes Kapitel, III. 2.

[154] *Roellecke* in: Umbach/Clemens, GG Band I, Art. 20 Rn 186.

[155] *Simon* in: FS-Redeker, S. 159 (161). Hervorhebung durch den Verfasser.

[156] Zutreffend *Sommermann* in: von Mangoldt/Klein/Starck, GG Band II, Art. 20 Rn 98.

Wortlaut des Art. 20 Abs. I GG ausgesprochen interpretationsoffen ist, muss das Bundesverfassungsgericht den Spielraum einräumen. In einer der analysierten Entscheidungen wurden weitere Gründe für die Zubilligung dieser Gestaltungsfreiheit genannt. Mit dem Stichwort der Ressourcenabhängigkeit („vorhandene Mittel"[157], „Vorbehalt des Möglichen"[158]) der zu gewährenden Leistungen nennt es einen Aspekt, der im Rahmen der Untersuchung des französischen Verfassungsrechts angesprochen wurde: Bei der Bestimmung des den sozialen Grundrechten der Präambel von 1946 möglicherweise immanenten Zielgehalts wurde das Vorhandensein entsprechender finanzieller Mittel als eine Schranke der von Verfassungs wegen auf dem Gesetzgeber lastenden Zielverwirklichung genannt.[159] Auf diese und andere Schranken des Zielgehalts des Sozialstaatsprinzips, die auch unter dem Grundgesetz Geltung beanspruchen, wird noch zurückzukommen sein.

### d) Der Zielgehalt des Sozialstaatsprinzips im Schrifttum

Angesichts der im Schrifttum artikulierten Kritik an der Rechtsprechung des Bundesverfassungsgerichts besteht ein Interesse, zu untersuchen, welche Ansätze es zur Bestimmung des dem Art. 20 Abs. I GG möglicherweise immanenten Zielgehalts aufzeigen kann. Diese Untersuchung zeigt dabei auch, und insoweit ist sie vor dem Hintergrund eines Vergleiches mit dem französischen Verfassungsrecht von Bedeutung, die verfassungsrechtlichen Schranken dieses Zielgehalts auf.

#### aa) Versuche zur Bestimmung des Zielgehalts des Sozialstaatsprinzips

##### *(1) Gewährleistung der Voraussetzungen zum Freiheitsgebrauch*

Verbreitet findet sich im Schrifttum die Behauptung, das Sozialstaatsprinzip verpflichte dazu, die allgemeinen Voraussetzungen zum Gebrauch der Freiheitsgrundrechte des Grundgesetzes zu gewährleisten.[160] Damit die durch die Grundrechte des Grundgesetzes gewährten Freiheiten von staatlichem Zwang nicht leer liefen, habe der Sozialstaat darauf hinzuwirken, dass ihr Gebrauch ermöglicht werde: nicht formale, sondern reale, d.h. tatsächlich praktizierbare Freiheit

---

[157] BVerfGE 40, 121 (133).
[158] BVerfGE 33, 303 (333).
[159] Vgl. oben, Zweites Kapitel, IV. 4. b) dd) (3).
[160] *Gröschner* in: Dreier, GG Band II, Art. 20 (Sozialstaatlichkeit) Rn 70; *Jarass* in: Jarass/Pieroth, GG, Art. 20 Rn 110; *Sommermann* in: von Mangoldt/Klein/Starck, GG Band II, Art. 20 Rn 106; *Badura*, Der Staat 1975, S. 17 (35).

sei unter der Geltung des Sozialstaatsprinzips geboten.[161] Am Beispiel des Art. 13 Abs. I GG wird die Konsequenz des so verstandenen Zielgehalts des Sozialstaatsprinzips verdeutlicht. Zwar gewähre diese Norm i.V.m. Art. 20 Abs. I GG keinen subjektiv einklagbaren Anspruch auf eine individuelle Wohnung. Indes sei der Staat von Verfassungs wegen zur Schaffung bezahlbaren Wohnraums für alle Bevölkerungsschichten verpflichtet. So erhielten die Freiheitsgrundrechte des Grundgesetzes eine „objektive Sozialstaatsdimension".[162] Denkt man diesen Ansatz für die weiteren Grundrechte des Grundgesetzes konsequent zu Ende, wäre der Gesetzgeber durch eine Interpretation des Art. 12 Abs. I GG im Lichte des Sozialstaatsprinzips zu einer breiten Beschäftigungsförderung verpflichtet; aus Art. 14 folgte die Pflicht, den Eigentumserwerb aktiv zu fördern, usw.: eine Vielzahl von Pflichten zur Vornahme positiver Handlungen lastete so auf ihm.[163] Andere Stimmen aus dem Schrifttum formulieren einen allgemeinen Maßnahmenkatalog, vermittels dessen die Voraussetzungen für die Ausübung grundrechtlich geschützter Freiheit verbessert werden müssten: Mit Blick hierauf seien „die Befreiung von wirtschaftlichen Notlagen, die Daseinsvorsorge, die Bekämpfung von Arbeitslosigkeit sowie die Förderung von Chancengleichheit" durch das Sozialstaatsprinzip geboten.[164]

*(2) Topische Bestimmung des Zielgehalts*

Zur Bestimmung des von Verfassungs wegen gebotenen Zielgehalts bedient sich das Schrifttum ferner einer Methode, die als „topische Annäherung" an diesen Zielgehalt bezeichnet wird. Unter Rückgriff auf die Terminologie des Bundesverfassungsgerichts wird zunächst behauptet, das Sozialstaatsprinzip verpflichte als Staatszielbestimmung zur Herstellung sozialer Gerechtigkeit, zum sozialen Ausgleich oder aber zur Schaffung einer gerechten Sozialordnung.[165] Offenbar im Bewusstsein der so zwangsläufig gegebenen Unbestimmtheit des Zielgehalts erfolgt dann die topische Annäherung an das „sozialstaatlich Gebotene"[166]: Zugunsten des Einzelnen – auf der „sozialstaatlichen Mikroebene" – sei der Staat zur Sicherung einer menschenwürdigen Existenz in Notlagen, zur Sicherung ge-

---

[161] *Gröschner* in: Dreier, GG Band II, Art. 20 (Sozialstaatlichkeit) Rn 18; *Pitschas* in FS-Zacher, S. 756 (762 f.).

[162] *Gröschner* in: Dreier, GG Band II, Art. 20 (Sozialstaatlichkeit) Rn 20. Vgl. auch *Stein/Frank*, Staatsrecht, S. 442.

[163] Vgl. nur die vielen „Politikbereiche des Sozialstaates", die *Gröschner* dem Sozialstaatsprinzip i.V.m. den Freiheitsgrundrechten des Grundgesetzes zu entnehmen können glaubt: *ders.* in: Dreier, GG Band II, Art. 20 (Sozialstaatlichkeit) Rn 29.

[164] *Sommermann* in: von Mangoldt/Klein/Starck, GG Band II, Art. 20 Rn 106.

[165] *Schiek* in: AK-GG, Art. 20, V, Rn 51 ff. (mit Nachweisen aus der Rechtsprechung des Bundesverfassungsgerichts), 70.

[166] *Schiek* in: AK-GG, Art. 20, V, Rn 55.

gen Lebensrisiken, zur sozialen Entschädigung und zum Familienlastenausgleich[167], auf der „Makroebene“ bspw. zu Infrastrukturleistungen wie etwa der Erhaltung des Bildungswesens verpflichtet.[168] Auch die Auffassung, die in den einzelnen Freiheitsgrundrechten des Grundgesetzes den normativen Anknüpfungspunkt für die Bestimmung des Zielgehalts des Sozialstaatsprinzips erkennen zu können glaubt, versucht, das Sozialstaatsprinzip vermittels der Topoi sozialen Ausgleichs, sozialer Sicherheit und sozialer Gerechtigkeit zu konkretisieren. Aussagen zur verfassungsrechtlichen Bindungswirkung der so ermittelten Topoi fehlen indes.[169] Gleiches gilt für die von dieser Auffassung genannten „Teil-, Leit- oder aber Unterprinzipien“, welche durch Rechtsprechung und Lehre zur Präzisierung des Sozialstaatsprinzips entwickelt worden seien. Unter Rückgriff auf die Rechtsprechung des Bundesverfassungsgerichts wird dann eine Fülle gesetzgeberischer Maßnahmen – von der Steuerpolitik bis zum Kindergeld – zitiert, die dann als „Teil-, Leit- oder Unterprinzipien“[170] oder aber als Konkretisierungen[171] des Sozialstaatsprinzips begriffen werden. Nicht zu bestreiten ist dabei, dass die zitierten gesetzgeberischen Maßnahmen in irgendeiner Form einmal Gegenstand der Entscheidungen des Bundesverfassungsgerichts waren. Unklar bleibt indes, inwieweit diese Maßnahmen aus der Sicht des Schrifttums von Verfassungs wegen, konkret durch das Sozialstaatsprinzip, geboten sein sollen. Die Entwicklung der „Teil-, Leit- oder Unterprinzipien“ des Sozialstaatsprinzips, die Aufzählung seiner einfach-gesetzlichen „Konkretisierungen“ bleibt schon im Allgemeinen und somit auch für die Frage des diesem Prinzip möglicherweise immanenten Zielgehalts im Besonderen ohne rechtlichen Erkenntniswert.[172]

*(3) Bedenken des Schrifttums gegen einen im Einzelnen zu ermittelnden Zielgehalt*

Den voranstehend dargestellten Ansätzen des Schrifttums stehen solche Stimmen gegenüber, die für eine äußerst zurückhaltende Auslegung des Sozialstaatsprinzips plädieren, wenn es darum geht, diesem Prinzip für den Gesetzgeber von Verfassungs wegen bindende Zielvorgaben zu entnehmen. Ausgangspunkt sind dabei vor allem der für die Auslegung unergiebige Wortlaut sowie die ebenfalls

---

167 *Schiek* in: AK-GG, Art. 20, V, Rn 76 ff.
168 *Schiek* in: AK-GG, Art. 20, V, Rn Rn 91 ff.
169 So bei *Gröschner* in: Dreier, GG Band II, Art. 20 (Sozialstaatlichkeit) Rn 36 ff.
170 So bei *Gröschner* in: Dreier, GG Band II, Art. 20 (Sozialstaatlichkeit) Rn 32.
171 *Stern*, Staatsrecht I, S. 895 ff.
172 *Schnapp* in: von Münch/Kunig, GG Band II, Art. 29 Rn 38 spricht im Hinblick auf *Gröschner* in: Dreier, GG Band II, Art. 20 (Sozialstaatlichkeit) Rn 36 ff. und *Stern*, Staatsrecht I, S. 895 ff. daher zutreffend von einer allenfalls „deskriptiven Methode“ der genannten Autoren.

unergiebige Entstehungsgeschichte.[173] Da die Auslegung des Art. 20 Abs. I GG unter Rückgriff auf die genannten Auslegungsmaßstäbe unergiebig sei, bestünde die Gefahr einer politisch gefärbten Interpretation des vermeintlich von Verfassungs wegen Gebotenen: Wegen seiner „Grenzenlosigkeit" könne das Sozialstaatsprinzip „für jede politische Initiative ‚herhalten'", es sei die „Aufgabenbegründungsnorm par excellence"[174]. Es beinhalte die Möglichkeit, „dass jeder sein eigener authentischer Verfassungsinterpret wird und dort, wo ihm ein bestimmtes Ziel oder eine bestimmte Lösung vorschwebt, sie mit einem Kurzschluss aus der verfassungsrechtlich festgelegten Sozialstaatlichkeit rechtfertigt".[175] Vertretbar sei daher grundsätzlich nur eine restriktive Auslegung des Sozialstaatsprinzips.[176]

Indes begründen diese Stimmen ihre Auffassung nicht nur unter Hinweis auf den unbestimmten Wortlaut und die für die Auslegung unergiebige Genese des Sozialstaatsprinzips. Sie weisen auch auf die von Verfassungs wegen zu beachtenden Schranken hin, die sich einer im Hinblick auf seinen möglichen Zielgehalt extensiven Auslegung des Sozialstaatsprinzips widersetzen. Es sind dies solche Schranken, die auch diejenigen Stimmen im Schrifttum berücksichtigt sehen wollen, die, wie voranstehend dargestellt, für eine umfassendere Auslegung des Art. 20 Abs. I GG im Hinblick auf den ihm immanenten Zielgehalt plädieren. Es gilt daher, sich mit diesen Schranken auseinander zu setzen.

### bb) Schranken des Zielgehalts

#### *(1) Vorüberlegungen zu den Schranken des Zielgehalts*

Betrachtet man die voranstehend herausgearbeiteten Ansätze des Schrifttums, den Zielgehalt des Sozialstaatsprinzips zu konkretisieren, so drängt sich unvermittelt der Eindruck schier grenzenloser, vielfältigst ausgestalteter Handlungspflichten auf, die aus Sicht der Lehre kraft Art. 20 Abs. I GG auf dem Gesetzgeber lasten. Man mag an einen permanenten Zielverwirklichungszwang denken, hinter dem der Gesetzgeber, je nachdem wie hoch man das zu erreichende Zielniveau fixiert, zurückbleibt, sich also den Vorwurf eines verfassungswidrigen Unterlassens gefallen lassen müsste. Beispielhaft sei auf die Auffassung verwiesen, die glaubt, der Sozialstaatssatz i.V.m. den Freiheitsgrundrechten verpflichte

---

[173] Ausdrücklich *Herzog* in: Maunz/Dürig, GG Band II, Art. 20, VIII Rn 19, 24 f.; vgl. auch *Weber*, Der Staat 4 (1965), S. 409 (416).

[174] *Stern*, Staatsrecht I, S. 909.

[175] *Weber*, Der Staat 4 (1965), S. 409 (418).

[176] *Herzog* in: Maunz/Dürig, GG Band II, Art. 20, VIII Rn 24 ff., *Neumann*, DVBl 1997, S. 92 (93); *Badura*, DÖV 1989, S. 491 (493).

den Gesetzgeber, die Voraussetzungen zum Gebrauch des jeweiligen Freiheitsgrundrechts zu verwirklichen. Das hierzu zitierte Beispiel – Art. 13 Abs. I GG i.V.m. dem Sozialstaatsprinzip verpflichte zur „Schaffung bezahlbaren Wohnraums für alle Bevölkerungsschichten"[177] – lässt angesichts der in jeder größeren Stadt lebenden Zahl von Obdachlosen keinen anderen Schluss zu. Denn wäre der Gesetzgeber tatsächlich von Verfassungs wegen zur Verwirklichung des genannten Zieles („bezahlbarer Wohnraum für alle") gehalten, hätte er sich offensichtlich eines verfassungswidrigen Unterlassens schuldig gemacht. Gleiches dürfte für die „sozialstaatliche Dimension" des Art. 12 Abs. I GG angesichts der Millionen von Arbeitslosen gelten. Auch diejenigen, die glauben, sich dem Zielgehalt des Sozialstaatsprinzips topisch annähern zu können, müssten den Vorwurf des verfassungswidrigen Unterlassens erheben: Begreift man etwa die erst 1994 in Kraft getretene gesetzliche Pflegeversicherung[178] als Konkretisierung des „sozialstaatlich Gebotenen", so etwa unter dem Topos der „Sicherung gegen Lebensrisiken"[179], hätte sich der Gesetzgeber zumindest bis zur Einführung der genannten Versicherung im Jahre 1994 für ein verfassungswidriges Unterlassen zu verantworten.

Nun wird aber der Vorwurf eines verfassungswidrigen Unterlassens, Folge der nicht oder aber nicht hinreichend erfolgten einfach-gesetzlichen Umsetzung des dem Sozialstaatsprinzip immanenten Zielgehalts, in der hier ausgewerteten Lehre nirgends (zumindest nicht ausdrücklich) erhoben. Der Grund hierfür liegt darin, dass, wenn das Schrifttum auch vereinzelt glaubt, einen Zielgehalt ermitteln zu können, es doch in aller Regel, wenn auch in unterschiedlicher Schwerpunktsetzung und Intensität, die von Verfassungs wegen zu beachtenden Schranken des Zielgehalts betont. Dabei taucht dann, wie sich zeigen wird, ein Großteil der Argumente auf, mit denen es sich schon bei der Untersuchung des Zielgehalts bzw. der leistungsrechtlichen Dimension der sozialen Grundrechte des französischen Verfassungsrechts auseinander zu setzen galt. Dies ist ein Faktum, welches wenig verwundert: Denn das Prinzip der Gewaltenteilung oder aber die von Verfassungs wegen geforderte Beachtung solcher Grundrechte, die in ihrer abwehrrechtlichen Dimension dem Gesetzgeber möglicherweise verfassungsrechtliche Grenzen aufzeigen, wenn er zur Zielverwirklichung schreitet, gilt bzw. ist auch unter dem Grundgesetz gefordert.

---

177 So *Gröschner* in: Dreier, GG Band II, Art. 20 (Sozialstaatlichkeit) Rn 20.

178 BGBl. I 1994, S. 1014.

179 Hier ordnet offenbar *Schiek* in: AK-GG, Art. 20, V, Rn 81, die Pflegeversicherung ein.

*(2) Beachtung kollidierender Grundrechte*

Was für das französische Verfassungsrecht gesagt wurde, gilt auch für das deutsche: Denjenigen Aktivitäten des Gesetzgebers, die von dem Willen zur Verwirklichung des Zielgehalts des Sozialstaatsprinzips getragen sind, können die Grundrechte des Grundgesetzes eine Grenze ziehen, müssen dies aber nicht zwangsläufig.[180] Zu Recht weisen einzelne Stimmen aus dem Schrifttum, welche Art. 20 Abs. I GG als Staatszielbestimmung interpretieren, darauf hin, dass die „übrigen materiellen Bestimmungen des Grundgesetzes" den „Zielkorridor" des Sozialstaatsprinzips einschränkten: als „übrige materielle Bestimmungen" werden vor allem die Grundrechte des Grundgesetzes genannt.[181] Seine Freiheitsgrundrechte und die von Verfassungs wegen aufgegebene Beachtung des Verhältnismäßigkeitsgrundsatzes zögen so der gebotenen einfach-gesetzlichen Konkretisierung des Sozialstaatsprinzips Grenzen.[182] Die im Schrifttum postulierte Grenze der Beachtung kollidierender Grundrechte findet auch durchgehend in der Rechtsprechung des Bundesverfassungsgerichts eine Stütze – auf die insoweit einschlägigen Entscheidungen wird noch im Rahmen der Untersuchung einer möglicherweise eingriffsrechtfertigenden Funktion des Sozialstaatsprinzips zurückzukommen sein.

*(3) Die Ressourcenabhängigkeit des Zielgehalts*

Eine weitere Grenze findet die Ermittlung des dem Sozialstaatsprinzips immanenten Zielgehalts unter Umständen in solchen Ressourcen, deren Vorhandensein für die Zielverwirklichung unabdingbar ist, die aber nur in begrenztem Umfang zur Verfügung stehen. Im Schrifttum ist von der „Abhängigkeit des Sozialstaates von der finanziellen Leistungsfähigkeit des Staates und der Steuerzahler" die Rede, welche dem Sozialstaatsprinzip „Schranken" setze[183], ist gleichlautend von der „konjunkturabhängig wechselnden finanziellen Leistungsfähigkeit des Staates" die Rede, welche die Zuerkennung eines gesetzgeberischen Gestal-

---

[180] Zu den Freiheitsgrundrechten der Erklärung von 1789 als denkbaren Schranken des Zielgehaltes der sozialen Grundrechte der Erklärung von 1946 vgl. oben, Zweites Kapitel, IV. 4. b) dd) (1).

[181] So von *Sommermann* in: von Mangoldt/Klein/Starck, GG Band II, Art. 20 Rn 101 f., der den Schutz der Freiheitsgrundrechte darüber hinaus als Staatsziel im Rechtsstaatsprinzip verankert sieht.

[182] *Stern*, Staatsrecht I, S. 921 ff. Inhaltlich in die gleiche Richtung *Herzog* in: Maunz/Dürig, GG Band II, Art. 20, VIII, Rn 41; *Weber*, Der Staat 5 (1965), S. 409 (435). Angedeutet bei *Gröschner* in: Dreier, GG Band II, Art. 20 (Sozialstaatlichkeit) Rn 17, der davon spricht, im Zweifel überwiege „die traditionell rechtsstaatlich verstandene Freiheitlichkeit".

[183] *Stern*, Staatsrecht I, S. 918 f.

tungsspielraumes erfordere.[184] Der Hinweis auf die Ressourcenabhängigkeit der Zielverwirklichung findet einen normativen Anknüpfungspunkt in den Vorschriften des Grundgesetzes: Art. 109 Abs. II GG verpflichtet die durch ihn gebundenen staatlichen Organe, bei ihrer Haushaltswirtschaft „den Erfordernissen des gesamtwirtschaftlichen Gleichgewichts Rechnung zu tragen". Kraft dieser Norm ist der Gesetzgeber zumindest gehalten, die Teilziele, welche § 1 S. 2 StWG als einfach-gesetzliche Konkretisierung des Art. 109 Abs. II GG formuliert hat[185], bei solchen Entscheidungen, die seine Einnahme- und Ausgabepolitik – eben die „Haushaltswirtschaft"[186] – betreffen, in den Entscheidungsvorgang mit einzustellen, da andernfalls den Erfordernissen des gesamtwirtschaftlichen Gleichgewichts nicht Rechnung getragen würde.[187] Nun kommt dem Gesetzgeber nach Auffassung des Bundesverfassungsgerichts zwar ein weiter Gestaltungsspielraum zu, wenn die Frage beantwortet werden soll, ob seine Haushaltswirtschaft den besagten Erfordernissen auch Rechnung trägt.[188] Gleichwohl: Art. 109 Abs. II GG dürfte zumindest in Extremfällen einer Interpretation des Sozialstaatsprinzips von Verfassungs wegen Grenzen ziehen, die glaubt, den Gesetzgeber zur Gewährung finanzieller Leistungsansprüche zugunsten bestimmter Personengruppen verpflichten zu können. Dies gilt zumindest dann, wenn die gewährten finanziellen (einfach-gesetzlichen) Ansprüche eine Belastung des Haushalts nach sich zögen, die zu einem Verstoß gegen die Erfordernisse des gesamtwirtschaftlichen Gleichgewichts dergestalt führen würden, dass dem Gesetzgeber die Verwirklichung eines der zur Konkretisierung des Art. 109 Abs. II GG einfach-gesetzlich formulierten Teilziele nicht mehr möglich wäre.[189]

---

[184] *Sommermann* in: von Mangoldt/Klein/Starck, GG Band II, Art. 20 Rn 110. Vgl. ferner *Herzog* in: Maunz/Dürig, GG Band II, Art. 20, V, Rn 23 („Ressourcenabhängigkeit des Sozialstaates") sowie *Ipsen*, Staatsrecht I, Rn 861.

[185] § 1 StGW: „Bund und Länder haben bei ihren wirtschafts- und finanzpolitischen Maßnahmen die Erfordernisse des gesamtwirtschaftlichen Gleichgewichts zu beachten. Die Maßnahmen sind so zu treffen, dass sie im Rahmen der marktwirtschaftlichen Ordnung gleichzeitig zur *Stabilität des Preisniveaus*, zu *einem hohen Beschäftigungsstand* und *außenwirtschaftlichem Gleichgewicht* bei *stetigem und angemessenen Wirtschaftswachstum* beitragen." Hervorhebungen durch den Verfasser.

[186] Zum Verständnis des Begriffs der Haushaltswirtschaft im genannten Sinne vgl. etwa *Hillgruber* in: von Mangoldt/Klein/Starck, GG Band III, Art. 109 Rn 17 (m.w.N.).

[187] *Heun* in: Dreier, GG Band III, Art. 109 Rn 25; *Hillgruber* in: von Mangoldt/Klein/Starck, GG Band III, Art. 109 Rn 88; *Siekmann* in: Sachs, GG, Art. 109 Rn 20.

[188] Vgl. etwa BVerfGE 79, 311 (343); *Hillgruber* in: von Mangoldt/Klein/Starck, GG Band III, Art. 109 Rn 81.

[189] *Hillgruber* in: von Mangoldt/Klein/Starck, GG Band III, Art. 109 Rn 93.

*(4) Das Prinzip der Gewaltenteilung: Die Gestaltungsfreiheit des Gesetzgebers bei der Zielverwirklichung*

In den wenigen Entscheidungen, in denen das Bundesverfassungsgericht einfaches Gesetzesrecht auf seine Vereinbarkeit mit dem dem Sozialstaatsprinzip immanenten Zielgehalt überprüft hat, betont es fast durchgehend die Gestaltungsfreiheit des Gesetzgebers, die diesem bei der Konkretisierung des Zielgehalts zukomme.[190] Ausdrücklich benannt wird das Prinzip der Gewaltenteilung als Grund für die insoweit zuzubilligende Gestaltungsfreiheit in den voranstehend ausgewerteten Entscheidungen zwar nicht. Das Bundesverfassungsgericht hat dafür in solchen Entscheidungen, in denen es zwar nicht am Maßstab des Art. 20 Abs. I GG die hinreichende Zielverwirklichung durch den Gesetzgeber geprüft, das Sozialstaatsprinzip aber im Rahmen der Eingriffsrechtfertigung herangezogen hat, klargestellt, dass es den Grundsatz der Gewaltenteilung als Schranke einer Auslegung begreift, die dem Sozialstaatsprinzip einzelne, zur Verwirklichung des Zieles von Verfassungs wegen bindende Vorgaben entnehmen zu können glaubt. Zwar stelle das Sozialstaatsgebot dem Staat die grundsätzliche Aufgabe, für eine gerechte Sozialordnung zu sorgen. Es sage aber, so fährt das Gericht in der genannten Entscheidung fort, „...nichts darüber, wie diese Aufgabe im Einzelnen zu verwirklichen ist – wäre es anders, würde das Prinzip (des Sozialstaates) mit dem Prinzip der Demokratie in Widerspruch geraten: Die demokratische Ordnung des Grundgesetzes würde als Ordnung eines freien politischen Prozesses entscheidend eingeschränkt und verkürzt, wenn eine so und nicht anders einzulösende verfassungsrechtliche Verpflichtung vorgegeben wäre“.[191] Noch pointierter hat das Gericht in einer seiner früheren Entscheidungen formuliert: Das Sozialstaatsprinzip bestimme das „ ‚Was', das Ziel, die gerechte Sozialordnung“, lasse aber „für das ‚Wie', d.h. die Erreichung des Zieles, alle Wege offen“[192]: Die Gestaltungsfreiheit hat der Gesetzgeber aus Sicht des Gerichts nur noch auf dem von ihm eingeschlagenen Weg zur Zielverwirklichung.

Durchgehend findet sich auch im Schrifttum der Hinweis auf die Gestaltungsfreiheit des Gesetzgebers; eine Gestaltungsfreiheit, die der gerichtlichen Kontrolle des dem Sozialstaatsprinzip immanenten Zielgehalts von Verfassungs wegen Grenzen setzt: Das Demokratieprinzip des Grundgesetzes (Art. 20 Abs. II S. 2 2. HS GG) verbiete es, den Gesetzgeber als ein „bloßes Vollzugsorgan verfassungsrechtlicher Normen“ – und damit auch des Sozialstaatsprinzips – zu

[190] Vgl. die Entscheidungsanalyse oben, IV. 2. c) bb).
[191] BVerfGE 59, 231 (263). Einfügung durch den Verfasser.
[192] BVerfGE 22, 180 (204).

„degradieren".[193] Bei jeder anderen Vorgehensweise sei es nicht der „...vom Volk gewählte und dem Volk verantwortliche Politiker, sondern der Jurist – in concreto das Bundesverfassungsgericht – „...", der bzw. das dann die Richtlinien der staatlichen Sozialpolitik festlege.[194]

Was im Rahmen der Untersuchung des französischen Verfassungsrechts zur Bedeutung des Gewaltenteilungsgrundsatzes formuliert wurde, gilt auch unter dem Grundgesetz für die befürchtete Verletzung dieses Grundsatzes, welche wohlmöglich durch eine Auslegung des Art. 20 Abs. I GG provoziert wird, kraft derer dem Gesetzgeber einzelne zu verwirklichende Zielvorgaben gemacht werden sollen. Ob Verfassungsauslegung durch ein Gericht und eine damit unter Umständen einhergehende Sanktion des Gesetzgebers noch als Ergebnis eines *de lege artis* durchgeführten Auslegungsprozesses begriffen werden kann, oder aber, ob das Gericht unter dem Deckmantel der Auslegung als Normsetzer tätig wird, ist ein Grundproblem jeglicher Auslegung, das sich vor dem Hintergrund des Gewaltenteilungsprinzips – hier beschränkt auf das Verhältnis von Legislative und Judikative – immer latent stellt, den verfassungsrechtlichen Auslegungsprozess fortwährend begleitet.[195] Wann eine als Auslegung verstandene Verfassungsinterpretation das Gewaltenteilungsprinzip verletzt, kann nicht im Rahmen dieser Arbeit, und dürfte wohl auch grundsätzlich nicht für alle Zeiten trennscharf zu bestimmen sein.[196] Denn der in der Literatur anzutreffende Hinweis auf das Demokratieprinzip und eine damit unterstellte, im Vergleich zum Bundesverfassungsgericht höhere Legitimation des gesetzgeberischen Handelns mag zwar ihren normativen Anknüpfungspunkt in Art. 20 Abs. II S. 2 GG finden.[197] Jedoch sieht das Grundgesetz in seinen Art. 93 ff. GG nun einmal eine

---

[193] *Sommermann* in: von Mangoldt/Klein/Starck, GG Band II, Art. 20 Rn 110. Die Gestaltungsfreiheit des Gesetzgebers bei der Konkretisierung des Sozialstaatsprinzips sehen auch *Weber*, Der Staat 4 (1965), S. 409 (433), *Herzog* in: Maunz/Dürig, GG Band II, Art. 20, VIII, Rn 22 und *Stern*, Staatsrecht I, S. 910 primär im Demokratieprinzip verankert. Unklar zur Bedeutung des Gewaltenteilungsprinzips bei der Ermittlung des dem Sozialstaatsprinzip immanenten Zielgehalts *Schiek*: einerseits betont sie den gesetzgeberischen „Wertungs- und Gestaltungsspielraum" im Hinblick auf die zu verwirklichenden „Vorgaben des sozialen Staatsziels", da andernfalls die Gewaltenteilung zwischen Exekutive und Legislative aufgegeben würde: *Dies.* in: AK-GG, Art. 20, V, Rn 71. Andererseits spricht sie von einer nur „scheinbaren Beschränkung der Reichweite des Sozialstaatsprinzips" durch das Demokratieprinzip: *Dies.* in: AK-GG, Art. 20, V, Rn 65.

[194] *Herzog* in: Maunz/Dürig, GG Band II, Art. 20, VIII, Rn 22.

[195] *Ossenbühl* in: FS-BVerfG, Band I, S. 33 (39 ff.) zeigt insoweit verschiedene „Spannungsfelder" zwischen Bundesverfassungsgericht und Gesetzgeber auf.

[196] So im Ergebnis auch *Hesse* in: FS-Mahrenholz, S. 541 (554).

[197] Vgl. insoweit *Sturm* in: Sachs, GG, Art. 93 Rn 14. *Dreier* in: Dreier, GG Band II, Art. 20 (Demokratie) Rn 109, spricht von einem „Legitimationsvorsprung" des Parlaments gegenüber der Judikative, welche ihm durch die Direktwahl seiner Mitglieder vermittelt werde. Kritisch dazu etwa *Ossenbühl* in: FS-BVerfG, Band I, S. 33 (34 ff.).

Verfassungsgerichtsbarkeit vor; und nicht zuletzt hat sich der Parlamentarische Rat bewusst dafür entschieden, diesem Gericht auch die Kontrolle der Verfassungsgemäßheit gesetzgeberischer Handlungen zuzuweisen.[198] Gesetzgeberische Gestaltungsfreiheit und gerichtliche Kontrolle des Gesetzgebers können sich so gleichermaßen auf eine normative Verankerung im Grundgesetzt berufen.

Immerhin aber lässt sich für die Ermittlung des dem Art. 20 Abs. I GG möglicherweise immanenten Zielgehalts begründen, warum insoweit die Gefahr einer Verletzung des Gewaltenteilungsgrundsatzes in hohem Maße akut ist. Hierzu soll auf die Ausführungen verwiesen werden, die zur Problematik des Zielgehalts bzw. der leistungsrechtlichen Dimension einzelner sozialer Grundrechte der Präambel von 1946 gemacht wurden. Wo durch Verfassungsinterpretation aus einer unbestimmten Begrifflichkeit wie dem Sozialstaatsprinzip einzelne, noch zu erfüllende gesetzgeberische Handlungsverpflichtungen abgeleitet werden sollen, sieht man sich gleichermaßen mit dem Gewaltenteilungsprinzip als Grenze der Auslegung konfrontiert: Die Ableitung einzelner, konkret gefasster Handlungsaufträge aus dem Sozialstaatsprinzip ließe auch das Gesetzesinitiativrecht von Bundesregierung, Bundestag und Bundesrat (Art. 76 Abs. I GG) zu einer Initiativpflicht mutieren, deren konkreten Inhalt der Verfassungsinterpret vorgeben würde. Wollte das Bundesverfassungsgericht dem Gesetzgeber die vermeintlich von Verfassungs wegen gebotenen, noch vorzunehmenden (Leistungs)Handlungen aufgeben, so findet es insoweit, der Begriff wurde im Rahmen der Untersuchung des französischen Verfassungsrechts gebraucht, ein „unbestelltes Feld“ vor, für dessen Bearbeitung ihm die Auslegung des Sozialstaatsprinzips wenig ergiebige Vorgaben macht. Es würde letztlich rechtssetzend tätig werden, was dann die Verletzung des Gewaltenteilungsgrundsatzes provoziert.[199]

Wie wenig geeignet das Sozialstaatsprinzip zur Herleitung einzelner, konkret gefasster gesetzgeberischer Handlungspflichten ist, zeigt sich nicht zuletzt auch vor dem Hintergrund der Untersuchung des französischen Verfassungsrechts. Die französische Verfassung enthält in ihren einzelnen sozialen Grundrechten der Präambel von 1946 – zumindest im Vergleich zum vagen Sozialstaatsprinzip des Grundgesetzes – präzisere, sachnähere Regelungen. Darauf wurde letztlich

---

[198] Vgl. dazu oben, III. 1. b).

[199] Zu den Unterschieden zwischen der Kontrolle eines aktiven gesetzgeberischen Handelns am Maßstab der Grundrechte als Abwehrrechte auf der einen und der Kontrolle eines gesetzgeberischen Unterlassens am Maßstab von Staatszielbestimmungen auf der anderen Seite und der sich dann ergebenden geringeren Kontrolllegitimation des Bundesverfassungsgerichts vgl. *Gusy*, S. 145 ff., 153 ff. *Hesse* in: FS-Mahrenholz, S. 541 (558) hält eine Ableitung von detaillierten Handlungsanweisungen an den Gesetzgeber aus dem Schutzpflichtkonzept für mit dem Gewaltenteilungsgrundsatz unvereinbar.

die verfassungsrechtliche Bedeutungslosigkeit des sprachlichen Pendants zum Sozialstaatsprinzip, der „République sociale“, in der gegenwärtigen französischen Verfassungspraxis zurückgeführt.[200] Ist aber die Ableitung einzelner Zielvorgaben aus den im Vergleich zur „République sociale“ bzw. zum Sozialstaatsprinzip immer noch präziseren, da einzelne, untereinander abgrenzbare Lebenssachverhalte (Recht auf Arbeit, Recht auf Bildung, Recht auf materielle Unterstützung in Notlagen, etc.) umfassenden, sozialen Präambelverbürgungen unmöglich[201], so muss dies erst recht für die in ihrem Wortlaut noch unbestimmtere Formel des Sozialstaatsprinzips gelten. Nur wenige Stimmen aus dem Schrifttum stellen sich der Problematik des dann letztlich justiziablen Zielgehalts des Art. 20 Abs. I GG und ziehen aus den voranstehend aufgezeigten Aspekten, welche die Auslegung des Art. 20 Abs. I GG im Allgemeinen und damit auch im Hinblick auf seinen Zielgehalt im Besonderen betreffen, die sich aufdrängenden Schlussfolgerungen: Der gesetzgeberische Beurteilungsspielraum bei der Konkretisierung des Sozialstaatsprinzips sei „bis zur Grenze offenkundigen Missbrauches groß“[202]. Eine justiziable Handlungsverpflichtung für den Gesetzgeber entstehe erst, wenn die „Mindestvoraussetzungen für ein menschenwürdiges Dasein der Bürger“ nicht mehr gewährleistet seien. Dies sei der „harte Zielkern“ des Sozialstaatsprinzips, sei sein letztlich „auf ein Minimum“ begrenzter justiziabler Gehalt, bei dem die Rüge eines gesetzgeberischen Unterlassens erfolgreich ansetzen könne.[203] Und selbst dieses Minimum sei „im Hinblick auf die sich verändernde Leistungsfähigkeit des Gemeinwesens keine feste Größe“[204] – auf diese Aussage wird noch bei der Untersuchung des Schutzes des Existenzminimums zurückzukommen sein.

### e) Ergebnis

Die in Rechtsprechung und Schrifttum festzustellende Betonung der gesetzgeberischen Gestaltungsfreiheit bei der Verwirklichung des Zielgehalts des Sozialstaatsprinzips, formuliert vor dem Hintergrund einer drohenden Verletzung des Gewaltenteilungsgrundsatzes, wirft zwangsläufig die Frage nach dem letztlich justiziablen, d.h. im verfassungsgerichtlichen Verfahren zu ermittelnden und ggf. eine gerichtliche Sanktion des Gesetzgebers provozierenden Zielgehalt dieses Prinzips auf: Wie viel an Zielverwirklichung kann das Bundesverfassungsgericht dem Gesetzgeber vorschreiben?

---

[200] Vgl. insoweit oben, Zweites Kapitel, IV. 5. c).
[201] Vgl. insoweit oben, Zweites Kapitel, IV. 4. b) ee).
[202] *Stern*, Staatrecht I, S. 916.
[203] *Sommermann* in: von Mangoldt/Klein/Starck, GG Band II, Art. 20 Rn 114 ff.
[204] *Sommermann* in: von Mangoldt/Klein/Starck, GG Band II, Art. 20 Rn 117.

Die Unbestimmtheit des Wortlautes des Art. 20 Abs. I GG, die Unergiebigkeit seiner Genese, und nicht zuletzt die von Verfassungs wegen zu beachtenden Schranken der Zielverwirklichung begünstigen eine – wenn überhaupt – auf ein Mindestmaß an Zielgehalt reduzierte Auslegung, deren Ergebnis als das von Verfassungs wegen – konkret sozialstaatlich – Gebotene verstanden werden kann. Auch wenn der Zielgehalt des Sozialstaatsprinzips aus Sicht des Bundesverfassungsgerichts jedenfalls im Grundsätzlichen („gerechte Sozialordnung") festliegt und das Gericht sich eine dahingehende Kontrolle des Gesetzgebers vorbehält, so drängt sich letztlich folgender Eindruck auf: Der Zielgehalt ist in der Rechtsprechung des Gerichts derart unbestimmt gefasst, dass nicht im Ernst von einem „Ziel" gesprochen werden kann.[205] Die zur Präzisierung des Zielgehalts verwandten Begrifflichkeiten sind derart vage, dass der Gesetzgeber – entgegen der Ansicht des Bundesverfassungsgerichts und eines nicht unerheblichen Teils des deutschen Schrifttums – auch bei der inhaltlichen Bestimmung des Zielgehalts, dem „Was", frei sein dürfte. Der Unbestimmtheit derjenigen Begrifflichkeiten, die das Gericht zur Präzisierung verwendet, korrespondiert so zwangsläufig die Freiheit des Gesetzgebers, aus seiner eigenen Entscheidung heraus zu bestimmen, wie viel an Zielverwirklichung ihm durch das Sozialstaatsprinzip aufgegeben ist. Die Tatsache, dass insoweit noch nie eine Verletzung des Art. 20 Abs. I GG durch das Bundesverfassungsgericht festgestellt wurde, und dies trotz kaum zu übersehender sozialer Missstände in der Bundesrepublik Deutschland wie etwa der verbreiteten Obdachlosigkeit, bestätigt die These von der gesetzgeberischen Entscheidungsfreiheit. Was für das französische Verfassungsrecht im Hinblick auf den möglichen Zielgehalt bzw. die leistungsrechtliche Dimension der sozialen Grundrechte der Präambel von 1946 formuliert wurde, gilt unter dem Grundgesetz auch für den Zielgehalt des Sozialstaatsprinzips: Es ist Sache des Gesetzgebers, dieses Prinzip nach seinen Vorstellungen auszugestalten.[206] Er bestimmt, wie viel an Zielgehalt im einfachen Gesetzesrecht Eingang findet.[207]

### f) Vergleich mit dem französischen Verfassungsrecht

Ein Vergleich der hier ausgewerteten Entscheidungen des Bundesverfassungsgerichts mit der Rechtsprechung des Conseil constitutionnel zu den sozialen

---

[205] Kritisch zur Verwendung des Zielbegriffs bei der Auslegung des Sozialstaatsprinzips *Schnapp*, SGB 2000, S. 341 (343 f.).

[206] Vgl. insoweit auch die Überlegungen der Sachverständigenkommission zur Aufnahme sozialer Verfassungsergänzungen in Gestalt „objektiv-rechtlicher" Staatszielbestimmungen oder von Gesetzgebungsaufträgen, Bericht der Sachverständigenkommission Staatszielbestimmungen und Gesetzgebungsaufträge vom 10. August 1983, Rn 57 f.

[207] Vgl. die dahingehenden Äußerungen *Gnaucks* im Konvent; dazu oben, Erstes Kapitel, V. 1. b).

Grundrechten der Präambel von 1946 offenbart einen zentralen Unterschied: Das Bundesverfassungsgericht prüft, ob der Gesetzgeber den Zielgehalt des Art. 20 Abs. I GG hinreichend im einfachen Gesetzesrecht umgesetzt hat; eine solche Prüfung des Zielgehalts der sozialen Präambelverbürgungen praktiziert der Conseil constitutionnel nicht.[208] Zwar wurde für das Sozialstaatsprinzip – soweit ersichtlich – noch nie dessen Verletzung durch ein gesetzgeberisches Unterlassen festgestellt. Aber das Bundesverfassungsgericht signalisiert unmissverständlich, dass es sich zumindest in Extremfällen veranlasst sehen könnte, den Gesetzgeber wegen einer nicht hinreichenden Zielverwirklichung zu sanktionieren: „Ein Verstoß gegen...Art. 20 Abs. I GG liegt erst vor, wenn die gewährte Hilfe nicht den Anforderungen sozialer Gerechtigkeit entspricht"[209], so ließ sich das Gericht vernehmen – was bedeutet, dass bei Vorliegen eines Verstoßes eine Sanktion erfolgen könnte.

Eine andere Frage ist dabei, ob eine Sanktion wahrscheinlich ist. Die Unbestimmtheit des Zielgehalts („gerechte Sozialordnung") und der zu seiner Verwirklichung (zwangsläufig) eingeräumte weite Gestaltungsspielraum des Gesetzgebers lassen diesem eine enorme Handlungsfreiheit. Entsprechend gering dürften daher auch in Zukunft die Erfolgsaussichten einer Rüge gesetzgeberischen Unterlassens, gemessen an den Maßstäben des Art. 20 Abs. I GG, sein. Dafür sprechen neben der Unbestimmtheit der vom Gericht zur Präzisierung verwandten Begrifflichkeiten auch und gerade die bei der Ermittlung des Zielgehalts von Verfassungs wegen zu beachtenden Schranken, deren Einhaltung unter der französischen Verfassung von 1958 und dem Grundgesetz gleichermaßen geboten ist. Im Übrigen gilt: Es gibt, wie schon für das französische Recht und die sozialen Grundrechte der Präambel von 1946 gezeigt wurde[210], auch im deutschen Recht eine Fülle einfach-gesetzlicher Sozialleistungsansprüche[211], die als Konkretisierungen des Sozialstaatsprinzips begriffen werden können. Daraus dürfte entscheidend der Befund resultieren, dass das Bundesverfassungsgericht noch nie eine Verletzung des Sozialstaatsprinzips durch ein gesetzgeberisches Unterlassen festgestellt hat.[212] Von daher dürfte sich auch unter dem Grundgesetz, wie es schon im Rahmen der Untersuchung des französischen Verfassungsrechts für die Frage der leistungsrechtlichen Dimension bzw. des Zielgehalts der sozialen Grundrechte der Präambel von 1946 formuliert wurde, zukünftig allen-

---

[208] Vgl. oben, Zweites Kapitel, IV. 4. b) aa).

[209] BVerfGE 40, 121 (133 f.).

[210] Vgl. oben, Zweites Kapitel, IV. 4. b) bb).

[211] Aus dem Recht der gesetzlichen Krankenversicherung vgl. etwa § 27 (Krankenbehandlung), § 44 (Krankengeld) SGB V. Aus dem Recht der Arbeitsförderung vgl. etwa § 117 ff. (Arbeitslosengeld) SGB III. Vgl. ferner §§ 1 ff. WoGG (Wohngeld), §§ 11 ff. BSHG (Hilfe zum Lebensunterhalt).

[212] So im Ergebnis auch *Schulin/Igl*, Sozialrecht, Rn 27.

falls die Frage nach der nicht hinreichenden Umsetzung des dem Sozialstaatsprinzip immanenten Zielgehalts stellen. Wie wenig geeignet das Sozialstaatsprinzip dann aber ist, dem prüfenden Gericht die insoweit erforderlichen Maßstäbe zu liefern, haben die voranstehenden Ausführungen gezeigt. Was für die sozialen Grundrechte der Präambel von 1946 formuliert wurde, gilt auch für das Sozialstaatsprinzip: Es bedarf der Ausgestaltung durch den Gesetzgeber; erst die von ihm aus eigener Initiative realisierte einfach-gesetzliche Umsetzung erweckt den Zielgehalt des Sozialstaatsprinzips zum Leben.

Abschließend sie noch darauf hingewiesen, dass man berechtigterweise von einer größeren Dominanz des Bundesverfassungsgerichts gegenüber dem Gesetzgeber im Rahmen der Kontrolle eines gesetzgeberischen Unterlassens sprechen kann, als sie dem Conseil constitutionnel in einer vergleichbaren Konstellation zukommt. Das Bundesverfassungsgericht hat eine dahingehende Kontrolle am Maßstab des Sozialstaatsprinzips in der Vergangenheit praktiziert (wenn es auch keinen Verstoß festgestellt hat) und behält sie sich auch für die Zukunft ausdrücklich vor. Eine derartige Haltung, das hat die Untersuchung des französischen Verfassungsrechts aufgezeigt, artikuliert sich in der Rechtsprechung des Conseil constitutionnel zu den sozialen Grundrechten der Präambel von 1946 nicht. Die vereinzelten, kritischen Äußerungen des französischen Schrifttums zur Stellung des Bundesverfassungsgerichts im Gefüge der Staatsgewalten[213] werden zumindest vor dem Hintergrund des durchgeführten Rechtsvergleichs nachvollziehbarer, ohne dass indes damit behauptet werden soll, sie seien berechtigt. Auf diese Frage Antwort zu geben, besteht zumindest im Rahmen des hier durchgeführten Rechtsvergleiches auch kein Anlass. Denn die Unterschiede in der Dominanz des jeweiligen Verfassungsgerichts und die daraus resultierenden, aus einer bestimmten nationalen Perspektive vorgenommenen Bewertungen erklären sich entscheidend vor dem Hintergrund der jeweils unterschiedlichen verfassungsgeschichtlichen Tradition, was die verfassungsgerichtliche Kontrolle des Gesetzgebers am Maßstab der Grundrechte anbelangt. Vor dem Hintergrund der jeweiligen Tradition sind die Bewertungen zur Kenntnis zu nehmen; für eine „Bewertung der Bewertung“ im Sinne von richtig oder falsch ist kein Raum, da sie einer Missachtung gegenüber der jeweils anderen Verfassungstradition gleichkäme.

---

[213] Vgl. dazu oben, III. 1. b).

### 3. Das Sozialstaatsprinzip im Rahmen der Eingriffsrechtfertigung

#### a) Vorüberlegungen

Eine Untersuchung, welche die eingriffsrechtfertigende Funktion des Sozialstaatsprinzips zum Gegenstand hat[214], muss zunächst auf die Bedeutung der grundrechtlichen Gesetzesvorbehalte hinweisen:

Bei Grundrechten mit qualifizierten Gesetzesvorbehalten kann eine Eingriffsrechtfertigung nur erfolgen, wenn der Gesetzgeber den Anforderungen des jeweiligen Vorbehalts Rechnung trägt.[215] Für die möglicherweise eingriffsrechtfertigende Funktion des Sozialstaatsprinzips hat dies zur Folge, dass ein Gesetz, welches von einer wie im Einzelnen auch immer definierten sozialstaatlichen Zweckverfolgung getragen wird und hierfür in ein Grundrecht eingreift, nicht schon allein unter Berufung auf Art. 20 Abs. I GG verfassungsgemäß sein kann; es muss in jedem Falle (auch) den Anforderungen des qualifizierten Gesetzesvorbehaltes Rechung tragen, darf diese nicht unter Berufung auf das Sozialstaatsprinzip überspielen. Nun ist die Zahl der Grundrechte mit qualifizierten Gesetzesvorbehalten beschränkt.[216] Der Regelfall ist der einfache Gesetzesvorbehalt. Sowohl bei Grundrechten mit einfachen als auch mit qualifizierten Gesetzesvorbehalten bleibt daher zu klären, an welcher Stelle im Rahmen der Prüfung der Eingriffsrechtfertigung das Sozialstaatsprinzip überhaupt noch eine Rolle spielen kann. Insoweit sind zwei Möglichkeiten denkbar. Zum einen könnte das Sozialstaatsprinzip nach den Grundsätzen der Eingriffsrechtfertigung durch kollidierendes Verfassungsrecht grundsätzlich Berücksichtigung finden, was indes nur gilt, solange man die besagten Grundsätze auch bei Grundrechten mit einfachem oder qualifiziertem Gesetzesvorbehalt für anwendbar hält. Zum anderen könnte ihm Bedeutung bei der Prüfung der Schranken-Schranken, konkret dem Verhältnismäßigkeitsprinzip, zukommen. Was schließlich die vorbehaltlos gewährleisteten Grundrechte anbelangt, so könnte das Sozialstaatsprinzip als „Wert von Verfassungsrang" Eingriffe in diese rechtfertigen.

#### b) Das Sozialstaatsprinzip bei Eingriffen in vorbehaltlose Grundrechte

Nach ständiger Rechtsprechung des Bundesverfassungsgerichts kann eine Einschränkung vorbehaltloser Grundrechte nur unter Berücksichtigung „kollidie-

---

[214] Zur eingriffsrechtfertigenden Funktion der sozialen Grundrechte der Präambel von 1946 siehe oben, Zweites Kapitel, IV. 4. a) cc).

[215] *Pieroth/Schlink*, Grundrechte, Rn 255.

[216] Etwa Art. 11 Abs. II, Art. 5 Abs. II GG.

render Grundrechte Dritter“ oder anderer, mit „Verfassungsrang ausgestatteter Rechtswerte“ erfolgen.[217] Grundrechte Dritter oder aber mit Verfassungsrang ausgestattete Rechtswerte ziehen so dem vorbehaltlos gewährleisteten Grundrecht eine verfassungsimmanente Schranke. Der Eingriff in vorbehaltlos gewährleistete Grundrechte ist unter anderem erst dann gerechtfertigt, wenn zwischen den widerstreitenden Grundrechten bzw. dem Verfassungswert „praktische Konkordanz“ bzw. ein „angemessener Ausgleich“ hergestellt ist.[218] Die Grundsätze der Eingriffsrechtfertigung durch kollidierendes Verfassungsrecht werfen dabei im Einzelfall regelmäßig schwierige Abwägungsfragen auf: Wann von einem schonenden Ausgleich oder aber praktischer Konkordanz die Rede sein kann, bleibt auf den Einzelfall bezogen; eine diesbezügliche gerichtliche Kontrolle birgt oftmals die Gefahr des richterlichen Dezisionismus.[219] Auch die Ermittlung der mit Verfassungsrang ausgestatteten Rechtswerte ist, zumal wenn Kompetenznormen des Grundgesetzes als derartige Werte begriffen werden sollen, nicht unproblematisch.[220] Indes können und sollen die einzelnen, durch die Grundsätze der Eingriffsrechtfertigung durch kollidierendes Verfassungsrecht aufgeworfenen Fragen nicht weiter Gegenstand der Untersuchung sein; insoweit muss es bei den genannten Hinweisen verbleiben.[221]

#### aa) Entscheidungen des Bundesverfassungsgerichts

In der Rechtsprechung des Bundesverfassungsgericht wird das Sozialstaatsprinzip jedenfalls als „Wert von Verfassungsrang“ begriffen, dessen Berücksichtigung es dem Gesetzgeber erlaubt, Eingriffe in vorbehaltlose Grundrechte zu rechtfertigen. Exemplarisch sind insoweit einige Entscheidungen zu Art. 9 Abs. III GG, welche eine nähere Betrachtung verdienen:

In der Entscheidung zu den sog. Lohnabstandsklauseln rügte die beschwerdeführende Gewerkschaft die Verletzung der ihr durch Art. 9 Abs. III GG garantierten Koalitionsfreiheit. Die in Frage stehenden Vorschriften des SGB III

---

[217] Vgl. die umfassenden Nachweise aus der Rechtsprechung des Bundesverfassungsgerichts bei *Stern* in: FS-BVerfG, Band II, S. 1 (14 f.). Enger als das Bundesverfassungsgericht dagegen *Pieroth/Schlink*, Grundrechte, Rn 334: Nur die von Art. 79 Abs. III GG geschützten Inhalte des Grundgesetzes sowie die Grundrechte in ihrem Menschenwürdegehalt.

[218] BVerfGE 93, 1 (21); 97, 169 (176).

[219] Dazu *Stern* in: FS-BVerfG, Band II, S. 1 (15 ff.). Kritisch zum Begriff der praktischen Konkordanz *ders.* a.a.O., S. 17, wenn er darauf hinweist, dass insoweit eine „vorrangige Gewichtung“ der kollidierenden Verfassungspositionen letztlich unvermeidlich bleibt.

[220] Dazu *Pieroth*, AöR 114 (1989), S. 422 (439 ff.); *Pieroth/Schlink*, Grundrechte, Rn 328.

[221] Vgl. etwa *Pieroth/Schlink*, Grundrechte, Rn 325 ff.

knüpften die Gewährung von finanziellen Zuschüssen, ausgezahlt an die Träger von Arbeitsbeschaffungsmaßnahmen, an die Vereinbarung von untertariflichen Entgelten: Der volle Zuschuss wurde nur gewährt, wenn die vereinbarten Entgelte 80 % des Entgeltes für vergleichbare Tätigkeiten auf dem freien Arbeitsmarkt nicht überschritten (sog. Lohnabstandsklausel).[222] Die Beschwerdeführerin sah darin eine Verletzung der Tarifautonomie als Bestandteil des Schutzbereiches des Art. 9 Abs. III GG. Denn die Lohnabstandsklauseln seien durch die Gewerkschaft bei Verhandlungen mit den Arbeitgebern zum Abschluss eines Tarifvertrages über die Entlohnung in den von der Arbeitsbeschaffungsmaßnahme anvisierten Tätigkeitsbereich zu beachten. Ein Abschluss über die durch die Klausel vorgesehen Lohnhöhe hinaus sei ihr unmöglich; denn letztlich habe ihr der Gesetzgeber faktisch Lohnleitlinien vorgegeben, welche ihre Verhandlungsposition gegenüber den Arbeitgebern schwächten.[223]

Das Bundesverfassungsgericht bejahte den Eingriff in Art. 9 Abs. III GG unter Rückgriff auf die Ausführungen der Beschwerdeführerin.[224] Indes sah es den Eingriff als gerechtfertigt an. Als vorbehaltloses Grundrecht könne Art. 9 Abs. III GG durch solche Gemeinwohlbelange eingeschränkt werden, denen „verfassungsrechtlicher Rang" gebühre. Das mit den angegriffenen Regelungen verfolgte Ziel, Massenarbeitslosigkeit durch finanzielle Förderung von zusätzlich bereitgestellten Arbeitsplätzen zu bekämpfen, sei ein derartiger Gemeinwohlbelang, der seine normative Verankerung im Sozialstaatsprinzip des Grundgesetzes finde.[225] In dieser Entscheidung liefert das Sozialstaatsprinzip dem Gesetzgeber aus Sicht des Gerichts also eine verfassungsrechtliche Grundlage, die als kollidierendes Verfassungsrecht – als „Wert von Verfassungsrang" – den normativen Ausgangspunkt für die Rechtfertigung eines Eingriffs in den vorbehaltlos gewährleisteten Art. 9 Abs. III GG ermöglicht. Wohlgemerkt: das Sozialstaatsprinzip liefert aus der Sicht des Gerichts zunächst nur den normativen Ausgangspunkt für die Eingriffsrechtfertigung. Keinesfalls rechtfertigt es für sich genommen die Beschränkung des in Frage stehenden Grundrechts. Die Rechtfertigung bedarf zu ihrer Vollendung vielmehr noch der Beachtung der von Verfassungs wegen vorgegebenen Schranken-Schranken, insoweit vor allem des Verhältnismäßigkeitsprinzips, welches das Gericht in dem genannten Beschluss dann auch ausführlichst prüfte, insoweit aber keinen Verstoß feststellte.[226]

---

222 Zu den insoweit gerügten Vorschriften vgl. BVerfGE 100, 271 (272 f.).
223 BVerfGE 100, 271 (275 ff.).
224 BVerfGE 100, 271 (282 f.).
225 BVerfGE 100, 271 (283 f.).
226 BVerfGE 100, 271 (285 ff.).

In einer Entscheidung aus der jüngeren Vergangenheit entfaltete das Bundesverfassungsgerichts einmal mehr das Sozialstaatsprinzip, um dem Gesetzgeber die Eingriffsrechtfertigung bei vorbehaltlosen Grundrechten zu ermöglichen. Das vorlegende Arbeitsgericht zweifelte an der Verfassungsgemäßheit einer Norm, welche es dem Arbeitgeber ermöglichte, unter bestimmten Bedingungen solche Arbeitstage, die der Arbeitnehmer für Maßnahmen der medizinischen Vorsorge und Rehabilitation verwandt hatte, auf den tariflich vereinbarten Erholungsurlaub des Arbeitnehmers anzurechnen.[227] Das vorlegende Gericht sah hierin eine Verletzung des Art. 9 Abs. III GG.[228] Dieser schütze über die Tarifautonomie den abgeschlossenen Tarifvertrag; genau in diesen greife die durch die gerügten Vorschriften gewährte Anrechungsbefugnis des Arbeitgebers ein. Denn die tarifvertragliche Festlegung der Dauer des Erholungsurlaubs, immerhin das Ergebnis einer koalitionsmäßigen Betätigung und insoweit von Art. 9 Abs. III GG geschützt, werde einseitig zur Disposition des Arbeitgebers gestellt. Auch wenn der Gesetzgeber mit dem gerügten Gesetz letztlich das Ziel verfolge, Arbeitslosigkeit abzubauen und sich daher unter anderem auf das Sozialstaatsprinzip des Grundgesetzes berufen könne, sei das Gesetz unverhältnismäßig.[229]

Das Bundesverfassungsgericht erklärte die gerügte Vorschrift für verfassungsgemäß. Die Begründung der Entscheidung gleicht dabei, was die Funktion des Sozialstaatsprinzips anbelangt, im Wesentlichen derjenigen der voranstehend referierten Entscheidung: Das mit der Regelung verfolgte Ziel der Bekämpfung der Massenarbeitslosigkeit habe auf Grund des Sozialstaatsprinzips Verfassungsrang.[230] Wie schon in der voranstehend analysierten Entscheidung liefert auch hier das Sozialstaatsprinzip die normative Grundlage für den Einstieg in eine erfolgreiche Rechtfertigungsprüfung eines Eingriffs in das vorbehaltlose Grundrecht des Art. 9 Abs. III GG. Auch hier ist es dann das Verhältnismäßigkeitsprinzip, dessen Beachtung dem Gesetzgeber bei der einfach-gesetzlichen Zielverwirklichung aufgegeben ist und welches in der untersuchten Entscheidung vom Gericht umfassend geprüft, ein Verstoß indes aber nicht festgestellt wird.[231]

---

[227] Es handelt sich um § 10 Abs. I S. 1 Bundesurlaubsgesetzes i.d.F. vom 25. September 1996 (BGBl. I, S. 1476); vgl. BVerfGE 103, 293 (294 f.) sowie *Pieroth*, ArbuR 1998, S. 190 (190).

[228] Ebenso *Pieroth*, ArbuR 1998, S. 190 (192 f.)

[229] BVerfGE 103, 293 (298 ff.).

[230] BVerfGE 103, 293 (307). Ablehnend *Pieroth*, ArbuR 1998, S. 190 (193).

[231] BVerfGE 103, 293 (307 ff.).

### bb) Auswertung der Entscheidungen

#### *(1) Das Sozialstaatsprinzip als Wert von Verfassungsrang*

Die hier beispielhaft ausgewerteten Entscheidungen des Bundesverfassungsgerichts zeigen eine Funktion des Sozialstaatsprinzips auf, welche ihm bei der Rechtfertigung von Eingriffen in vorbehaltlose Grundrechte zukommen kann: Im Rahmen der Eingriffsrechtfertigung durch kollidierendes Verfassungsrecht stellt das Sozialstaatsprinzip einen „Wert von Verfassungsrang“ dar. Die in Frage stehende gesetzgeberische Handlung muss sich auf diesen Wert berufen können, um überhaupt einen verfassungsrechtlichen Ausgangspunkt für die Eingriffsrechtfertigung aufzeigen zu können. Fehlt es an einem derartigen Ausgangspunkt, ist die Eingriffsrechtfertigung von vornherein zum Scheitern verurteilt. Denn nur „Grundrechte Dritter oder mit Verfassungsrang ausgestattete Rechtswerte“ ermöglichen, sofern sich der Gesetzgeber auf sie berufen kann, den Einstieg in eine erfolgreiche Eingriffsrechtfertigung. Dies gilt nicht nur für die hier ausgewertete Rechtsprechung zu Eingriffen in Art. 9 Abs. III GG. Auch Eingriffe in den vorbehaltlos gewährleisteten Art. 5 Abs. III S. 1 GG werden in der Rechtsprechung des Bundesverfassungsgerichts unter Rückgriff auf das Sozialstaatsprinzip gerechtfertigt.[232]

#### *(2) Das Sozialstaatsprinzip als Aktionsvollmacht*

Angesichts dieser in der Rechtsprechung nachweisbaren Funktion des Sozialstaatsprinzips erscheint dessen Beschreibung durch *Stern* als verfassungsrechtliche „Aktionsvollmacht“[233] des Gesetzgebers als zutreffend. Das Sozialstaatsprinzip gibt dem Gesetzgeber insoweit eine „Aktionsvollmacht“, als es ihm grundsätzlich den Einstieg in eine erfolgreiche Rechtfertigung von Eingriffen in solche vorbehaltlos gewährleisteten Grundrechte ermöglicht, die in ihrer abwehrrechtlichen Dimension, wie hier Art. 9 Abs. III GG, einer im weitesten Sinne sozialpolitisch motivierten Betätigung des Gesetzgebers Grenzen aufzeigen. Wie im französischen Verfassungsrecht sind es dann aber die Schranken-Schranken, vor allem das Verhältnismäßigkeitsprinzip, dessen Beachtung durch den Gesetzgeber der eingriffsrechtfertigenden Funktion des Sozialstaatsprinzips Grenzen setzt: Das Sozialstaatsprinzip rechtfertigt den Eingriff nicht per se, es

---

[232] Vgl. BVerfGE 57, 70 (99): universitäre Krankenversorgung als vom Sozialstaatsgebot getragenes „überragend wichtiges Gemeinschaftsgut“.

[233] *Stern*, Staatsrecht I, S. 888.

vermag nicht die von Verfassungs wegen zu beachtenden Schranken-Schranken zu überspielen.[234]

*(3) Konkrete Zielvorgaben durch das Sozialstaatsprinzip?*

Eine nähere Betrachtung verdienen die ausgewerteten Entscheidungen insoweit, als das Bundesverfassungsgericht einzelne, konkret gefasste gesetzgeberische Handlungen als vom Sozialstaatsprinzip getragen wertet, welche relativ präzise gefasste Ziele wie die Bekämpfung der Massenarbeitslosigkeit verfolgen. Man könnte in diesen Äußerungen des Gerichts bei oberflächlicher Betrachtung einen Widerspruch zu den voranstehenden Ausführungen zum Zielgehalt bzw. zur leistungsrechtlichen Dimension des Art. 20 Abs. I GG erblicken. Denn insoweit wurde vertreten, dass dem Sozialstaatsprinzip durch Auslegung keine konkreten Zielvorgaben zu entnehmen seien; vielmehr bestimme der Gesetzgeber den Zielgehalt und den Weg zu seiner Verwirklichung.[235]

Der vermeintliche Widerspruch löst sich auf, wenn man sich die funktionalen Unterschiede zwischen eingriffsrechtfertigender Funktion und dem konkreten, durch Verfassungsauslegung zu ermittelnden Zielgehalt des Sozialstaatsprinzips vor Augen hält. Was Letzteres anbelangt, so wurde eine dahingehende Auslegung und eine entsprechende gerichtliche Rüge des gesetzgeberischen Unterlassens vor allem vor dem Hintergrund des Gewaltenteilungsprinzips für nicht vertretbar erklärt. Im Rahmen der voranstehend analysierten Entscheidungen war der Gesetzgeber aber bereits tätig geworden, hatte sich aus eigener Initiative heraus zur im weitesten Sinne sozialpolitischen Gestaltung entschlossen. Ein positives Tun war somit Gegenstand der gerichtlichen Kontrolle. Wenn das Bundesverfassungsgericht nun insoweit glaubt, einzelne Zielgehalte aus dem Sozialstaatsprinzip ableiten zu können, so provoziert eine derartige Ableitung nicht die verfassungsrechtlichen Bedenken, die die Ableitung konkreter Zielvorgaben im Rahmen der Rüge eines gesetzgeberischen Unterlassens hervorrufen würde. Denn nicht das Gericht schreibt dem Gesetzgeber vor, welche Handlungen er in Zukunft zur Umsetzung des Sozialstaatsprinzips vorzunehmen hat, sondern der Gesetzgeber hat bereits gehandelt, um die von ihm für erstrebenswert befundenen Ziele zu erreichen. Die ihn dabei leitenden Motive, wie etwa die Bekämpfung der Massenarbeitslosigkeit, erfahren durch das Sozialstaatsprinzip die verfassungsrechtliche Verankerung, welche erforderlich ist, um zumindest den Einstieg in eine erfolgreiche Rechtfertigung des Eingriffs in das

---

[234] So im Ergebnis auch *Herzog* in: Maunz/Dürig, GG Band II, Art. 20, VIII, Rn 45, der darauf hinweist, der Vorrang des Sozialstaatsprinzips könne nicht „in abstracto behauptet werden".

[235] Siehe oben, IV. 2. e).

vorbehaltlos gewährleistete Grundrecht zu ermöglichen. Es ist insoweit der demokratisch legitimierte Gesetzgeber und nicht das Gericht, der aus eigener Initiative, getragen von seiner *politischen* Überzeugung, diejenigen Maßnahmen ergriffen hat, die ihm zur einfach-gesetzlichen Konkretisierung der von ihm authentisch interpretierten Sozialstaatlichkeit notwendig erscheinen.

Von einer verbindlichen Zielvorgabe durch das Bundesverfassungsgericht, von einem Auftrag oder Verfassungsauftrag, welchen der Gesetzgeber zu befolgen hat und bei welchem er sich im Falle des Nichterreichens – also im Falle eines gesetzgeberischen Unterlassens – einer gerichtlichen Sanktion ausgesetzt sähe, ist in den analysierten Entscheidungen dagegen nicht die Rede. Daher ist die Berufung von Teilen des Schrifttums auf diese und andere Entscheidungen des Bundesverfassungsgerichts mit der Behauptung, das Gericht habe dem Gesetzgeber verbindliche Zielvorgaben gemacht, verfehlt. Die im Schrifttum immer wieder aufgegriffene vermeintliche Zielvorgabe, der „Auftrag" oder „Gestaltungsauftrag"[236] beschreibt in den ausgewerteten Entscheidungen in Wirklichkeit nur, welche sozialpolitisch motivierte Betätigung des Gesetzgebers vom Sozialstaatsprinzip grundsätzlich getragen wird und ihm so die verfassungsrechtliche Aktionsvollmacht bereitstellt, auf deren Grundlage die Eingriffsrechtfertigung beginnen kann.

*(4) Das Sozialstaatsprinzip im Rahmen der Verhältnismäßigkeitsprüfung*

Eine andere Frage ist, welche Bedeutung das Sozialstaatsprinzip im Rahmen der eigentlichen Verhältnismäßigkeitsprüfung grundsätzlich, und damit auch bei vorbehaltlosen Grundrechten, entfalten kann. Denkbar wäre bspw. eine die Eingriffsrechtfertigung verstärkende Wirkung – darauf wird gleich noch zurückzukommen sein. Für die voranstehend untersuchten Entscheidungen kann Folgendes festgehalten werden: Zwar ist das vom Gesetzgeber verfolgte Ziel, der Zweck der gesetzgeberischen Betätigung von Art. 20 Abs. I GG getragen und fließt so zwangsläufig in die Verhältnismäßigkeitsprüfung als Kontrolle der Zweck-Mittel-Relation ein. Dass aber Art. 20 Abs. I GG im Rahmen der ausgewerteten Entscheidungen bei der Bewertung der gesetzgeberischen Maßnahmen als noch verhältnismäßig eine tragende, letztlich für die Annahme der Verhältnismäßigkeit ausschlaggebende Rolle gespielt hat, lässt sich den Entscheidungen nicht entnehmen.

---

[236] Wie Fn 117 – 119.

### *(5) Grundgesetzliche Alternativen zum Sozialstaatsprinzip*

Letztlich ist die normative Kraft des Sozialstaatsprinzips bei der Rechtfertigung von Eingriffen in kollidierende Grundrechte ohne Gesetzesvorbehalt in der Rechtsprechung des Bundesverfassungsgerichts begrenzt. Der Grund hierfür liegt darin, dass sich im Vergleich zu seiner unbestimmten Aussage präzisere Regelungen im Grundgesetz finden, die als „Werte von Verfassungsrang" oder „Grundrechte Dritter" den Einstieg in eine erfolgreiche Eingriffsrechtfertigung ermöglichen – Regelungen, die das Bundesverfassungsgericht in den ausgewerteten Entscheidungen dann auch neben dem Sozialstaatsprinzip zitiert. So sei das Ziel der Bekämpfung von Arbeitslosigkeit auch von dem in Art. 109 Abs. II GG verankerten Ziel des gesamtwirtschaftlichen Gleichgewichts gedeckt.[237] Gleiches gelte für die Art. 1 Abs. I GG und Art. 2 Abs. I GG, da die Wiedereingliederung von Arbeitslosen in den Arbeitsmarkt diesen helfe, „sich durch Arbeit in ihrer Persönlichkeit zu entfalten und darüber Achtung und Selbstachtung zu erfahren"[238]. Die Entscheidung aus der jüngeren Vergangenheit zieht darüber hinaus noch Art. 12 Abs. I S. 1 GG heran; denn erst der Abbau von Arbeitslosigkeit ermögliche Arbeitslosen, dieses Grundrecht auszuüben.[239] Diese in den Entscheidungen neben dem Sozialstaatsprinzip herangezogenen Normen des Grundgesetzes zeigen jedenfalls, dass die normative Kraft des Sozialstaatsprinzips im hier interessierenden funktionalen Kontext eher schwach ist. Die Fülle an grundgesetzlichen Alternativen, welche das Gericht neben dem Sozialstaatsprinzip heranziehen kann und auch heranzieht, spricht für sich.

## c) Das Sozialstaatsprinzip bei Eingriffen in Grundrechte mit Gesetzesvorbehalten

Welche Bedeutung dem Sozialstaatsprinzip im Rahmen der Eingriffsrechtfertigung bei Grundrechten mit Gesetzesvorbehalten zukommen kann, zeigt die folgende Auswertung der Rechtsprechung des Bundesverfassungsgerichts. Aus der Fülle der Entscheidungen sollen solche näher untersucht werden, in denen das Gericht Eingriffe in Art. 2 Abs. I GG oder aber Art. 12 GG auf ihre Verfassungsgemäßheit überprüfte.

---

[237] BVerfGE 100, 271 (285). Zur Auslegung des Art. 109 Abs. II GG siehe bereits oben, IV. 2. d) bb) (3).

[238] So BVerfGE 100, 271 (284). Vgl. auch BVerfGE 103, 293 (307).

[239] BVerfGE 103, 293 (307).

### aa) Das Sozialstaatsprinzip bei Eingriffen in Art. 2 Abs. I GG

Was die Rechtfertigung von Eingriffen in Art. 2 Abs. I GG anbelangt, soll zunächst eine Entscheidung aus der jüngeren Vergangenheit untersucht werden: Die Beschwerdeführer rügten Vorschriften des Pflege-Versicherungsgesetzes, welche solche Versicherten, die sich freiwillig bei einer privaten Krankenversicherung versichert hatten, verpflichtete, eine private Pflegeversicherung abzuschließen.[240] Der so gebotene Versicherungszwang verletze Art. 2 Abs. I GG. Das Bundesverfassungsgericht bejahte den Eingriff in den Schutzbereich des Art. 2 Abs. I GG, der auch die Vertragsfreiheit umfasse. Indes werde der Eingriff durch die Schranke der verfassungsmäßigen Ordnung gedeckt, da die gesetzliche Regelung „legitime Zwecke des Allgemeinwohls" verfolge und auch verhältnismäßig sei.[241] Bevor das Gericht sich der Prüfung der Verhältnismäßigkeit widmet, prüft es die Legitimität des durch die gesetzgeberische Betätigung verfolgten Zweckes: Die gerügten Regelungen hätten zum Ziel, die Finanzierung der Aufwendungen für pflegebedürftige Menschen vor allem im Alter sicherzustellen. Dieses vom Gesetzgeber verfolgte Ziel werde vom Sozialstaatsprinzip des Grundgesetzes getragen, welches die Fürsorge für Hilfsbedürftige zu einer sozialen Aufgabe der staatlichen Gemeinschaft erhoben habe.[242] Die Legitimität des Ziels, die vom Gericht geprüften „legitimen Zwecke des Allgemeinwohls" ergeben sich aus der Sicht des Gerichts also daraus, dass die in Frage stehenden, zur Erreichung des Zieles ergriffenen gesetzgeberischen Maßnahmen vom Sozialstaatsprinzip gedeckt sind. Nach der Feststellung der Legitimität des verfolgten Zwecks widmet sich das Gericht der Prüfung der Verhältnismäßigkeit, wobei aber eine ausdrückliche Heranziehung des Sozialstaatsprinzips nicht erfolgt.[243]

Auch in früheren Entscheidungen hat das Bundesverfassungsgericht die vom Gesetzgeber verfolgten Zwecke als vom Sozialstaatsprinzip getragen angesehen und Eingriffe in Art. 2 Abs. I GG als verfassungsgemäß gewertet: So entspreche die pflichtige Einbeziehung von freiberuflich tätigen Ärzten in die gesetzliche Ärzteversorgung „sozialem Denken" und daher „jedenfalls prinzipiell dem Sozialstaatsprinzip des Grundgesetzes", da in ihr der Gedanke zum Ausdruck komme, dass der finanziell Stärkere helfen müsse, die Versorgung des „wirtschaftlich schwächeren Berufsgenossen" sicherzustellen.[244] Die Einbeziehung

---

[240] Es handelt sich um die §§ 1 Abs. II S. 2, 23 Abs. I S. 1 und 2 SGB XI i.d.F. vom 26. Mai 1994 (BGBl. I, S. 1014); vgl. BVerfGE 103, 197 (205 f.).

[241] BVerfGE 103, 197 (215, 221 ff.).

[242] BVerfGE 103, 197 (221).

[243] BVerfGE 103, 197 (222 ff.).

[244] BVerfGE 10, 355 (369).

höherverdienender Angestellter in die gesetzliche Rentenversicherung, provoziert durch die Aufhebung der Jahresarbeitsverdienstgrenze, bezwecke die Sicherstellung der Alterversorgung dieser Angestellten und verfolge so eine von der „sozialstaatlichen Ordnung" gedeckte „Zielsetzung".[245] Vorschriften, die eine preisrechtliche Bindung des Unternehmers statuierten, hat das Bundesverfassungsgericht insoweit als vom Sozialstaatsprinzip getragen gewertet, als sie zum Nutzen des allgemeinen Wohls ergangen seien und somit einen von der Verfassung getragenen Zweck verfolgten.[246] Und schließlich: staatliche Hilfsmaßnahmen für Suchtkranke und Sichtgefährdete seien grundsätzlich vom Sozialstaatsprinzip getragen, weil dieses die soziale Hilfe für Mitbürger einschließe, die wegen körperlicher oder geistiger Gebrechen an ihrer persönlichen Entfaltung gehindert seien.[247]

In den hier referierten Entscheidungen begründet das Gericht die Legitimität der vom Gesetzgeber jeweils verfolgten Zwecksetzung mit dem Sozialstaatsprinzip. Wenn der Zweck insoweit auch grundsätzlich („prinzipiell"[248]) aus Sicht des Gerichts vom Sozialstaatsprinzip gedeckt ist, so ist damit aber ersichtlich noch nicht die Verfassungsgemäßheit des Eingriffs festgestellt. Wie schon bei den vorbehaltlosen Grundrechten muss die gesetzgeberische Maßnahme selbstverständlich den Anforderungen des Verhältnismäßigkeitsgrundsatzes und der übrigen Schranken-Schranken Rechnung tragen. Für die voranstehend ausgewerteten Entscheidungen gilt, dass das Sozialstaatsprinzip innerhalb der drei Stufen der Verhältnismäßigkeitsprüfung dann keine gesonderte Berücksichtigung mehr erfahren hat – das Gericht zieht es nur insoweit heran, als es die Legitimität der gesetzgeberischen Maßnahme zu begründen versucht. Angesichts dieses Befundes stellt sich die Frage, ob das Gericht grundsätzlich nur das als „legitimen Zweck" gesetzgeberischer Betätigung begreift, was einen normativen Anknüpfungspunkt in der Verfassung aufweisen kann, die verfassungsrechtliche Verankerung des Zwecks also unabdingbar für die Legitimität der gesetzgeberischen Maßnahme ist und nur dann eine erfolgreiche Rechtfertigungsprüfung, vornehmlich anhand der drei Stufen des Verhältnismäßigkeitsgrundsatzes, erfolgen kann. Die Auswertung einer Entscheidung, die, wie die voranstehend untersuchten, ebenfalls die Pflichtmitgliedschaft in einer gesetzlichen Sozialversicherung betrafen, spricht dagegen. In seiner Entscheidung zum Künstlersozialversicherungsgesetz, welches bestimmte freiberuflich tätige Künstler und Publizisten zur Zahlung einer Sozialabgabe verpflichtete, hat das Gericht die Legitimität der durch das Gesetz verfolgten Zwecke schlicht damit begründet, sie dienten dem

245 BVerfGE 29, 211 (235). Vgl. auch BVerfGE 29, 261 (266 f.).
246 BVerfGE 8, 274 (329).
247 BVerfGE 44, 353 (374 f.).
248 So BVerfGE 10, 355 (369).

„Gemeinwohl“[249] – ein Rückgriff auf das Sozialstaatsprinzip zur Begründung der Verfassungslegitimität war aus seiner Sicht offenbar nicht erforderlich. Nach dieser Feststellung widmet es sich dann direkt der Prüfung der Verhältnismäßigkeit, ohne dass dabei das Sozialstaatsprinzip Erwähnung findet.[250]

Der Rechtsprechungsbefund zur Bedeutung des Sozialstaatsprinzips bei der Rechtfertigung von Eingriffen in Art. 2 Abs. I GG ist also uneinheitlich. Vereinzelt begnügt sich das Gericht mit der Feststellung, die vom Gesetzgeber verfolgten, im weitesten Sinne als sozialpolitisch motiviert verstandenen Zwecke dienten dem „Gemeinwohl“ – einer verfassungsrechtlichen Verankerung des gesetzgeberischen Zwecks bedurfte es nicht. In anderen Entscheidungen dagegen begründet es die Legitimität der sozialpolitisch motivierten Zweckverfolgung mit dem Sozialstaatsprinzip.

### bb) Das Sozialstaatsprinzip bei Eingriffen in Art. 12 Abs. I GG

Wie schon zu Art. 2 Abs. I GG, so ist auch der Rechtsprechungsbefund zur Funktion des Sozialstaatsprinzips bei Eingriffen in Art. 12 Abs. I GG uneinheitlich. Einzelnen Entscheidungen, in denen das Sozialstaatsprinzip ausdrücklich in die Prüfung der Eingriffsrechtfertigung eingestellt wird, stehen solche gegenüber, bei denen sich eine Einstellung durchaus angeboten hätte, das Gericht aber auf sie verzichtet.

So hat das Bundesverfassungsgericht in einer frühen Entscheidung unter ausdrücklichem Rückgriff auf das Sozialstaatsprinzip ein Gesetz für verfassungskonform erklärt, welches die freie Wahl des Berufs des selbstständigen Arbeitsvermittlers ausschloss (sog. Arbeitsvermittlungsmonopol der Bundesanstalt für Arbeit und Arbeitsvermittlung).[251] Die Beschwerdeführer sahen in dem Arbeitsvermittlungsmonopol der Bundesanstalt eine Verletzung des Art. 12 Abs. I GG. Das Bundesverfassungsgericht bejahte den Eingriff in den Schutzbereich dieser Norm, wertete ihn aber als verfassungsrechtlich gerechtfertigt. Unter Anwendung der von ihm entwickelten Stufenlehre ordnete es den Eingriff wegen seiner Intensität der Stufe der objektiven Zulassungsschranken zu; denn die Aufnahme des Berufs des freien Arbeitsvermittlers war schlechthin unmöglich (es handelt sich um ein *Monopol* der Bundesanstalt). Eingriffe dieser Intensität seien u.a. nur dann gerechtfertigt, wenn sie den „Schutz besonders wichtiger Gemein-

---

249 BVerfGE 75, 108 (154 f.).

250 BVerfGE 75, 108 (155 ff.).

251 Es handelte sich um die §§ 35, 37 Abs. I, 210 des Gesetzes über Arbeitsvermittlung und Arbeitslosenversicherung i.d.F. vom 3. April 1957 (BGBl. I, S. 321).

schaftsgüter bezweckten".[252] Der mit dem Arbeitsvermittlungsmonopol verfolgte Zweck, die Bekämpfung der Arbeitslosigkeit, stelle einen derartigen Gemeinschaftswert dar. Dieser Gemeinschaftswert habe „offenbar einen so hohen Rang, dass er *insbesondere im Hinblick auf das Sozialstaatsprinzip den Vorzug* vor dem Freiheitsanspruch des Einzelnen, der den Beruf des selbständigen Arbeitsvermittlers wählen möchte, verdient". Denn die Bekämpfung der Arbeitslosigkeit gehöre zu der „dem Staat obliegenden, ihm durch das Gebot der Sozialstaatlichkeit auch besonders aufgegeben Daseinsvorsorge".[253] Aus der Sicht des Gerichts stellt die Bekämpfung der Arbeitslosigkeit als gesetzgeberischer Zweck also nicht nur ein „wichtiges Gemeinschaftsgut" dar, dessen angestrebte Verwirklichung die Grundlage für einen erfolgreichen Eingriff in Art. 12 Abs. I GG auf der Ebene der objektiven Zulassungsvoraussetzungen ist. Vielmehr muss, da dieser Zweck aus der Sicht des Gerichts auch vom Sozialstaatsprinzip getragen ist, die durch Art. 12 Abs. I GG geschützte Berufsfreiheit hinter dem Zweck der Bekämpfung der Arbeitslosigkeit zurücktreten. In dieser Entscheidung wird das Sozialstaatsprinzip ausdrücklich in die Rechtfertigungsprüfung eingestellt. Ort ist dabei die Stufenlehre, mithin das Verhältnismäßigkeitsprinzip.[254] Man kann diese Entscheidung so interpretieren, dass aus der Sicht des Gerichts der Rückgriff auf das Sozialstaatsprinzip die Eingriffsrechtfertigung entscheidend mit ermöglicht hat. Dafür spricht die vom Gericht verwandte Formulierung, der zufolge der vom Gesetzgeber verfolgte Zweck „*insbesondere* im Hinblick auf das Sozialstaatsprinzip" den Vorzug vor dem Freiheitsanspruch des einzelnen Grundrechtsträgers verdiene.[255] Wie schon für die Entscheidungen zu Art. 2 Abs. I GG nachgewiesen wurde, ist aber auch hier das Sozialstaatsprinzip für sich genommen nicht in der Lage, den Eingriff zu rechtfertigen. Es bleiben die weiteren Schritte der Verhältnismäßigkeitsprüfung, insoweit vor allem die Frage nach der Erforderlichkeit des Eingriffs in Form des Arbeitsmonopols zur Erreichung des gesetzgeberischen Zweckes, deren Prüfung sich das Gericht dann auch widmet, ohne dabei aber das Sozialstaatsprinzip ausdrücklich heranzuziehen.[256]

Aus der jüngeren Judikatur des Gerichts zu Art. 12 Abs. I GG verdient eine Entscheidung zum Vertragsarztrecht eine nähere Betrachtung, in der das Gericht auf den Rückgriff auf das Sozialstaatsprinzip verzichtet hat, obwohl ein solcher sich angeboten hätte. Die gerügten Vorschriften beschränkten die Zulassung ap-

---

[252] BVerfGE 21, 245 (251 m.w.N.).

[253] BVerfGE 21, 245 (251) Hervorhebung durch den Verfasser.

[254] Zur Stufenlehre als Ausprägung des Verhältnismäßigkeitsgrundsatzes im Rahmen des Art. 12 Abs. I GG vgl. etwa BVerfGE 13, 97 (104) sowie *Pieroth/Schlink*, Grundrechte, Rn 846 ff., die insoweit von „Stufenlehre bzw. Verhältnismäßigkeitsgrundsatz" sprechen.

[255] BVerfGE 21, 245 (251). Hervorhebung durch den Verfasser.

[256] BVerfGE 21, 245 (252).

probierter Ärzte als Vertragsärzte bis zum Erreichen der Altersgrenze von 55 Jahren; bei Überschreiten dieser Grenze sollte eine Zulassung nicht mehr möglich sein. Aus Sicht des Gerichts konnte es dahinstehen, ob die gerügte Regelung wegen ihrer Intensität im Rahmen der Stufenlehre möglicherweise eine Bewertung als Berufswahlregelung verdient und als solche dann der Stufe der objektiven Zulassungsschranken zuzuordnen wäre. Denn in jedem Falle, so das Gericht, stelle das vom Gesetzgeber mit den angegriffenen Regelungen verfolgte Ziel, die Sicherung der finanziellen Stabilität und damit der Funktionsfähigkeit der Krankenverssicherung, einen legitimen Gemeinwohlbelang „von überragender Bedeutung" dar.[257] Inwieweit aber der gesetzgeberische Zweck von der Verfassung getragen ist, so bspw. vom Sozialstaatsprinzip, interessiert das Gericht, anders als in der voranstehend ausgewerteten Entscheidung aus den Anfangsjahren seiner Judikatur, nicht. Es verweist stattdessen auf seine ständige Rechtsprechung, gemäß derer es finanzielle Stabilität und Funktionsfähigkeit der gesetzlichen Krankenversicherung beständig als „für das Gemeinwohl von hoher Bedeutung" gewertet hat. In den insoweit zitierten Entscheidungen erschien dem Gericht der Rückgriff auf das Sozialstaatsprinzip entbehrlich.[258] Begreift man die gesetzliche Krankenversicherung aber als Konkretisierung des Sozialstaatsprinzips[259], so hätte es durchaus nahegelegen, die Erhaltung ihrer finanziellen Funktionsfähigkeit und Stabilität als vom Sozialstaatsprinzip getragen zu bewerten und infolgedessen den gesetzgeberischen Zweck als „überragend wichtiges Gemeinschaftsgut" zu qualifizieren – genauso wie dies für Maßnahmen zur Bekämpfung der Arbeitslosigkeit vorgenommen wurde.

#### cc) Auswertung der Rechtsprechung zu Art. 2 und 12 GG

In der Judikatur des Bundesverfassungsgerichts wird das Sozialstaatsprinzip bei der Rechtfertigung von Eingriffen in Grundrechte mit Gesetzesvorbehalten bisweilen herangezogen, um die (Verfassungs-)Legitimität eines vom Gesetzgeber verfolgten Zweckes (so die Rechtsprechung zu Art. 2 Abs. I GG) oder aber die Wertigkeit eines Gemeinschaftsgutes als „überragend wichtig" (so die Rechtsprechung zu Art. 12 Abs. I GG) zu begründen.[260] Die so begründete verfassungsrechtliche Verankerung des gesetzgeberischen Zwecks bzw. die vom Gesetzgeber intendierte Sicherung des Gemeinschaftsgutes ist aus der Sicht des

---

[257] BVerfGE 103, 172 (184).

[258] So in BVerfGE 70, 1 (30); 78, 179 (192); 82, 209 (230).

[259] So etwa *Schiek* in: AK-GG, Art. 20, V, Rn 87. Vgl. auch *Stern*, Staatsrecht I, S. 894.

[260] Dies gilt auch vereinzelt für Eingriffe in Art. 14 Abs. I GG, vgl. etwa BVerfGE 42, 263 (298). Auch bei dieser Entscheidung ist aber nicht ersichtlich, dass der Rückgriff auf das Sozialstaatsprinzip der Eingriffsrechtfertigung entscheidend zum Erfolg verholfen hat.

Bundesverfassungsgerichts aber nicht *conditito sine qua non* für die Legitimität bzw. Wertigkeit der in Frage stehenden (im weitesten Sinne verstandenen) sozialpolitischen Aktivität – und damit auch nicht für eine erfolgreiche Eingriffsrechtfertigung in ein Grundrecht mit Gesetzesvorbehalt. Entscheidungen, in denen das Gericht darauf verzichtet hat, die Legitimität bzw. Wertigkeit unter Rückgriff auf das Sozialstaatsprinzip oder aber andere Verfassungssätze zu begründen, obwohl sich dies angeboten hätte, sind dafür Beleg genug. Die Verhältnismäßigkeitsprüfung kann aus der Sicht des Gerichts auch dann beginnen, wenn die Legitimität des Zwecks (Art. 2 GG) oder aber die Wichtigkeit des Gemeinschaftsgutes (Art. 12 GG) begründet werden kann, ohne dass die dazu angestellten Erwägungen einen wie auch immer gearteten verfassungsrechtlichen Anknüpfungspunkt aufzeigen müssen.[261]

Die Rechtsprechungsauswertung zeigt im Übrigen, dass eine Untersuchung der eingriffsrechtfertigenden Funktion des Sozialstaatsprinzips bei Eingriffen in Grundrechte mit Gesetzesvorbehalten ihren Ausgangspunkt weniger im Sozialstaatsprinzip hat, als vielmehr in den Grundsätzen der Verhältnismäßigkeitsprüfung und damit in den Gesetzesvorbehalten des jeweiligen Grundrechts.[262] Denn ob nun bei Eingriffen in Art. 2 Abs. I GG und der Ermittlung eines „legitimen Zwecks“, oder aber bei Eingriffen in Art. 12 Abs. I GG und der Ermittlung der „überragend wichtigen Gemeinschaftsgüter“ für die Eingriffsrechtfertigung auf der Stufe der objektiven Zulassungsschranken: Es ließe sich bei der Rechtfertigung von Eingriffen in Grundrechte mit Gesetzesvorbehalten grundsätzlich die Frage stellen, ob nur das ein legitimer Zweck oder aber ein wichtiges Gemeinschaftsgut sein kann, was einen normativen Anknüpfungspunkt im Grundgesetz aufweist und die Verhältnismäßigkeitsprüfung erst beginnen kann, wenn dem so ist. Fehlte es aber an einem derartigen Anknüpfungspunkt, wäre die Eingriffsrechtfertigung schon an dieser Stelle gescheitert. Im hier interessierenden Kontext lautete die Frage dann, ob sozialpolitische Zwecksetzungen des Gesetzgebers entgegen der Rechtsprechungspraxis des Bundesverfassungsgerichts in jedem Falle einer verfassungsrechtlichen Verankerung, etwa im Sozialstaatsprinzip, bedürfen und erst bei deren Nachweis eine erfolgreiche Eingriffsrechtfertigung am Maßstab des Verhältnismäßigkeitsgrundsatzes, beginnen kann. Das Schrifttum hat dabei gerade für Eingriffe in Art. 12 Abs. I GG in Gestalt objektiver Zulassungsschranken als intensivster Eingriffsform gefordert, die Gemeinschaftsgüter bzw. Gemeinwohlbelange müssten regelmäßig solche mit Verfas-

---

[261] So für Art. 2 Abs. I GG BVerfGE 75, 108 (155 ff.); für Art. 12 Abs. I GG BVerfGE 103, 172 (184).

[262] Zur Verankerung des Verhältnismäßigkeitsgrundsatzes in den Gesetzesvorbehalten der Grundrechte vgl. *Pieroth/Schlink*, Grundrechte, Rn 273. Anders etwa *Schulze-Fielitz* in: Dreier, GG Band II, Art. 20 (Rechtsstaat), Rn 167 f.: Ableitung aus den Art. 20 Abs. II, III GG i.V.m. Art. 3 Abs. I, Art. 19 Abs. II GG.

sungsrang sein.[263] Dem stehen solche Stimmen gegenüber, die sogar einfachgesetzlich fixierte Gemeinwohlbelange ausreichen lassen wollen.[264] Was die übrigen Grundrechte anbelangt, will das Schrifttum nur das als „legitimen Zweck" verstanden wissen, was die Rechtsordnung „als ein solcher" trage[265], was als Zweck „verfassungslegitim" sei.[266] Ein besonders strenges Erfordernis ist die so behauptete verfassungsrechtliche Verankerung des Zwecks aus der Sicht der Lehre aber offensichtlich nicht: dem Gesetzgeber bleibe eine „Vielzahl verfassungslegitimer Zwecke"[267]; kraft seiner demokratischen Souveränität sei er berechtigt, selbst die Zwecke des Staatshandelns zu bestimmen, solange sie durch das Grundgesetz nicht schlechthin verboten seien.[268]

Die hier aufgeworfene Problematik muss indes speziell für Art. 12 GG bzw. grundsätzlich bei Grundrechten mit Gesetzvorbehalt für die Bestimmung der Zielwertigkeit der gesetzgeberischen Betätigung gelöst werden und soll daher im Rahmen dieser Arbeit nicht eingehender behandelt werden. Folgendes sei immerhin angedeutet: Selbst wenn man forderte, dass ein Zweck (so bspw. für Art. 2 Abs. I GG) bzw. ein Gemeinschaftsgut (so speziell für Art. 12 Abs. I GG) nur dann legitim bzw. von überragender Bedeutung ist, wenn er sich auf eine wie auch immer geartete normative Verankerung im Grundgesetz berufen kann, so ist nicht ersichtlich, dass durch dieses Erfordernis die Eingriffsrechtfertigung in irgendeiner Weise erschwert würde. Denn das Sozialstaatsprinzip ist in seiner Weite einer gesetzgeberischen Konkretisierung zugänglich; hat sich der Gesetzgeber aus eigener Initiative heraus zu einer sozialpolitischen Maßnahme entschlossen, so ist kaum ein Fall vorstellbar, in dem ihm das Sozialstaatsprinzip (oder aber andere Vorschriften des Grundgesetzes) nicht die verfassungsrechtliche Legitimation des von ihm verfolgten Zwecks liefern würde.[269] Die denkbare Beschränkung auf verfassungsrechtliche Zwecke bzw. verfassungsrechtlich verbürgte Gemeinwohlbelange als Ausgangspunkt einer erfolgreichen Eingriffsrechtfertigung ist so nur eine vermeintliche.

---

263 So etwa *Manssen* in: von Mangoldt/Klein/Starck, GG Band I, Art. 12 Rn 142. Weitere Nachweise dahingehender Forderungen der Lehre bei *Tettinger* in: Sachs, GG, Art. 12 Rn 128.

264 Vgl. zum Streitstand die Nachweise bei *Wieland* in: Dreier, GG Band I, Art. 12 Rn 128.

265 *Sommermann* in: von Mangoldt/Klein/Starck, GG Band II, Art. 20 Rn 304.

266 *Pieroth/Schlink*, Grundrechte Rn 280.

267 *Pieroth/Schlink*, Grundrechte Rn 280; *Schlink* in: FS-BVerfG, Band II, S. 445 (450).

268 *Sachs* in: Sachs, GG, Art. 20 Rn 149 (m.w.N.).

269 Vgl. insoweit die Auswertung der Rechtsprechung zu Art. 9 Abs. III GG, oben IV. 3. b): Die gesetzgeberische Zwecksetzung, konkret die Bekämpfung der Arbeitslosigkeit, war aus der Sicht des Bundesverfassungsgerichts als „Wert von Verfassungsrang" sowohl durch das Sozialstaatsprinzip als auch durch die Art. 1 Abs. I, 2 Abs. I und 109 Abs. II GG gedeckt.

### d) Optimierung der Eingriffsrechtfertigung durch das Sozialstaatsprinzip?

Angesichts einzelner Entscheidungen des Bundesverfassungsgerichts kann die Frage nach einer die Eingriffsrechtfertigung verstärkenden oder aber „optimierenden“[270] Wirkung des Sozialstaatsprinzips gestellt werden – eine Wirkung, die oftmals im Schrifttum behauptet wird.[271] Entscheidungen des Bundesverfassungsgerichts, die eine derartige Wirkung vermuten lassen, sind indes, wie voranstehend aufgezeigt wurde, rar.[272]

Losgelöst von dem insoweit begrenzten Rechtsprechungsbefund ließe sich aber grundsätzlich fragen, ob der Rückgriff auf das Sozialstaatsprinzip die Rechtfertigung von Eingriffen in vorbehaltlose Grundrechte zu „optimieren“ vermag. Wer eine derartige Wirkung behauptet, muss aufzeigen, an welcher Stelle der Prüfung der Eingriffsrechtfertigung das Sozialstaatsprinzip seine optimierende Wirkung entfalten können soll. Im Schrifttum wird seine Berücksichtigung im Rahmen der Prüfung der Verhältnismäßigkeit im engeren Sinne bzw. der Angemessenheit gefordert.[273] Inwieweit es dann aber noch eine *optimierende* Wirkung entfalten können soll, ist kaum ersichtlich. Denn die gesetzgeberische Maßnahme wurde zuvor bereits als geeignet und erforderlich gewertet – sonst stellte sich die Frage nach ihrer Angemessenheit nicht. Inwieweit jedoch die Berücksichtigung des Sozialstaatsprinzips nun verhindern soll, dass die gesetzgeberische Maßnahme doch noch auf der letzten Stufe der Verhältnismäßigkeitsprüfung als unangemessen bewertet wird, verbleibt im Dunkeln. Funktionieren würde dies wohl nur, wenn man ein grundsätzliches Überwiegen des Sozialstaatsprinzips über die grundrechtlich geschützte Freiheit be-

---

[270] So *Neumann*, DVBl 1997, S. 92 (99) unter Berufung auf BVerfGE 8, 274 (329); 21, 245 (251); 44, 353 (374 f.). Inwieweit aber das Sozialstaatsprinzip in diesen Entscheidungen die Eingriffsrechtfertigung optimiert haben soll, ist nicht ersichtlich: Denn das Sozialstaatsprinzip wird außer bei der Ermittlung des von der Verfassung grundsätzlich getragenen Zwecks nicht mehr eigens bei der Verhältnismäßigkeitsprüfung herangezogen; vgl. insoweit die Rechtsprechungsanalyse oben, IV. 3. c) cc).

[271] So von *Jarass* in: Jarass/Pieroth, GG, Art. 20 Rn 111 (Grundrechtsbeschränkungen seien unter Berücksichtigung des Sozialstaatsprinzips „in größerem Umfange möglich“); *Degenhardt*, Staatsrecht I, Rn 436 f. Vgl. auch *Schiek* in: AK-GG, Art. 20, V, Rn 71. Eine die Eingriffsrechtfertigung verstärkende Funktion scheint auch *Kittner* in: AK-GG (2. Aufl. 1989), Art. 20 Abs. 1 – 3 IV, Rn 56 zu behaupten. Unklar *Bieback*, EuGRZ 1985, S. 657 (660), der vage von den Gesetzesvorbehalten als wesentlichem „Ansatzpunkt zur Konkretisierung des Sozialstaatsprinzips“ spricht, aber nicht aufzeigt, welche Gewichtigkeit der Entfaltung des Sozialstaatsprinzips im Hinblick auf die Eingriffsrechtfertigung im Rahmen der Gesetzesvorbehalte dann zukommen soll.

[272] Vgl. dazu die Auswertung von BVerfGE 21, 245 (251), oben IV. 3. c) bb), die als eine der wenigen Entscheidungen eine die Eingriffsrechtfertigung optimierende Wirkung des Sozialstaatsprinzips vermuten lässt.

[273] So von *Neumann*, DVBl 1997, S. 92 (99).

haupten würde, was aber, soweit ersichtlich, weder in der Rechtsprechung des Bundesverfassungsgerichts noch im Schrifttum vertreten wird.[274] Im Übrigen ist zu beachten, und dies zeigt einmal mehr, wie sehr sich die Untersuchung hier weg vom Sozialstaatsprinzip hin zur Problematik der Verhältnismäßigkeit verlagert: die Prüfung der Angemessenheit ist, zumindest wenn gesetzgeberische Maßnahmen in Frage stehen, schon für sich genommen nicht unproblematisch, denn sie berührt im hohen Maße den Grundsatz der Gewaltenteilung zwischen Legislative und Judikative.[275] Die Einstellung eines durch gerichtliche Auslegung kaum zu präzisierenden Verfassungssatzes wie des Sozialstaates in die Abwägung auf der Stufe der Angemessenheit birgt zwangsläufig die Gefahr des richterlichen Dezisionismus.[276] Dem kann nur begegnet werden, indem man auf eine diesbezügliche Heranziehung des Sozialstaatsprinzips verzichtet. Sie ist auch nicht vonnöten: Ist eine sozialpolitisch motivierte gesetzgeberische Maßnahme geeignet und erforderlich, so ist die mit ihr einhergehende Grundrechtsbeschränkung, die Beachtung anderer Schranken-Schranken selbstverständlich vorausgesetzt, als gerechtfertigt hinzunehmen.[277]

[274] So spricht BVerfGE 18, 257 (267) von einer „grundsätzlichen Spannungslage zwischen der Freiheit des Einzelnen und den Anforderungen an eine sozialstaatliche Ordnung" – ein grundsätzliches Überwiegen des Sozialstaatsprinzips ist damit aber nicht behauptet. Aus dem Schrifttum ausdrücklich gegen ein grundsätzliches Überwiegen *Herzog* in: Maunz/Dürig, GG Band II, Art. 20, VIII, Rn 42; *Gröschner* in: Dreier, GG Band II, Art. 20 (Sozialstaat) Rn 17; *Stern*, Staatsrecht I, S. 924; *Kingreen*, Das Sozialstaatsprinzip im europäischen Verfassungsverbund, S. 143 f.; *Bieback*, EuGRZ 1985, S. 657 (661 m.w.N. in Fn 48); *Uhle*, JuS 1996, S. 96 (99).

[275] Kritisch zur Prüfung der Verhältnismäßigkeit im engeren Sinne bei Maßnahmen des Gesetzgebers *Pieroth/Schlink*, Grundrechte, Rn 293; dabei indirekt auf den Grundsatz der Gewaltenteilung anspielend. Vgl. auch *Schlink* in: FS-BVerfG, Band II, S. 445 (460 ff.); *Stern* in: FS-BVerfG, Band II, S. 1 (33 f.); *Sachs* in: Sachs, GG, Art. 20 Rn 154 f. Vgl. insoweit auch die Sondervoten in BVerfGE 92, 277 (341 ff.).

[276] *Kingreen*, Das Sozialstaatsprinzip im europäischen Verfassungsverbund, S. 144, spricht insoweit zutreffend vom Sozialstaatsprinzip als einem in der „Abwägung...nur schwer wägbaren Faktor".

[277] Auch das Bundesverfassungsgericht führt im Rahmen der Prüfung der Verhältnismäßigkeit im engeren Sinne bzw. Angemessenheit i.d.R. allenfalls eine letzte Stimmigkeitskontrolle durch. Die Zahl der Fälle, in denen eine gesetzgeberische Maßnahme als unangemessen gewertet wurde, ist eher gering: Vgl. *Pieroth/Schlink*, Grundrechte, Rn 294. Nachweise zu den wenigen Entscheidungen, in denen das Bundesverfassungsgericht ein Gesetz auf der Stufe der Angemessenheit hat scheitern lassen, bei *Stern*, Staatrecht III/2, S. 783.

### e) Das Sozialstaatsprinzip als kollidierendes Verfassungsrecht bei Eingriffen in Grundrechte mit Gesetzesvorbehalten

Ob die Grundsätze des kollidierenden Verfassungsrechts bei Grundrechten mit Gesetzesvorbehalten zur Anwendung kommen dürfen, ist bekanntermaßen umstritten.[278] Gewichtige Gründe sprechen dagegen.[279] Selbst wenn man aber die besagten Grundsätze für anwendbar hielte, so bleibt die Frage nach den Konsequenzen ihrer Anwendung für die Eingriffsrechtfertigung in Grundrechte mit Gesetzesvorbehalten. Die hier angedachte Problematik verlässt ersichtlich die Frage nach den Funktionen des Sozialstaatsprinzips, da sie in die allgemeine Grundrechtsdogmatik einzuordnen ist. Insoweit ist mit den folgenden Überlegungen eine abschließende Antwort nicht erreicht und auch nicht erstrebt:

Denkbar wäre, das Sozialstaatsprinzip insoweit als kollidierendes Verfassungsrecht zu begreifen, als es die Legitimität der gesetzgeberischen Zwecksetzung zu begründen vermag. Dass damit aber für die Eingriffsrechtfertigung kein zusätzlicher Gewinn im Sinne ihrer erhöhten Erfolgsaussicht gewonnen wäre, belegen die voranstehenden Ausführungen. So wäre allenfalls der Einstieg in die Verhältnismäßigkeitsprüfung gelungen, die in Frage stehende Maßnahme damit aber noch nicht für verhältnismäßig erkannt. Denkbar ist dann nur noch die Anwendung des Sozialstaatsprinzips auf der Stufe der Angemessenheit bzw. Verhältnismäßigkeit im engeren Sinne. Insoweit wäre zu prüfen, ob die sozialpolitisch motivierte und daher, was hier unterstellt werden soll, vom Sozialstaatsprinzip grundsätzlich getragene Betätigung des Gesetzgebers die Beurteilung des in Frage stehenden Gesetzes als unangemessen zu verhindern vermag, das Sozialstaatsprinzip also letztlich die grundrechtlich geschützte Freiheit überwiegt. Dass ein derartiges Überwiegen nicht grundsätzlich behauptet werden kann, wurde voranstehend aufgezeigt. Damit dürfte die Frage nach einer Anwendung des Sozialstaatsprinzips als „Wert von Verfassungsrang“ im Rahmen der Grundsätze der Eingriffsrechtfertigung durch kollidierendes Verfassungsrecht beantwortet sein. Selbst wer besagte Grundsätze auch bei Grundrechten mit Gesetzesvorbehalt für anwendbar erklärt und das Sozialstaatsprinzip im Rahmen der Angemessenheitsprüfung heranziehen will, sieht sich mit den voranstehenden Bedenken konfrontiert. Denn die Einstellung des Sozialstaatsprinzips in die Angemessenheitsprüfung, ein anderer Ort ist nicht ersichtlich, würde unweigerlich die grundsätzlichen, oben formulierten Bedenken gegen die Prüfung der Angemessenheit und einer dabei erfolgten Berücksichtigung des Sozialstaatsprinzips aufleben lassen.

---

[278] Dafür die wohl h.M: vgl. etwa *Jarass* in: Jarass/Pieroth, GG, Vorb. Vor Art. 1 Rn 44 ff.; *Sachs* in: Sachs, GG, Vor Art. 1 Rn 120 (m.w.N. aus Rechtsprechung und Schrifttum). Dagegen: *Pieroth/Schlink*, Grundrechte, Rn 331; *Pieroth*, AöR 114 (1989), S. 422 (444).

[279] Vgl. die Argumentation bei *Pieroth/Schlink*, Grundrechte, Rn 331.

### f) Vergleich mit dem französischen Verfassungsrecht

#### aa) Soziale Grundrechte der Präambel von 1946 und das Sozialstaatsprinzip als verfassungslegitime Zwecke

Dem französischen Gesetzgeber vermitteln die sozialen Grundrechte der Präambel von 1946 einen von der Verfassung anerkannten Zweck, sie zeichnen ihm Ziele von Verfassungsrang vor, zu dessen bzw. deren Verwirklichung er befugt ist, Eingriffe in solche Grundrechte vorzunehmen, die in ihrer abwehrrechtlichen Dimension mit der gesetzgeberischen Ziel- bzw. Zweckverwirklichung kollidieren.[280] Eine vergleichbare Funktion entfaltet das Sozialstaatsprinzip zumindest bei Eingriffen in vorbehaltlos gewährleistete Grundrechte des Grundgesetzes. Insoweit kann der Gesetzgeber auf besagtes Prinzip zurückgreifen, welches ihm für seine (im weitesten Sinne) sozialpolitisch motivierte Gesetzgebung den unabdingbaren „Wert von Verfassungsrang“ liefert; er ist hierauf aber angesichts vorhandener Alternativen im Grundgesetz nicht beschränkt. Bei Grundrechten mit Gesetzesvorbehalten dagegen ist in der Rechtsprechung des Bundesverfassungsgerichts ein Rückgriff auf das Sozialstaatsprinzip im Rahmen der Eingriffsrechtfertigung entbehrlich. Denn Ausgangspunkt für eine erfolgreiche Eingriffsrechtfertigung ist das deutsche Verständnis vom Gesetzesvorbehalt als „echtem, Grundrechte konstitutiv verkürzendem Eingriff“[281]. Der mit dem Eingriff verfolgte Zweck bedarf, anders als im französischen Verfassungsrecht, über den Gesetzesvorbehalt hinaus grundsätzlich keiner ausdrücklichen verfassungsrechtlichen Verankerung. Insoweit ist der Gesetzgeber in seiner Zielbestimmung weitestgehend frei; verboten sind ihm nur dem Grundgesetz offensichtlich zuwiderlaufende Zwecke.

#### bb) Soziale Grundrechte der Präambel von 1946 und das Sozialstaatsprinzip im Rahmen der Verhältnismäßigkeitsprüfung

Die sozialen Grundrechte der französischen Verfassung und das Sozialstaatsprinzip rechtfertigen aber, soweit sie eine gesetzgeberische Zwecksetzung grundsätzlich tragen, nicht per se den Eingriff in das Grundrecht, welches seine abwehrrechtliche Dimension gegen die jeweilige gesetzgeberische Aktivität entfaltet. Denn in beiden Verfassungsordnungen bedarf es für eine erfolgreiche Eingriffsrechtfertigung der Beachtung der Schranken-Schranken – insoweit vor allem des Grundsatzes der Verhältnismäßigkeit. Die Einstellung des Sozialstaatsprinzips in die Verhältnismäßigkeitsprüfung bewirkt in aller Regel keine

---

[280] Siehe oben, Zweites Kapitel, IV. 4. a) bb).
[281] So *Arnold*, JöR 38 (1989), S. 197 (197, 205 ff.).

„Optimierung“ der Eingriffsrechtfertigung. Auch der Conseil constitutionnel begnügt sich damit, die in Frage stehende gesetzgeberische Maßnahme als von dem einschlägigen sozialen Grundrecht der Präambel von 1946 grundsätzlich getragen zu werten. Von einer die Eingriffsrechtfertigung im Rahmen der Verhältnismäßigkeitsprüfung optimierenden Funktion der besagten Rechte kann dabei aber nicht die Rede sein. Denn wie gezeigt wurde, ist die Verhältnismäßigkeitsprüfung im französischen Verfassungsrecht ausgesprochen zurückhaltend. Mit dem Verbot „offensichtlich unverhältnismäßiger Maßnahmen“ errichtet der Conseil constitutionnel dem Gesetzgeber allenfalls eine äußerste Grenze. Die Herstellung praktischer Konkordanz („mise en balance“) zwischen dem Freiheitsrecht auf der einen und dem mit ihm kollidierenden sozialen Grundrecht auf der anderen Seite ist durch diese – in Ahnlehnung an *Schoettl* – „fixation d'une limite à ne pas franchir“ nicht geboten. Der Conseil constitutionnel belässt so dem Gesetzgeber bei der Eingriffsrechtfertigung weitgehende Handlungsfreiheit.[282] Konsequenterweise besteht so für eine Optimierung der Eingriffsrechtfertigung schon gar kein Bedarf: Wo der Gesetzgeber bei Eingriffen in Freiheitsgrundrechte weitgehend einer verfassungsgerichtlichen Kontrolle am Maßstab des Verhältnismäßigkeitsgrundsatzes entzogen ist, bedarf es keiner Optimierung der Eingriffsrechtfertigung durch soziale Grundrechte.

Hier zeigt sich, welche Bedeutung der Prüfung des Verhältnismäßigkeitsgrundsatzes zukommt, wenn die Frage nach der Gewichtigkeit der sozialen Grundrechte der Präambel von 1946 oder aber des Sozialstaatsprinzips im Rahmen der Eingriffsrechtfertigung beantwortet werden soll: Inwieweit der Rückgriff auf ein soziales Grundrecht der Präambel oder aber auf das Sozialstaatsprinzip es erlaubt, den in Frage stehenden Eingriff als verfassungsrechtlich gerechtfertigt zu bewerten, beantwortet sich nicht aus der normativen Kraft des sozialen Grundrechts oder aber des Sozialstaatsprinzips, sondern aus der Bedeutung der Verhältnismäßigkeitsprüfung in ihrem jeweiligen nationalen verfassungsrechtlichen Kontext. Beschränkt man wie der Conseil constitutionnel die Prüfung dieses Grundsatzes auf Fälle der „offensichtlichen Unverhältnismäßigkeit“, werden die dem Gesetzgeber insoweit aufgezeigten Grenzen zurückgenommen – zwangsläufig scheint dann die eingriffsrechtfertigende Funktion des in Frage stehenden sozialen Grundrechts vergleichsweise stark zu sein. Errichtet man dagegen wie das Bundesverfassungsgericht mit dem (dreistufigen) Verhältnismäßigkeitsgrundsatz eine im Verhältnis zur Praxis des Conseil constitutionnel vergleichsweise dichtere, da nicht bloß auf die Prüfung der wie auch immer zu definierenden „offensichtlichen Unverhältnismäßigkeit“ zurückgenommene Schranken-Schranke, findet die sozialpolitisch motivierte und daher (auch) vom Sozialstaatsprinzip getragene gesetzgeberische Betätigung u.U. eher ihre Gren-

[282] Dazu oben, Zweites Kapitel, IV. 4. a) bb).

zen in der Beachtung des Verhältnismäßigkeitsprinzips. Dessen einzelne Komponenten ergeben sich in ihrem jeweiligen nationalen Kontext auch daraus, wie viel an Kontrolle des Gesetzgebers am Maßstab der Grundrechte die jeweilige nationale Verfassungstradition ihrem Verfassungsgericht hat zubilligen wollen und gegenwärtig zubilligt: Mit der vergleichsweise dominierenderen Stellung des Bundesverfassungsgerichts im Gefüge der Staatsgewalten geht eine intensivere Verhältnismäßigkeitsprüfung einher; umgekehrt verhält es sich mit einer dahingehenden Kontrolle durch den Conseil constitutionnel.

### cc) Eine Erleichterung der Eingriffsrechtfertigung durch Aufnahme sozialer Grundrechte in das Grundgesetz?

Dem französischen Verfassungsinterpreten bietet sich in Gestalt der sozialen Grundrechte der Präambel von 1946 ein reichhaltiges Repertoire, um einzelne sozialpolitische Zwecksetzungen durch die jeweils sachnächste Norm der Präambel von 1946 als von der Verfassung grundsätzlich getragen werten zu können und so die Ausgangsbasis für eine erfolgreiche Eingriffsrechtfertigung zu schaffen. Angesichts des Verzichts des Parlamentarischen Rates auf eine vergleichsweise dichte Niederlegung sozialer Grundrechte im Grundgesetz ist dagegen für den deutschen Verfassungsrechtler der Rückgriff auf das vage Sozialstaatsprinzip oftmals die naheliegende Lösung. So rechtfertigt das Bundesverfassungsgericht die verfassungsrechtliche Wertigkeit der vom Gesetzgeber intendierten Bekämpfung der Arbeitslosigkeit (auch) mit dem Sozialstaatsprinzip.[283] Der Conseil constitutionnel kann in einer vergleichbaren Situation auf die Beanspruchung der „République sociale“ (Art. 1 S. 1 4. Var. der Verfassung von 1958) verzichten, da er mit dem „Recht auf Arbeit“ (Abs. 5 S. 1 2. Alt. der Präambel von 1946) eine vergleichsweise sachnähere Regelung in der Verfassung vorfindet.[284] Wo das Bundesverfassungsgericht auf das Sozialstaatsprinzip zurückgreift, um das Anliegen des Gesetzgebers, „...die Bildung von Wohnungseigentum vornehmlich einkommensschwacher Bevölkerungskreise zu fördern...“[285], als von der Verfassung grundsätzlich getragen zu werten, zieht der Conseil constitutionnel das „objectif à valeur constitutionnel de disposer d’un logement décent“ heran, abgeleitet aus einem Zusammenspiel mehrerer Normen der Präambel von 1946, um die einfach-gesetzliche Erweiterung der Zugangs-

---

283 Vgl. etwa BVerfGE 100, 271 (284); 103, 293 (307). Zu diesen Entscheidungen vgl. oben, IV. 3. b) aa).

284 Vgl. C.C. 98-401 DC vom 10. Juni 1998, Rec. 1998, S. 258 (265); C.C. 2001-455 DC vom 12. Januar 2002, Rec. 2002, S. 17 (23 ff.). Dazu ausführlich oben, Zweites Kapitel, IV. 2. a) bb) / dd).

285 BVerfGE 72, 155 (198): Rechtfertigung eines Eingriffs in Art. 2 Abs. I GG i.V.m. dem Rechtstaatsprinzip (Vertrauensschutz) durch ein rückwirkendes Gesetz.

möglichkeiten benachteiligter Kreise der Bevölkerung zu leer stehendem Wohnraum als verfassungslegitimen Zweck zu erkennen.[286]

Die Überlegungen des Verfassungsrichters *Simon*, ein Katalog ausdifferenzierter sozialer Grundrechte im Grundgesetz würde, da präziser als das vage Sozialstaatsprinzip, die verfassungsrechtliche Rechtfertigung einzelner sozialpolitischer Aktivitäten des Gesetzgebers erleichtern[287], erscheint vor dem Hintergrund der ausgewerteten Rechtsprechungspraxis des Conseil constitutionnel überdenkenswert. Ob die Eingriffsrechtfertigung durch die Einführung eines Kataloges sozialer Grundrechte oder aber – aus deutscher Sicht – „objektiv-rechtlicher" Staatszielbestimmungen die Eingriffsrechtfertigung erleichtern würde, erscheint indes mehr als fraglich. Begreift man nämlich das Sozialstaatsprinzip in seiner hier untersuchten eingriffsrechtfertigenden Funktion als „Aktionsvollmacht" des Gesetzgebers, welche er aus eigenen Initiative heraus konkretisiert, so ist wenig ersichtlich, inwieweit durch einen Katalog sozialer Grundrechte noch eine Verstärkung der Eingriffsrechtfertigung erreicht werden könnte. Zwar hätte der deutsche Gesetzgeber dann, wie der französische in Gestalt der Präambel von 1946, einen Fundus von im Vergleich zum vagen Sozialstaatsprinzip sachnäheren, präziseren Verfassungsnormen. Die Beachtung des Verhältnismäßigkeitsgrundsatzes als eine der bedeutsamsten Schranken-Schranken, die letztlich über die normative Gewichtigkeit sozialer Grundrechte bzw. des Sozialstaatsprinzips im Rahmen der Eingriffsrechtfertigung entscheiden, ist ihm indes trotzdem aufgegeben. Allenfalls die Begründung dafür, dass die in Frage stehende gesetzgeberische Maßnahme eine verfassungsrechtliche Verankerung als solche aufzeigen kann, wäre erleichtert; die Eingriffsrechtfertigung selbst wäre damit aber noch nicht erfolgreich abgeschlossen.

### 4. Bestandsschutz zugunsten der einfach-gesetzlichen Konkretisierungen des Sozialstaatsprinzips?

Wie gezeigt wurde, begreifen Autoren des deutschen Schrifttums bestimmte, im weitesten Sinne als sozialpolitisch verstandene Aktivitäten des Gesetzgebers als Konkretisierungen bzw. Teil-, Leit- und Unterprinzipien des Sozialstaatsprinzips.[288] Insoweit ließe sich nun fragen, ob das Sozialstaatsprinzip, wie im französischen Schrifttum für die sozialen Grundrechte der Präambel von 1946 behauptet, eine dem „effet-cliquet" vergleichbare Wirkung zugunsten dieser

[286] Vgl. C.C. 98-403 DC vom 29. Juli 1998, AJDA 1998, S. 739 (739 f.). Dazu ausführlich oben, Zweites Kapitel, IV. 3. a) cc).
[287] *Simon* in: FS-Benda, S. 337 (351 f.).
[288] Wie Fn 170, 171.

vom Gesetzgeber aus eigener Initiative verwirklichten einfach-gesetzlichen Konkretisierungen entfaltet.

### a) Der Rechtsprechungsbefund

Der Rechtsprechungsbefund ist für das deutsche Recht eindeutig: Das Sozialstaatsprinzip für sich genommen entfaltet keinen verfassungsrechtlichen Bestandsschutz zugunsten seiner einfach-gesetzlichen Konkretisierungen. Die Zahl der Entscheidungen, in denen das Bundesverfassungsgericht eine dahingehende Wirkung des Sozialstaatsprinzips zumindest im Ansatz problematisiert hat, ist ausgesprochen rar.[289] In einer Entscheidung, welche die Verfassungsgemäßheit der Auflösung bestimmter Allgemeiner Ortskrankenkassen überprüfte, hat das Gericht in aller Kürze darauf hingewiesen, das Sozialstaatsprinzip beinhalte für den Einzelnen „keinen Anspruch auf soziale Leistungen im Bereich der Krankenversicherung durch ein so und nicht anders aufgebautes Sozialversicherungssystem“. Vielmehr geböten es die „sich ständig wandelnden Verhältnisse..., dem einfachen Gesetzgeber möglicht viel Freiheit zu belassen...“, damit dieser auf neue sozialpolitische Herausforderungen reagieren könne.[290] Gleichlautend hat sich auch das Bundessozialgericht geäußert: aus dem Sozialstaatsprinzip könne „nicht eine Verpflichtung zur allgemeinen Besitzstandswahrung sozialer Rechte abgeleitet werden...“. Denn ein derartiges Postulat würde „die einfache Gesetzgebung weitgehend blockieren und eine Anpassung an die Veränderung der sozialen und wirtschaftlichen Verhältnisse hintanhalten“.[291]

### b) Auswertung der Rechtsprechung

Die Auswertung der – kurz gehaltenen – Ausführungen des Bundesverfassungsgerichts und des Bundessozialgerichts zeigt, dass beide Gerichte die Gestaltungsfreiheit des Gesetzgebers bei der Verwirklichung sozialpolitischer Zielsetzungen als das zentrale Argument gegen einen durch das Sozialstaatsprinzip vermittelten umfassenden Bestandsschutz zugunsten seiner einfach-gesetzlichen Konkretisierung begreifen. Mit der Gestaltungsfreiheit des Gesetzgebers sprechen sie dabei ein Argument an, dessen Berücksichtigung, realisiert vor dem Hintergrund einer drohenden Verletzung des Gewaltenteilungsprinzips, einem Auslegungsversuch, welcher dem Sozialstaatsprinzip eine ihm möglicherweise immanente leistungsrechtliche Dimension bzw. einen Zielgehalt entnehmen zu

---

[289] So im Ergebnis auch *Schulin/Igl*, Sozialrecht, Rn 27.

[290] BVerfGE 39, 302 (315, dabei unter Hinweis auf BVerfGE 36, 383 (393): Kein verfassungskräftiger Bestandsschutz der Gliederung der gesetzlichen Unfallversicherung nach Gewerbezweigen.).

[291] BSGE 15, 71 (76).

können glaubt, entscheidend eine Absage erteilt – darauf wurde bereits hingewiesen.[292] Weitere Argumente, die insoweit angesprochen wurden, sprechen ebenfalls gegen die Annahme eines umfassenden Bestandsschutzes durch das Sozialstaatsprinzip. So kann die Aufrechterhaltung eines sozialstaatlichen Leistungsumfanges in Zeiten angespannter Haushalte möglicherweise gegen Art. 109 Abs. II GG verstoßen. Ferner liefe eine derartige Interpretation auf eine Verkürzung des Gesetzesinitiativrechts des Parlaments hinaus: Dem Gesetzgeber wäre nur eine Verbesserung, ein Mehr an sozialstaatlicher Leistung möglich; die inhaltliche Ausgestaltung seiner Gesetzgebung aber um die Möglichkeit beschnitten, auf neue Herausforderungen sozialpolitischer Natur[293] reagieren zu können und die insoweit benötigten finanziellen Mittel aus anderen Bereichen der sozialen Sicherungssysteme abzuzweigen. Letztlich ist es nur konsequent, dass diejenigen Argumente, die gegen eine leistungsrechtliche Dimension bzw. einen durch Auslegung zu ermittelnden Zielgehalt des Sozialstaatsprinzips sprechen, auch gegen einen umfassenden Bestandsschutz zugunsten der einfach-gesetzlichen Konkretisierungen des Sozialstaatsprinzips streiten. Denn die Rücknahme etwa eines einfach-gesetzlichen finanziellen Sozialleistungsanspruchs[294] kann nur dann plausibel als verfassungswidrig gerügt werden, wenn eine von Verfassungs wegen vorgegebene Pflicht zu seiner Umsetzung bestünde, die in Frage stehende Konkretisierung also von Verfassungs wegen so und nicht anders geboten wäre. Dass eine derartige Pflicht gerade nicht besteht, wurde bei der Untersuchung der leistungsrechtlichen Dimension bzw. des Zielgehalts des Sozialstaatsprinzips aufgezeigt: Der Gesetzgeber ist frei, den Zielgehalt des Sozialstaatsprinzips zu bestimmen und dahingehende einfach-gesetzliche Konkretisierungen vorzunehmen.[295] Dieser seiner Freiheit zur Konkretisierung korrespondiert spiegelbildlich die Freiheit, sie zu modifizieren – auch mit der Wirkung einer Rücknahme. Die zur Frage des Zielgehalts des Sozialstaatsprinzips ausgetauschten Argumente haben daher zwangsläufig auch für die Frage des Bestandsschutzes Geltung – und lassen es geboten erscheinen, einen dahingehenden Bestandsschutz, vermittelt ausschließlich durch das Sozialstaatsprinzip, zu verneinen.[296]

---

[292] Siehe oben, IV. 2. e).

[293] Zu derartigen möglichen Herausforderungen des Sozialstaates vgl. etwa *Zacher*, VSSR 2000, S. 185 (199 ff.).

[294] Vgl. Fn 211.

[295] Vgl. insoweit nochmals BVerfGE 94, 241 (263 m.w.N.): „Angesichts der Weite und Unbestimmtheit dieses Grundsatzes [des Sozialstaatsprinzips] lässt sich daraus jedoch regelmäßig kein Gebot entnehmen, soziale Leistungen in einem bestimmten Umfang zu gewähren." Einfügung durch den Verfasser.

[296] So auch die h.M.: Vgl. *Sommermann* in: von Mangoldt/Klein/Starck, GG Band II, Art. 20 Rn 116; *von Münch*, Staatsrecht Band I, Rn 311, *Neumann*, DVBl 1997, S. 92 (97); *ders.*, NZS 1998, S. 401 (401); *Degenhardt*, Staatsrecht I, Rn 435; *Ipsen*, Staatsrecht I, Rn 861.

Dem stehen solche Stimmen gegenüber, die, wenn auch nicht für einen umfassenden Bestandsschutz, so doch für ein durch das Sozialstaatsprinzip vermitteltes „relatives Rückschrittsverbot" plädieren. Jedenfalls sei unter dem Sozialstaatsprinzip das „materiell verfassungsfest", was der Gesetzgeber bei Inkrafttreten des Grundgesetzes vorgefunden habe, so etwa die Lohnfortzahlung im Krankheitsfall.[297] Es ist jedoch unklar, was die behauptete „materielle Verfassungsfestigkeit" im Einzelnen beinhalten soll. Man mag die zitierte Auffassung aber immerhin so verstehen, dass es beispielsweise eine Lohnfortzahlung im Krankheitsfall als solche geben muss, diesbezügliche Modifizierungen aber durchaus möglich sein sollen. Denn andernfalls ergebe es keinen Sinn, von einem „relativen" Rückschrittsverbot zu sprechen. Gegen diese Auffassung spricht aber: Aus den zur Normativität des Sozialstaatsprinzips unergiebigen Debatten des Parlamentarischen Rates kann die behauptete Verfassungsfestigkeit dessen, was an einfach-gesetzlichen Konkretisierungen des Sozialstaatsgedankens durch den Verfassungsgeber vorgefunden worden ist, kaum abgeleitet werden – der Verfassungsgeber hat eine dahingehende Normativität nicht artikuliert.[298]

Andere Stimmen aus dem Schrifttum wollen dem Gesetzgeber nur solche einfach-gesetzlichen Rücknahmen erlauben, die er mit „überwiegenden Gemeinwohlbelangen rechtfertigen kann".[299] Nun wäre es wünschenswert, zu erfahren, welche Erwägungen denn derartige Gemeinwohlbelange als „überwiegend" zu begründen vermögen – eine dahingehende Präzisierung erfolgt indes nicht. Sollte man unter „Gemeinwohlbelangen" solche verstehen, die eine verfassungsrechtliche Verankerung aufzeigen können, so wäre diese leicht zu haben – die voranstehend angestellten Überlegungen zur Verankerung gesetzgeberischer Zwecksetzungen in der Verfassung als Voraussetzung einer erfolgreichen Verhältnismäßigkeitsprüfung sind insoweit Beleg genug.[300] Es bliebe dann noch zu begründen, ob im zu entscheidenden Falle der Gemeinwohlbelang von einem derartigen Gewicht ist, dass er die in Frage stehende Kürzung verfassungsrechtlich zu rechtfertigen vermag. Spätestens aber dann sähe sich auch diese Auffassung mit den grundsätzlichen Erwägungen konfrontiert, die gegen einen umfassenden Bestandsschutz sprechen: Was von Verfassungs wegen zumindest durch

---

[297] *Schiek* in: AK-GG, Art. 20, V, Rn 73 nennt dann ferner das Recht auf Urlaub, die Bestandssicherung des Arbeitsverhältnisses, den sozialen Arbeitsschutz, die „soziale Sicherung", u.a. Vgl. auch *Kittner* in: AK-GG (2. Aufl. 1989), Art. 20 Abs. 1 - 3 IV, Rn 29: Er postuliert ein unter dem Sozialstaatsprinzip geltendes „Verbot des sozialen Rückschritts", will aber „Korrekturen in Randbereichen zulassen".

[298] Zur Unergiebigkeit der Debatten des Parlamentarischen Rates für die Auslegung des Sozialstaatsprinzips vgl. oben, IV. 2. b) bb).

[299] *Simon* in: FS-Redeker, S. 159 (163).

[300] Vgl. dazu oben, IV. 3. c) cc).

das Sozialstaatsprinzip schon nicht in einem bestimmten Umfang geboten, vielmehr Ergebnis der freien Betätigung des Gesetzgebers ist, dessen Rücknahme bedarf auch keiner Überprüfung am Maßstab eben dieses Prinzips.

## V. Einzelne Wirkdimensionen sozialer Grundrechte in den Freiheitsgrundrechten des Grundgesetzes

### 1. Vorüberlegungen

Es wäre verfehlt, aus dem dürftigen textlichen Befund des Grundgesetzes zu sozialen Grundrechten den Schluss zu ziehen, unter seiner Geltung hätten diejenigen verfassungsrechtlichen Problemstellungen sozialer Grundrechte, die die deutsch-französischen Konventsdebatten beherrscht und die Untersuchung des französischen Verfassungsrechts entscheidend strukturiert haben, keinerlei Beachtung erfahren und wären so nicht Gegenstand der Rechtsprechung und rechtswissenschaftlicher Auseinandersetzung. Die denkbaren Wirkdimensionen sozialer Grundrechte werden nicht nur, wie gezeigt wurde, im Hinblick auf das Sozialstaatsprinzip problematisiert. Die Rechtsprechung hat darüber hinaus zu den *Freiheitsgrundrechten* des Grundgesetzes vereinzelt dogmatische Figuren entwickelt, deren Darstellung im Folgenden aufzeigen wird, inwieweit einzelne, im Rahmen der Arbeit immer wieder problematisierte Wirkdimensionen sozialer Grundrechte auch aus den primär abwehrrechtlichen Grundrechten des Grundgesetzes abgeleitet werden.

Die folgende Darstellung erhebt dabei selbstredend keinen Anspruch auf eine allumfassende Auseinandersetzung mit sämtlichen Freiheitsgrundrechten des Grundgesetzes, soweit sie Wirkdimensionen entfalten, die im Verlauf der bisherigen Untersuchung immer wieder problematisiert wurden. Vielmehr will der Verfasser anhand vor allem der Auswertung der Rechtsprechung des Bundesverfassungsgerichts zu einzelnen, von ihm ausgewählten Freiheitsgrundrechten des Grundgesetzes aufzeigen, inwieweit die im Rahmen dieser Arbeit interessierenden Wirkdimensionen sozialer Grundrechte ihre Entfaltung unter dem Grundgesetz erfahren haben.

### 2. Bestandsschutz durch Freiheitsgrundrechte?

Der oben beschriebene, magere Rechtsprechungsbefund zur Frage eines Bestandsschutzes, welchen das Sozialstaatsprinzip zugunsten seiner einfach-gesetzlichen Konkretisierungen möglicherweise entfaltet, findet seinen Grund indes nicht nur in den Argumenten, die gegen die Annahme einer leistungsrechtlichen Dimension bzw. eines Zielgehalts des Sozialstaatsprinzips sprechen und daher zwangsläufig auch für die Problematik des Bestandsschutzes Gültigkeit beanspruchen. Ordnet man etwa die Problematik der Kürzungen von Sozialleistungen in die im Rahmen dieser Arbeit immer wieder interessierenden Grundformen gesetzgeberischen Verhaltens ein – Unterlassen auf der einen, positives Tun auf der anderen Seite –, so ergibt sich Folgendes: Da die in Frage stehenden Kürzungen immer ein gesetzgeberisches positives Tun beinhalten, ist es naheliegend, die verfassungsrechtlichen Prüfungsmaßstäbe dort zu suchen, wo die Erschaffer des Grundgesetzes sie zentral verortet sehen wollten: in den primär abwehrrechtlich akzentuierten Grundrechten des Grundgesetzes. Gesetzgeberisches aktives Tun, welches eine Verkürzung des sozialen Leistungsstandards bewirkt, findet so möglicherweise in der abwehrrechtlichen Dimension der Grundrechte seine Grenze.

Erwähnung verdient an dieser Stelle die Rechtsprechung zu Art. 14 Abs. I GG: Das Bundesverfassungsgericht erstreckt den Eigentumsschutz zumindest insoweit auf *sozialversicherungsrechtliche* Positionen, als sie „eine vermögenswerte Rechtsposition darstellen, die nach Art eines Ausschließlichkeitsrechts dem Rechtsträger als privatnützig zugeordnet ist;...“; diese vermögenswerte Position „genießt den Schutz der Eigentumsgarantie dann, wenn sie auf nicht unerheblichen Eigenleistungen des Versicherten beruht und zudem der Sicherung seiner Existenz dient“.[301] Damit fallen aus der Sicht des Bundesverfassungsgerichts also nur die beitragsfinanzierten sozialversicherungsrechtlichen Positionen in den Schutzbereich des Art. 14 Abs. I GG.[302] Die übrigen sozialrechtlichen Leistungsansprüche, so etwa auf Wohngeld, sind, weil nicht beitragsfinanziert[303], vom Schutzbereich des Art. 14 GG ausgenommen. So entfaltet Art. 14 Abs. I GG aus der Sicht des Bundesverfassungsgerichts unter engen Voraussetzungen eine Art Bestandsschutz zugunsten einfach-gesetzlicher Sozialleistungsansprüche.[304] Angesichts des dem Gesetzgeber eingeräumten erheblichen Gestaltungsspielraumes bei der Inhalts- und Schrankenbestimmung des Eigen-

---

301 BVerfGE 69, 272 (300 ff.) für rentenversicherungsrechtliche Ansprüche. Aus jüngster Zeit vgl. BVerfGE 97, 271 (283 f.).

302 Vgl. etwa BVerfGE 53, 257 (290 f.); 64, 87 (104) für Ansprüche auf Versichertenrenten aus der gesetzlichen Rentenversicherung und für Rentenanwartschaften. Für Ansprüche auf Unterhalts- und Übergangsgeld aus dem Arbeitsförderungsgesetz vgl. BVerfGE 76, 220 (244 f.); für Ansprüche auf Arbeitslosengeld vgl. BVerfGE 72, 9 (18 ff.).

303 Zur Finanzierung des Wohngeldes i. S. der §§ 1 ff. WoGG aus Steuermitteln *Schulin/Igl*, Sozialrecht, Rn 88 f.

304 Kritisch zu den von der Rechtsprechung entwickelten Voraussetzungen *Bieback*, Verfassungsrechtlicher Schutz gegen Abbau und Umstrukturierung von Sozialleistungen, S. 12 ff.

tums[305] wundert es wenig, dass durch das Bundesverfassungsgericht noch nie eine Verletzung des wie beschrieben gewährleisteten (relativen) Bestandsschutzes festgestellt worden ist.[306]

### 3. Funktionen des Schutzpflichtkonzepts, verdeutlicht am Beispiel des Art. 12 Abs. I GG

#### a) Vorüberlegungen

Die Idee, dass Grundrechte ihrer Wirkdimension nach nicht nur eine staatliche Enthaltung bewirken, sondern unter Umständen gerade ein staatliches Handeln einfordern können sollen, hat unter der Rechtsprechung des Bundesverfassungsgerichts ihren Niederschlag im sog. Schutzpflichtkonzept gefunden. Dieses Konzept wurde zum ersten Mal in einer Entscheidung aus dem Jahre 1975[307] entfaltet und gehört seitdem zum beständigen Repertoire des Bundesverfassungsgerichts.[308] Das Schutzpflichtkonzept wird dabei im Schrifttum als Bestandteil des „objektiv-rechtlichen Gehaltes"[309] der Grundrechte des Grundgesetzes verstanden.[310] Es verlangt von der staatlichen Gewalt, den einzelnen Bürger vor Ein- oder Übergriffen in dessen Rechtssphäre durch andere private Dritte zu schützen und durch positive Maßnahmen eine Rechtsgutsverletzung zu vermeiden.[311] Es ist dabei ausschließlich der dem Schutzpflichtkonzept immanente Gedanke, der staatlichen Gewalt ein positives Tun abverlangen zu

---

305 Vgl. nur BVerfGE 64, 87 (99 ff.).

306 *Bieback*, Verfassungsrechtlicher Schutz gegen Abbau und Umstrukturierung von Sozialleistungen, S. 12. *Neumann*, DVBl 1997, S. 92 (98), glaubt daher feststellen zu können, mit der Einbeziehung der genannten sozialversicherungsrechtlichen Positionen in den Schutzbereich des Art. 14 GG sei „kaum mehr als eine Missbrauchskontrolle des Gesetzgebers" erreicht worden.

307 BVerfGE 39, 1 (41 ff.).

308 *Klein*, DVBl 1994, S. 489 (491).

309 Zu diesem Begriff bereits oben, Erstes Kapitel, III. 5. b) bb).

310 *Jarass* in: FS-BVerfG, Band II, S. 35 (39); *Dreier*, Jura 1994, S. 505 (512). Zur Begründung des Schutzpflichtkonzepts aus staatstheoretischer Sicht vgl. etwa *Dietlein*, Die Lehre von den grundrechtlichen Schutzpflichten, S. 21 ff.; aus grundrechtsdogmatischer Sicht *ders.*, a.a.O., S. 34 ff.

311 So die h.M.; vgl. *Dreier*, Jura 1994, S. 505 (512, m.w.N.). Umstritten ist, ob das Schutzpflichtkonzept darüber hinaus auch dann Anwendung finden soll, wenn Übergriffe in die Grundrechtsphäre durch auswärtige Staaten oder aber Naturereignisse drohen: Dafür etwa *Dietlein*, Die Lehre von den grundrechtlichen Schutzpflichten, S. 102 f., dagegen etwa *Isensee* in: HStR V, § 111 Rn 89, 112.

können, der die Einbeziehung dieses Konzepts in die Untersuchung geboten erscheinen lässt.[312]

Was die Ableitung von Handlungspflichten gerade des Gesetzgebers aus den Freiheitsgrundrechten des Grundgesetzes unter Rückgriff auf das Schutzpflichtkonzept anbelangt, soll sich die folgende Untersuchung auf einzelne Entscheidungen des Bundesverfassungsgerichts zu Art. 12 Abs. I GG beschränken. Dies erscheint vor dem rechtsvergleichenden Hintergrund dieser Arbeit insofern geboten, als die wenigen einschlägigen Entscheidungen eine Vergleichsmöglichkeit mit der Judikatur des Conseil constitutionnel zum „Recht, eine Beschäftigung zu erhalten" eröffnen. Auf die umfangreichen Stellungnahmen des Schrifttums zum Schutzpflichtkonzept als Bestandteil der „objektiven Grundrechtsgehalte" kann daher nur am Rande eingegangen werden.[313]

### b) Handlungspflichten des Gesetzgebers kraft Schutzpflichtkonzept

Bei der Auswertung der Rechtsprechung des Bundesverfassungsgericht zur Problematik des Zielgehalts des Sozialstaatsprinzips wurde eine Entscheidung aus dem Jahre 1998 zur Verfassungsgemäßheit der sog. Kleinbetriebsklausel referiert. Die Frage, ob der Gesetzgeber möglicherweise von Verfassungs wegen verpflichtet war, Betriebe mit weniger als 5 Angestellten in den Anwendungsbereich des Kündigungsschutzgesetzes einzubeziehen, prüfte das Bundesverfassungsgericht nicht etwa am Maßstab des Sozialstaatsprinzips, sondern unter Rückgriff auf den Schutzpflichtgehalt des Art. 12 Abs. I GG, da dieser aus Sicht des Gerichts in seiner Schutzdimension den „konkreteren Maßstab" setzt.[314] Kraft des Schutzpflichtgehaltes des Art. 12 Abs. I GG, so das Gericht, sei der Gesetzgeber zwar grundsätzlich verpflichtet, den Arbeitnehmer vor Kündigungen durch den Arbeitgeber zu schützen. Bei dem so zwangsläufig gebotenen Ausgleich zwischen den widerstreitenden Grundrechten des Arbeitnehmers und des Arbeitgebers komme ihm aber ein weiter Gestaltungsspielraum zu.[315] Der vom Gesetzgeber in Gestalt der Kleinbetriebsklausel vorgenommene Interessen-

---

[312] Für eine aus grundrechtsdogmatischen Erwägungen strikte Trennung des Schutzpflichtkonzepts von dem Problemkreis der sozialen Grundrechte etwa *Murswiek* in: HStR V, § 112, Rn 21; *Dreier* in: Dreier, GG Band I, Vorb. Rn 50 f. Dagegen verweist etwa *Neumann*, DVBl 1997, S. 92 (97 f.) zutreffend darauf, dass das Schutzpflichtkonzept „strukturelle Gemeinsamkeiten" mit sozialen Grundrechten insoweit aufweist, als es um die Ableitung positiver Handlungspflichten qua Grundrechtsinterpretation gehe.

[313] Denn letztere, und damit auch das Schutzpflichtkonzept, werden wegen des Umfangs der Stellungnahmen im deutschen Schrifttum inzwischen zutreffend als „Wachstumsbranche" der Grundrechtsdogmatik bezeichnet, so von *Dreier*, Jura 1994, S. 505 (505).

[314] BVerfGE 97, 169 (175 ff, 185).

[315] BVerfGE 97, 169 (176).

ausgleich genüge den verfassungsrechtlichen Anforderungen. Auch wenn die Arbeitnehmer in Kleinbetrieben vom Kündigungsschutzgesetz ausgenommen seien, so seien sie dadurch nicht bar jeglichen Kündigungsschutzes gestellt, da sie in jedem Falle vor einer sitten- oder treuwidrigen Ausübung des Kündigungsrechts des Arbeitgebers durch die zivilrechtlichen Generalklauseln geschützt würden.[316]

Mit dieser Entscheidung bestätigen sich einmal mehr die Unterschiede in der Rechtsprechungspraxis von Bundesverfassungsgericht und Conseil constitutionnel, was die denkbare Kontrolle eines gesetzgeberischen Unterlassens am Maßstab von Grundrechten anbelangt. Nicht nur im Hinblick auf den objektiv-rechtlichen Verfassungssatz des Sozialstaatsprinzips praktiziert das Bundesverfassungsgericht eine diesbezügliche Kontrolle, sondern auch unter Rückgriff auf den Schutzpflichtgehalt etwa des Art. 12 Abs. I GG und damit der Freiheitsgrundrechte des Grundgesetzes. Der Gesetzgeber ist zumindest insoweit durch den Schutzpflichtgehalt des Art. 12 Abs. I GG zur Vornahme positiver Handlungen verpflichtet, als es einen arbeitsrechtlichen Kündigungsschutz als solchen geben muss[317]; bei dessen Ausgestaltung im Einzelnen kommt ihm aber ein weiter Gestaltungsspielraum zu. Wie das Schrifttum zutreffend formuliert: Das „Ob" des Schutzes ist von Verfassungs wegen geboten und steht insoweit nicht zur Disposition des Gesetzgebers; über das „Wie" entscheidet er indes frei.[318] Für die Zubilligung eines Beurteilungsspielraums bei der einfach-gesetzlichen Umsetzung des Schutzpflichtgehaltes streitet zwangsläufig ein Großteil der Argumente, die schon zu den Schranken des Zielgehalts des Sozialstaatsprinzips oder aber zur leistungsrechtlichen Dimension der sozialen Grundrechte der Präambel von 1946 ausgetauscht wurden. Verwirklicht der Gesetzgeber den Schutzpflichtgehalt des in Frage stehenden Grundrechts zugunsten des Schutzberechtigten im einfachen Recht, so trifft er zwangsläufig auf die Abwehrgrundrechte desjenigen „Dritten", vor dessen Verhalten Schutz geboten ist – dies gilt zumindest solange, wie man das Schutzpflichtkonzept in seiner Wirkrichtung ausschließlich als Schutz vor dem Verhalten Dritter begreift.[319] Deren Grundrechte ziehen der von Verfassungs wegen gebotenen Konkretisierung des Schutzpflichtgehaltes zwangsläufig Grenzen.[320] In der voranstehend analysierten Entscheidung ist es die Berufsfreiheit (Art. 12 Abs. I GG) des Unternehmers, die in ihrer abwehrrechtlichen Dimension der in Frage stehenden, von Verfassungs wegen kraft Schutzpflichtgehalt des Art. 12 Abs. GG gebotenen Betätigung des

---

316 BVerfGE 97, 169 (178).

317 Vgl. auch BVerfGE 81, 242 (254 ff.); 84, 133 (146 f.); 92, 140 (150).

318 *Dreier* in: Dreier, GG Band I, Vorb. Rn 64 (m.w.N.).

319 Wie Fn 311.

320 Zu dieser grundsätzlichen Kollisionslage als Folge des Schutzpflichtkonzepts vgl. etwa *Jarass*, AöR 110 (1985), S. 363 (382 ff.); *Böckenförde*, Der Staat 1990, S. 1 (19 ff.).

Gesetzgebers Grenzen aufzeigt.[321] Bei der Realisierung des gebotenen Ausgleiches nicht nur zwischen den miteinander kollidierenden Wirkdimensionen des Art. 12 Abs. I GG, sondern bei sämtlichen bei der Verwirklichung des Schutzpflichtkonzepts miteinander kollidierenden Grundrechten spricht ferner der Grundsatz der Gewaltenteilung entscheidend dafür, dem Gesetzgeber einen verfassungsgerichtlicher Kontrolle entzogenen Beurteilungsspielraum einzuräumen.[322] Insoweit gilt für das Schutzpflichtkonzept, losgelöst von dem jeweils in Frage stehenden Grundrecht, was schon für den Zielgehalt des Sozialstaatsprinzips formuliert wurde: „Wie viel" an Schutz der Gesetzgeber im einfachen Gesetzesrecht gewähren muss, entscheidet er selbst – jede andere Vorgehensweise führte zum „verfassungsgerichtlichen Jurisdiktionsstaat".[323]

Angesichts der hier aufgezeigten Schranken des Schutzpflichtkonzepts verwundert es wenig, dass eine Verletzung des Schutzpflichtgehaltes des Art. 12 Abs. I GG noch nie festgestellt wurde.[324] Gleiches gilt, von wenigen Ausnahmen abgesehen, für die übrigen Grundrechte des Grundgesetzes: Allenfalls in zwei Entscheidungen des Bundesverfassungsgerichts zum Schwangerschaftsabbruch wurde ein verfassungswidriges gesetzgeberisches Unterlassen, verstanden als eine nicht hinreichende einfach-gesetzliche Umsetzung des Schutzpflichtgehaltes, gerügt.[325] Diese Entscheidungen haben sofort kritisch-ablehnende Reaktionen des Schrifttums provoziert – kritisch-ablehnend insoweit, als das Bundesverfassungsgericht die von Verfassungs wegen zu beachtenden Schranken des Schutzpflichtkonzepts nicht hinreichend berücksichtigt habe.[326]

---

[321] BVerfGE 97, 169 (176).

[322] *Böckenförde*, Der Staat 1990, S. 1 (25 f.); *Hesse* in: FS-Mahrenholz, S. 541 (553 ff.). Zum Spannungsverhältnis zwischen Gesetzgeber und Bundesverfassungsgericht bei der gerichtlichen Entfaltung des Schutzpflichtkonzepts vgl. auch *Heun*, Funktionell-rechtliche Schranken der Verfassungsgerichtsbarkeit, S. 66 ff.

[323] Begriff nach *Böckenförde*, Der Staat 1990, S. 1 (25), der ihn grundsätzlich für die objektiv-rechtlichen Gehalte der Grundrechte des Grundgesetzes und damit auch für das Schutzpflichtkonzept verwendet. Im Anschluss an die Kritik *Böckenfördes*: *Dreier*, Jura 1994, S. 505 (513).

[324] *Umbach* in: Umbach/Clemens, GG Band I, Art. 12 Rn 34.

[325] BVerfGE 39, 1 ff. Vgl. insoweit aber das Sondervotum der Richterin *Rupp von Brünneck* und des Richters *Simon*, BVerfGE 39, 1 (69 f., 72 f.), die in der gerichtlichen Vorgabe von Handlungsanweisungen an den Gesetzgeber eine Gefährdung des Grundsatzes der Gewaltenteilung sehen. Ferner wurde eine Verletzung in BVerfGE 88, 203 ff. festgestellt. Beide Entscheidungen hatten gesetzliche Regelungen zum Schwangerschaftsabbruch zum Gegenstand: *Hesse* in FS-Mahrenholz, S. 541 (553) glaubt, hierin einen der zentralen Gründe dafür erblicken zu können, dass es zur Feststellung der Verfassungswidrigkeit kam.

[326] So glaubt *Dreier*, Jura 1994, S. 505 (513) angesichts dieser beiden Entscheidungen des Bundesverfassungsgerichts (wie Fn 325) „Überdehnungsmöglichkeiten" des Schutzpflichtkonzepts im Hinblick auf den Gewaltenteilungsgrundsatz feststellen zu können.

### c) Schutz der einfach-gesetzlichen Umsetzung des Schutzpflichtgehalts

Wo aber kraft des Schutzpflichtgehaltes des Art. 12 Abs. I GG aus der Sicht des Bundesverfassungsgerichts die Pflicht auf dem Gesetzgeber lastet, etwa einen wie im Einzelnen auch immer ausgestalteten arbeitsrechtlichen Kündigungsschutz zu gewährleisten, sind ihm von Verfassungs wegen äußerste Grenzen der Rücknahme dieses Schutzes aufgezeigt. Man wird etwa die weiter oben ausgewertete Entscheidung des Bundesverfassungsgerichts zum Kündigungsschutz so verstehen müssen, dass es einen wie im Einzelnen auch immer ausgestalteten arbeitsrechtlichen Kündigungsschutz als solchen geben muss. Der Schutzpflichtgehalt des Art. 12 Abs. I GG entfaltet zumindest insoweit zugunsten des einfach-gesetzlichen Kündigungsschutzes eine Art verfassungsrechtlichen Bestandsschutz – das französische Schrifttum würde von einem „effet-cliquet" sprechen – , als die ersatzlose Streichung jeglichen einfach-gesetzlichen Kündigungsschutzes verfassungswidrig wäre.

### d) Bedeutung des Schutzpflichtkonzepts im Rahmen der Eingriffsrechtfertigung

Wo der Gesetzgeber kraft des Schutzpflichtkonzepts zur einfach-gesetzlichen Umsetzung des Schutzgehaltes eines Freiheitsgrundrechts verpflichtet wird, ist er, wie im Rahmen der voranstehenden Rechtsprechungsauswertung gezeigt wurde, zwangsläufig aufgefordert, in die abwehrrechtliche Dimension des Grundrechts des „Dritten" einzugreifen, vor dessen Verhalten es zu schützen gilt: so etwa in die abwehrrechtliche Dimension des Art. 12 Abs. I GG, die sich zugunsten des Unternehmers entfaltet, welcher durch das in Frage stehende Kündigungsschutzgesetz in seiner geschützten grundrechtlichen Freiheit beschränkt wird.[327] Nur insoweit kommt dem Schutzpflichtkonzept aber eine Bedeutung im Rahmen der Eingriffsrechtfertigung zu.[328] Denn was die Auswertung der Rechtsprechung zum Sozialstaatsprinzip aufgezeigt hat, gilt auch für die denkbare Frage nach der Gewichtigkeit des Schutzpflichtkonzepts im Rahmen der Eingriffsrechtfertigung: Für eine erfolgreiche Eingriffsrechtfertigung bedarf es selbstverständlich der Beachtung der Schranken-Schranken, insoweit vor allem des Verhältnismäßigkeitsgrundsatzes.

---

327 Vgl. BVerfGE 97, 169 (176).

328 *Jarass* in: FS-BVerfG, Band II, S. 35 (41); *ders.*, AöR 110 (1985), S. 363 (383).

### e) Vergleich mit der Rechtsprechung des Conseil constitutionnel zu Abs. 5 S. 1 2. Alt. der Präambel von 1946

Eine Parallele besteht zwischen dem Schutzpflichtgehalt des Art. 12 Abs. I GG in der Rechtsprechung des Bundesverfassungsgerichts und der Judikatur des Conseil constitutionnel zu Abs. 5 S. 1 2. Alt. der Präambel von 1946 zunächst insoweit, als die genannten Normen es dem Gesetzgeber grundsätzlich erlauben, Eingriffe in kollidierende Grundrechte vorzunehmen. Die gesetzgeberische Intention, einen einfach-gesetzlichen Kündigungsschutz zu gewährleisten, findet ihre verfassungsrechtliche Verankerung in Abs. 5 S. 1 2. Alt. der Präambel von 1946[329] bzw. im Schutzpflichtgehalt des Art. 12 Abs. I GG[330]. Unterschiedlich sind dabei die normativen Anknüpfungspunkte: Der Conseil constitutionnel greift auf ein soziales Grundrecht der Präambel von 1946 zurück, um die gesetzgeberische Betätigung als von der Verfassung grundsätzlich getragen zu werten. Das Bundesverfassungsgericht hält das Sozialstaatsprinzip in einer vergleichbaren Fallkonstellation für nicht anwendbar. Der Rückgriff auf eine Norm, vergleichbar dem Abs. 5 S. 1 2. Alt. der Präambel von 1946, scheidet zwangsläufig aus; der deutsche Verfassungsgeber hat auf die Verbürgung derartiger sozialer Grundrechte in aller Regel verzichtet. Daher bedient sich das Bundesverfassungsgericht mit Art. 12 Abs. I GG eines Freiheitsgrundrechts, welches das Gericht über seine abwehrrechtliche Dimension hinaus entfaltet und auf diese Weise gesetzgeberisches positives Tun im Schutzpflichtgehalt des Art. 12 Abs. I GG seine verfassungsrechtliche Grundlage finden lässt.

Eine weitere Parallele ist feststellbar: Einfach-gesetzlicher Kündigungsschutz als solcher ist aus der Sicht des Bundesverfassungsgerichts kraft des Schutzpflichtgehaltes des Art. 12 Abs. I GG geboten. Ein vergleichbarer, auf ein Mindestmaß beschränkter Bestandsschutz zugunsten der Konkretisierungen des Abs. 5 S. 1 2. Alt. ist vor dem Conseil constitutionnel zwar noch nicht virulent geworden. Geht man aber unter Berücksichtigung der Entscheidungen des Conseil constitutionnel zum „objectif de diposer d'un logement décent“ von einem, wenn auch in seinen Konturen im Unklaren verbleibenden verfassungsrechtlichen Schutz der einfach-gesetzlichen Umsetzungen der sozialen Grundrechte der Präambel von 1946 aus, so erscheint es vertretbar, mit Teilen des französischen Schrifttums auch für die Konkretisierungen des Abs. 5 S. 1 2. Alt. einen begrenzten „effet-cliquet“ anzunehmen. Auch insoweit bestünde dann eine Parallele zwischen den Haltungen der beiden Gerichte.

---

[329] So C.C. 2001-455 DC vom 12. Januar 2002, J.O. 2002, S. 1053 (1053 ff.). Zu dieser Entscheidung ausführlich oben, Zweites Kapitel, IV. 2. a) dd).

[330] So BVerfGE 97, 169 (175 f.).

Unterschiede lassen sich insoweit ausmachen, als es sich das Bundesverfassungsgericht grundsätzlich vorbehält, ein Gesetz daraufhin zu überprüfen, ob es den Schutzpflichtgehalt des Art. 12 Abs. I GG hinreichend verwirklicht hat und, sollte dem nicht so sein, eine Sanktion des Gesetzgebers auszusprechen: „Art. 12 Abs. I GG kann...nur verletzt sein, wenn der Gesetzgeber...seiner aus diesem Grundrecht abzuleitenden Pflicht zum Schutz der Arbeitnehmer nicht hinreichend nachgekommen ist".[331] Ob dabei in naher Zukunft eine Sanktion wegen eines gesetzgeberischen Unterlassens wahrscheinlich ist, ist angesichts des dem Gesetzgeber bei der Verwirklichung der Schutzpflichtdimension eingeräumten Beurteilungsspielraums zwar zweifelhaft. Anders als der Conseil constitutionnel in seiner Rechtsprechung zu Abs. 5 S. 1 2. Alt. der Präambel von 1946 behält sich das Bundesverfassungsgericht aber eine dahingehende Kontrolle ausdrücklich vor. Was im Rahmen der Untersuchung für den Zielgehalt des Sozialstaatsprinzips formuliert wurde, gilt auch im Kontext des Schutzpflichtkonzepts: In der, wie aufgezeigt, auch im Rahmen des Schutzpflichtkonzepts grundsätzlich vorbehaltenen Kontrolle eines Unterlassens des Gesetzgebers und einer sich daraus ergebenden gerichtlichen Sanktion zeigt sich die – vergleichsweise – dominierendere Stellung des Bundesverfassungsgerichts im Gefüge der drei Staatsgewalten.

### 4. Soziale Grundrechte als Ausfluss der Menschenwürde (Art. 1 Abs. I GG): Der Schutz des Existenzminimums

Die deutschen Konventsmitglieder *Gnauck* und *Herzog* artikulierten im Konvent ihre Bereitschaft, sich mit der Niederlegung sozialer Grundrechte in der Charta einverstanden zu erklären, soweit sie einen „Ausfluß der Menschenwürde" darstellten bzw. als deren „Konkretisierung" begriffen werden könnten.[332] Was darunter zu verstehen ist, haben sie im Konvent – soweit aus den ausgewerteten Dokumenten ersichtlich – indes nicht näher ausgeführt. Es wurde aber vermutet, dass ihre Bereitschaft möglicherweise auf die Rechtsprechung des Bundesverfassungsgerichts zurückzuführen ist, welches, wie zu zeigen sein wird, bestimmte Wirkdimensionen sozialer Grundrechte u.a. aus Art. 1 Abs. I GG ableitet.

---

[331] BVerfGE 97, 169 (176). Auslassungen durch den Verfasser. Vgl. auch BVerfGE 84, 133 (147); 92, 140 (150).

[332] Vgl. oben, Erstes Kapitel, V. 1. a).

### a) Der Rechtsprechungsbefund

Art. 1 Abs. I GG verpflichtet alle staatliche Gewalt, die Würde des Menschen zu achten und zu schützen. Aus dieser Norm hat das Bundesverfassungsgericht in inzwischen wohl als gefestigt zu bezeichnender Rechtsprechung den verfassungsrechtlichen Schutz des Existenzminimums abgeleitet. Dabei zieht es in aller Regel neben Art. 1 Abs. I GG noch das Sozialstaatsprinzip heran: „Aus Art. 1 Abs. I GG in Verbindung mit dem Sozialstaatsprinzip ist ... die Verpflichtung des Staates herzuleiten, jenes Existenzminimum zu gewähren, das ein menschenwürdiges Dasein überhaupt erst ausmacht."[333] Zusätzlich zu den genannten Normen greift es noch auf Art. 6 Abs. I GG zurück, soweit das Existenzminimum einzelner Mitglieder einer Familie betroffen ist.[334] Auch das deutsche Schrifttum befürwortet mehrheitlich den aus Art. 1 Abs. I i.V.m. Art. 20 Abs. I GG hergeleiteten Schutz des Existenzminimums.[335]

### b) Funktionen des Existenzminimums

Es bleibt die Frage zu klären, wie sich die Rechtsprechung des Bundesverfassungsgerichts zum Existenzminimum in die im Rahmen dieser Arbeit interessierenden Wirkdimensionen sozialer Grundrechte einordnen lässt.

#### aa) Handlungspflichten des Gesetzgebers?

Der Gesetzgeber ist aus der Sicht des Bundesverfassungsgerichts von Verfassungs wegen gehalten, das Existenzminimum zu gewährleisten.[336] Unweigerlich drängt sich angesichts dieses Postulats die Frage nach dem Umfang des von Verfassungs wegen gebotenen Existenzminimums und der insoweit anwendbaren Kontrollmaßstäbe auf: Wann ist der Gesetzgeber der auf ihm lastenden Pflicht hinreichend nachgekommen? Es bedarf also einer Bestimmung dessen, was das Existenzminimum ausmacht. Erst wenn dahingehende Maßstäbe vorhanden sind, kann eine gerichtliche Kontrolle des Gesetzgebers im Hinblick auf eine möglicherweise nicht hinreichende Gewährleistung des Existenzminimums beginnen. Vor dem Bundesverfassungsgericht ist das aus dem Grundgesetz begründete Existenzminimum insoweit aber noch nie ausgetestet worden: Ein gesetzgeberisches Unterlassen, im hier interessierenden Kontext verstanden im Sinne einer nicht hinreichenden Gewährleistung des Existenzminimums, war noch nicht Gegenstand der verfassungsgerichtlichen Kontrolle. Im Schrifttum

[333] Zitat nach BVerfGE 45, 187 (228). Vgl. auch BVerfGE 40, 121 (133);82, 60 (85).
[334] BVerfGE 82, 198 (207); 87, 153 (169); 99, 246 (259 ff.).
[335] Vgl. die Nachweise bei *Dreier* in: Dreier, GG Band I, Art. 1 I Rn 94.
[336] Wie Fn 333, 334.

wird dieser Zustand unter anderem darauf zurückgeführt, dass in der Bundesrepublik Deutschland ein „verhältnismäßig gut ausgebauter Sozialstaat“ existiere und damit kein Anlass für die wie angedacht ausgestaltete gerichtliche Kontrolle bestehe.[337]

Man mag zu diesem Argument, welches sich an den (vermeintlichen) tatsächlichen Gegebenheiten des deutschen Sozialstaats orientiert, stehen, wie man will. Im Folgenden sollen nur die verfassungsrechtlichen Erwägungen eine nähere Erwähnung finden, welche die Schwierigkeiten verdeutlichen, mit welchen sich der Norminterpret konfrontiert sieht, soweit es darum geht, aus dem grundgesetzlich verankerten Schutz des Existenzminimums konkrete, vom Gesetzgeber noch zu erbringende Handlungspflichten, etwa in Gestalt von einem „Mehr“ an einfach-gesetzlicher Sozialhilfe, ableiten zu wollen. Es sind dies unweigerlich diejenigen verfassungsrechtlichen Erwägungen, mit denen es sich schon bei der Untersuchung des Zielgehalts des Sozialstaatsprinzips oder aber der sozialen Grundrechte der Präambel von 1946 auseinander zu setzen galt. Dem Gesetzgeber ein höheres Niveau an einfach-gesetzlicher Gewährleistung des Existenzminimums kraft verfassungsgerichtlicher Entscheidung vorzuschreiben, als er aus eigener Initiative heraus bereits vorgesehen hat, könnte eine Verletzung des Gewaltenteilungsgrundsatzes nach sich ziehen. Die durch eine derartige gerichtliche Entscheidung provozierte zusätzliche Belastung des Haushalts kann unter Umständen zu einem Verstoß gegen Art. 109 Abs. II GG führen; dem Gesetzgeber bliebe dann nur die Wahl, innerhalb des Haushalts entsprechende Kürzungen in anderen Ausgabenbereichen vorzunehmen, um dem Verdikt der Verfassungswidrigkeit zu entgehen. Im Übrigen bleibt die Frage, wie man durch gerichtliche Auslegung des Art. 1 Abs. I i.V.m. Art. 20 Abs. I GG etwa den genauen Betrag der zu erbringenden Sozialhilfe beziffern will, dessen Gewährung erst den (vermeintlichen) verfassungsrechtlichen Anforderungen des Existenzminimums Rechnung trägt. Wie gezeigt wurde, gibt das Sozialstaatsprinzip insoweit keine verbindlichen Vorgaben.[338] Inwieweit der Rückgriff auf Art. 1 Abs. I GG eine präzise Bezifferung des Betrages ermöglichen soll, ist ebenfalls nicht ersichtlich.[339]

---

337 *Schulin/Igl*, Sozialrecht Rn 27; *Starck* in: von Mangoldt/Klein/Starck, GG Band I, Art. 1 Rn 40.

338 Dazu oben, IV. 2. e).

339 Kritisch zur Ableitung des Existenzminimums aus Art. 1 Abs. I GG *Neumann*, NVwZ 1995, S. 426 (428 ff.). Vgl. auch BVerwGE 25, 303 (317); 35, 178 (180 f.): keine Ableitung konkreter Beträge aus der Menschenwürde. Generell kritisch zur Ableitung eines „Minimalstandardspostulats“ aus den Grundrechten des Grundgesetzes *Murswiek* in: HStR V, § 112, Rn 100 ff.

bb) Die abwehrrechtliche Dimension des Existenzminimums

Nun wird aber das Existenzminimum in der Rechtsprechung des Bundesverfassungsgerichts als Prüfungsmaßstab angewandt – die voranstehend zitierten Entscheidungen seien Beleg genug. Wenn in diesen Entscheidungen noch nie die Frage eines gesetzgeberischen Unterlassens problematisiert wurde und konsequenterweise keine diesbezügliche Sanktion des Gesetzgebers erfolgte, so ist dieser Zustand darauf zurückzuführen, dass das Existenzminimum in einem anderen grundrechtsfunktionalen Kontext entfaltet wurde: Nicht die Frage nach einem von Verfassungs wegen gebotenen „Mehr" an Existenzminimum – und damit ein mögliches gesetzgeberisches Unterlassen – wird vom Gericht geprüft, sondern das vom Gesetzgeber bereits einfach-gesetzlich konkretisierte Existenzminimum erfährt in einem gewissen Umfang seinen verfassungsrechtlichen Schutz durch Art. 1 Abs. I i.V.m. Art. 20 Abs. I GG vor gesetzgeberischen Eingriffen. In der Rechtsprechung des Bundesverfassungsgerichts wird das Existenzminimum so vor allem gegenüber dem Zugriff des Steuerstaates – und damit einem positiven staatlichen Handeln – entfaltet. In dieser Funktion zeigt es dem Steuerstaat äußerste Grenzen seiner Zugriffsmöglichkeiten auf. So muss etwa das Existenzminimum einzelner Familienmitglieder dem Steuerzugriff entzogen bleiben: Bei der Bestimmung des Umfanges des von Verfassungs wegen „nicht exakt vorgegebenen Betrags" dieses Minimums kommt, so das Bundesverfassungsgericht, dem Gesetzgeber zwar ein Einschätzungsspielraum zu[340]; innerhalb dieses Spielraumes soll er sich aber an dem jeweiligen Stand der (einfachgesetzlichen!) Sozialhilfeleistungen orientieren sowie an den herrschenden „sozialen Anschauungen" darüber, was den Umfang des Existenzminimums ausmacht.[341] Auch das Bundesverfassungsgericht ist also genötigt, auf eine durch den Gesetzgeber bereits in Gestalt des Sozialhilferechts erfolgte Präzisierung dessen zurückzugreifen, was an finanzieller Leistungsfähigkeit dem Einzelnen belassen werden muss, um sein Existenzminimum zu sichern. Eine ausschließlich an Art. 1 Abs. I i.V.m. dem Sozialstaatsprinzip orientierte Auslegung liefert ihm kaum verbindliche Vorgaben. Das Existenzminimum in seiner abwehrrechtlichen Dimension ist so eine zeitabhängige Größe. Es ist in hohem Maße von den jeweiligen sozialen Anschauungen, welche durch den Gesetzgeber aufgegriffen und in Gesetzesform gegossen werden, abhängig und damit permanenten Wandlungen unterworfen.[342]

---

[340] Ständige Rechtsprechung, vgl. BVerfGE 91, 93 (111 m.w.N.).

[341] BVerfGE 83, 153 (170 ff.); 91, 93 (111); 99, 246 (259 f.).

[342] *Neumann*, NVwZ 1995, S. 426 (429); *ders.*, DVBl 1997, S. 92 (94). *Sommermann* in: von Mangoldt/Klein/Starck, GG Band II, Art. 20 Rn 117, bezeichnet daher den justiziablen Gehalt des Art. 1 Abs. I i.V.m. Art. 20 Abs. I GG im Hinblick auf den Mindestschutz des menschenwürdigen Daseins als „keine feste Größe".

Vor diesem Hintergrund bestätigen sich die Überlegungen, die weiter oben zur grundsätzlich denkbaren Ableitung gesetzgeberischer positiver Handlungspflichten aus dem Existenzminimum und einer dahingehenden Kontrolle des Gesetzgebers angestellt wurden. Ist schon die Bestimmung des Existenzminimums in seiner abwehrrechtlichen Dimension nicht möglich, ohne auf diesbezügliche einfach-gesetzliche Konkretisierungen zurückzugreifen, so ist erst recht nicht ersichtlich, wie man von Verfassungs wegen den Gesetzgeber zu einem „Mehr" an einfach-gesetzlicher Konkretisierung zwingen will. Was für den Leistungsgehalt der sozialen Grundrechte der Präambel von 1946 oder aber den Zielgehalt des Sozialstaatsprinzips formuliert wurde, beansprucht auch für den Umfang des Existenzminimums Geltung: Er wird letztlich vom Gesetzgeber ausgestaltet.

#### c) Vergleich mit dem französischen Verfassungsrecht

Eine Parallele zwischen der Rechtsprechung des Bundesverfassungsgerichts zum Existenzminimum und dem französischen Verfassungsrecht kann man insoweit erblicken, als es ein Mindestmaß an einfach-gesetzlichem Schutz des Existenzminimums geben muss. Wird dieser Schutz im deutschen Verfassungsrecht aus Art. 1 Abs. I i.V.m. Art. 20 Abs. I GG abgeleitet und so vor gesetzgeberischen Eingriffen geschützt, so wird man eine vergleichbare Wirkung etwa in Abs. 11 S. 2 der Präambel von 1946 zugunsten der zu seiner Konkretisierung ergangenen einfach-gesetzlichen Vorschriften des französischen Sozialrechts erblicken dürfen.[343] Auch wenn die besagte Vorschrift, soweit ersichtlich, noch nie in einer dem deutschen Existenzminimum vergleichbaren Dimension vor dem Conseil constitutionnel entfaltet worden ist, so kann man doch mit dem französischen Schrifttum von einem durch Abs. 11 S. 2 der Präambel von 1946 vermittelten „effet-cliquet" zugunsten seiner einfach-gesetzlichen Konkretisierungen ausgehen, welcher in einem wenn auch im Unscharfen verbleibenden Umfange gesetzgeberische Kürzungen sperrt.[344]

### 5. Subjektiv einklagbare Leistungsansprüche aus den Grundrechten des Grundgesetzes?

Im Rahmen der rechtsvergleichenden Untersuchung bleibt abschließend die Frage zu klären, wie sich das deutsche Verfassungsrecht zur Problematik sub-

---

[343] So im Ergebnis auch *Jouanjan* in: Armut und Verfassung, S. 141 (152 f.).

[344] Zur Übertragbarkeit der Grundsätze des „effet-cliquet" auf als Konkretisierungen der sozialen Grundrechte der Präambel von 1946 begriffene einfach-gesetzliche Normen vgl. oben, Zweites Kapitel, IV. 4. c).

jektiv eingeklagter Leistungsgehalte aus einzelnen Grundrechten des Grundgesetzes verhält. Die folgenden Ausführungen beschränken sich ausschließlich auf diejenigen Fragestellungen, die bei der Auswertung der Rechtsprechung des Conseil d'Etat problematisiert wurden: Es ist daher zum einen die Frage zu klären, ob in der Rechtsprechung des Bundesverwaltungsgerichts unmittelbar aus einzelnen Grundrechten des Grundgesetzes individuelle Leistungsansprüche abgeleitet werden; zum anderen, ob das Bundesverwaltungsgericht unmittelbar aus Grundrechten Leistungsansprüche gewährt, die über den vom Gesetzgeber vorgesehenen Leistungsumfang hinausgehen.

### a) Grundsätzliche verfassungsrechtliche Vorgaben

*Dreier* hat jüngst in einem Beitrag die für die Beantwortung der beiden aufgeworfenen Fragen relevanten, grundsätzlichen verfassungsrechtlichen Vorgaben noch einmal herausgestellt. Er spricht von einem „kritischen *double-bind*", in welchem sich Verwaltung und Rechtsprechung bei oberflächlicher Betrachtung befänden: Auf der einen Seite statuiert Art. 1 Abs. III GG die Bindung auch von Verwaltung und Rechtsprechung an die Grundrechte des Grundgesetzes. Auf der anderen Seite unterwirft Art. 20 Abs. III GG Verwaltung und Rechtsprechung an „Gesetz und Recht".[345] Damit ist ein Teil der für die Untersuchung relevanten, grundsätzlichen verfassungsrechtlichen Vorgaben verdeutlicht: Wie müssen sich die Verwaltung und die sie kontrollierenden Gerichte verhalten, wenn das Gesetz einen bestimmten Leistungsumfang vorsieht, dieser Leistungsumfang aber im Hinblick auf denkbare leistungsrechtliche Gehalte der Grundrechte des Grundgesetzes als unzulänglich erscheint? Bleiben Verwaltung und die sie kontrollierenden Gerichte in einer derartigen Fallkonstellation ausschließlich an das Gesetz gebunden, wie Art. 20 Abs. III GG und der in ihm niedergelegte Vorrang des Gesetzes[346] suggeriert, oder müssen sie, notfalls unter Missachtung des Gesetzeswortlautes, kraft Art. 1 Abs. III GG in Verbindung mit einem Grundrecht solche Leistungsansprüche gewähren, die dem vermeintlich von Verfassungs wegen gebotenen Leistungsumfange Rechnung tragen? In diesen scheinbar widerstreitenden verfassungsrechtlichen Vorgaben – Art. 20 Abs. III GG auf der einen, Art. 1 Abs. III GG auf der anderen Seite – liegt möglicherweise der Grund für das, um mit *Dreier* zu sprechen, „kritsche *double-bind*" von Verwaltung und Rechtsprechung im Hinblick auf die hier aufgeworfene verfassungsrechtliche Problemstellung.

Dies gilt indes nur solange, wie der Gesetzgeber einen bestimmten Leistungsumfang vorgesehen hat und dieser Leistungsumfang nun unter unmittelba-

---

[345] *Dreier*, Die Verwaltung 2003, S. 105 (105).
[346] Zu diesem Grundsatz etwa *Maurer*, Allg. Verwaltungsrecht, S. 80 f.

rem Durchgriff auf den leistungsrechtlichen Gehalt der Grundrechte des Grundgesetzes überspielt werden soll. Es bleibt aber eine weitere Fallkonstellation denkbar, in welcher das *Dreiersche* „double-bind" nicht relevant wird, sondern nur, aber immerhin die Rechtsfolge des Art. 1 Abs. III GG im Zentrum des Interesses steht: Ist es denkbar, dass die Verwaltung und die sie kontrollierende Rechtsprechung in Ermangelung jeglicher einfach-gesetzlichen Konkretisierung des (vermeintlichen) leistungsrechtlichen Gehaltes eines Grundrechts unter unmittelbarem Rückgriff auf dieses Leistungsansprüche gewähren muss?

Auf diese beiden verfassungsrechtlichen Fragestellungen, die die Untersuchung der Rechtsprechung des Conseil d'Etat strukturiert haben, wollen die folgenden Ausführungen für das deutsche Verfassungsrecht eine im Wesentlichen am Rechtsprechungsbefund orientierte Antwort geben.[347]

### b) Unmittelbare Leistungsansprüche aus Grundrechten über den vom Gesetzgeber vorgesehenen Umfang hinaus?

Soweit ersichtlich, findet sich in der Rechtsprechung des Bundesverwaltungsgerichts keine Entscheidung, in der die Verwaltung unter Rückgriff auf die Grundrechte des Grundgesetzes verpflichtet wurde, Leistungen zu gewähren, die über den vom Gesetzgeber vorgesehenen Umfang hinaus gehen. Dieser Befund erscheint zunächst nahe liegend, verdeutlicht man sich den voranstehend bereits erwähnten Grundsatz vom Vorrang des Gesetzes (vgl. Art. 20 Abs. III GG): Verwaltung und Rechtsprechung sind an das Gesetz gebunden; mehr zu gewähren, als der Gesetzgeber an Leistung vorgesehen hat, ist zumindest bei ausschließlicher Berücksichtigung des Grundsatzes vom Vorrang des Gesetzes nicht vertretbar. So hat der Gesetzgeber etwa für einfach-gesetzliche Ansprüche auf Sozialleistungen in § 31 SGB I ausdrücklich angeordnet, dass Leistungen im Sinne der Sozialgesetzbücher nur in dem jeweiligen, durch das einschlägige Gesetz vorgesehenen Umfange gewährt werden dürfen. Bei ausschließlicher Berücksichtigung des Vorrangs des Gesetzes scheiden so weitergehende Ansprüche aus Grundrechten zwangsläufig aus; die – in diesem Fall zuständige – Sozialgerichtsbarkeit dürfte unter unmittelbarem Durchgriff auf die Grundrechte nicht mehr an Leistung gewähren, als der Gesetzgeber vorgesehen hat.

[347] Damit wird ausdrücklich auf die Erörterung der Art. 25, 59 Abs. II S. 1 GG und einer durch sie ggf. begründeten Bindung der deutschen Staatsgewalt an soziale Grundrechte aus völkerrechtlichen Verträgen verzichtet. Sie wurde im Übrigen am Maßstab des Art. 55 der französischen Verfassung für den Conseil d'Etat ausschließlich vor dem Hintergrund der fehlenden Kontrollkompetenz des Conseil constitutionnel über in Kraft getretene Gesetze realisiert; vgl. dazu oben, Zweites Kapitel, V. 4.

Indes löst die Anwendung des Grundsatzes vom Vorrang des Gesetzes nicht per se die aufgeworfene Problematik. Insoweit sei an die eingangs aufgezeigte grundsätzliche Konfliktlage erinnert, die erst durch Einbeziehung auch des Art. 1 Abs. III GG provoziert wird. Rechtsprechung und Verwaltung sind nun einmal auch an die Grundrechte des Grundgesetzes gebunden und daher, so ließe sich argumentieren, verpflichtet, notfalls entgegen dem Wortlaut des Gesetzes (so etwa des § 31 SGB I) das an Leistung zu gewähren, was das Grundrecht an Leistungsgewährung (vermeintlich) vorschreibt. Wie lässt sich das herauskristallisierte Spannungsverhältnis zwischen Art. 1 Abs. III GG und Art. 20 Abs. III GG auflösen?

*Dreier* hat zutreffend darauf hingewiesen, dass das Grundgesetz über „probate Mittel und bewährte Mechanismen zur Bewältigung der vermeintlich ausweglosen Konfliktlage“ verfügt, welche durch die Bindung von Rechtsprechung und Verwaltung an Art. 1 Abs. III GG einerseits und an Art. 20 Abs. III GG andererseits hervorgerufen wird.[348] Neben dem Instrument der verfassungskonformen Auslegung[349] ist zuvörderst das Verfahren der konkreten Normenkontrolle zu nennen: Art. 100 Abs. I GG berechtigt und verpflichtet das Gericht, soweit es von der Verfassungswidrigkeit des in Frage stehenden Gesetzes überzeugt ist, dieses dem Bundesverfassungsgericht zur Überprüfung vorzulegen. Sobald der Richter aber unter Rückgriff auf den leistungsrechtlichen Gehalt eines Grundrechts die Verwaltung verpflichtet, mehr an Leistung zu gewähren, als das Gesetz vorsieht, ist er zwangsläufig von dessen Verfassungswidrigkeit überzeugt – andernfalls gäbe es keinen Anlass, unter Missachtung des gesetzgeberischen Willens des geforderte „Mehr“ zu gewähren. Wo der Richter aber von der Verfassungswidrigkeit überzeugt ist, statuiert Art. 100 Abs. I GG eine Vorlagepflicht, und nicht eine Vorlageoption.[350] Es ist dann das Bundesverfassungsgericht, dem nach der Konzeption des Grundgesetzes die Verwerfungskompetenz über verfassungswidrige Gesetze zukommt[351], und nicht etwa dem mit dem jeweiligen Rechtsstreit befassten Gericht.[352] Zum einen wird so der Gefahr der Rechtsunsicherheit, denkbare Folge einer durch die verschiedenen Gerichte praktizierten Anwendung oder aber Nichtanwendung des Gesetzes, vorgebeugt. Zum anderen stellt die Wahrung der Verwerfungskompetenz des Bundesverfassungsgerichts sicher, dass sich der einzelne Richter nicht über den Willen des

---

[348] *Dreier*, Die Verwaltung 2003, S. 105 (105).

[349] Dazu *Dreier*, Die Verwaltung 2003, S. 105 (110 ff. mit weiteren Nachweisen aus Rechtsprechung und Schrifttum).

[350] So die wohl vorherrschende Meinung: vgl. *Benda/Klein*, Verfassungsprozessrecht, Rn 782 ff. mit Nachweisen aus dem Schrifttum und der Rechtsprechung des Bundesverfassungsgerichts.

[351] Vgl. insoweit *Schlaich/Korioth*, Das Bundesverfassungsgericht, Rn 128 ff.

[352] Dazu *Hillgruber*, JZ 1996, S. 118 (119 f.); *Ipsen*, DVBl 1984, 1102 (1104 f.).

Gesetzgebers hinwegsetzt und dadurch „dessen Autorität und demokratische Legitimität ... untergräbt“.[353]

Die Rechtsprechung dürfte also wegen des Art. 100 Abs. I GG gar nicht erst in die missliche Situation kommen, dem Gesetzgeber inzident ein verfassungswidriges Unterlassen vorwerfen bzw. sich über den Vorrang des Gesetzes hinwegsetzen zu müssen, indem sie entgegen dem – soviel sei hier unterstellt – ausdrücklichen und daher gegenüber einer verfassungskonformen Auslegung resistenten Wortlaut des Gesetzes unter Rückgriff auf den (vermeintlichen) Leistungsgehalt eines Grundrechts mehr an Leistung gewährt, als der Gesetzgeber vorgesehen hat. Aus diesem Umstand mag entscheidend der wie voranstehend beschriebene Rechtsprechungsbefund resultieren. Im deutschen Recht besteht für den mit der Anwendung des einfachen Gesetzesrechts befassten Richter grundsätzlich die Pflicht, dieses (nach Ausschöpfung aller im Rahmen der verfassungskonformen Auslegung denkbaren Interpretationsmuster) dem Bundesverfassungsgericht zur Überprüfung vorzulegen, soweit er es für verfassungswidrig hält. Dies gilt konsequenterweise auch dann, wenn sich die Verfassungswidrigkeit des Gesetzes nach richterlicher Überzeugung daraus ergibt, dass es den leistungsrechtlichen Gehalt eines Grundrechts nicht hinreichend konkretisiert hat.

### c) Unmittelbare Leistungsansprüche aus Grundrechten in Ermangelung einer einfach-gesetzlichen Konkretisierung?

#### aa) Die einfach-gesetzliche Ausgangslage

Vorab sei darauf hingewiesen, dass die Problematik eines unmittelbaren Durchgriffs auf den leistungsrechtlichen Gehalt einzelner Grundrechte *in Ermangelung* einer einfach-gesetzlichen Anspruchsgrundlage in aller Regel in der Rechtspraxis nicht virulent werden dürfte. Denn insoweit gilt auch für das deutsche Verfassungsrecht, was schon für das französische formuliert wurde: Es gibt auch in der Bundesrepublik Deutschland ein durchnormiertes Sozialrecht mit einer Vielzahl verschiedener Leistungsansprüche, die etwa als Konkretisierungen des Sozialstaatsprinzips oder aber des verfassungsrechtlich gebotenen Existenzminimums begriffen werden können.[354] Soweit derartige Konkretisierungen vorhanden sind, besteht für die Beantwortung der aufgeworfenen Frage kein Bedarf; vielmehr gelten die voranstehenden Ausführungen: Das an der Verfas-

353 So *Dreier*, Die Verwaltung 2003, S. 105 (106 ff. m.w.N.). Auslassung durch den Verfasser.
354 Wie Fn 211.

sungsgemäßheit der einfach-gesetzlichen Anspruchsgrundlage zweifelnde Gericht ist über Art. 100 Abs. I GG zur Vorlage an das Bundesverfassungsgericht verpflichtet.

Es ist aber nicht auszuschließen, dass in einem bestimmten Regelungsbereich einfach-gesetzliche Leistungsansprüche gar nicht vorgesehen sind, indes eine Anspruchsgewährung unmittelbar aus der Verfassung zumindest erwägenswert wäre. Dass derartige Fälle nicht nur theoretisch denkbar, sondern in der Rechtspraxis virulent werden können, zeigen einige wenige Entscheidungen des Bundesverwaltungsgerichts, mit welchen es sich auseinander zu setzen gilt.

### bb) Der Rechtsprechungsbefund

Wie *Dreier* aufgezeigt hat, übt das Bundesverwaltungsgericht in der Gewährung von Leistungsansprüchen unmittelbar aus einzelnen Grundrechten des Grundgesetzes „durchgängig größte Zurückhaltung“: Wo kein Gesetz oder aber eine andere, untergesetzliche Rechtsgrundlage vorhanden ist, um etwa den Anspruch eines Hochschullehrers auf Ausstattung mit ausreichenden Mitteln für seine Forschung zu fundieren, lässt sich, so hat das Bundesverwaltungsgericht im Jahre 1977 entschieden, aus Art. 5 Abs. III S. 1 GG kein originärer, dahingehender Anspruch ableiten.[355] Allenfalls im Bereich der Finanzierung von Privatschulen hat das Bundesverwaltungsgericht eine Zeit lang unmittelbare Ansprüche auf staatliche Subventionierung aus Art. 7 Abs. IV GG (i.V.m. Art. 3 GG) auch ohne eine dahingehende, zuvor erfolgte einfach-gesetzliche Konkretisierung zuerkannt[356], diese relativ großzügige Rechtsprechung dann aber ausdrücklich aufgegeben und unmittelbare Ansprüche auf Förderung auf solche Fälle beschränkt, in denen andernfalls aus Kostengründen keine Privatschulen mehr gegründet werden könnten.[357] Die zitierte Entscheidung aus dem Jahre 1977 verweist dabei, und insoweit verdient sie eine nähere Auseinandersetzung, auf die von Verfassungs wegen zu beachtenden Grenzen hin, die einer Auslegung ent-

---

[355] BVerwGE 52, 339 (339). Zu dieser und weiteren, im hier interessierenden Problemkreis einschlägigen Entscheidungen *Dreier*, Die Verwaltung 2003, S. 105 (115 f.).

[356] BVerwGE 23, 347 (350); 27, 360 (362 f.); 70, 290 (293). Zu dieser Rechtsprechung ausführlich *Müller/Pieroth/Fohmann*, Leistungsrechte im Normbereich einer Freiheitsgarantie, S. 29 ff.

[357] BVerwGE 79, 154 (156). Die Entscheidung BVerwGE 1, 159 (159 ff.) entlarvt *Dreier* zutreffend als „Scheinausnahme“ vom Grundsatz des Ausschlusses verfassungsunmittelbarer originärer Leistungsansprüche aus den Grundrechten des Grundgesetzes: Denn in dieser Entscheidung wurde kein materiell-rechtlicher Sozialhilfeanspruch aus Art. 1 Abs. I GG abgeleitet, sondern unter Rückgriff auf die genannte Norm allenfalls die Klagebefugnis des Beschwerdeführers begründet, der Anspruch der Sache nach aber abgelehnt: Vgl. *ders.*, Die Verwaltung 2003, S. 105 (116).

gegenstehen, die glaubt, den Freiheitsgrundrechten des Grundgesetzes – sei es nun mit oder ohne Rückgriff auf das Sozialstaatsprinzip – unmittelbare Leistungsgehalte entnehmen zu können. Unter Bezugnahme auf die Numerus-Clausus-Entscheidung des Bundesverfassungsgerichts[358] benennt das Bundesverwaltungsgericht das gemäß Art. 109 Abs. II GG zu wahrende gesamtwirtschaftliche Gleichgewicht als eine verfassungsrechtliche Grenze einer derartigen Auslegung.[359]

### cc) Verfassungsrechtliche Erwägungen gegen unmittelbare Leistungsansprüche

Mit diesen Hinweisen des Gerichts zeichnet sich das Grundproblem ab, mit welchem sich der Norminterpret unweigerlich konfrontiert sieht, soweit es um die Ableitung originärer, individuell eingeklagter Leistungsansprüche aus den Grundrechten des Grundgesetzes geht. Das Bundesverwaltungsgericht weist mit Art. 109 Abs. II GG auf eine der verfassungsrechtlichen Grenzen hin, die einer derartigen Auslegung aufgezeigt sind. Weitere von Verfassungs wegen zu beachtende Grenzen bzw. Schranken, insoweit vor allem der Grundsatz der Gewaltenteilung, wurden im Rahmen dieser Arbeit immer wieder angesprochen, so etwa bei der Frage nach einem leistungsrechtlichen Gehalt des Sozialstaatsprinzips bzw. dessen Zielgehalt. Diese voranstehend genannten Schranken beanspruchen zwangsläufig auch für die hier interessierende Fragestellung Gültigkeit. So hat sich nur der Adressat der Grundrechtsbindung verschoben. Es ist nicht mehr der Gesetzgeber, sondern die Verwaltung, die an den leistungsrechtlichen Gehalt des Grundrechts gebunden ist – die von Verfassungs wegen zu beachtenden Schranken dieser Dimension beanspruchen indes nach wie vor Geltung.[360]

Darüber hinaus steht schon der in aller Regel abwehrrechtlich akzentuierte Wortlaut der Grundrechte des Grundgesetzes ihrer originär leistungsrechtlichen Interpretation entgegen, und nicht zuletzt spricht der Verzicht des Verfassungsgebers auf eine umfassende Niederlegung sozialer Grundrechte gegen eine derartige Interpretation. Dieser Befund hat indes das Schrifttum nicht daran gehindert, gerade in Folge der Numerus-clausus-Entscheidung des Bundesverfassungsgerichts aus dem Jahre 1972 eine breit angelegte Diskussion darüber zu entfachen, ob den Freiheitsgrundrechten des Grundgesetzes nicht unter Berücksichtigung des Sozialstaatsprinzips originär leistungsrechtliche Gehalte ent-

358 Zu dieser Entscheidung oben, IV. 2. c) aa).

359 BVerwGE 52, 339 (345).

360 *Dreier*, Die Verwaltung 2003, S. 105 (117 m.w.N.).

nommen werden könnten.[361] Der in aller Regel abwehrrechtlich akzentuierte Wortlaut der meisten Grundrechte des Grundgesetzes und der ausdrückliche Verzicht des Verfassungsgebers auf soziale Grundrechte sollten, so macht zumindest die Betrachtung einzelner Beiträge glauben, unter Hinzuziehung des Sozialstaatsprinzips überspielt werden.[362] Das heutige Schrifttum steht einer derartig radikalen Umdeutung der Abwehrgrundrechte in originäre Leistungsgrundrechte zu Recht ablehnend gegenüber; neben dem Wortlaut der meisten Grundrechte des Grundgesetzes und dem ausdrücklichen Verzicht auf soziale Grundrechte sprächen auch und gerade die von Verfassungs wegen zu beachtenden Schranken der leistungsrechtlichen Dimension gegen einer derartige Umdeutung.[363] Auch das Bundesverfassungsgericht hat etwa für Art. 12 Abs. I GG wiederholt festgestellt, er beinhalte keinen Anspruch auf Bereitstellung eines Arbeitsplatzes.[364]

### dd) Die Rechtsprechung der Landesverfassungsgerichte

Welche Grenzen einer originär leistungsrechtlichen Interpretation von Grundrechten – seien sie nun in erster Linie abwehrrechtlich formuliert und dann unter Rückgriff auf das Sozialstaatsprinzip in ein originäres Leistungsrecht umgedeutet, oder aber als „Rechte auf etwas" formuliert – von Verfassungs wegen gezogen sind, verdeutlichen einzelne Entscheidungen der Landesverfassungsgerichte zu sozialen Grundrechten, die in den Verfassungen einzelner Bundesländer vergleichsweise häufiger als im Grundgesetz anzutreffen sind.[365] Diese Ent-

---

[361] So sieht etwa *Hesse*, Grundzüge des Verfassungsrechts der Bundesrepublik Deutschland, Rn 289 in BVerfGE 33, 303 ff. den Auslöser der Debatte um originär leistungsrechtliche Gehalte der Grundrechte.

[362] So etwa bei *Badura*, Der Staat 14 (1975), S. 17 (38), der aus Art. 12 Abs. I GG i.V.m. dem Sozialstaatsprinzip eine „staatliche Garantie der Arbeitsplätze" ableiten zu können glaubt. Für die Ableitung eines „Recht(s) auf Arbeit" aus den genannten Normen *Kittner*, Soziale Grundrechte, S. 92 ff. Zu Recht kritisch zu diesen und weiteren Beiträgen *Isensee*, Der Staat 19 (1980), S. 367 (371): „Das Studium der Literatur erweckt den Eindruck, dass die Verfassungsexegese nachhole, was die Verfassungsgebung versäumt habe; ... ".

[363] Aus der Fülle des Schrifttums vgl. nur *Murswiek* in: HStR V, § 112 Rn 90 ff. (m.w.N.); *von Münch*, Staatsrecht, Rn 160 ff. Kritisch zur sozialstaatlichen Interpretation der Freiheitsgrundrechte des Grundgesetzes schon in den 70er Jahren *Böckenförde*, NJW 1974, S. 1529 (1535 f.); vgl. dann auch *ders.* in: Soziale Grundrechte, S. 12 f.

[364] BVerfGE 84, 133 (146); 85, 360 (372 f.); 92, 140 (150); 97, 169 (175). In BVerfGE 33, 303 (333) („Numerus-Clausus") hat das Gericht allenfalls die Frage aufgeworfen, ob sich aus Art. 12 Abs. I GG i.V.m. dem Sozialstaatsprinzip ein individuell einklagbarer Anspruch auf Bereitstellung eines Studienplatzes ableiten lässt, die Beantwortung dieser Frage aber offengelassen und stattdessen auf die von Verfassungs wegen zu beachtenden Grenzen eines derartigen Anspruches hingewiesen.

[365] Vgl. oben, II. 2.

scheidungen zeigen auf, inwieweit die verfassungsrechtlichen Erwägungen, die gegen die Ableitung von originären Leistungsansprüchen aus sozialen Grundrechten der Landesverfassungen streiten, zwangsläufig auch gegen eine Ableitung originärer Leistungsrechte aus den Freiheitsgrundrechten des Grundgesetzes i.V.m. dem Sozialstaatsprinzip sprechen müssen.[366]

Hervorhebung aus der einschlägigen Rechtsprechung verdient eine im Jahre 1996 gefällte Entscheidung des saarländischen Verfassungsgerichtshofs zu Art. 45 S. 2 SaarlVerf[367]. In dieser Entscheidung wies der Saarländische Verfassungsgerichtshof eine (auch) auf diese Norm gestützte Verfassungsbeschwerde gegen die Entscheidung des Landesarbeitsgerichts Saarland zurück, in Folge derer dem Antragssteller die von ihm begehrte Einstellung in den Schuldienst verweigert worden war.[368] Die Verfassungsbeschwerde sei als unzulässig zu verwerfen, da Art. 45 S. 2 SaarlVerf grundsätzlich und damit auch dem Beschwerdeführer kein subjektives Recht auf den von ihm begehrten Arbeitsplatz gewähre.[369] In der umfassenden Begründung des Gerichts werden dabei nacheinander all diejenigen Argumente abgearbeitet, mit denen es sich im Rahmen dieser Arbeit immer wieder auseinander zu setzen galt, sofern etwa die Frage nach der subjektiv einklagbaren leistungsrechtlichen Dimension der sozialen Grundrechte der Präambel von 1946 beantwortet werden musste oder aber der leistungsrechtliche Gehalt des Sozialstaatsprinzips zur Debatte stand. Gegen die Annahme eines subjektiven, unmittelbaren Anspruches aus Art. 45 S. 2 SaarlVerf spreche, so der Verfassungsgerichtshof, dass zunächst der Gesetzgeber den leistungsrechtlichen Gehalt dieser Norm im einfachen Gesetzesrecht konkretisieren müsse. Dem Richter sei eine dahingehende, im Wege der Entscheidung erfolgende Konkretisierung aufgrund des Gewaltenteilungsgrundsatzes verwehrt, denn andernfalls verletze er die Haushaltskompetenz des Parlaments.[370] Im Übrigen sei kaum ersichtlich, wie das „Recht auf Arbeit" verwirklicht werden könne, ohne in kollidierende Grundrechte Dritter einzugreifen. Denn die Bereitstellung von Arbeitsplätzen erfolge in einer Privatwirtschaft in erster Linie durch die einzelnen Unternehmer. Die zur Bereitstellung von Arbeitsplätzen erforderlichen Eingriffe in deren Grundrechte müsse zwangsläufig der Gesetzgeber vornehmen, da richterliche Entscheidungen insoweit immer nur punktueller Natur sein könnten.[371] Ferner sei der Verfassungsgeber des Saarlan-

---

366 Zutreffend weist *Böckenförde* darauf hin, dass die durch soziale Grundrechte provozierten rechtlichen Problemstellungen mit denen der Umdeutung von Freiheitsgrundrechten in originäre Leistungsrechte identisch seien: *ders.* in: Soziale Grundrechte, S. 12.

367 Art. 45 S. 2 SaarlVerf.: „Jeder hat nach seinen Fähigkeiten ein Recht auf Arbeit."

368 Vgl. insoweit SaarlVerfGH, Beschl. v. 9. 6. 1996, NJW 1996, S. 383 (383 f.).

369 SaarlVerfGH, Beschl. v. 9. 6. 1996, NJW 1996, S. 383 (384 ff.).

370 SaarlVerfGH, Beschl. v. 9. 6. 1996, NJW 1996, S. 383 (385).

371 SaarlVerfGH, Beschl. v. 9. 6. 1996, NJW 1996, S. 383 (385 f.).

des ersichtlich nicht davon ausgegangen, Art. 45 S. 2 SaarlVerf verpflichte die staatliche Gewalt des Saarlandes, jedem einen Arbeitsplatz zur Verfügung zu stellen. So gebiete Art. 46 SaarlVerf den Schutz gegen die „Folgen unverschuldeter Arbeitslosigkeit". Der Verfassungsgeber habe mit dieser Vorschrift zum Ausdruck gebracht, dass er Arbeitslosigkeit als unvermeidbar ansehe; daher könne er nicht von einem durch Art. 45 S. 2 SaarlVerf vermittelten, subjektiven Recht eines jeden auf Arbeit ausgegangen sein[372] – auf ein gleichgelagertes, an der systematischen Auslegung der Verfassung ausgerichtetes Argumentationsmuster greift auch das französische Schrifttum zurück, um einer Auslegung des Abs. 5 S. 1 2. Alt. der Präambel von 1946 entgegenzutreten, die kraft dieser Norm die staatliche Gewalt auf das Ziel der Vollbeschäftigung verpflichten will.[373] Durchgängig lehnen – soweit ersichtlich – auch die Verfassungsgerichte anderer Bundesländer individuell eingeklagte Leistungsansprüche aus einzelnen sozialen Grundrechten der jeweiligen Landesverfassung ab.[374] Die hier aufgezählten verfassungsrechtlichen Schranken, die gegen die Ableitung subjektiver originärer Leistungsgehalte aus einzelnen sozialen Grundrechten der Länderverfassungen sprechen, haben auch die Sachverständigenkommission im Jahre 1983 einhellig dazu bewogen, dem verfassungsändernden Gesetzgeber von der Aufnahme subjektiv-rechtlich formulierter sozialer Grundrechte wie etwa einem „Recht auf Arbeit" abzuraten.[375]

### d) Vergleich mit dem französischen Verfassungsrecht

Während das Bundesverwaltungsgericht es sich zumindest für die Zukunft vorbehält, unter engen Voraussetzungen subjektiv einklagbare Leistungsansprüche unmittelbar aus den Grundrechten des Grundgesetzes zu gewähren[376], ist die ablehnende Haltung des Conseil d'Etat gegenüber derartigen Ansprüchen durchgehend rigoros.

Darüber hinaus werden weder im deutschen noch im französischen Verfassungsrecht subjektiv eingeklagte Leistungsansprüche über den vom Gesetzgeber vorgesehenen Leistungsumfang hinaus unmittelbar aus Grundrechten gewährt.

[372] SaarlVerfGH, Beschl. v. 9. 6. 1996, NJW 1996, S. 383 (385 f.).

[373] Vgl. dazu oben, Zweites Kapitel, IV. 4. b) dd) (2).

[374] Zu Art. 28 Abs. II 1. HS HessVerf („Jeder hat nach seinen Fähigkeiten ein Recht auf Arbeit...") vgl. ESVGH 22, 13 (17). Zu Art. 166 Abs. II BayVerf („Jedermann hat das Recht, sich durch Arbeit eine auskömmliche Existenz zu schaffen") vgl. BayVerfGHE 13 (1960) II, 141 (144 ff.). Zu Art. 106 Abs. I BayVerf („Jeder Bewohner Bayerns hat Anspruch auf eine angemessene Wohnung") vgl. BayVerfGHE 15 (1962), 49 (50 ff.).

[375] Bericht der Sachverständigenkommission Staatsziele und Staatszielbestimmungen, Rn 58.

[376] BVerwGE 79, 154 (154, 156).

Allenfalls die verfassungsrechtliche Begründung für diese Ergebnis unterscheidet sich, wobei diese Unterschiede sich aus der geschichtlichen Entwicklung der jeweiligen Verfassungsordnung ergeben: Eine „Konfliktsituation“ zwischen Grundrechts- und Gesetzesbindung, wie sie im Hinblick auf die Rechtsfolge der Art. 1 Abs. III, Art. 20 Abs. III GG für den deutschen Verwaltungsrichter zwar grundsätzlich denkbar ist, durch das Verfahren der konkreten Normenkontrolle aber letztlich angemessenen Lösungen zugeführt werden kann, stellt sich in dieser Form vor dem Conseil d'Etat nicht. Denn eine Norm, die in ihrer Aussage Art. 1 Abs. III GG des Grundgesetzes entspricht, kennt die französische Verfassung nicht. Auch fehlt es in Frankreich an einem der konkreten Normenkontrolle vergleichbaren Verfahren. Die „theorie de la loi-écran“, überlieferte Ausprägung der legizentristischen Tradition Frankreichs, verbietet dem Conseil d'Etat ausnahmslos eine inzidente Kontrolle des Gesetzgebers am Maßstab der Grundrechte. Dieser Theorie kommt so mit Blick auf den leistungsrechtlichen Gehalt der sozialen Grundrechte der Präambel von 1946 die Wirkung eines absoluten Vorrangs des Gesetzes zu.

## Zusammenfassung und Ausblick: Wirkdimensionen der sozialen Grundrechte der Charta aus der Perspektive des deutschen und französischen Verfassungsrechts

### I. Vorüberlegungen

Am Ende dieser Arbeit sollen die zentralen Ergebnisse der rechtsvergleichenden Untersuchung zusammengefasst werden. Die folgenden Ausführungen wollen dabei mehr sein als eine Zusammenfassung. Der Verfasser beabsichtigt, in Gestalt eines Ausblicks aufzuzeigen, inwieweit Fragestellungen zu den Wirkdimensionen sozialer Grundrechte, wie sie schon die deutsch-französischen Konventsdebatten beherrscht[1] und daher die rechtsvergleichende Untersuchung des deutschen und französischen Verfassungsrechts entscheidend strukturiert haben, auch dem zukünftigen Anwender der sozialen Grundrechte der Charta, in erster Linie dem Europäischen Gerichtshof[2], begegnen können. Lösungsansätze, die das deutsche und französische Verfassungsrecht zu den Wirkdimensionen sozialer Grundrechte bereit halten, mögen dem Anwender der Charta eine Hilfestellung sein. Der Erkenntnisgewinn des Rechtsvergleichs findet so seinen Eingang in die Auslegung der sozialen Grundrechte der Charta.

Normativer Anknüpfungspunkt für die hier anzustellenden Überlegungen ist dabei neben Abs. 5 der Präambel der Charta[3] der im Zuge der Beratungen des „Konvent[s] zur Zukunft Europas"[4] neu eingefügte Art. 52 Abs. IV GRCh. Er verpflichtet die Grundrechtsadressaten der Charta, die in ihr niedergelegten Grundrechte, soweit sie sich „aus den *gemeinsamen Verfassungsüberlieferungen der Mitgliedstaaten* ergeben", im „Einklang" mit diesen Überlieferungen auszulegen.[5] Den Erläuterungen des „Konvent[s] zur Zukunft Europas" zufolge soll damit sichergestellt werden, dass – in Anlehnung an die bisherige Rechtsprechungspraxis des EuGH zu Art. 6 Abs. II EU – auch das aus den Verfassungsordnungen der Mitgliedstaaten überlieferte, möglichst hohe Schutzniveau bei

---

1 Dazu Erstes Kapitel, V. 3. b).

2 Der EuGH wird gemäß Art. I-28 i.V.m. Art. III-270 ff. des Entwurfs für den „Vertrag über eine Verfassung für Europa" die Charta in seine Rechtsprechung einbeziehen müssen; vgl. EuGRZ 2003, S. 363 sowie S. 430 ff.

3 Vgl. insoweit schon oben, Erstes Kapitel, Einleitung, I.

4 Zu dessen Auftrag vgl. oben, Erstes Kapitel, I. 3.

5 Art. 52 Abs. IV GRCh, EuGRZ 2003, S. 373: „Soweit in dieser Charta Grundrechte anerkannt werden, wie sie sich aus den gemeinsamen Verfassungsüberlieferungen der Mitgliedstaaten ergeben, werden sie im Einklang mit diesen Überlieferungen ausgelegt." Hervorhebungen im Zitat durch den Verfasser.

der Anwendung der Chartavorschriften sichergestellt wird.[6] Wo derartige „gemeinsame Verfassungsüberlieferungen" vorhanden sind, sollen sie in die Auslegung der Chartagrundrechte einfließen. Art. 52 Abs. IV GRCh kommt so die Funktion eines „Transmissionsriemens" zu, welcher dem Erkenntnisgewinn aus der rechtsvergleichenden Untersuchung zum Eingang in die Charta verhilft.

Der Verfasser ist sich bewusst, dass er vor dem Hintergrund des von ihm durchgeführten Rechtsvergleichs, der sich ausschließlich auf das deutsche und französische Verfassungsrecht bezog, nicht den Anspruch erheben kann, stellvertretend für alle Mitgliedstaaten der Europäischen Union eine Aussage über Wirkdimensionen sozialer Grundrechte in ihrem jeweiligen nationalen verfassungsrechtlichen Kontext zu treffen. Vielmehr handelt es sich „nur", aber immerhin um die „gemeinsame Verfassungsüberlieferung" Deutschlands und Frankreichs. Gerade aber die Verfassungsüberlieferungen dieser beiden Länder zu einzelnen, denkbaren und von deutschen und französischen Konventsmitgliedern problematisierten Wirkdimensionen sozialer Grundrechte sind für die zukünftige Auslegung der Charta insoweit von Interesse, als das deutsche Verfassungsrecht mit seiner mehr als 50-jährigen Grundrechtsjudikatur, praktiziert von einem vergleichsweise dominanten Verfassungsgericht, einen reichlichen Fundus an Erkenntnissen zu solchen Wirkdimensionen aufweist, die schon der Konvent mit der Kategorie sozialer Grundrechte assoziiert hat. Dies gilt – wenngleich in geringerem Umfang – auch für das französische Verfassungsrecht: Es weist mit seiner Präambel von 1946 einen im Vergleich mit dem Grundgesetz umfassenderen textlichen Befund zu sozialen Grundrechten auf. Es sind dies Grundrechte, die, wie alle Grundrechte der französischen Verfassung, in der Rechtsprechung des Conseil constitutionnel zwar vergleichsweise spät zum Kontrollmaßstab gesetzgeberischen Handelns entfaltet wurden, dafür aber in der jüngeren Vergangenheit zunehmend bei der Überprüfung der Verfassungsgemäßheit von Gesetzen herangezogen werden.

Mit Blick auf den rechtlichen Status, wie er der Charta zum Zeitpunkt des Abschlusses dieser Arbeit zukommt[7], erfolgt der Ausblick unter der gedachten Annahme der Rechtsverbindlichkeit der Charta. Darüber hinaus können hier selbstredend nicht sämtliche, im Kapitel IV der Charta niedergelegten Rechte in den Ausblick einbezogen werden. Auch können und sollen nicht alle erdenklichen, in grundrechtlicher Hinsicht konfliktträchtigen Fallkonstellationen, welche

---

[6] Conv. 828/1/03 Rev. Quelle: http://register.consilium.eu.int/pdf/de/03/cv00828re01de03.pdf, vom Verfasser abgerufen am 27. 7. 2003 um 13.00 Uhr. Vgl. auch die Überlegungen der Arbeitsgruppe II („Einbeziehung der Charta/Beitritt zur EMRK") des „Konvents zur Zukunft Europas", Conv 354/02, S. 7. Quelle: http://europe.eu.int/futurum/documents/contrib/conv_de.htm, vom Verfasser abgerufen am 18. 7. 2003 um 10.00 Uhr.

[7] Dazu Erstes Kapitel, I. 3.

durch einzelne soziale Gewährleistungen der Charta hervorgerufen werden können, theoretisch durchgespielt werden: Es sei an dieser Stelle darauf hingewiesen, dass die Charta mit ihren Art. 52 ff. eine, wie im deutschen Schrifttum zutreffend festgestellt wird, „hochkomplexe Schrankenregelung" enthält. Hochkomplex sind diese Schrankenregelungen, weil besagte Normen anordnen, dass verschiedenartige Quellen – EMRK, Grundfreiheiten und mitgliedstaatlichen Verfassungsordnungen – bei der Auslegung der Chartagrundrechte zu berücksichtigen sind.[8] Die mitgliedstaatlichen „gemeinsamen Verfassungsüberlieferungen" i.S. des Art. 52 Abs. IV GRCH sind also nicht die einzige, aber immerhin eine der Quellen, die bei der Auslegung der Charta zukünftig zu beachten sind.

Es gilt daher, anhand einzelner Normen der Charta beispielhaft zu verdeutlichen, dass die rechtlichen Wirkdimensionen sozialer Grundrechte, wie sie schon die deutsch-französischen Konventsdebatten beherrscht haben, auch für die sozialen Gewährleistungen der Charta virulent und unter Berücksichtigung der Erkenntnisse, die aus dem Rechtsvergleich gewonnen wurden, einer Lösung zugeführt werden können. Um die Nachvollziehbarkeit der Ausführungen zu gewährleisten, wird nur die Bindung der Union gemäß Art. 51 Abs. I S. 1 1. Var. GRCh[9] an die sozialen Grundrechte problematisiert werden. Die Bindung der Mitgliedstaaten bei der „Durchführung des Rechts der Union" (Art. 51 Abs. I S. 1 2. Var. GRCh) soll hingegen außen vorbleiben, weil die Beantwortung der dabei unweigerlich auftauchenden, komplexen Fragestellungen zum Verhältnis von Unionsrecht und den nationalen Rechtsordnungen der Mitgliedstaaten den Rahmen eines Ausblicks sprengen würde.

## II. Die leistungsrechtliche Dimension bzw. der Zielgehalt der sozialen Grundrechte der Charta

Will man die aus dem Rechtsvergleich gewonnenen Erkenntnisse zum Zielgehalt bzw. zur leistungsrechtlichen Dimension sozialer Grundrechte auf die Charta übertragen – diese denkbare Wirkdimension der Kategorie „soziale Grundrechte" hatte die deutsch-französischen Konventsdebatten beherrscht – ,

---

[8] So *Calliess* in: Ehlers, EuGR, § 19 Rn 14. Kritisch zu diesen unübersichtlichen Schrankenregelungen *ders.* a.a.O. (m.w.N.) sowie *Hoffmann-Riem*, der zutreffend von „Kohärenzproblemen" spricht, welche durch die Schrankenregelungen der Charta unweigerlich ausgelöst würden, *ders.*, EuGRZ 2002, S. 473 (480).

[9] Zum Verständnis dieser Norm vgl. oben, Erstes Kapitel, I. 4. Damit wird für die folgenden Ausführungen mit dem Konvent davon ausgegangen, dass die Bindung der „Organe der Union" im weitesten Sinne zu verstehen ist und selbstverständlich auch die Organe der Gemeinschaften umfasst.

so sieht man sich zunächst mit dem Umstand konfrontiert, dass die Charta nur wenige Grundrechte enthält, deren Wortlaut dem Grundrechtsadressaten die Vornahme positiver Handlungen aufgibt. Die Formulierung etwa eines „Recht(s) auf Arbeit" hat sich im Konvent ebenso wenig durchsetzen können wie die eines „Recht(s) auf Wohnung". Vielmehr ist es, wie die Untersuchung des im Konvent zu den sozialen Grundrechten artikulierten Forderungsspektrums aufgezeigt hat, in aller Regel zu Kompromissen dergestalt gekommen, dass sich die geforderten Maximalverbürgungen und damit das im Wortlaut des jeweiligen sozialen Grundrechts angedeutete umfassende Leistungsversprechen nicht haben durchsetzen können.[10]

Indes gibt es nach wie vor vereinzelt Normen, deren Wortlaut eine Pflicht zur Vornahme positiver Handlungen suggeriert, so etwa das „jeder Person" garantierte „Recht auf Bildung" (Art. 14 Abs. I 1. Var. GRCh). Im Kapitel IV (Solidarität) statuiert Art. 37 GRCh die Pflicht, ein „hohes Umweltschutzniveau" im Rahmen der Politiken der Union sicherzustellen, und Art. 38 GRCh verpflichtet die Union, im Rahmen ihrer Politiken ein „hohes Verbraucherschutzniveau" zu gewährleisten. Darüber hinaus formuliert Art. 34 Abs. III GRCh, dass die Union das Recht aller „auf eine soziale Unterstützung und eine Unterstützung für die Wohnung" „anerkennt und achtet", soweit die anvisierten Grundrechtsträger „nicht über ausreichende Mittel verfügen". Art. 35 S. 2 GRCh schließlich verlangt der Union ab, bei der „...Durchführung aller Politiken und Maßnahmen ein hohes Niveau an Gesundheitsschutz" sicherzustellen. Die Frage nach dem Zielgehalt bzw. der leistungsrechtlichen Dimension dieser Gewährleistungen dürfte sich somit in der Zukunft stellen. Zumindest der Wortlaut einzelner Chartagewährleistungen steht einer dahingehenden Auslegung nicht im Wege.

Bevor die im Rahmen der rechtsvergleichenden Untersuchung gewonnenen Erkenntnisse zur hier interessierenden Wirkdimension auf die sozialen Gewährleistungen der Charta übertragen werden können, ist es unabdingbar, in aller Kürze auf den Grundsatz der „Parallelität von Kompetenz und Grundrechtsschutz"[11] einzugehen, welcher sich bei der Frage nach der leistungsrechtlichen Dimension bzw. dem Zielgehalt der sozialen Gewährleistungen der Charta unweigerlich stellt. Dieser Grundsatz besagt, dass die Union[12] kraft Grundrechtsbindung solange nicht zur Vornahme positiver Handlungen etwa in Gestalt konkreter Rechtsetzungsakte gezwungen werden kann, wie es für die in Frage stehende, aus dem Grundrecht möglicherweise resultierende Handlungsverpflichtung schon an einer gemeinschaftsrechtlichen Handlungskompetenz fehlt.

---

[10] Vgl. dazu oben, Erstes Kapitel, IV. 4.

[11] Begriff nach *Pernice*, DVBl 2000, S. 847 (852 f.).

[12] Zu verstehen im weitesten Sinne. Daher ist auch die Bindung der Gemeinschaften miteinbezogen, soweit im Folgenden von der „Union" die Rede ist, vgl. schon Fn 9.

Ausgangspunkt dahingehender Überlegungen ist das Prinzip der begrenzten Einzelermächtigung (Art. 5 Abs. I EG) und die der Union fehlende „Kompetenz-Kompetenz“: Ihre normativen Akte – insoweit sei auf die verschiedenen Handlungsformen verwiesen, die in Art. 249 EG vorgesehen sind – bedürfen kraft Art. 5 Abs. I EG grundsätzlich einer Kompetenzgrundlage, welche sich aus den einschlägigen Normen der Verträge ergibt.[13] Eine „Kompetenz-Kompetenz“, verstanden als das Recht, über die in den Gemeinschaftsverträgen vorgesehenen Kompetenzen hinaus originäre Rechtsetzungskompetenzen begründen zu können, fehlt der Union in Ermangelung ihrer Eigenstaatlichkeit.[14] Der Grundrechtsschutz durch die Charta steht also im Hinblick auf denkbare, durch Rechtsetzungsakte der Gemeinschaften vermittelte leistungsrechtliche Gehalte einzelner Grundrechte unter „Kompetenzvorbehalt“.[15] Wo es an einer Kompetenz zur Gewährung derartiger Leistungsgehalte fehlt, kann diese nicht unter Rückgriff auf einzelne Grundrechte der Charta überspielt werden. Diese an und für sich schon unter bloßer Berücksichtigung des Prinzips der begrenzten Einzelermächtigung eindeutige Erkenntnis hat der Grundrechtskonvent durch die Aufnahme des Art. 51 Abs. II GRCh bekräftigt, welcher hier wiedergegeben sei: „Die Charta begründet weder neue Zuständigkeiten noch neue Aufgaben der Gemeinschaften, noch ändert sie die in den Verträgen festgelegten Zuständigkeiten und Aufgaben.“. Einer Auslegung der sozialen Grundrechte der Charta, in Folge derer zulasten des gemeinschaftlichen Normsetzers Pflichten zur Vornahme positiver Handlungen statuiert werden sollen, obwohl es an der dafür erforderlichen Handlungskompetenz fehlt, ist spätestens mit dieser Norm eine unüberwindbare Grenze aufgezeigt.[16] Der schon nach Art. 5 Abs. I EU gebotene und durch Art. 51 Abs. II GRCh bestätigte Grundsatz der „Parallelität von Kompetenz und Grundrechtsschutz“ zieht so der Annahme leistungsrechtlicher Gehalte bzw. eines Zielgehalts sozialer Chartagrundrechte eine Grenze. Wo es schon an Handlungskompetenzen fehlt, stellt sich die Frage nach der leistungsrechtlichen Dimension des jeweiligen Grundrechts nicht; die Übertragung des Erkenntnisgewinns aus der rechtsvergleichenden Untersuchung ist dann zwangsläufig unmöglich.

---

[13] Vgl. statt vieler *Calliess* in: Calliess/Ruffert, EG, Art. 5 Rn 8 ff. sowie *Nettesheim* in: Europäisches Verfassungsrecht, S. 415 (420 ff.).

[14] So die wohl herrschende Auffassung. Vgl. statt vieler *Calliess* in: Calliess/Ruffert, EG, Art. 5 Rn 12 (m.w.N.).

[15] Darauf hat – soweit ersichtlich, als einer der ersten im deutschen Schrifttum – *Lindner*, DÖV 2000, S. 543 (549) schon zu Beginn der Arbeiten des Konvents zutreffend hingewiesen.

[16] *Große Wentrup*, Die Europäische Grundrechtecharta..., S. 151 ff. diskutiert am Beispiel des Art. 14 GRCh, inwieweit diese Norm i.V.m. Art. 308 EG und der „implied-powers“-Lehre des EuGH eine kompetenzerweiternde Wirkung haben könnte, lehnt eine derartige Wirkung aber zutreffend ab; vgl. *dies.*, a.a.O., S. 159.

Im Rahmen dieses Ausblicks kann indes die Frage, ob die Union über Kompetenzen verfügt, die dem Regelungsbereich eines sozialen Grundrechts der Charta entsprechen, selbstredend nicht für jedes einzelne soziale Grundrecht beantwortet werden. Insoweit wäre vielmehr eine an dem jeweils in Frage stehenden Grundrecht ansetzende, gesonderte Untersuchung notwendig. Das Schrifttum spricht angesichts einzelner sozialer Grundrechte der Charta mit Blick auf die Zuständigkeiten der Gemeinschaften von einer „überschießenden Tendenz“[17]; es wird ausdrücklich moniert, man hätte auf die Aufnahme einzelner sozialer Grundrechte besser verzichtet, soweit die Union im Schutzbereich des jeweiligen Grundrechts gar keine Kompetenzen habe.[18] Ob diese Kritik im Einzelnen berechtigt ist, soll hier nicht beantwortet werden. Immerhin sei aber auf Folgendes hingewiesen. Wenn die Charta vereinzelt auch dort Leistungsgehalte verspricht, die unter dem Gesichtspunkt der Parallelität von Kompetenz und Grundrechtsschutz bedenklich sein mögen, so ist doch nicht auszuschließen, dass es in der Zukunft zu weiteren Kompetenzübertragungen zugunsten der Union kommt und so ihr gegenwärtiges „kompetenzielles Defizit“, welches mit Blick auf den Leistungsgehalt einzelner sozialer Grundrechte besteht, behoben wird. Sobald dies geschehen ist, stellt sich erneut die Frage nach den Schranken der leistungsrechtlichen Dimension der sozialen Grundrechte der Charta; der Erkenntnisgewinn aus dem Rechtsvergleich kann spätestens dann verwertet werden.

Darüber hinaus verfügt die Union schon jetzt über Handlungskompetenzen in solchen Regelungsbereichen, die mit dem Normgehalt einzelner sozialer Grundrechte korrelieren. Beispielhaft sei auf das Recht auf Bildung (Art. 14 Abs. I 1. Var. GRCh) verwiesen. In kompetenzrechtlicher Hinsicht einschlägig sind die Art. 149 und 150 EG (Titel XI, Kapitel 3 des EG: „Allgemeine und berufliche Bildung der Jugend“). Als Politiken der Gemeinschaft ausgestaltet, belassen genannte Vorschriften zwar die Kompetenz zur Rechtsetzung im Wesentlichen bei den Mitgliedstaaten; die Gemeinschaft soll in erster Linie nur unterstützend und fördernd zugunsten der Mitgliedstaaten tätig werden.[19] Immerhin aber kann die Gemeinschaft etwa auf der Grundlage des Art. 150 Abs. IV EG Rechtsakte erlassen, sofern sie keine Harmonisierung der mitgliedstaatlichen Rechtsordnung bewirken[20] und sich auf die Förderung bereits ergriffener mitgliedstaatli-

[17] So *Calliess*, EuZW 2001, S. 261 (264).

[18] So für Art. 35 S. 1 GRCh („Recht auf Zugang zur Gesundheitsvorsorge“) und Art. 29 GRCh („Recht auf Zugang zu einem Arbeitsvermittlungsdienst“) *Calliess* in: Europäische Grundrechte, § 19 Rn 18 ff.

[19] Vgl. Art. 149 Abs. I, 150 Abs. I EG.

[20] Vgl. Art. 150 Abs. IV EG. Zum Harmonisierungsverbot *Krebber* in: Calliess/Ruffert, EG, Art. 150 Rn 7, Art. 149 Rn 13.

cher Maßnahmen beschränken.[21] Derartige Fördermaßnahmen wurden und werden durch die Gemeinschaft in Gestalt sog. Aktionsprogramme wie etwa des ERASMUS/Socrates-Programms realisiert.[22] Darüber hinaus enthält der EG mit Art. 40 und weiteren Vorschriften[23] Kompetenznormen, auf deren Grundlage die Gemeinschaft den Schutzbereich des Art. 14 GRCh in seiner leistungsrechtlichen Dimension konkretisieren kann. Ferner verfügt die Gemeinschaft über – wenn auch eingeschränkte – Handlungskompetenzen etwa auf dem Gebiet des Verbraucherschutzes, so in Art. 153 EG[24], oder aber dem des Unweltschutzes, so in den Art. 174 ff. EG[25]. Wo gegenwärtig Kompetenzen bestehen, kann die Übertragung der aus dem Rechtsvergleich gewonnenen Erkenntnisse zur leistungsrechtlichen Dimension bzw. zum Zielgehalt der sozialen Grundrechte auf einzelne Normen der Charta schon jetzt beginnen, der Erkenntnisgewinn so schon für die Gegenwart – die Rechtsverbindlichkeit der Charta unterstellt – fruchtbar gemacht werden.

Die rechtsvergleichende Untersuchung des deutschen und französischen Verfassungsrechts hat in erster Linie die von Verfassungs wegen zu beachtenden Schranken der leistungsrechtlichen Dimension bzw. des Zielgehalts aufgezeigt, welche zusammengefasst seien:

Deren/Dessen Bestimmung findet zunächst dort eine unüberwindbare Schranke, wo sie nur um den Preis der Verletzung eines mit der Zielverwirklichung kollidierenden Grundrechts möglich ist. Was im Rahmen der Untersuchung des deutschen und französischen Verfassungsrechts formuliert wurde, beansprucht auch für die Charta Geltung: Kollidierende Grundrechte in ihrer abwehrrechtlichen Dimension – es werden dies in erste Linie solche des Kap. II („Freiheiten") der Charta sein – können der Bestimmung des Zielgehalts bzw. der leistungsrechtlichen Dimension Grenzen setzen, müssen dies aber zumindest solange nicht, wie die Zielverwirklichung keine Kollisionslage provoziert.

Der neuralgische Punkt der leistungsrechtlichen Dimension ist indes, das hat die Untersuchung des deutschen und französischen Verfassungsrechts gezeigt, die verfassungsgerichtliche Kontrolle der hinreichenden Umsetzung der hier in-

---

21 *Krebber* in: Calliess/Ruffert, EG, Art. 150 Rn 8, Art. 149 Rn 14 (m.w.N.).

22 Zu diesen und anderen, auf die bildungspolitischen Kompetenzgrundlagen der Art. 149 Abs. IV, Art. 150 Abs. IV EG gestützten Aktionsprogrammen der Gemeinschaften vgl. *Krebber* in: Calliess/Ruffert, EG, Art. 149 Rn 15; Art. 150 Rn 8 sowie *Große Wentrup*, Die Europäische Grundrechtecharta, S. 136 f.

23 Etwa Art. 47 i.V.m. Art. 55 EG, Art. 12 EG, Art. 308 EG. Dazu ausführlich *Große Wentrup*, Die Europäische Grundrechtecharta, S. 137 ff.

24 Dazu *Wichard* in: Calliess/Ruffert, EG, Art. 153 Rn 10 ff.

25 Dazu *Calliess* in: Calliess/Ruffert, EG, Art. 175 Rb 22 ff.

teressierenden Wirkdimension durch den nationalen Gesetzgeber. Wo der Verfassungsinterpret glaubt, qua Grundrechtsinterpretation, sei es bei den sozialen Grundrechten der Präambel von 1946 oder aber dem Schutzpflichtgehalt des Art. 12 GG oder aber durch Auslegung eines – aus deutscher Sicht – objektivrechtlichen Prinzips wie des Sozialstaatsprinzips, dem Gesetzgeber einen bestimmten, noch zu verwirklichenden Umfang an Leistung bzw. Zielgehalt vorschreiben zu können, zeigt ihm das Prinzip der Gewaltenteilung eine Schranke auf. Denn im Hinblick auf dieses Prinzip ist die Kontrolle der nicht hinreichenden Umsetzung des Zielgehalts bzw. der leistungsrechtlichen Dimension – und damit eines gesetzgeberischen Unterlassens – in höchstem Maße bedenklich. Es ist dann die gerichtliche Entscheidung, und nicht mehr die eigene Initiative des Gesetzgebers, kraft welcher die Umsetzung des Zielgehalts bzw. der leistungsrechtlichen Dimension im einfachen Gesetzesrecht erfolgt. Das Initiativrecht des demokratisch legitimierten Gesetzgebers mutierte, so wurde für das deutsche und französische Verfassungsrecht formuliert, zu einer Initiativpflicht, dessen inhaltliche Ausgestaltung durch verfassungsgerichtliche Entscheidung bestimmt würde. In beiden nationalen Rechtsordnungen bleibt es aber – zumindest in der Rechtsprechungspraxis der Verfassungsgerichte – primär der freien Entscheidung des Gesetzgebers anheim gestellt, in welchem Umfang er die leistungsrechtliche Dimension bzw. den Zielgehalt einer Verfassungsgewährleistung im einfachen Recht umsetzt. Im deutschen wie im französischen Verfassungsrecht ist so der Gesetzgeber diejenige Instanz im Gefüge der drei Staatsgewalten, die aus eigener Initiative heraus zur einfach-gesetzlichen Konkretisierung der hier interessierenden Wirkdimension schreitet.

Unterschiede in der Haltung der beiden Verfassungsgerichte bestehen insoweit, als der Conseil constitutionnel noch nie eine mögliche Verletzung der leistungsrechtlichen Dimension der sozialen Grundrechte der Präambel von 1946 durch ein gesetzgeberisches Unterlassen geprüft und konsequenterweise auch nicht festgestellt hat. Es ist dies ein Zustand, der auf ein Fortwirken der Idee der „loi sacrée“ und, mit dieser einhergehend, auf die Furcht vor dem „gouvernement des juges“ zurückgeführt wurde. Demgegenüber praktiziert das Bundesverfassungsgericht am Maßstab des Sozialstaatsprinzips oder aber des Schutzpflichtkonzepts die Kontrolle eines gesetzgeberischen Unterlassens. Wenn es auch insoweit – sieht man von wenigen Ausnahmen ab – in aller Regel keine Verletzung festgestellt hat, so artikuliert sich in dieser praktizierten Kontrolle doch eine, vor dem Hintergrund des Vergleichs mit der Rechtsprechung des Conseil constitutionnel, vergleichsweise dominantere Stellung des Bundesverfassungsgerichts im Gefüge der drei Staatsgewalten: Das Bundesverfassungsgericht behält sich auch für die Zukunft die Kontrolle eines gesetzgeberischen Unterlassens vor. Eine andere Frage ist, ob die verfassungsgerichtliche Sanktion eines gesetzgeberischen Unterlassens wahrscheinlich ist. Die Zubilligung eines weiten Beurteilungsspielraums an den Gesetzgeber, soweit etwa die nicht hinreichende Umsetzung des dem Sozialstaatsprinzips immanenten Zielgehalts zur Überprüfung ansteht, oder aber eine möglicherweise unzulängliche Umsetzung des Schutzpflichtgehalts eines Freiheitsgrundrechts, und die mit dieser Zubilligung einhergehende Zurücknahme der gerichtlichen Kontrolldichte begünstigen eine verneinende Antwort.

Auch für die Chartagrundrechte wird man sich in Zukunft der Problematik des ihnen immanenten Zielgehalts und, damit einhergehend, der Kontrolle eines Unterlassens des europäischen Normsetzers durch den EuGH[26] stellen müssen. Wo schon nicht der Wortlaut des dann in Frage stehenden Chartagrundrechts einer leistungsrechtlichen Interpretation entgegensteht, wo darüber hinaus entsprechende Handlungskompetenzen der Union vorhanden sind („Parallelität von Kompetenz und Grundrechtsschutz") und soweit nicht etwa die abwehrrechtliche Dimension eines Freiheitsgrundrechts der Zielverwirklichung eine unüberwindbare Schranke zieht, wird es dann entscheidend darauf ankommen, in welchem Umfang der mit der Kontrolle der Chartagewährleistungen beauftragte EuGH dem europäischen Normsetzer einen Beurteilungsspielraum zubilligt und in Folge dessen seine Kontrollintensität zurücknimmt.

Wie die rechtsvergleichende Untersuchung aufgezeigt hat, sind es die Unterschiede in der jeweiligen verfassungsgeschichtlichen Traditionen, welche die Dominanz von Bundesverfassungsgericht und Conseil constitutionnel im Gefüge der drei Staatsgewalten erklären, soweit die Kontrolle des Gesetzgebers am Maßstab der Grundrechte in Frage steht. Für die Rechtsprechung des EuGH bleibt daher abzuwarten, welcher Tradition er sich mit Blick auf die Kontrolle des europäischen Normsetzers anschließen wird. Einzelne Normen der Charta geben Anhaltspunkte dafür, dass der EuGH sich in erster Linie an einer solchen verfassungsgerichtlichen Rechtsprechungspraxis zu orientieren haben wird, die – wie die französische – der Kontrolle eines gesetzgeberischen Unterlassens, Folge der nicht hinreichenden einfach-gesetzlichen Umsetzung des den sozialen Grundrechten immanenten Zielgehalts bzw. ihrer leistungsrechtlichen Dimension, ausgesprochen zurückhaltend, wenn nicht gar ablehnend gegenübersteht. Dafür spricht entscheidend der im Zuge der Beratungen des „Konvent[s] zur Zukunft Europas" eingeführte Art. 52 Abs. V GRCh: „Die Bestimmungen der Charta, in denen *Grundsätze* festgelegt sind, *können* durch Akte der Gesetzgebung und der Ausführung der Organe und Einrichtungen der Union sowie durch Akte der Mitgliedsstaaten zur Durchführung des Rechts der Union in Ausübung ihrer jeweiligen Zuständigkeiten *umgesetzt* werden. Sie können vor Gericht nur

---

[26] Wie Fn 2.

bei der Auslegung dieser Akte und bei Entscheidungen über deren Rechtmäßigkeit herangezogen werden.“.[27]

Interpretationsbedürftig ist hier zunächst das Tatbestandsmerkmal der „Grundsätze“, welches es von dem der „Rechte“ abzugrenzen gilt. Diese Unterscheidung hatte schon der Grundrechtskonvent in Art. 51 Abs. I S. 2 GRCh[28] niedergelegt. Die Debatten des Grundrechtskonvents sind indes wenig ergiebig, soweit die Frage nach den Unterschieden zwischen „Rechten“ und „Grundsätzen“ beantwortet werden soll.[29] Gleiches gilt für die Erläuterungen des Präsidiums zu Art. 51 Abs. I S. 2 GRCh, die jegliche Bezugnahme auf das Begriffspaar Grundsätze/Rechte vermissen lassen.[30] Dafür hat immerhin der „Konvent zur Zukunft Europas“ die Erläuterungen des Präsidiums des Grundrechtskonvents ergänzt, als er den hier interessierenden Art. 52 Abs. V GRCh im Zuge seiner Beratungen in den Chartatext einführte. Ohne eine Definition des Tatbestandsmerkmals „Grundsatz“ zu geben, benennt er beispielhaft einige Normen der Charta, die ausschließlich als „Grundsätze“ zu verstehen seien, so bspw. den im Kap. IV (Solidarität) verbürgten Art. 37 GRCh („Umweltschutz“). Darüber hinaus benennt er beispielhaft einige Normen des IV. Kapitels, denen neben ihrer Eigenschaft als Rechte auch ein Grundsatzcharakter zukomme: so den Art. 33 GRCh (Familien- und Berufsleben) und Art. 34 GRCh (Soziale Sicherheit und soziale Unterstützung).[31] Dass die Erläuterungen des „Konvent[s] zur Zukunft Europas“ über eine beispielhafte Aufzählung nicht hinauskommen, dürfte darauf zurückzuführen sein, dass dieser Konvent sich auf die Vorarbeiten seiner Arbeitsgruppe II („Einbeziehung der Charta/Beitritt zur EMRK“) gestützt hat. Diese hatte in ihrer Begründung zur Einführung des Art. 52 Abs. V GRCh darauf hingewiesen, es solle der zukünftigen Rechtsprechung überlassen bleiben, herauszuarbeiten, welche Normen des Kap. IV der Charta im einzelnen als „Grundsatz“ zu verstehen seien. Jedenfalls, und insoweit sind die Erläuterungen des „Konvent[s] zur Zukunft Europas“ zu Art. 52 Abs. V GRCh im Hinblick auf die leistungsrechtliche Dimension bzw. den Zielgehalt der sozialen Gewährleistungen der Charta von Interesse, begründeten die als „Grundsätze“ identifizierten Gewährleistungen keine „direkten Ansprüche auf den Erlaß positiver Maßnahmen durch die Organe der Union“.[32]

---

27 EuGRZ 2003, S. 373. Hervorhebungen durch den Verfasser.

28 Art. 51 Abs. I S. 2 GRCh: „Dementsprechend achten sie [die Grundrechtsadressaten] die *Rechte*, halten sie sich an die *Grundsätze* und fördern sie deren Anwendung gemäß ihren jeweiligen Zuständigkeiten.“ Hervorhebung und Einfügung durch den Verfasser.

29 So auch *Borowsky* in: Meyer, GRCh, Art. 52 Rn 33 f.

30 Vgl. die Erläuterungen des Präsidiums, EuGRZ 2000, S. 559 (568).

31 Conv. 828/03 Rev 1, S. 47 ff.; Quelle: wie Fn 6.

32 Conv. 828/03 Rev 1, S. 51; Quelle: wie Fn 6.

Angesichts dieses „gesetzgeberischen Willens" wird verständlich, wieso Art. 52 Abs. V GRCh als „Kann-Bestimmung" formuliert ist, soweit die Umsetzung der „Grundsätze" – wie gezeigt, fasst der „Konvent zur Zukunft Europas" einen Grossteil der sozialen Gewährleistungen des Kap. IV der Charta hierunter – durch die Union vorgenommen werden soll. Deren Organe können diese aus eigener Initiative umsetzen, dürfen aber kraft gerichtlicher Entscheidung nicht hierzu verpflichtet werden. Nur wenn eine Umsetzung erfolgt ist, können die „Grundsätze" bei der Auslegung dieser Umsetzung herangezogen werden, wie Art. 52 Abs. V GRCh klarstellt.[33] Man wird den nachträglich eingefügten Art. 52 Abs. V GRCh dahingehend verstehen müssen, dass er Ausdruck der Sorge ist, der EuGH könnte der Union im Wege der Auslegung einzelner Gewährleistungen des Kap. IV der Charta bestimmte, auf der jeweiligen Kompetenzgrundlage des EG noch umzusetzende Handlungsverpflichtungen auferlegen – so etwa ein „Mehr" an Bildung, Verbraucherschutz oder Umweltschutz.

Vor dem Hintergrund des Art. 52 Abs. V GRCh lässt sich nun fragen, ob nach dem Willen des „Konvent[s] zur Zukunft Europas" eine leistungsrechtliche Interpretation einzelner sozialer Gewährleistungen, soweit sie von der zukünftigen Rechtsprechung als Grundsätze identifiziert werden, durch die Einfügung des Art. 52 Abs. V S. 1 GRCh für alle Zeiten gesperrt werden sollte – und eine Kontrolle, wie sie das Bundesverfassungsgericht im Hinblick auf ein gesetzgeberisches Unterlassen durchführt, für die sozialen Grundrechte der Charta nicht mehr in Frage kommt. Gegen ein derartig rigoroses Verständnis des Art. 52 Abs. V GRCh spricht der Wortlaut des Art. 51 Abs. I S. 2 GRCh[34]: Nach wie vor enthält er den Auftrag an die Union, die „Grundsätze" zu „fördern"; ein Rest an Förderpflicht bleibt also zumindest mit Blick auf die als „Grundsätze" identifizierten Gewährleistungen der Charta. Ob die Einfügung des Art. 52 Abs. V GRCh als besonders geglückt bezeichnet werden kann, erscheint mit Blick auf den Widerspruch zu Art. 51 Abs. I S. 2 GRCh mehr als fraglich. Selbst wenn man aber unter Berufung auf Art. 51 Abs. I S. 2 GRCh eine grundsätzliche Förderpflicht bejaht, so bleiben die von Verfassungs wegen zu beachtenden Schranken dieser Förderpflicht. Diese im Wege der rechtsvergleichenden Untersuchung herausgearbeiteten Schranken beanspruchen nicht nur kraft Abs. 5 der Präambel der Charta und Art. 52 Abs. IV GRCh Geltung. Schranken wie die Beachtung kollidierender Freiheitsgrundrechte oder aber der Gewaltenteilungsgrundsatz sind der Charta auch losgelöst von diesbezüglichen nationalen Verfassungsüberlieferungen immanent. Was Erstere anbelangt, so sei nur auf das Kapitel II („Freiheiten") der Charta verwiesen. Was Letzteren anbelangt, so wird die Beachtung des Gewaltenteilungsgrundsatzes zwar nicht wie etwa in Art. 16

33 Vgl. Fn 27.
34 Vgl. Fn 28.

der Erklärung von 1789[35] ausdrücklich vorgeschrieben. Mit der Gewährleistung einer Jurisdiktion in Gestalt des EuGH auf der einen und einer „europäischen Legislative“ auf der anderen Seite – der „Vertrag über eine Verfassung für Europa“ spricht ausdrücklich von „europäischen Gesetzen“[36] – beansprucht der Gewaltenteilungsgrundsatz indes zwangsläufig Geltung. Vor allem mit Blick auf diesen Grundsatz ist eine leistungsrechtliche Interpretation der sozialen Gewährleistungen der Charta kaum vertretbar.

Im engen Zusammenhang mit der leistungsrechtlichen Dimension sozialer Grundrechte wurde für das deutsche und französische Verfassungsrecht noch untersucht, wie es sich zur Problematik von unmittelbar aus Grundrechten subjektiv eingeklagten Leistungsgehalten verhält. Die Rechtsprechung von Conseil d'Etat und Bundesverwaltungsgericht zeigen insoweit eine „gemeinsame Verfassungsüberlieferung“ auf, als sich beide Gerichte (das Bundesverwaltungsgericht zumindest in aller Regel) weigern, dort Leistungsansprüche unmittelbar aus Grundrechten zu gewähren, wo der Gesetzgeber keine einfach-gesetzliche Umsetzung des in Frage stehenden Leistungsgehaltes geschaffen hat. Ist aber eine einfach-gesetzliche Umsetzung, was in aller Regel der Fall ist, vorhanden, sperrt sie die Gewährung solcher Ansprüche, die über den vom Gesetzgeber vorgesehenen Umfang hinausgehen; der vermeintlich leistungsrechtliche Gehalt eines Grundrechts vermag die gesetzgeberische Umsetzung dann nicht zu überspielen.

Die hier zusammengefassten Ergebnisse der rechtsvergleichenden Untersuchung, soweit sie die Problematik aus einzelnen Grundrechten subjektiv eingeklagter Leistungsgehalte betreffen, wird man indes für die Charta kaum verwerten können. Denn der Konvent hat in der Regel auf die Formulierung von „Rechten auf etwas“, das haben die Ausführungen im Ersten Kapitel der Arbeit gezeigt, verzichtet. In prozessualer Hinsicht stellt sich zudem das Problem, dass die durch Art. 230 Abs. IV EG gegenwärtig eröffnete Klagemöglichkeit einzelner Grundrechtsberechtigter durch den EuGH äußerst restriktiv gehandhabt wird.[37] Ob sich daran in Zukunft etwas ändern wird, erscheint zweifelhaft, da der Konvent zur Zukunft Europas Art. 230 Abs. IV EG übernommen hat.[38] Darüber hinaus wurde von besagtem Konvent die Einführung eines der deutschen Verfassungsbeschwerde vergleichbaren individuellen Rechtsschutz-

---

[35] Vgl. Zweites Kapitel, Fn 262.

[36] Vgl. nur Art. I-32 ff. sowie Art. III-301 ff. des Entwurfs, EuGRZ 2003, S. 363 ff. bzw. S. 434 ff.

[37] Einhellige Meinung; vgl. statt vieler *Schwarze* in DVBl 2002, S. 1297 (1299 ff. m.w.N. aus dem Schrifttum und der Rspr. des EuGH).

[38] Vgl. Art. III-270 Abs. IV des Entwurfs, EuGRZ 2003, S. 430.

verfahrens abgelehnt.[39] Schon vor diesem prozessualen Hintergrund dürfte die Frage nach individuell einklagbaren leistungsrechtlichen Gehalten aus sozialen Gewährleistungen der Charta, soweit die Bindung der Union in Frage steht, in aller Regel nicht zur Entscheidung gebracht werden. Wer aber glaubt, einzelne Freiheitsgrundrechte der Charta (Kap. II: „Freiheiten"), ggf. i.V.m. den Gewährleistungen des Kap. IV, in subjektiv einklagbare Leistungsrechte uminterpretieren zu können, der sei vor dem Hintergrund des deutsch-französischen Rechtsvergleichs daran erinnert, dass in der französischen Rechtspraxis eine derartige Ableitung von Leistungsgehalten noch nicht einmal im Ansatz diskutiert und in der deutschen Rechtsprechungspraxis nur in engsten Ausnahmefällen praktiziert wird.

### III. Bestandsschutz zugunsten der Konkretisierungen der sozialen Grundrechte der Charta

Wo die Union bereits Maßnahmen ergriffen hat, die als Konkretisierungen des Zielgehalts bzw. der leistungsrechtlichen Dimension einzelner Gewährleistungen des Kap. IV der Charta oder aber solcher Rechte begriffen werden können, die wie das Recht auf Bildung (Art. 14 Abs. I 1. Var. GRCh) als „soziale" qualifiziert werden können, könnte sich zukünftig die Problematik eines verfassungsrechtlichen, in diesem Falle durch die jeweils einschlägige soziale Gewährleistung der Charta vermittelten Bestandsschutzes stellen. Dieser würde sich in Fällen einer vom europäischen Normsetzer praktizierten Zurücknahme der einmal erfolgten „gesetzlichen" Umsetzung entfalten und dieser so Grenzen ziehen.

Das französische und deutsche Verfassungsrecht zeigen insoweit in Gestalt „gemeinsamer Verfassungsüberlieferungen" Ansätze zur Lösung der Problematik auf. Sowohl im deutschen als auch im französischen Verfassungsrecht ist der Bestandsschutz zugunsten solcher Leistungs- bzw. Zielgehalte, welche vom Gesetzgeber aus eigener Initiative im einfachen Gesetzesrecht umgesetzt wurden, allenfalls auf einen Minimalbestand reduziert, der in seinen Konturen aber im Unscharfen verbleibt.

So geht der Conseil constitutionnel von einem begrenzten „effet-cliquet" aus, welcher gesetzgeberische Maßnahmen sperrt, die eine Zurücknahme der einfach-gesetzlichen Konkretisierungen der sozialen Grundrechte der Präambel von 1946 bewirken. Dieser auf ein Mindestmaß begrenzte, und damit nicht vollum-

---

[39] So schon der Vorschlag der Arbeitsgruppe II („Einbeziehung der Charta/Beitritt zur EMRK") des Konvents; vgl. Conv. 354/02, S. 15 f. (Quelle: wie Fn 6).

fänglich eine gesetzgeberische Zurücknahme sperrende „effet-cliquet", dessen Verletzung vom Conseil constitutionnel noch nie festgestellt wurde, ergibt sich daraus, dass eine so und nicht anders gebotene Umsetzung des Zielgehalts bzw. der leistungsrechtlichen Dimension der sozialen Grundrechte der Präambel von 1946 von Verfassungs wegen gerade nicht auf dem Gesetzgeber lastet. Insoweit wirken sich die Überlegungen zum Zielgehalt bzw. zur leistungsrechtlichen Dimension der sozialen Grundrechte der Präambel von 1946 unweigerlich auf die Behandlung der Problematik des „effet-cliquet" aus. Denn was an einfach-gesetzlicher Umsetzung durch diese Gewährleistungen schon nicht so und nicht anders geboten ist, dessen Zurücknahme kann nicht an ihrem Maßstab gerügt werden. Daher war schon in der Einleitung zu dieser Arbeit von der Verzahnung der verschiedenen rechtlichen Fragestellungen die Rede, welche aus den deutsch-französischen Konventsdebatten zur Problematik der Verbürgung sozialer Grundrechte in der Charta herausgearbeitet wurden: Die Überlegungen zum leistungsrechtlichen Gehalt der sozialen Grundrechte der Präambel von 1946 beanspruchen zwangsläufig Geltung für die Problematik des „effet-cliquet". Allenfalls zugunsten eines – in seinen Konturen ausgesprochen unscharfen – Mindestmaßes von aus freier gesetzgeberischer Initiative erfolgter einfach-gesetzlicher Konkretisierung entfaltet sich aus der Sicht des Conseil constitutionnel ein „effet-cliquet".

Für das Sozialstaatsprinzip des Grundgesetzes gilt aus der Sicht des Bundesverfassungsgerichts nichts anderes. Das Niveau an einfach-gesetzlich konkretisierter Sozialstaatlichkeit bestimmt letztlich der Gesetzgeber. Er ist im Gefüge der drei Staatsgewalten der entscheidende Ausgestalter des Zielgehalts, der dieser Vorschrift immanent ist. Nimmt er einzelne – aus freier Entscheidung verwirklichte – einfach-gesetzliche Konkretisierungen der von ihm authentisch interpretierten Sozialstaatlichkeit zurück, zieht ihm das Sozialstaatsprinzip für sich genommen keine Grenzen. Verfassungsrechtlichen Schutz vor einfach-gesetzlichen Kürzungen etwa im Bereich der Sozialhilfe vermittelt, in der Regel i.V.m. dem Sozialstaatsprinzip, Art. 1 Abs. I GG (Existenzminimum). Steht darüber hinaus die Zurücknahme einfach-gesetzlicher Schutzgesetzgebung zur verfassungsrechtlichen Überprüfung an, so ist es der Schutzpflichtgehalt des jeweils einschlägigen Freiheitsgrundrechts, der der gesetzgeberischen Aktivität eine äußerste Grenze zieht. Dies wurde am Beispiel der Rechtsprechung zu Art. 12 GG aufgezeigt. Schließlich unterliegen, wenn auch nur unter engsten Voraussetzungen, die sog. beitragsfinanzierten Sozialleistungen dem Schutzbereich des Art. 14 GG. Sowohl das Schutzpflichtkonzept als auch der Schutz des Existenzminimums, und nicht zuletzt der durch Art. 14 GG gewährleistete Schutz, entfalten in der Rechtsprechung des Bundesverfassungsgerichts indes keinen, um mit der Terminologie des französischen Verfassungsrechts zu sprechen, umfassenden „effet-cliquet" zugunsten der jeweils in Frage stehenden einfach-gesetzlichen

Umsetzung. Vielmehr zeigen sie dem Gesetzgeber jeweils eine von Verfassungs wegen zu beachtende äußerste Grenze auf, an welcher sich seine Aktivität messen lassen muss, wenn sie die Umsetzung verkürzt.

Will man die zusammengefasste „gemeinsame Verfassungsüberlieferung" Deutschlands und Frankreichs für die zukünftige Auslegung der Charta entfalten, so ist es vor dem Hintergrund der rechtsvergleichenden Untersuchung vertretbar, von einem auf ein Mindestmaß beschränkten, durch einzelne soziale Gewährleistungen der Charta vermittelten „effet-cliquet" dort auszugehen, wo der europäische Normsetzer bereits gegenwärtig Regelungen geschaffen hat, die dem Regelungsbereich einer Vorschrift des Kap. IV zugeordnet und als deren Umsetzung begriffen werden können. Gleiches gilt für zukünftig vorgenommene Umsetzungen.

## IV. Die sozialen Grundrechte der Charta im Rahmen der Eingriffsrechtfertigung

Als Ergebnis der Untersuchung des deutschen und französischen Verfassungsrechts wurde formuliert, dass das Sozialstaatsprinzip des Grundgesetzes und die sozialen Grundrechte der Präambel von 1946 dem nationalen Gesetzgeber verfassungslegitime Ziele, von der Verfassung grundsätzlich getragene Zwecke vorzeichnen, auf die er sich berufen kann, soweit es im Zuge einer gesetzgeberischen Maßnahme zu Eingriffen in solche Grundrechte kommt, die in ihrer abwehrrechtlichen Dimension mit der vom Gesetzgeber beabsichtigten Zielverwirklichung kollidieren. Für das französische Verfassungsrecht spricht der Conseil constitutionnel, zum Teil ausdrücklich, zum Teil der Sache nach, von „objectifs de valeur constitutionnelle", welche er aus den sozialen Grundrechten der Präambel von 1946 ableitet. Diese stellen die zur Eingriffsrechtfertigung unabdingbare verfassungsrechtliche Grundlage bereit. Im deutschen Verfassungsrecht muss unterschieden werden zwischen Eingriffen in vorbehaltlos gewährleistete Grundrechte und solche mit Gesetzesvorbehalten. Konstitutiv für eine erfolgreiche Eingriffsrechtfertigung ist das Sozialstaatsprinzip nur bei Ersteren; insoweit kann es für den Gesetzgeber den nach den Grundsätzen der Eingriffsrechtfertigung durch kollidierendes Verfassungsrecht unabdingbaren „Wert von Verfassungsrang" ausfüllen. Angesichts vorhandener alternativer Anknüpfungspunkte in den einzelnen Freiheitsgrundrechten des Grundgesetzes bleibt der Gesetzgeber aber aus der Sicht des Bundesverfassungsgerichts nicht auf das Sozialstaatsprinzip beschränkt, soweit er im (weitesten Sinne verstandene) sozialpolitische Zwecksetzungen im einfachen Gesetzesrecht verfolgen will und hierbei in kollidierende Grundrechte eingreifen muss. Was die unter Gesetzesvorbehalt gestellten Grundrechte anbelangt, so ist aus der Sicht des Bundesverfassungsgerichts eine verfassungsrechtliche Verankerung der verfolgten Zielsetzung nicht zwingend erforderlich; allenfalls dem Grundgesetz offensichtlich zuwiderlaufende Ziele sind nicht verfassungsgemäß.

Sowohl im französischen als auch im deutschen Verfassungsrecht reicht die verfassungsrechtliche Verankerung der in Frage stehenden gesetzgeberischen Zwecksetzung für sich genommenen nicht aus, den Eingriff zu rechtfertigen. Vielmehr bedarf es der Beachtung der Schranken-Schranken:

Zentrale Bedeutung kommt dabei in der Rechtsprechungspraxis beider Verfassungsgerichte dem Grundsatz der Verhältnismäßigkeit zu. In dessen Prüfung werden die vom Gesetzgeber verfolgten und grundsätzlich von der Verfassung getragenen Zwecksetzungen zwangsläufig mit einbezogen, da die Verhältnismäßigkeitsprüfung immer eine Kontrolle der Zweck-Mittel-Relation beinhaltet. Eine die Eingriffsrechtfertigung optimierende Wirkung kommt dem Rückgriff auf das Sozialstaatsprinzip oder einem sozialen Grundrecht der Präambel von 1946 im Rahmen der Verhältnismäßigkeitsprüfung nicht zu. Vielmehr entscheiden die in der jeweiligen nationalen Verfassungsordnung gültigen Komponenten des Verhältnismäßigkeitsgrundsatzes und die mit ihnen einhergehende Kontrollintensität des jeweiligen Verfassungsgerichts darüber, ob die in Frage stehende gesetzgeberische Maßnahme, soweit das durch sie verfolgte Ziel grundsätzlich von der Verfassung getragen wird, noch verhältnismäßig ist. Der vergleichsweise dichten Prüfung des Verhältnismäßigkeitsgrundsatzes durch das Bundesverfassungsgericht steht eine weitaus zurückhaltendere Kontrollpraxis des Conseil constitutionnel gegenüber. Dieser beschränkt seine Kontrolle auf Fälle der offensichtlichen Unverhältnismäßigkeit („limite à ne pas franchir") und belässt dem Gesetzgeber so bei der Eingriffsrechtfertigung vergleichsweise größere Handlungsspielräume. Insoweit wurde formuliert, dass die dichtere Kontrolle durch das Bundesverfassungsgerichts am Maßstab des Verhältnismäßigkeitsgrundsatzes ihre Ursache auch in den unterschiedlichen verfassungsgeschichtlichen Traditionen Deutschlands und Frankreichs findet, soweit die Kontrolle gesetzgeberischer Handlungen am Maßstab materiell-rechtlicher Gewährleistungen der Verfassung in Frage steht. Es sind dies Unterschiede, die schon erklärt haben, warum die Problematik eines gesetzgeberischen Unterlassens, Folge der nicht hinreichenden Umsetzung des Zielgehalts bzw. der leistungsrechtlichen Dimension der sozialen Grundrechte der Präambel von 1946, bis heute nicht den Conseil constitutionnel beschäftigt und daher auch im französischen Schrifttum von marginaler Bedeutung ist. Die vergleichsweise geringere Dominanz des Conseil constitutionnel im Gefüge der drei Staatsgewalten, wenn es um die Prüfung eines gesetzgeberischen Unterlassens geht, artikuliert sich dann konsequenterweise auch in der wie beschrieben praktizierten, zurückhaltenderen Verhältnismäßigkeitsprüfung.

Der Erkenntnisgewinn aus dem deutsch-französischen Rechtsvergleich kann für die Frage, welche Rolle einzelnen sozialen Grundrechten der Charta im Rahmen der Eingriffsrechtfertigung möglicherweise zukommen kann, wie folgt fruchtbar gemacht werden: So, wie etwa das Sozialstaatsprinzip dem deutschen Gesetzgeber im Rahmen der Eingriffsrechtfertigung ein „verfassungslegitimes Ziel" vorzeichnet oder aber einzelne soziale Grundrechte der Präambel von 1946 dem französischen Gesetzgeber ein „objectif de valeur constitutionnelle", so halten auch einzelne soziale Gewährleistungen der Charta für den europäischen Normsetzer von der „Verfassung für Europa" anerkannte „objectifs" bzw. „verfassungslegitime Ziele" bereit.

Normativer Anknüpfungspunkt für die hier angestellten Überlegungen ist Art. 52 Abs. I GRCh. Der Konvent hat mit Satz 1 dieser Vorschrift zunächst einen einheitlichen Gesetzesvorbehalt geschaffen, auf dessen Grundlage der Normsetzer in den Schutzbereich eines Grundrechts – bei Wahrung von dessen Wesensgehalt – eingreifen kann.[40] Darüber hinaus statuiert Satz 2, und diese Vorschrift verhilft dem Erkenntnisgewinn aus dem Rechtsvergleich zum Eintritt auf die Chartaebene, dass die europäische Normsetzung – unter Beachtung des Verhältnismäßigkeitsgrundsatzes – nur solche Ziele verfolgen darf, die den „von der Union anerkannten dem Gemeinwohl dienenden Zielsetzungen oder den Erfordernissen des Schutzes der Rechte und Freiheiten anderer tatsächlich entsprechen".[41] Einzelne soziale Gewährleistungen der Charta können zukünftig als derartige Zielsetzungen verstanden werden, welche dem europäischen Normsetzer so kraft Art. 52 Abs. I S. 2 GRCh die, wie hier vor dem Hintergrund des deutsch-französischen Rechtsvergleichs formuliert werden soll, für eine erfolgreiche Eingriffsrechtfertigung unabdingbaren „objectifs de valeur constitutionnelle" oder aber „Werte von Verfassungsrang" bzw. „verfassungslegitime Ziele" vorgeben. Anders als in der Vergangenheit, wo der EuGH Eingriffe etwa in die Berufsfreiheit unter Rückgriff auf verfassungstextlich nicht präzisierte Gemeinwohlziele wie den Gesundheits-[42], Umwelt-[43] und Ver-

---

[40] Art. 52 Abs. I S. 1 GRCh: „Jede Einschränkung der Ausübung der in dieser Charta anerkannten Rechte und Freiheiten muss gesetzlich vorgesehen sein und den wesentlichen Gehalt dieser Rechte und Freiheiten achten.". Vgl. EuGRZ 2003, S. 373.

[41] Art. 52 Abs. I S. 2 GRCh: „Unter Wahrung des Grundsatzes der Verhältnismäßigkeit dürfen Einschränkungen nur vorgenommen werden, wenn sie notwendig sind und den von der Union anerkannten dem Gemeinwohl dienenden Zielsetzungen oder den Erfordernissen des Schutzes der Rechte und Freiheiten anderer tatsächlich entsprechen.". Vgl. EuGRZ 2003, S. 373.

[42] EuGH RS C-183/95, Slg. 1997-I, S. 4362 (4375, Erw. 49).

[43] EuGH RS C-240/83, Slg. 1985-I, S. 531 (549, Erw. 13).

braucherschutz[44] rechtfertigte, halten die Art. 35 GRCh (Gesundheitsschutz), 37 GRCh (Umweltschutz) und 38 GRCh (Verbraucherschutz) zukünftig von der Union ausdrücklich anerkannte, dem Gemeinwohl dienende Zielsetzungen im Sinne des Art. 52 Abs. I S. 2 GRCh bereit.

Dass die genannten Vorschriften sich im Rahmen ihrer voranstehend erörterten Funktion, die vor dem Hintergrund des deutsch-französischen Rechtsvergleichs grundsätzlich denkbar ist, einer regelmäßigen Anwendung in der Rechtsprechung des EuGH erfreuen werden, erscheint indes eher unwahrscheinlich. Denn ausweislich der Erläuterungen des Präsidiums zu Art. 52 Abs. I GRCh sind von dem Begriff der von der Union anerkannten Gemeinwohlzielsetzungen auch solche erfasst, die ihre Niederlegung außerhalb des eigentlichen Chartatextes erfahren haben. So ist etwa in Art. 2 EG der Umweltschutz als „Aufgabe“ der Gemeinschaften ebenso angesprochen wie die Hebung der Lebensqualität; Gleiches gilt für den vom Präsidium in besagten Erläuterungen beispielhaft angeführten Art. 30 EG, der Ausnahmen vom Verbot mengenmäßiger Einfuhr- und Ausfuhrbeschränkungen erlaubt, soweit sie dem Schutze der Gesundheit und der Umwelt dienen. Zahlreiche Alternativen zu den sozialen Gewährleistungen der Charta in der hier angedachten Funktion sind also vorhanden.

Sollte der EuGH zukünftig jedenfalls *auch* auf einzelne soziale Gewährleistungen der Charta zurückgreifen, um in ihnen von der Union anerkannte Gemeinwohlziele im Sinne des Art. 52 Abs. I S. 2 GRCh zu erkennen, genügt die so begründete Verfassungslegitimität der jeweils in Frage stehenden Maßnahme des europäischen Normsetzers für sich genommen aber ersichtlich nicht, um den Eingriff in ein Freiheitsgrundrecht der Charta als gerechtfertigt zu werten. Denn darüber hinaus bedarf es, wie Art. 51 Abs. I S. 2 GRCh anordnet, selbstverständlich auch der Beachtung des Verhältnismäßigkeitsgrundsatzes. Wie im Zuge der rechtsvergleichenden Untersuchung für das deutsche und französische Verfassungsrecht formuliert wurde, entscheiden dann aber dessen einzelne, vom jeweiligen Verfassungsgericht angewandten Komponenten über die Gewichtigkeit etwa des Sozialstaatsprinzips oder aber eines sozialen Grundrechtes der Präambel von 1946 im Rahmen der Eingriffsrechtfertigung. Gleiches wird für die sozialen Gewährleistungen der Charta gelten. Es bleibt daher abzuwarten, ob der EuGH zukünftig eine Verhältnismäßigkeitsprüfung durchführt, die sich in ihrer Ausdifferenziertheit derjenigen des deutschen Verfassungsrechts annähert. Gegenwärtig jedenfalls ist seine Rechtsprechung durch eine, so Stimmen aus dem deutschen Schrifttum, „ungewöhnliche“ Zurücknahme der gerichtlichen Kontrollintensität gekennzeichnet; insoweit betone der EuGH die „funktionell-rechtlichen Grenzen der Rechtsprechung im Verhältnis zum Ge-

44 EuGH RS C-306/93, Slg. 1994-I, S. 5571 (5582, Erw. 25).

meinschaftsgesetzgeber".[45] Im Rahmen eines Ausblicks verbieten sich Vermutungen darüber, ob diese – aus der Perspektive der deutschen Grundrechtsdogmatik formuliert – zurückhaltende Rechtsprechungspraxis des EuGH möglicherweise auch auf eine Beeinflussung durch die Rechtsprechung des Conseil constitutionnel zurückzuführen ist. Jedenfalls hat die rechtsvergleichende Untersuchung aufgezeigt, dass der Conseil constitutionnel seine Kontrollintensität vergleichsweise weit zurücknimmt, soweit die Verhältnismäßigkeit gesetzgeberischer Entscheidungen auf dem Prüfstand steht.

[45] So *Kingreen* in: Calliess/Ruffert, EG, Art. 6, Rn 74; dort mit umfassenden Nachweisen zur Handhabung des Verhältnismäßigkeitsgrundsatzes in der Rechtsprechung des EuGH und solchen Stimmen aus dem deutschen Schrifttum, die dieser Rechtsprechung kritisch gegenüberstehen.

# Literaturverzeichnis


*Alber*, Siegbert / *Widmaier*, Ulrich: „Die EU-Grundrechtecharta und ihre Auswirkungen auf die Rechtsprechung – Zu den Beziehungen zwischen EuGH und EGMR“ in: EuGRZ 2000, S. 497 ff.

*Alexy*, Robert: Theorie der Grundrechte, 3. Aufl. Frankfurt am Main 1996.

*Ders.*: „Grundrechte als subjektive Rechte und als objektive Normen“ in: Der Staat 29 (1990), S. 49 ff.

*Altmaier*, Peter in: Die Charta der Grundrechte der Europäischen Union – Berichte und Dokumentation mit einer Einleitung von Jürgen Meyer und Markus Engels; Herausgeber: Deutscher Bundestag, Referat Öffentlichkeitsarbeit, Berlin 2001.

*Anschütz*, Gerhardt: Die Verfassung des Deutschen Reiches vom 11. August 1919, Neudruck der 14. Aufl. Berlin 1933, Aalen 1987.

*Arnold*, Rainer: „Ausgestaltung und Begrenzung von Grundrechten im französischen Verfassungsrecht“ in: JöR 38 (1989), S. 197 ff.

*Autexier*, Christian / *Sonnenberger*, Hans Jürgen: Einführung in das französische Recht, 3. Aufl. Heidelberg 2000.

*Badinter*, Robert / *Genevois*, Bruno: „Normes de valeur constitutionnelle et degré de protection des droits fondamentaux“ in: RFDA 1990, S. 317 ff.

*Badura*, Peter: „Das Prinzip der sozialen Grundrechte und seine Verwirklichung im Recht der Bundesrepublik Deutschland“ in: Der Staat 14 (1975), S. 17 ff.

*Ders.*: „Der Sozialstaat“ in: DÖV 1989, S. 491 ff.

*Bauer*, Hartmut: Geschichtliche Grundlagen der Lehre vom subjektiven öffentlichen Recht, Berlin 1986 (zugl. Diss., Univ., Augsburg 1986).

*Bauer*, Steffen: Verfassungsgerichtlicher Grundrechtsschutz in Frankreich, 1. Aufl. Baden-Baden 1998 (zugl. Diss., Univ., Freiburg i. Breisgau 1997).

*Benda*, Ernst / *Klein*, Eckart: Verfassungsprozessrecht, 2. Aufl. Heidelberg 2001.

*Berès*, Pervenche: „La Charte des droits fondamentaux de l'Union européenne – Le point de vue de Pervenche Berès“, unveröffentlichte Stellungnahme der Vize-Präsidentin der „Groupe du Parti des socialistes européens“, November 2000.

*Berger*, V.: „Droit administratif francais et convention européenne des droits de l'homme – cronique“, in: RFDA 1991, S. 111 ff., 843; Fortsetzung in: RFDA 1993, S. 963 ff.

*Bernaud*, Valérie: „Jurisprudence du Conseil constitutionnel, 1er janvier – 31 mars 2000“ in: RFDC 2000, S. 341 ff.

*Bernsdorf*, Norbert: „Soziale Grundrechte in der Charta der Grundrechte der Europäischen Union – Diskussionsstand und Konzept“ in: VSSR 1/2001, S. 1 ff.

*Ders.* / *Borowsky*, Martin: Die Charta der Grundrechte der Europäischen Union – Handreichungen und Sitzungsprotokolle, 1. Aufl. Baden-Baden 2002.

*Bernsdorf*, Norbert in: Kommentar zur Charta der Grundrechte der Europäischen Union. Hrsg. von Jürgen Meyer, 1. Aufl. Baden-Baden 2003.

*Bieback*, Karl-Jürgen: „Sozialstaatsprinzip und Grundrechte“ in: EuGRZ 1985, S. 657 ff.

*Ders.*: Verfassungsrechtlicher Schutz gegen Abbau und Umstrukturierung von Sozialleistungen, Berlin/NewYork 1997.

*Böckenförde*, Ernst-Wolfgang: „Die sozialen Grundrechte im Verfassungsgefüge“ in: Soziale Grundrechte – 5. Rechtspolitischer Kongress der SPD vom 29. Februar bis 2. März 1980 in Saarbrücken, hrsg. von Ernst-Wolfgang Böckenförde, Jürgen Jekewitz, Thilo Ramm, zusammengestellt und bearbeitet von Gerd Wehling, Heidelberg/Karlsruhe 1981.

*Ders.*: „Grundrechtstheorie und Grundrechtsinterpretation“ in: NJW 1974, S. 1529 ff.

*Ders.*: „Grundrechte als Grundsatznormen“ in: Der Staat 29 (1990), S. 1 ff.

*Borgetto*, Michel / *Lafore*, Robert: Droit de l'aide et de l'action sociales, 3. édition Paris 2000.

*Borgetto*, Michel: La République sociale – Contribution à l'étude de la question démocratique en France, 1. édition Paris 2000.

*Ders.*: „Alinéa 5“ in : „Le Préambule de la Constitution de 1946 – Histoire, analyse et commentaires“. Sous la diréction de Gérard Concac, Xavier Prétot, Gérard Teboul, 1. édition Paris 2001.

*Ders.*: La notion de fraternité en droit public francais (Le passé, le présent et l'avenir de la solidarité), 1. édition Paris 1993.

*Borowsky*, Martin in: Kommentar zur Charta der Grundrechte der Europäischen Union, hrsg. von Jürgen Meyer, 1. Aufl. Baden-Baden 2003.

*Braibant,* Guy / *Delvolvé*, Pierre / *Genevois*, Bruno / *Long*, Marceau / *Weil*, Prosper: Les grands arrêts de la jurisprudence administrative, 12. édition Paris 1999.

*Braibant,* Guy / *Stirn*, Bruno: Le droit administratif francais, 4. édition Paris 1997.

*Braibant*, Guy: „La Charte des droits fondamentaux“ in: Droit Social, N° 1 Janvier 2001, S. 69 ff.

*Ders.* in: „La Charte des droits fondamentaux de l'Union européenne – Actes des Journées d'études sous la direction de Florence Benoit-Rohmer, Professeur à l'Université Robert Schuman, Doyen de la Faculté de droit, Strasbourg“, Strasbourg, les 16 et 17 juin 2000, Institut des hautes études européennes, in: RUDH 2000, S. 1 ff.

*Ders.* in: „Table ronde du 18 mai 2000 sur la Charte des droits fondamentaux de l'Union européenne – Université Panthéon-Assas (Paris II)“ in: Regards sur l'Actualité N° 264 août 2000, S. 1 ff.

*Ders.* in: Soziale Grundrechte in der Europäischen Union. Hrsg.: Bundesministerium für Arbeit und Sozialordnung, Max-Planck-Institut für ausländisches und internationales Sozialrecht, Akademie der Diözese Rottenburg Stuttgart, 1. Aufl. Baden-Baden 2000/2001.

*Ders.*: „L'élaboration de la Charte des droits fondamentaux", in: REDP 2002, N° 1 S. 21 ff.

*Brohm*, Winfried: „Soziale Grundrechte und Staatszielbestimmungen in der Verfassung" in: JZ 1994, S. 213 ff.

*Brockhaus*: Enzyklopädie, Band X, 20. Aufl. Mannheim 1997.

*Burdeau*, Georges: Les libertés publiques, 4. édition Paris 1972.

*Ders.* / *Hamon*, Francis / *Troper*, Michel in: Droit constitutionnel, 25. édition Paris 1997.

*Calliess*, Christian: „Die Charta der Grundrechte der Europäischen Union – Fragen der Konzeption, Kompetenz und Rechtsverbindlichkeit" in: EuZW 2001, S. 261 ff.

*Ders.* in: Europäische Grundrechte und Grundfreiheiten. Hrsg. von Dirk Ehlers, 1. Aufl. Berlin 2003.

*Ders.* in: Calliess, Christian / Ruffert, Matthias: Kommentar des Vertrages über die Europäische Union und des Vertrages zur Gründung der Europäischen Gemeinschaft – EUV/EGV, hrsg. von Christian Calliess und Matthias Ruffert, 2. Aufl. Neuwied/Kriftel 2002.

*Cambry*, Jean-Pierre: „Une loi promulguée, frappée d'inconstitutionnalité?" in: RDP 1999, S. 653 ff.

*Capitant*, David: „À propos de la protection des droits économiques et sociaux en France" in: Mélanges en l'honneur de Michel Fromont, 1. édition Straßburg 2001.

*Chapus*, René: Droit Administratif Général, Tome I, 15. édition Paris 2001.

*Ders.*: Droit du contentieux administratif, 9. édition Paris 2001.

*Chauvaux*, Didier / *Girardot*, Thierry-Xavier: „Traités et accords internationaux" in: AJDA 1997, S. 435 ff.

*Cholik-Lanfermann*, Ellen in: Grundrechtsschutz in der Europäischen Union – Bestand, Tendenzen und Entwicklung. Frankfurt am Main/Berlin/NewYork/ Paris/Wien 1994 (zugl.: Köln, Univ., Diss., 1994).

*Clapié*, Michel: „Le Conseil d'Etat et le Préambule de la Constitution de 1946" in: Revue administrative 1997, S. 278 ff.

*Classen*, Claus Dieter: „Die Ableitung von Schutzpflichten des Gesetzgebers aus den Freiheitsrechten – ein Vergleich von deutschem und französischem Verfassungsrecht sowie der Europäischen Menschenrechtskonvention" in: JöR 36 (1987), S. 29 ff.

*Cohen-Jonathan*, Gérard in: „Table ronde du 18 mai 2000 sur la Charte des droits fondamentaux de l'Union européenne – Université Panthéon-Assas (Paris II)" in: Regards sur l'Actualité N° 264 août 2000, S. 1 ff.

Comité National chargé de la publication des travaux préparatoires des institutions de la V. République. Documents pour servir à l'Histoire de l'élaboration de la Constitution du 4 octobre 1958 – Volume I et II, Paris 1988.

*Conac*, Gérard: „Le Préambule de la Constitution de 1946 – Une genèse difficile, un itinéraire imprévu" in: Le Préambule de la Constitution de 1946 – Histoire, analyse et commentaires. Sous la diréction de Gérard Concac, Xavier Prétot, Gérard Teboul, 1. édition Paris 2001.

*Crocq*, Pierre: „Le droit au logement" in: Libertés et droits fondamentaux; éditeurs: Rémy Cabrillac, Marie-Ane Frison-Roche, Thierry Revet, 7. édition Paris 2001.

*Däubler*, Wolfgang: „Allemagne" in: La protection des droits sociaux fondamentaux dans les Etats membres de l'Union européenne – Étude de droit comparé, Julia Iliopoulos-Strangas (éditeur), 1. édition Athen/Brüssel/Baden-Baden 2000.

*Degenhardt*, Christoph: Staatsrecht I, 17. Aufl. Heidelberg 2001.

Der Duden: Duden Fremdwörterbuch Band V, bearb. vom Wissenschaftlichen Rat der Dudenredaktion, 5. Aufl. Mannheim/Wien 1990.

*Denninger*, Erhard in: Kommentar zum Grundgesetz für der Bundesrepublik Deutschland (Reihe Alternativkommentare), 3 Bände (Loseblatt): hrsg. von Erhard Denninger...., 3. Aufl. Neuwied/Kriftel 2001, Stand: August 2002.

*Dietlein*, Johannes: Die Grundrechte in den Verfassungen der neuen Bundesländer: zugleich ein Beitrag zur Auslegung des Art. 31 und 142 GG, München 1993.

*Drago*, Guillaume: Contentieux constitutionnel francais, 1. édition Paris 1998.

*Dreier*, Horst in: Grundgesetz – Kommentar. Hrsg. von Horst Dreier.
Band I: Art. 1 – 19, Tübingen 1996.
Band II: Art. 20 – 82, Tübingen 1998.
Band III: Art. 83 – 146, Tübingen 2000.

*Ders.*: „Subjektiv-rechtliche und objektiv-rechtliche Grundrechtsgehalte" in: JURA 1994, S. 505 ff.

*Ders.*: „Grundrechtsdurchgriff contra Gesetzesbindung?" in: Die Verwaltung 2003, S. 105 ff.

*Dürig*, Günter / *Rudolf*, Walter: Texte zur deutschen Verfassungsgeschichte, 3. Aufl. München 1996.

*Dutheil de la Rochère*, Jacqueline: „La Charte des droits fondamentaux de l'Union européenne: quelle valeur ajoutée, quel avenir?" in: Revue du Marché commun de l'Union européenne, N° 443, décembre 2000, S. 674 ff.

*Dies.*: „Les droits fondamentaux reconnus par la charte et leurs applications" in: REDP, N° 1 printemps 2002, S. 227 ff.

*Dutheillet de Lamothe*, Olivier / *Robineau*, Yves: „Chronique générale de jurisprudence administrative francaise" in: AJDA 1979, S. 27 ff.

*Ehlers*, Dirk: „Die Grundrechte des europäischen Gemeinschaftsrechts" in: JURA 2002, S. 468 ff.

*Eichenhofer*, Eberhard in: 80 Jahre Weimarer Reichsverfassung – Was ist geblieben? Hrsg. von Eberhard Eichenhofer, Tübingen 1999.

*Ders.*: „Social Security Code – Code de la sécurité sociale – Sozialgesetzbuch" in: Verfassung, Theorie und Praxis des Sozialstaates. Festschrift für Hans F. Zacher zum 70. Geburtstag, hrsg. von Franz Ruland, Bernd Baron von Maydell, Hans-Jürgen Papier. Heidelberg 1998, S. 135 ff.

*Eickmeier*, Sylvia: „Eine europäische Charta der Grundrechte – Bericht über das gemeinsame Forum des Bundesministeriums der Justiz und der Vertretung der Europäischen Kommission in Deutschland“ in: DVBl 1999, S. 1026 ff.

*Engels*, Markus / *Meyer*, Jürgen in: Die Charta der Grundrechte der Europäischen Union – Berichte und Dokumentation mit einer Einleitung von Jürgen Meyer und Markus Engels; Herausgeber: Deutscher Bundestag, Referat Öffentlichkeitsarbeit, Berlin 2001.

*Favoreu*, Louis: Cours constitutionnelles européennes et droits fondamentaux – Actes du IIe Colloque d'Aix-en-Provence 19 – 20 et 21 Février 1981, Paris 1981.

*Ders.* / *Philip*, Loic: Les grandes décisions du Conseil Constitutionnel, 10. édition Paris 1999.

*Ders.*: Droit des Libertés fondamentales, 1. édition Paris 2000.

*Favre*, Jérôme / *Tardivel*, Boris: „Recherches sur la catégorie jurisprudentielle des libertés et droits fondamentaux de valeur constitutionnelle“ in: RDP 2000, S. 1411 ff.

*Flauss*, Jean-Francois: „Les droits sociaux dans la jurisprudence du Conseil Constitutionnel“ in: Droit Social 1982, S. 645 ff.

*Franzke*, Hans-Georg: „Normsetzung und Normschutz in Frankreich“ in: JURA 1998, S. 346 ff.

*Fromont*, Michel: „La protection juridictionnelle des libertés garanties par la constitution francaise“ in: Recht und Gesetz im deutsch-französischen Dialog, hrsg. von der Fakultätsgruppe Saarbrücken der European Law Students' Association und dem Centre juridique franco-allemand der Universität des Saarlandes. Red. Lars Burkhardt, 1. Aufl. Köln/Berlin/Bonn/München 1997, S. 65 ff.

*Ders.*: „La protection des droits de l'Homme par le Conseil constitutionnel“ in: Verfassungsstaatlichkeit. Festschrift für Klaus Stern zum 65. Geburtstag, hrsg. von Joachim Burmeister, München 1997, S. 1085 ff.

*Ders.*: „Das Bundesverfassungsgericht aus französischer Sicht“ in: DÖV 1999, S. 493 ff.

*Gaia,* Patrick: „Jurisprudence du Conseil Constitutionnel, 1er avril – 30 juin 1995" in: RFDC 1995, S. 581 ff.

*Gaudu*, Francois: „Les droits sociaux" in: Libertés et droits fondamentaux; éditeurs: Rémy Cabrillac, Marie-Anne Frison-Roche, Thierry Revet, 7. édition Paris 2001.

*Gaudemet*, Yves: „Une nouvelle dimension du principe d'égalité devant la contribution publique?" in: Droit Social 1986, S. 372 ff.

*Gay*, Laurence: „Décision n° 2001-455 DC du 12 janvier 2002, Loi de modernisation sociale, JORF du 18 janvier 2002, p. 1053" in: RFDC 2002, S. 422 ff.

*Gehlert*, Andreas: Der Schutz der Grundfreiheiten in Frankreich durch die Überprüfung der Verfassungsmäßigkeit geltender Gesetze, Diss. München 1996.

*Gode*, Johannes: „Recht auf Arbeit" in: DVBl 1990, S. 1207 ff.

*Guiselin*, Emmanuel-Pie: „L'accès à un logement décent et le droit de propriété: ni vainqueur, ni vaincu" in: Les Petites Affiches, 13. mars 2000 N° 51, S. 6 ff.

*Gusy*, Christoph: Die Weimarer Reichsverfassung, Tübingen 1997.

*Ders.*: Richterliches Prüfungsrecht – Eine verfassungsgeschichtliche Untersuchung, Berlin 1985.

*Ders.*: Parlamentarischer Gesetzgeber und Bundesverfassungsgericht, Berlin 1985.

*Grabenwarter*, Christoph: „Die Charta der Grundrechte für die Europäische Union" in: DVBl 2001, S. 1 ff.

*Granrut*, Bernard: „Faut-il accorder aux citoyens le droit de saisir le conseil constitutionnel ?" in: RDP 1999, S. 309 ff.

*Grewe*, Constance: „Die Grundrechte und ihre richterliche Kontrolle in Frankreich" in: EuGRZ 2002, S. 209 ff.

*Dies.*: „Les droits sociaux constitutionnels: propos comparatifs à l'aube de la Charte des droits fondamentaux de l'Union européenne" in: RUDH 2000, S. 85 ff.

*Dies.* in: Wandel von Recht und Rechtsbewusstsein in Frankreich und Deutschland, hrsg. von Joseph Kurt..., Berlin 1999.

*Große Wentrup*, Anna: Die Europäische Grundrechtecharta im Spannungsfeld der Kompetenzverteilung zwischen Europäischer Union und Mitgliedstaaten, Berlin 2003 (zugl.: Diss., Univ., Münster 2002).

*Gröschner*, Rolf: Grundgesetz – Kommentar. Hrsg. von Horst Dreier. Band II: Art. 20 – 82, Tübingen 1998.

*Halfmann*, Ralf: „Der Faktor Arbeit als Gegenstand staatlicher Bewirtschaftungsmaßnahmen" in: DVBl 1999, S. 1194 ff.

*Hamon*, Léo: „Les juges de la loi – Naissance et rôle d'un contre-pouvoir: le Conseil Constitutionnel", 1. édition Paris 1987.

*Ders.*: „Note" in: Receuil Dalloz Sirey – Jurisprudence 1979, S. 661 ff.

*Haverkate*, Görg / *Huster*, Stefan: Europäisches Sozialrecht: Eine Einführung, 1. Aufl. Baden-Baden 1999.

*Heller*, Hermann: Heller, Gesammelte Schriften, Band II: Recht, Staat, Macht. Leiden 1971.

*Henke*, Wilhelm: Recht und Staat. Grundlagen der Jurisprudenz, Tübingen 1982.

*Herzog*, Roman: „Europäischer Grundrechtsschutz für Ehe und Familie" in: Bitburger Gespräche 2001, S. 7 ff.

*Ders.* in: Maunz, Theodor / Dürig, Günter, Grundgesetz, Kommentar, Loseblatt, Band II: Art. 12 – 20, München, Stand: 1982.

*Hesse*, Konrad: Grundzüge des Verfassungsrechts der Bundesrepublik Deutschland, 20. Aufl. Heidelberg 1995.

*Ders.*: „Die verfassungsgerichtliche Kontrolle der Wahrnehmung grundrechtlicher Schutzpflichten des Gesetzgebers" in: Gegenrede: Aufklärung – Kritik

– Öffentlichkeit; Festschrift für Ernst Gottfried Mahrenholz, hrsg. von Herta Däubler-Gmelin ..., 1. Aufl. Baden-Baden 1994, S. 541 ff.

*Heun*, Werner in: Grundgesetz – Kommentar. Hrsg. von Horst Dreier. Band III: Art. 83 – 146, Tübingen 2000.

*Ders.*: Funktionell-rechtliche Schranken der Verfassungsgerichtsbarkeit. Reichweite und Grenzen einer dogmatischen Argumentationsfigur, 1. Aufl. Baden-Baden 1992.

*Hilf*, Meinhard: „Die Charta der Grundrechte der Europäischen Union“ in: Sonderbeilage zu NJW, EuZW, NVwZ und JUS 2000, S. 5 ff.

*Hillgruber*, Christian in: von Mangoldt, Hermann / Klein, Friedrich / Starck, Christian: Das Bonner Grundgesetz, Kommentar, Band III: Art. 79 – 146, 4. Aufl. München 2001.

*Ders.*: „Richterliche Rechtsfortbildung als Verfassungsproblem“ in: JZ 1996, S. 118 ff.

*Hofmann*, Rainer: „Verfassungsrechtliche Rahmenbedingungen und Vorkehrungen gegen Armutsrisiken“ in: Armut und Verfassung – Sozialstaatlichkeit im europäischen Vergleich, hrsg. von Rainer Hofmann, Pavel Holländer, Franz Merli und Ewald Wiederin, 1. Aufl. Wien 1998.

*Hoffmann-Riem*, Wolfgang: „Kohärenz der Anwendung europäischer und nationaler Grundrechte“, in: EuGRZ 2002, S. 473 ff.

*Huber*, Ernst Rudolf: Deutsche Verfassungsgeschichte seit 1789, Band VI: Die Weimarer Reichsverfassung, Stuttgart/Berlin/Köln/Mainz 1981.

*Iliopoulos-Strangas*, Julia: La protection des droits sociaux fondamentaux dans les Etats membres de l'Union européenne – Étude de droit comparé, Julia Iliopoulos-Strangas (éditeur), 1. édition Athen/Brüssel/Baden-Baden 2000.

*Ipsen*, Jörn: Staatsrecht I – Staatsorganisationsrecht, 13. Aufl. Neuwied/Kriftel 2001.

*Ders.*: „Verfassungsrechtliche Schranken des Richterrechts“ in: DVBl 1984, S. 1102 ff.

*Isensee*, Josef: „Verfassung ohne soziale Grundrechte – Ein Wesenszug des Grundgesetzes“ in: Der Staat 19 (1980), S. 367 ff.

*Ders.* in: „Das Grundrecht als Abwehrrecht und als staatliche Schutzpflicht“ in: Handbuch des Staatsrechts der Bundesrepublik Deutschland, Band V: Allgemeine Grundrechtslehren, hrsg. von Josef Isensee und Paul Kirchhof, Heidelberg 1992, § 111.

*Jarass*, Hans D. in: Jarass, Hans D. / Pieroth, Bodo: Grundgesetz für die Bundesrepublik Deutschland, 6. Aufl. München 2002.

*Ders.*: „Die Grundrechte: Abwehrrechte und objektive Grundsatznormen“ in: Festschrift 50 Jahre Bundesverfassungsgericht, Band II: Klärung und Fortbildung des Verfassungsrechts. Hrsg. von Peter Badura und Horst Dreier, Tübingen 2001, S. 35 ff.

*Ders.*: „Grundrechte als Wertentscheidungen bzw. objektivrechtliche Prinzipien in der Rechtsprechung des Bundesverfassungsgerichts“ in: AöR 110 (1985), S. 363 ff.

*Jan*, Pascal: La Saisine du Conseil Constitutionnel, 1. édition Paris 1999.

*Ders.*: Les textes fondamentaux du droit constitutionnel de la V. République, 1. édition Paris 1999.

*Ders.*: Le procès constitutionnel, 1. édition Paris 2001.

*Jorion*, Benoît: „Note“ in: AJDA 1995, S. 456 ff.

*Jouanjan*, Olivier: „Armut und Verfassung: Die Rechtslage in Frankreich“ in: Armut und Verfassung – Sozialstaatlichkeit im europäischen Vergleich, hrsg. von Rainer Hofmann, Pavel Holländer, Franz Merli und Ewald Wiederin, 1. Aufl. Wien 1998.

*Kimmel*, Adolf / *Kimmel*, Christiane: Die Verfassungen der EU-Mitgliedsstaaten, 5. Aufl. München 2000.

*Kingreen*, Thorsten: „Die Gemeinschaftsgrundrechte“ in: JUS 2000, S. 857 ff.

*Ders.* in: Calliess, Christian / Ruffert, Matthias: Kommentar des Vertrages über die Europäische Union und des Vertrages zur Gründung der Europäischen

Gemeinschaft – EUV/EGV, hrsg. von Christian Calliess und Matthias Ruffert, 2. Aufl. Neuwied/Kriftel 2002.

*Ders.*: Das Sozialstaatsprinzip im europäischen Verfassungsverbund. Gemeinschaftsrechtliche Einflüsse auf das deutsche Recht der gesetzlichen Krankenversicherung, Tübingen 2003 (zugl.: Münster (Westfalen), Univ., Habil.-schr., 2001 / 2002).

*Kittner*, Michael in: Kommentar zum Grundgesetz für die Bundesrepublik Deutschland. Reihe Alternativkommentare, Band 1: Art. 1 – 37, 2. Aufl. Neuwied 1989.

*Klein*, Hans-Hugo: „Die grundrechtliche Schutzpflicht" in: DVBl 1994, S. 489 ff.

*Koch*, Johannes: Verwaltungsrechtsschutz in Frankreich – Eine rechtsvergleichende Untersuchung zu den verwaltungsinternen und verwaltungsgerichtlichen Rechtsbehelfen des Bürgers gegenüber der Verwaltung, Berlin 1998 (zugl.: Diss., Univ., Köln 1997).

*Kopp*, Friedrich / *Schenke*, Wolf-Rüdiger: Verwaltungsgerichtsordnung, 12. Aufl. München/London/Paris/Tokyo/HongKong/Barcelona/Budapest 2000.

*Krebber*, Sebastian in: Calliess, Christian / Ruffert, Matthias: Kommentar des Vertrages über die Europäische Union und des Vertrages zur Gründung der Europäischen Gemeinschaft – EUV/EGV, hrsg. von Christian Calliess und Matthias Ruffert, 2. Aufl. Neuwied/Kriftel 2002.

*Kühling*, Jürgen: „Grundrechte" in: Europäisches Verfassungsrecht. Hrsg. von Armin von Bogdandy, 1. Aufl. Berlin/Heidelberg/NewYork 2003, S. 583 ff.

*Laubadère*, André de / *Venezia*, Jean-Claude / *Gaudemet*, Yves: Traité de droit administratif, 16. édition Paris 1999.

*Leutheusser-Schnarrenberger*, Sabine: „Die Entwicklung des Schutzes der Grundrechte in der EU" in: ZRP 2002, S. 329 ff.

*Lindner*, Josef Franz: „EG-Grundrechtscharta und gemeinschaftsrechtlicher Kompetenzvorbehalt" in: DÖV 2000, S. 543 ff.

*Luchaire*, Francois: Le Conseil Constitutionnel, Tome I: Organisation et Attributions, 2. édition Paris 1997.

*Ders.*: Le Conseil Constitutionnel, Tome II: Jurisprudence – Première partie: L'individu, 2. édition Paris 1998.

*Ders.*: „Le Conseil constitutionnel: Sa Place parmi les Pouvoirs publics francais" in: JöR 39 (1989), S. 173 ff.

*Lücke*, Jörg: „Soziale Grundrechte als Staatszielbestimmungen und Gesetzgebungsaufträge" in: AöR 107 (1982), S. 15 ff.

*Lütge*, Friedrich: Deutsche Sozial- und Wirtschaftsgeschichte, 3. Aufl. Berlin/Heidelberg/NewYork 1966.

*Manssen*, Gerrit in: von Mangoldt, Hermann / Klein, Friedrich / Starck, Christian: Das Bonner Grundgesetz, Kommentar, Band I: Art. 1 bis 19, 4. Aufl. München 1999.

*Mathieu*, Betrand / *Verpeaux*, Michel: „La République en droit francais" – Actes du collque de Dijon du 10 et 11 décembre 1992, 1. édition Paris 1996.

*Mathieu*, Betrand: „Décision 94-357 DC du 25. janvier 1995 – Loi portant diverses dispositions d'ordre sociale" in: Les Petites Affiches, 7. juin 1995 N° 68, S. 10 ff.

*Maurer*, Hartmut: Allgemeines Verwaltungsrecht, 13. Aufl. München 2000.

*Mels*, Philipp: „Bundesverfassungsgericht und Conseil constitutionnel – Ein Vergleich der Verfassungsgerichtsbarkeit in Deutschland und Frankreich im Spannungsfeld zwischen der Euphorie für die Krönung des Rechtsstaats und der Furcht vor einem „gouvernement des juges" ", München 2003 (zugl. Diss., Univ., Köln 2003).

*Merten*, Detlef: „Der Europäische Sozialstaat und seine Institutionen": Vorträge und Diskussionsbeiträge der Verwaltungswissenschaftlichen Arbeitstagung 1991 des Forschungsinstituts für Öffentliche Verwaltung bei der Hochschule für Verwaltungswissenschaften Speyer, hrsg. von Detlef Merten und Rainer Pitschas, 1. Aufl. Berlin 1993.

*Ders.*: „Soziales Netz – Soziale Gerechtigkeit" in: Bitburger Gespräche 1982, S. 19 ff.

*Meyer*, Jürgen in: Die Charta der Grundrechte der Europäischen Union – Berichte und Dokumentation mit einer Einleitung von Jürgen Meyer und

Markus Engels. Herausgeber: Deutscher Bundestag, Referat Öffentlichkeitsarbeit, Berlin 2001.

*Ders.* / *Engels*, Friedrich: „Aufnahme von sozialen Grundrechten in die Europäische Grundrechtecharta?" in: ZRP 2000, S. 368 ff.

*Müller*, Friedrich / *Christensen*, Ralph: Juristische Methodik, 8. Aufl. Berlin 2002.

*Müller*, Friedrich / *Pieroth*, Bodo / *Fohmann*, Lothar: Leistungsrechte im Normbereich einer Freiheitsgarantie – untersucht an der staatlichen Förderung freier Schulen, 1. Aufl. Berlin 1982.

*Murswiek*, Dieter: „Grundrechte als Teilhaberechte, soziale Grundrechte" in: Handbuch des Staatsrechts der Bundesrepublik Deutschland, Band V: Allgemeine Grundrechtslehren, hrsg. von Josef Isensee und Paul Kirchhof, Heidelberg 1992, § 112.

*Mußgnug*, Reinhard: „Entstehen der Bundesrepublik" in: Handbuch des Staatsrechts der Bundesrepublik Deutschland, Band I: Grundlagen von Staat und Verfassung, hrsg. von Josef Isensee und Paul Kirchhof, Heidelberg 1987.

*Nettesheim*, Martin: „Kompetenzen" in: Europäisches Verfassungsrecht. Hrsg. von Armin von Bogdandy, 1. Aufl. Berlin/Heidelberg/NewYork 2003, S. 415 ff.

*Neumann*, Volker: „Sozialstaatsprinzip und Grundrechtsdogmatik" in: DVBl 1997, S. 92 ff.

*Ders.*: „Der Grundrechtsschutz von Sozialleistungen in Zeiten der Finanznot" in: NZS 1998, S. 401 ff.

*Ders.*: „Menschenwürde und Existenzminimum" in: NVwZ 1995, S. 426 ff.

*Nierhaus*, Michael in: Sachs, Michael: Grundgesetz – Kommentar, 3. Aufl. München 2003.

*Nowak*, Carsten: „Anmerkung zum Urteil des EuG 1. Instanz vom 30. 1. 2002" in: EuZW 2002, S. 191 ff.

*Ossenbühl*, Fritz: „Bundesverfassungsgericht und Gesetzgebung" in: Festschrift 50 Jahre Bundesverfassungsgericht. Band I: Verfassungsgerichtsbarkeit und

Verfassungsprozess, hrsg. von Peter Badura und Horst Dreier, Tübingen 2001, S. 33 ff.

Der Parlamentarische Rat 1948 – 1949, Akten und Protokolle, Band 2: Der Verfassungskonvent auf Herrenchiemsee. Bearbeitet von Peter Bucher, hrsg. vom Deutschen Bundestag und vom Bundesarchiv, Boppard am Rhein 1981.

Der Parlamentarische Rat 1948 – 1949, Akten und Protokolle, Band 5/I und Band 5/II: Ausschuss für Grundsatzfragen. Bearbeitet von Eberhard Pikart und Wolfram Werner, hrsg. vom Deutschen Bundestag und vom Bundesarchiv, Boppard am Rhein 1993.

Der Parlamentarische Rat 1948 – 1949, Akten und Protokolle, Band 9: Plenum. Bearbeitet von Wolfram Werner, hrsg. vom Deutschen Bundestag und vom Bundesarchiv, München 1996.

Der Parlamentarische Rat 1948 – 1949, Akten und Protokolle, Band 13/I und Band 13/II: Ausschuss für Organisation des Bundes/Ausschuss für Verfassungsgerichtshof und Rechtspflege. Bearbeitet von Edgar Büttner und Michael Wettengel, hrsg. vom Deutschen Bundestag und vom Bundesarchiv, München 2002.

*Pauliat*, Hélène: „L'objectif constitutionnel de droit à un logement décent: vers le constat de décès du droit de propriété ?" in: Receuil Dalloz Sirey 1995, Chronique, S. 283 ff.

*Pavia*, Marie Luce / *Rousseau*, Dominique: „La protection des droits sociaux fondamentaux dans l'ordre juridique interne de la France" in: La protection des droits sociaux fondamentaux dans les Etats membres de l'Union européenne – Étude de droit comparé, Julia Iliopoulos-Strangas (éditeur), 1. édition Athen/Brüssel/Baden-Baden 2000.

*Pelloux*, Robert: „Le Préambule de la Constitution du 27. Octobre 1946" in: RDP 1947, S. 347 ff.

*Pernice*, Ingolf: „Eine Grundrechte-Charta für die Europäische Union" in: DVBl 2000, S. 847 ff.

*Pestalozza*, Christian: Verfassungsprozeßrecht, 3. Aufl. München 1991.

*Pieroth*, Bodo / *Schlink*, Bernhard: Grundrechte – Staatsrecht II, 18. Aufl. Heidelberg 2002.

*Pieroth*, Bodo: „Materiale Rechtsfolgen grundgesetzlicher Kompetenz- und Organisationsnormen“ in: AöR 114 (1989), S. 422 ff.

*Ders.*: „Die Anrechnungsbefugnis des Arbeitgebers gem. § 10 BUrlG wischen Tarifvertragsrecht und Koalitionsfreiheit“ in: ArbuR 1998, S. 190 ff.

*Pieters*, Danny: „Soziale Grundrechte in den Mitgliedsstaaten der EG“ in: Soziale Rechte in der EG: Bausteine einer zukünftigen europäischen Sozialunion; am 15. – 16. Februar in Bonn, hrsg. von Bernd von Maydell, Berlin 1990.

*Pietsch*, Jörg: „Die Grundrechtecharta im Verfassungskonvent“ in: ZRP 2003, S. 1 ff.

*Piris*, Jean-Claude: „L'Union a-t-elle une constitution? Lui faut-il une?“ in: RTD eur 1999, S. 599 ff.

*Pitschas*, Rainer: „Der „neue“ soziale Rechtsstaat. Vom Wandel der Arbeits- und Sozialverfassung des Grundgesetzes“ in: Verfassung, Theorie und Praxis des Sozialstaates. Festschrift für Hans F. Zacher zum 70. Geburtstag, hrsg. von Franz Ruland, Bernd Baron von Maydell, Hans-Jürgen Papier, Heidelberg 1998, S. 756 ff.

*Poirmeur*, Yves: „La réception du Préambule de la Constitution de 1946 par la doctrine juridique“ in: Le Préambule de la Constitutioin de 1946 – Antinomies juridiques et contradictions politiques, 1. édition Paris 1996.

*Prétot*, Xavier: „Alinéa 11“ in: Le Préambule de la Constitution de 1946 – Histoire, analyse et commentaires. Sous la diréction de Gérard Concac, Xavier Prétot, Gérard Teboul, 1. édition Paris 2001.

*Ders.*: „Le Conseil constitutionnel et la loi de modernisation sociale – D'une annulation et de quelques réserves d'interprétation“ in: Droit Social 2002, S. 244 ff.

*Ramm*, Thilo: „Die sozialen Grundrechte im Verfassungsgefüge“ in: Soziale Grundrechte – 5. Rechtspolitischer Kongress der SPD vom 29. Februar bis 2. März 1980 in Saarbrücken, hrsg. von Ernst-Wolfgang Böckenförde, Jürgen Jekewitz, Thilo Ramm, zusammengestellt und bearbeitet von Gerd Wehling; Heidelberg/Karlsruhe 1981.

*Renoux*, Thierry S. / *de Villiers*, Michel: Code Constitutionnel 2001, 2. édition Paris 2001.

*Rials*, Stéphane: Textes constitutionnels francais (Que sais-je ?), 15. édition Paris 2000.

*Riedel*, Eibe in: Kommentar zur Charta der Grundrechte der Europäischen Union. Hrsg. von Jürgen Meyer, 1. Aufl. Baden-Baden 2003.

*Riedel*, Norbert K.: „Der Konvent zur Zukunft Europas" in: ZRP 2002, S. 241 ff.

*Ripert*, George: „Le déclin du droit", Neuauflage (1. Ausgabe 1949), Paris 1998.

*Rivéro*, Jean / *Vedel*, Georges: „Les principes économiques et sociaux de la Constitution. Le Préambule" in: Droit Social 1947, Facsicule XXXI, S. 13 ff.

*Rivero*, Jean: Les libertés publiques, Band I/Les droits de l'homme, 5. édition Paris 1987.

*Ders.*: Les libertés publiques, Band I/Les droits de l'homme, 8. édition Paris 2000.

*Ritter*, Gerhard A.: „Bismarck und die Grundlegung des deutschen Sozialstaates" in: Verfassung, Theorie und Praxis des Sozialstaates. Festschrift für Hans F. Zacher zum 70. Geburtstag, hrsg. von Franz Ruland, Bernd Baron von Maydell, Hans-Jürgen Papier, Heidelberg 1998, S. 789 ff.

*Robbers*, Gerhard: Hermann Heller: Staat und Kultur, 1. Aufl. Baden-Baden 1983.

*Robin-Olivier*, Sophie: „La référence aux droits sociaux fondamentaux dans le traité d'Amsterdam" in: Droit Social 1999, S. 609 ff.

*Roellecke*, Gerd in: Grundgesetz. Mitarbeiterkommentar und Handbuch, hrsg. von Dieter Umbach und Thomas Clemens, Band I: Art. 1 – 37, 1. Aufl. Heidelberg 2002.

*Roman*, Diane: Le Droit public face à la pauvreté (Thèse pour le Doctorat en Droit présentée et soutenue publiquement le 8. décembre 2000), 1. édition Paris 2000.

*Robert*, Jacque: Le Préambule de la Constitution de 1946 – Un contrat de société?, La Documentation Francaise, Paris 1994.

*Rott*, Martin: Das verwaltungsrechtliche subjektive öffentliche Recht im Spiegel seiner Entwicklung im deutschen liberalen Rechtsstaat und in der französischen „théorie des droits subjectifs des administrés", Diss. Giessen, 1976.

*Rousseau*, Dominique: Droit du Contentieux Constitutionnel, 6. édition Paris 2001.

*Ders.*: „Chronique de jurisprudence constitutionnelle", in: RDP 1996, S. 11 ff.

*Ders.*: „Le Conseil Constitutionnel et le Préambule de 1946" in: Rev. Adm. 1997, S. 160 ff.

*Sabete*, Wagdi: „Note" in: Receuil Dalloz Sirey – Jurisprudence 1999, S. 271 ff.

*Sachs*, Michael in: Stern, Klaus: Das Staatsrecht der Bundesrepublik Deutschland, Band III/1: Allgemeine Lehren der Grundrechte, 1. Aufl. 1988.

*Ders.* in: Sachs, Michael: Grundgesetz – Kommentar, 3. Aufl. München 2003.

*Ders.*: „Grundrechtsbegrenzungen außerhalb von Gesetzesvorbehalten" in: JUS 1995, S. 984 ff.

*Schiek*, Dagmar in: Kommentar zum Grundgesetz für der Bundesrepublik Deutschland (Reihe Alternativkommentare), 3 Bände (Loseblatt): hrsg. von Erhard Denninger...., 3. Aufl. Neuwied/Kriftel 2001, Stand: August 2002.

*Schlaich*, Klaus / *Korioth*, Stefan: Das Bundesverfassungsgericht – Stellung, Verfahren, Entscheidung, 5. Aufl. München 2001.

*Schlink*, Bernhard: „Der Grundsatz der Verhältnismäßigkeit" in: Festschrift 50 Jahre Bundesverfassungsgericht. Band II: Klärung und Fortbildung des Verfassungsrechts, hrsg. von Peter Badura und Horst Dreier, Tübingen 2001.

*Schmid*, Carlo: Erinnerungen, Stuttgart 1979.

*Schmitt Glaeser*, Walter: Verwaltungsprozessrecht, 14. Aufl. Stuttgart/München/Hannover/Berlin/Weimar/Dresden 1997.

*Schmitz*, Thomas: „Die Grundrechtecharta aus grundrechtsdogmatischer und grundrechtstheoretischer Sicht" in: JZ 2001, S. 833 ff.

*Schnapp*, Friedrich E.: „Soziale Grundrechte aus verfassungsrechtlicher Sicht" in: Soziale Rechte in der EG: Bausteine einer zukünftigen europäischen Sozialunion; 1. Tagung des Arbeitskreises „Europäisches Sozialrecht" am 15. – 16. Februar in Bonn, hrsg. von Bernd von Maydell, Berlin 1990.

*Ders.* in: von Münch, Ingo / Kunig, Philipp, Grundgesetz. Kommentar, Band I: Art. 20 – 69, 5. Aufl. München 2001.

*Ders.*: „Die Sozialstaatsklausel – Beschwörungsformel oder Rechtsprinzip?" in: SGB 2000, S. 341 ff.

*Schoettl*, Jean Éric: „L'examen par le Conseil Constitutionnel de la loi relative à la réduction négociée du temps de travail" in: Les Petites Affiches, 19. janvier 2000 N° 13, S. 6 ff.

*Ders.*: „Exclusions" in: AJDA 1998, S. 705 ff.

*Ders.*: „Sécurité sociale" in: AJDA 1998, S. 127 ff.

*Ders.*: „Le Conseil Constitutionnel et la loi relative à la solidarité et au renouvellement urbains" in: AJDA 2001, S. 18 ff.

*Schröder*, Meinhard: „Wirkungen der Grundrechtscharta in der europäischen Rechtsordnung" in: JZ 2002, S. 849 ff.

*Schulin*, Betram / *Igl*, Gerhard: Sozialrecht, 7. Aufl. Düsseldorf 2002.

*Schulze-Fielitz*, Helmuth in: Grundgesetz – Kommentar. Hrsg. von Horst Dreier. Band II: Art. 20 – 82, Tübingen 1998.

*Schwarze*, Jürgen / *Bieber*, Roland in: Eine Verfassung für Europa – Von der Europäischen Gemeinschaft zur Europäischen Union, hrsg. von Jürgen Schwarze und Roland Bieber, 1. Aufl. Baden-Baden 1984.

*Schwarze*, Jürgen: „Europäische Verfassungsperspektiven nach Nizza" in: NJW 2002, S. 993 ff.

*Ders.*: „Der Grundrechtsschutz Privater vor dem Europäischen Gerichtshof: Grundlagen, Entwicklung und Perspektiven des Individualrechtsschutzes im Gemeinschaftsrecht" in: DVBl 2002, S. 1297 ff.

*Siekmann*, Helmut in: Sachs, Michael: Grundgesetz – Kommentar, 3. Aufl. München 2003.

*Silvera*, Victor: „Note" in: Receuil Dalloz Sirey 1969, S. 386 f.

*Simon*, Helmut: „Die Stärke des Volkes mißt sich am Wohl der Schwachen" in: Rechtsstaat zwischen Sozialgestaltung und Rechtsschutz, Festschrift für Konrad Redeker zum 70. Geburtstag, hrsg. von Bernd Bender, München 1993, S. 159 ff.

*Ders.*: „Grundrechte im demokratischen und sozialen Rechtsstaat" in: Grundrechte, soziale Ordnung und Verfassungsgerichtsbarkeit: Festschrift für Ernst Benda zum 70. Geburtstag, hrsg. von Eckhart Klein in Verbindung mit Klaus-Eckart Gebauer..., Heidelberg 1995, S. 337 ff.

*Sommermann*, Karl-Peter: Staatsziele und Staatszielbestimmungen, Habilitationsschrift, Tübingen 1997.

*Ders.* in: von Mangoldt, Hermann / Klein, Friedrich / Starck, Christian: Das Bonner Grundgesetz, Kommentar, Band II: Art. 20 bis 78, 4. Aufl. München 2000.

*Starck*, Christian in: von Mangoldt, Hermann / Klein, Friedrich / Starck, Christian: Das Bonner Grundgesetz, Kommentar, Band I: Präambel, Art. 1 bis 19, 4. Aufl. München 1999.

*Stein*, Ekkehart / *Frank*, Götz: Staatsrecht, 17. Aufl. Tübingen 2000.

*Stern*, Klaus: Das Staatsrecht der Bundesrepublik Deutschland, Band I: Grundbegriffe und Grundlagen des Staatsrechts, Strukturprinzipien der Verfassung, 2. Aufl. München 1984.

*Ders.*: Das Staatsrecht der Bundesrepublik Deutschland, Band III/1: Allgemeine Lehren der Grundrechte, 1. Aufl. 1988.

*Ders.*: Das Staatsrecht der Bundesrepublik Deutschland, Band III/2: Allgemeine Lehren der Grundrechte, 2. Halbband, 1. Aufl. München 1994.

*Ders.*: Das Staatsrecht der Bundesrepublik Deutschland, Band V: Die geschichtlichen Grundlagen des deutschen Staatsrechts, 1. Aufl. München 2000.

*Ders.*: „Die Grundrechte und ihre Schranken", in: Festschrift 50 Jahre Bundesverfassungsgericht. Band II: Klärung und Fortbildung des Verfassungsrechts, hrsg. von Peter Badura und Horst Dreier, Tübingen 2001, S. 1 ff.

*Stumpf*, Cordula / *Schwarze*, Jürgen: EU-Kommentar, hrsg. von Jürgen Schwarze , 1. Aufl. Baden-Baden 2000.

*Sturm*, Gerd in: Sachs, Michael: Grundgesetz – Kommentar, 3. Aufl. München 2003.

*Szczekalla*, Peter: Die sogenannten grundrechtlichen Schutzpflichten im deutschen und europäischen Recht – Inhalt und Reichweite einer „gemeineuropäischen Grundrechtsfunktion", Berlin 2002 (zugl.: Osnabrück, Univ., Diss., 2000).

*Teboul*, Gérard: „Alinéa 2" in: Le Préambule de la Constitution de 1946 – Histoire, analyse et commentaires. Sous la diréction de Gérard Concac, Xavier Prétot, Gérard Teboul, 1. édition Paris 2001.

*Terneyre*, Philippe: „La constitution devant le progrès économiques et social" in: Les Petites Affiches, 27. décembre 1991, Nr. 155, S. 4 ff.

*Ders.*: „Le Conseil d'Etat et la valeur juridique des droits sociaux proclamés dans le Préambule de la Constitution du 27. octobre 1946" in: RFDC 1991, S. 317 ff.

*Tettinger*, Peter J. in: Sachs, Michael: Grundgesetz – Kommentar, 3. Aufl. München 2003.

*Trémeau*, Jérôme: „Jurisprudence du Conseil Constitutionnel – II. Contrôle des lois ordinaires" in: RFDC 1998, S. 765 ff.

*Troper*, Michel: „Le bon usage des spectres – Du gouvernement des juges au gouvernement par les juges" in: Mélanges en l'honneur de Gérard Conac, 1. édition Paris 2001.

*Turpin*, Dominique: Le Conseil Constitutionnel, Son rôle, Sa jurisprudence, 2. édition Paris 2000.

*Ders.*: Contentieux Constitutionnel, 2. édition Paris 1994.

*Uhle*, Arnd: „Das Staatsziel „Umweltschutz“ und das Sozialstaatsprinzip im verfassungsrechtlichen Vergleich“ in: JUS 1996, S. 96 ff.

*Umbach*, Dieter C. in: Umbach, Dieter / Clemens, Thomas: Grundgesetz – Mitarbeiterkommentar und Handbuch, Band I: Art. 1 – 37, 1. Aufl. Heidelberg 2002.

*von Maydell*, Bernd: „Die europäische Gemeinschaftscharta sozialer Grundrechte“ in: Soziale Rechte in der EG: Bausteine einer zukünftigen europäischen Sozialunion; 1. Tagung des Arbeitskreises „Europäisches Sozialrecht“ am 15. – 16. Februar in Bonn, hrsg. von Bernd von Maydell, Berlin 1990.

*von Mangoldt*, Hermann: Das Bonner Grundgesetz, 1. Aufl. Berlin/Frankfurt a.M. 1953.

*von Münch*, Ingo: Staatsrecht Band I: Einführung; Deutschland: Teilung und Vereinigung; Staatsform; ... , 6. Aufl. Stuttgart/Berlin/Köln 2000.

*Ders.*: Staatsrecht Band II: Staatsangehörigkeit,... , 5. Aufl. Stuttgart/Berlin/Köln 2002.

*Wahl*, Rainer in: Schoch, Friedrich / Schmidt-Aßmann, Eberhard / Pietzner, Rainer: Verwaltungsgerichtsordnung. Kommentar, Loseblattsammlung. Band I: §§ 1 – 80b VwGO, München 2002.

*Waline*, Marcel: „Notes de jurisprudence“ in: RDP 1969, S. 686 ff.

*Weber*, Albrecht: „Die Europäische Grundrechtscharta – auf dem Weg zu einer europäischen Verfassung“ in: NJW 2000, S. 537 ff.

*Weber*, Werner: „Die verfassungsrechtlichen Grenzen sozialstaatlicher Forderungen“ in: Der Staat 4 (1965), S. 409 ff.

*Weiss*, Erich / *Mattutat*, Heinrich: Großwörterbuch Französisch. Erw., neubearb. 1. Aufl. im Nachdruck, Stuttgart/Dresden 1994.

*Wichard*, Johannes Christian in: Calliess, Christian / Ruffert, Matthias: Kommentar des Vertrages über die Europäische Union und des Vertrages zur Gründung der Europäischen Gemeinschaft – EUV/EGV, hrsg. von Christian Calliess und Matthias Ruffert, 2. Aufl. Neuwied/Kriftel 2002.

*Wieland*, Joachim in: Grundgesetz – Kommentar. Hrsg. von Horst Dreier. Band III: Art. 83 – 146, Tübingen 2000.

*Willoweit*, Dietmar: Deutsche Verfassungsgeschichte, 4. Aufl. München 2001.

*Winkler*, Sebastian: Der Beitritt der Europäischen Gemeinschaften zur Europäischen Menschenrechtskonvention, 1. Aufl. Baden-Baden 2000 (zugl.: Diss., Univ., Konstanz, 1999).

*Wipfelder*, Hans-Jürgen: „Die verfassungsrechtliche Kodifizierung sozialer Grundrechte" in: ZRP 1986, S. 140 ff.

*Zacher*, Hans F.: „Der Sozialstaat an der Wende zum 21. Jahrhundert" in: VSSR 2000, S. 185 ff.

*Ders.*: „Das soziale Staatsziel" in: Handbuch des Staatsrechts der Bundesrepublik Deutschland, Band I: Grundlagen von Staat und Verfassung, hrsg. von Josef Isensee und Paul Kirchhof, Heidelberg 1987, § 25.

*Zitouni*, Francoise: „Le Conseil Constitutionnel et le logement des plus démunis" in: Les Petites Affiches, 12. janvier 1996 N° 6, S. 14 ff.

FSC
www.fsc.org
MIX
Papier | Fördert
gute Waldnutzung
FSC® C083411

Kolibri 360 GmbH
Ferdinand-Jühlke-Straße 7
99095 Erfurt, Deutschland
produktsicherheit@kolibri360.de

Druck:
CPI Druckdienstleistungen GmbH
im Auftrag der
Kolibri 360 GmbH
Ferdinand-Jühlke-Str. 7
99095 Erfurt